KB159024

파워특강
회계학

2000년대 들어와서 꾸준히 이어지던 공무원 시험의 인기는 2018년 현재에도 변함이 없으며 9급 공무원 시험 국가직 합격선이 예년에 비해 대폭 상승하고 높은 체감 경쟁률도 보이고 있습니다.

최근의 공무원 시험은 과거와는 달리 단편적인 지식을 확인하는 수준의 문제보다는 기본 개념을 응용한 수능형 문제, 또는 과목에 따라 매우 지엽적인 영역의 문제 등 다소 높은 난이도의 문제가 출제되는 경향을 보입니다. 그럼에도 불구하고 합격선이 올라가는 것은 그만큼 합격을 위한 철저한 준비가 필요하다는 것을 의미합니다.

회계학은 시행처 별로 다소 상이하지만 전체적으로 평이한 난도로 출제되는 경향을 보입니다. 범위에서 벗어난 문제가 없고 특별히 난도 높은 문제도 없지만, 기초개념이 확립되지 않은 수험생의 경우에는 착각할 수 있는 문제가 간혹 출제됩니다. 따라서 범위를 제한하여 기본이론에 대한 기초를 다지는 것이 무엇보다 중요하며, 기출문제 분석을 통한 다양한 형태의 추론능력을 함양해 상황별 문제응용력을 키우는 것이 관건입니다.

본서는 광범위한 내용을 체계적으로 정리하여 수험생으로 하여금 보다 효율적인 학습이 가능하도록 구성하였습니다. 핵심이론에 더해 해당 이론에서 출제된 기출문제를 수록하여 실제 출제경향 파악 및 중요 내용에 대한 확인이 가능하도록 하였으며, 출제 가능성이 높은 다양한 유형의 예상문제를 단원평가로 수록하여 학습내용을 점검할 수 있도록 하였습니다. 또한 2018년 최근기출문제분석을 수록하여 자신의 실력을 최종적으로 평가해 볼 수 있도록 구성하였습니다.

신념을 가지고 도전하는 사람은 반드시 그 꿈을 이룰 수 있습니다. 서원각 파워특강 시리즈와 함께 공무원 시험 합격이라는 꿈을 이룰 수 있도록 열심히 응원하겠습니다.

STRUCTURE

▌체계적인 이론정리 및 기출문제 연계

방대한 양의 기본이론을 체계적으로 요약하여 짧은 시간 내에 효과적인 이론학습이 이루어질 수 있도록 정리하였습니다. 또한 그동안 시행된 9급 공무원 시험의 기출문제를 분석하여 관련 이론과 연계함으로써 실제 시험유형 파악에 도움을 줄 수 있도록 구성하였습니다.

▌핵심예상문제

출제 가능성이 높은 영역에 대한 핵심예상문제를 통하여 완벽한 실전 대비가 가능합니다. 문제에 대한 정확하고 상세한 해설을 수록하여 수험생 혼자서도 효과적인 학습이 될 수 있도록 만전을 기하였습니다.

▌최신 기출문제 분석 · 수록

부록으로 2018년 최근 시행된 국가직 및 지방직 기출문제를 분석 · 수록하여 최근 시험 경향을 파악, 최종 마무리가 될 수 있도록 하였습니다.

핵심이론정리

기본이론의 내용을 이해하기 쉽도록 요약·정리하고 기출문제와 연계하여 개념학습과 실제 시험유형 파악이 동시에 가능하도록 하였습니다.

핵심예상문제

출제 가능성이 높은 핵심예상문제(핵심 콕! 예상문제)를 통해 이론학습에 대한 점검 및 완벽한 실전 대비를 꾀하였습니다.

최신 기출문제

2018년 최신 기출문제를 분석·수록하여 효과적인 최종 마무리가 될 수 있도록 구성하였습니다.

CONTENTS

합격에 한 걸음 더 가까이!

회계원리에 대한 기본적인 개념과 내용 및 여러 가지 용어에 대한 의미를 이해하는 것이 중요합니다. 재무제표 및 자산의 종류와 관련된 응용문제들의 출제비중이 높으므로 확실히 짚고 넘어가도록 합니다.

P·A·R·T

제1편

회계원리(재무회계)

장부조직과 재무제표

기출문제

SECTION 1 장부조직

장부조직은 기업활동에서 발생한 거래를 체계적으로 기록하고 분류, 계산하기 위하여 사용된다. 재무제표는 장부상의 기록으로부터 작성되는 것이고 장부의 기록은 궁극적으로 재무제표작성을 위한 것이다. 이러한 장부조직은 주요장부인 분개장과 총계정원장이 있으나, 기업의 규모나 성격에 따라 여러 가지 보조장부가 이용된다.

(1) 주요장부

기업의 경영활동과정에서 발생하는 모든 거래를 총괄하여 기록하고 계산하는 장부로서 분개장과 총계정원장이 있다.

① **분개장** … 기업활동에서 발생한 거래를 총계정원장에 기록하기 전에 거래의 발생순서대로 기록하는 장부로서 발생한 거래를 분개장에 기록하지 않고 바로 총계정원장에 기록할 수도 있으나 분개장을 이용하면 다음과 같은 장점이 있다.

    ㉠ 분개장에는 모든 거래가 나타나며 분개내용을 통해 거래내역을 쉽게 파악할 수 있다.

    ㉡ 분개장에는 일자별로 모든 거래가 정리되기 때문에 거래사실을 찾아 확인하기 쉽다.

    ㉢ 분개장을 이용하면 원장에 거래내역을 직접 기록함으로써 생길 수 있는 오류의 가능성을 줄일 수 있고 오류를 쉽게 추적할 수 있다.

② **총계정원장** … 분개장에 기록된 거래를 자산, 부채, 자본, 수익, 비용 항목에 속하는 계정별로 집합하여 분개장에서 옮겨놓은 장부이다. 따라서 발생순서대로 분개장에 기록된 거래를 계정별로 분류하여 다시 총계정원장에 옮겨 적어야 하며, 이렇게 옮겨적는 과정을 전기라고 한다. 계정은 다음과 같이 분류된다.

    ㉠ **재무상태표계정**(실질계정 또는 영구계정)

      • 자산계정 : 현금계정, 매출채권계정, 상품계정, 토지계정 등

      • 부채계정 : 매입채무계정, 미지급금계정, 차입금계정 등

      • 자본계정 : 자본금계정, 자본잉여금계정, 이익잉여금계정, 자본조정계정 등

    ㉡ **포괄손익계산서계정**(명목계정 또는 임시계정)

      • 수익계정 : 매출액계정, 임대료계정, 이자수익계정 등

      • 비용계정 : 매출원가계정, 임차료계정, 이자비용계정 등

(2) 보조장부

보조장부는 현금의 유출·입, 상품의 매매 등 어느 특정한 거래나 계정에 대하여 그 내용을 자세히 기록한 장부로서 주요장부에 기록된 내용을 보충하여 주는 역할을 한다. 보조장부에는 보조기입장과 보조원장이 있다.

① **보조기입장**… 어느 특정한 거래를 발생 순서대로 기입한 장부로서 현금의 유출·입거래를 기록하는 현금출납장, 당좌예금의 입·출금거래를 기록하는 당좌예금출납장, 상품의 매입거래를 기록하는 매입장, 상품의 매출거래를 기록하는 매출장, 받을어음거래를 기록하는 받을어음기입장, 지급어음 거래를 기록하는 지급어음기입장 등이 있다.

② **보조원장**… 어느 특정한 계정에 대하여 보다 자세한 정보를 제공하여 총계 정원장의 내역을 보충하는 장부로 상품계정에 대한 상세한 정보를 제공하여 주는 상품재고원장, 외상매입금계정을 매입거래처별로 나누어 기록하는 매입처원장, 외상매출금계정을 매출거래처별로 나누어 기록하는 매출처원장, 유형자산원장, 적송품원장 등이 있다.

(3) 특수분개장

① **의의**… 하나의 분개장에 모든 거래를 기입하는 것은 일반분개장이다. 그러나 일반분개장 이외에 특정유형의 거래를 보다 빠르고 간편하게 기록할 수 있도록 특수하게 고안된 분개장이 특수분개장이다.

② **내용**… 외상매입, 외상매출, 현금수입, 현금지출거래가 발생하면 일반분개장이 아닌 별도의 특수분개장에 기록하고 그 내용을 계정에 전기하며, 일반분개장에는 특수분개장에 기록되지 않는 기타의 모든 거래를 기록한다. 또한 특수분개장의 장점으로는 보조기입장에 갈음하여 사용할 수 있다는 점이다.

③ **종류**
    ㉠ 매출장 : 모든 외상매출거래를 기록하는 장부
    ㉡ 매입장 : 모든 외상매입거래를 기록하는 장부
    ㉢ 현금수입장 : 모든 현금수입을 기록하는 장부
    ㉣ 현금지출장 : 모든 현금지출을 기록하는 장부

(4) 전표제도

① **의의**… 전표란 발생한 거래를 건별로 기록하는 종이쪽지로 전표에는 하나의 분개내용이 기록되며 순서대로 모으면 분개장이 된다. 전표제도는 각 부서에서 발생한 거래를 하나의 분개장에 일괄하여 기록하는 것보다는 각 담당부서별로 따로 전표를 작성하여 나중에 집계하는 것이 효율적이기 때문에 대부분의 회사에서 분개장 대신에 전표를 사용하고 있다. 게다가 전표에는 전표의 작성자와 상위자의 확인란이 있어 결제기능과 승인기능이 포함되어 있으며, 발생한 거래의 내용을 다른 부서에 전달하기 쉬우며, 기장의 증거자료로 보존한다.

② **장점**
    ㉠ 전표를 거래가 발생하는 부서별로 분담하여 각각 작성할 수 있다.
    ㉡ 발생한 거래의 내용을 다른 부서에 쉽게 전달할 수 있다.
    ㉢ 전표집계표(일계표 또는 월계표)를 사용하여 전기의 횟수를 줄일 수 있다.
    ㉣ 결제과정을 통하여 책임의 소재를 명확히 하며 장부검사의 수단으로 이용될 수 있다.

③ **전표의 종류**

　㉠ **입금전표**(적색) : 현금수입의 원인이 되는 거래를 기입한다(대변과목만 기입).

　　• 거래 : 상품을 ₩100,000에 현금으로 매출하다.

　　• 분개 : 〈차〉 현금 100,000　〈대〉 매출 100,000

　　• 전표기입

입금전표	
매출	100,000

　㉡ **출금전표**(청색) : 현금지출의 원인이 되는 거래를 기입한다(차변에 기입).

　　• 거래 : 상품을 ₩100,000에 현금으로 매입하다.

　　• 분개 : 〈차〉 매입 100,000　〈대〉 현금 100,000

　　• 전표기입

출금전표	
매입	100,000

　㉢ **대체전표**(흑색) : 현금의 수입과 지출을 수반하지 않는 거래를 기입한다(차변과 대변과목을 모두 기입).

　　• 거래 : 상품을 ₩100,000에 외상매입하다.

　　• 분개 : 〈차〉 매입 100,000　〈대〉 매입채무 100,000

　　• 전표기입

대체전표			
매입	100,000	매입채무	100,000

④ **전표제도의 구분**

　㉠ **1전표제** : 분개전표

　㉡ **3전표제** : 입금전표, 출금전표, 대체전표

　㉢ **4전표제** : 입금전표, 출금전표, 대체입금전표, 대체출금전표

　㉣ **5전표제** : 입금전표, 출금전표, 대체전표, 매입전표, 매출전표

⑤ **전표에서의 전기** ⋯ 거래가 발생하면 먼저 전표를 작성한 후 전표에 기입된 총계정원장상의 해당계정을 찾아 전기한다. 전표에서 총계정원장에 전기하는 방법은 다음 두가지가 있다.

　㉠ **전표에서 직접 원장에 전기** : 전표에서 직접 총계정원장의 계정과목에 전기하는 방법으로 거래건수가 적은 소규모 기업이나 회계프로그램을 이용하여 회계처리하는 경우에 많이 사용하는 방법이다.

　㉡ **분개집계표를 사용하여 원장에 전기** : 거래건수가 많은 경우에는 전표에서 직접 총계정원장에 전기하는 것이 번거롭고 시간도 많이 소요된다. 이러한 불편함을 해소하기 위하여 일정기간 동안 작성된 전표를 집계하는 분개집계표를 작성하고 분개집계표에서 총계정원장에 전기하는 방법을 사용한다.

　　• 종류(대상기간에 따라) : 일계표, 월계표

　　• 장점

　　－전기를 편리하게 할 수 있다.

　　－분개집계표를 통해 매일의 거래를 요약할 수 있다.

재무제표

(1) 재무제표의 의의

재무제표란 기업의 재무상태와 경영성과 등을 정보이용자에게 보고하기 위한 수단으로서 작성하는 재무보고서이다. 재무제표 중 재무상태표만이 일정시점의 개념이고 나머지의 기본재무제표는 일정기간의 개념을 나타낸다. 한국채택국제회계기준(K–IFRS)을 기준으로 작성한 재무제표를 공정하게 표시된 것으로 본다.

(2) 재무제표의 종류

① **기본재무제표** … 기말 재무상태표, 기간 포괄손익계산서, 기간 자본변동표, 기간 현금흐름표, 회계정책을 소급적용하거나 재무제표 항목을 소급하여 재작성 혹은 재분류하는 경우에는 가장 이른 비교 기간의 기초 재무상태표

② **주석** … 재무제표 본문의 내용을 상세하게 설명하고 보완하기 위하여 재무제표상의 해당 과목이나 금액에 기호를 붙이고 난외 또는 별지에 동일한 기호를 표시하여 그 내용을 간결 · 명료하게 설명하고 있다. K–IFRS에서는 이익잉여금처분계산서(결손금처리계산서)가 주석으로 공시된다.

(3) 재무제표의 목적(유용성)과 한계점

① **재무제표의 유용성** … 재무제표는 재무제표 이용자의 경제적 의사결정에 유용한 정보를 제공하여야 한다. 이 경우 재무제표 정보이용자의 정보요구는 다양하지만, 일반투자자의 요구에 유용한 정보는 기타 정보이용자의 요구에도 부합하는 것으로 본다. 재무제표를 통해 제공되는 정보는 다음과 같다.
   ㉠ 투자자나 채권자 등 정보이용자들의 의사결정에 유용한 정보를 제공한다.
   ㉡ 미래 현금흐름을 예측하는데 유용한 정보를 제공한다. 즉, 투자자나 채권자 등이 기업으로부터 받게 될 미래 현금의 크기, 시기, 불확실성 등을 평가하는데 유용한 정보를 제공한다.
   ㉢ 기업의 재무상태, 경영성과 그리고 현금흐름의 변동 및 자본변동에 관한 정보를 제공한다.
   ㉣ 경영자의 수탁책임 이행성과를 평가하는데 유용한 정보를 제공한다.

② **재무제표의 한계점**
   ㉠ 재무제표는 주로 화폐단위로 측정된 정보를 제공하기 때문에 계량화하기 어려운 정보는 생략되고 있다.
   ㉡ 재무제표는 대부분 과거에 발생한 거래 및 사건에 관한 정보를 나타낸다.
   ㉢ 재무제표는 추정에 의한 측정치와 인위적인 배분액을 포함하고 있다.
   ㉣ 재무제표는 기업에 관한 정보를 제공하며, 산업 또는 경제전반에 관한 정보를 제공하지는 않는다.
   ㉤ 화폐가치의 안정이라는 전제하에 채택되고 있는 명목화폐단위에 의한 회계처리는 인플레이션 상황하에서는 정보이용자의 의사결정목적에 적합하지 못하다는 비판이 있다.

기출문제

문. 「한국채택국제회계기준」에 의한 재무제표의 종류가 **아닌** 것은?
▶ 2012. 4. 7 행정안전부

① 재무상태표
② 포괄손익계산서
③ 현금흐름표
④ 사업보고서

☞ ④

문. 「국가회계기준에 관한 규칙」에 대한 설명으로 옳지 **않은** 것은?
▶ 2015. 4. 18 인사혁신처

① 재무제표는 재정상태표, 재정운영표, 순자산변동표로 구성하되 재무제표에 대한 주석을 포함한다.
② 현재 세대와 미래 세대를 위하여 정부가 영구히 보존하여야 할 자산으로서 역사적, 자연적, 문화적, 교육적 및 예술적으로 중요한 가치를 갖는 자산(유산자산)은 자산으로 인식하지 아니하고 그 종류와 현황 등을 필수보충정보로 공시한다.
③ 재정상태표에 표시하는 부채의 가액은 원칙적으로 현재가치로 평가한다.
④ 사회기반시설 중 관리유지 노력에 따라 취득 당시의 용역 잠재력을 그대로 유지할 수 있는 시설에 대해서는 감가상각하지 아니하고 관리유지에 투입되는 비용으로 감가상각비용을 대체할 수 있다.

☞ ③

(4) 재무제표 작성 · 공시의 기본가정(회계공준)

① **발생기준** … 기업은 발생기준회계를 사용하여 재무제표를 작성한다. 단, 현금흐름정보는 제외한다.

② **계속기업의 가정** … 기업은 특별한 사유가 없는 한 계속적으로 기업활동을 영위하며, 영업활동을 청산하거나 중대하게 축소시킬 의도가 없다는 가정이다. 이러한 계속기업의 가정으로 인하여 다음과 같은 후속개념들이 나타난다.
  ㉠ 기업의 자산을 역사적 원가로 평가하는 역사적 원가주의의 근거가 된다.
  ㉡ 유형자산의 취득원가를 미래의 기간에 걸쳐 비용으로 배분하는 감가상각 등의 회계처리방식이 정당화된다.
  ㉢ 자산, 부채의 분류 방법이 청산우선순위가 아닌 유동성배열법으로 분류 표시하는 근거가 된다.

(5) 기본적 회계원칙

회계담당자가 회계처리를 할 때 따라야 하는 원칙으로 자산, 부채, 수익, 비용 등을 인식, 측정, 보고하는 원칙이다.

① **역사적 원가주의**(자산 · 부채 인식의 원칙) … 자산과 부채는 그 취득 또는 발생시점의 교환가치(취득원가)로 평가한다는 것으로 취득원가의 원칙이라고도 한다.

② **발생주의**
  ㉠ 실현주의 원칙(수익인식의 원칙) : 수익은 실현되는 시점에 인식하여야 한다.
  ㉡ 수익 · 비용 대응의 원칙(비용인식의 원칙) : 비용은 관련 수익이 발생하는 시점에 인식하여야 한다.

③ **완전공시의 원칙** … 정보이용자들의 의사결정에 영향을 미칠 수 있는 정보는 모두 공시되어야 한다.

(6) 수정된 회계원칙(회계관습, 제약요인)

회계정보가 유용한 정보가 되기 위하여 갖추어야 할 질적 특성은 실무적인 여건이나 환경의 변화로 인하여 제한될 수 있다.

① **적시성** … 회계 정보는 필요한 시점에 제공되어야 한다. 적시에 제공된 정보는 목적적합성을 갖는 대신 시기에 맞추어 신속히 정보를 제공하려다 보면 불확실하여 신뢰성이 떨어질 수 있다.

② **효익과 비용간의 균형(효율성)** … 회계정보를 이용하여 얻는 효익이 정보의 제공에 소요된 비용보다 커야 한다는 것으로 재무제표 정보제공의 포괄적인 제약요인이다.

③ **질적 특성간의 균형** … 유용한 재무정보가 되기 위한 4가지 주요 질적 특성을 모두 갖추기는 어렵다. 이들 사이에 상충이 생길 수밖에 없는데 대표적인 것이 목적적합성과 신뢰성이다. 예를 들면, 자산을 역사적 원가로 측정하면 신뢰성은 높아지지만 자산의 가치변동을 제대로 보여주지 못해 목적

기출문제

문. (주)한국의 2013년도 현금주의에 의한 영업이익은 ₩100,0000이다. 2013년 1월 1일에 비해 2013년 12월 31일 선수수익은 ₩10,000 증가하였고 미수수익은 ₩20,000 증가하였다. (주)한국의 2013년도 발생주의에 의한 영업이익은?
▶ 2014. 4. 19 안전행정부

① ₩100,000 ② ₩110,000
③ ₩120,000 ④ ₩130,000

🖙 ②

문. 수익의 인식에 대한 설명으로 옳지 않은 것은?
▶ 2015. 6. 27 제1회 지방직

① 이자수익은 이자를 현금으로 수취하는 시점에 인식한다.
② 로열티수익은 관련된 약정의 실질을 반영하여 발생기준에 따라 인식한다.
③ 배당수익은 주주로서 배당을 받을 권리가 확정되는 시점에 인식한다.
④ 용역의 제공으로 인한 수익은 용역제공거래의 결과를 신뢰성 있게 추정할 수 있을 때 진행기준에 따라 인식한다.

🖙 ①

적합성은 떨어질 수밖에 없다. 그러므로 유용한 정보가 되기 위해서는 어느 한 쪽에 치우치지 않고 여러 질적 특성이 균형을 이루도록 하는 것이 중요하다.

④ **보수주의** … 동일한 사건에 대하여 둘 이상의 선택가능한 회계처리 방법이 있을 경우 재무적 기초를 견고히 하는 관점에서 순자산과 이익을 낮게 계상하는 회계처리방법을 선택하는 것이다.

⑤ **업종별 관행(산업실무)** … 회사가 속한 업종의 특수성으로 인하여 일반적인 회계원칙을 따를 경우 오히려 회계정보를 왜곡하는 결과가 될 수 있다. 이 경우 그 업종에서 특수하게 사용하는 업종별 관행을 적용하는 것이다.

(7) 회계정보의 질적 특성(개정 2011년 09월)

회계정보가 정보이용자들의 의사결정에 유용한 정보가 되기 위해서는 다음과 같은 특성을 갖추어야 한다.

① **이해가능성**(전제조건)
  ㉠ 정보의 측면 : 기업은 정보이용자들이 쉽게 이해할 수 있는 형태로 회계정보를 제공하여야 한다.
  ㉡ 정보이용자 측면 : 회계정보 이용자도 적당한 수준의 지식을 가지고 있으며 정보를 이해하는데 필요한 적절한 노력을 하여야 한다.

② **목적적합성** … 회계정보를 이용하여 의사결정을 하는 경우와 이용하지 않고 의사결정을 하는 경우에 의사결정결과에 차이를 발생시키는 정보의 능력으로 다음과 같은 하부속성이 있다.
  ㉠ 예측가치 : 정보이용자들이 미래를 예측하는 데 도움을 주는 능력
  ㉡ 피드백가치 : 과거에 회계정보를 이용하지 않고 예측했던 예측치를 확신시키거나 과거에 잘못 예측한 사실을 알게 하여 과거의 예측치를 수정할 수 있게 하는 능력
  ㉢ 적시성 : 의사결정을 하는 데 필요한 적절한 시기에 정보가 제공되는 능력

③ **신뢰성** … 정보에 오류나 편의(bias, 치우침)가 없어 객관적으로 검증가능하며 표현하여야 할 바를 충실하게 표현하고 있는 정보의 특성으로 다음의 하부속성을 갖추어야 한다.
  ㉠ 표현의 충실성 : 회계정보가 기업실체의 경제적 자원과 의무, 그리고 이들의 변동을 초래하는 거래 및 사건을 충실하게 표현하여야 한다.
  ㉡ 중립성 : 특정 정보이용자에게만 유리하게 하기 위하여 의도적으로 편견이 개입된 정보를 제공하여서는 아니 된다.
  ㉢ 검증가능성(객관성) : 동일한 경제적 사건에 대하여 독립된 다수의 측정자들이 동일한 측정방법을 적용하는 경우에 서로 유사한 결론에 도달하여야 한다.

④ **비교가능성**
  ㉠ 기간별 비교가능성(일관성, 계속성) : 한 회사의 일정한 회계사상에 대하여 매 기간마다 같은 회계처리방법을 일관성 있게 적용하면 그 기업의 회계정보의 기간별 변동추이를 쉽게 비교하고 분석할 수 있어 유용하다.

기출문제

문. 다음 설명에 해당하는 재무정보의 질적 특성은?
▶ 2015. 4. 18 인사혁신처

재무정보가 유용하기 위해서는 서술이 완전하고, 중립적이며, 오류가 없어야 한다.

① 목적적합성
② 검증가능성
③ 충실한 표현
④ 비교가능성

☞ ③

문. 정보이용자가 어떤 회계정보를 이용하여 의사결정을 할 때 그 정보가 없는 경우와 비교하여 보다 유리한 차이를 낼 수 있는 회계정보의 질적특성은?
▶ 2015. 6. 27 제1회 지방직

① 목적적합성
② 표현의 충실성
③ 적시성
④ 비교가능성

☞ ①

ⓒ 기업간 비교가능성 : 서로 다른 회사들의 회계처리방법과 보고양식이 유사하면 특정기업의 정보를 다른기업의 유사정보와 쉽게 비교하고 분석할 수 있어 유용하다.

(8) 지분이론(회계주체 이론)

① **자본주이론** ··· 기업을 자본주(주주)의 소유물로 보고 기업의 자산과 부채를 자본주의 자산과 부채로 인식하므로 다음의 재무상태표등식이 성립한다.

> 자산 - 부채 = 자본주 지분

② **기업실체이론** ··· 기업은 자본주와 별개의 독립된 실체이며 자본주는 채권자와 마찬가지로 투자자로서의 권리와 청구권만 갖는다.

> 자산 = 채권자 지분(부채) + 자본주 지분(주주지분, 자본)

③ **잔여지분이론** ··· 잔여지분이란 다른 모든 청구권자들(채권자와 우선주 지분권자)의 권리가 행사된 후에 남은 잔여지분(보통주 지분)이다.

> 자산 - 부채 - 우선주 지분 = 보통주 지분

(9) 재무제표 상호간의 관계

① **기본재무제표의 의의**
   ㉠ **재무상태표** : 일정시점에 있어서 기업의 재무상태인 자산, 부채 및 자본에 관한 정보를 제공하는 정태적 보고서로 좌측과 우측을 나누어 보고하는 계정식과 좌우의 구별없이 재무상태표 상단으로부터 순서대로 나타내는 보고식이 있다.
   ㉡ **포괄손익계산서** : 일정기간 동안 기업이 얻은 경영성과를 표시하는 동태적 보고서로서, 미래현금흐름 예측과 미래수익창출능력 예측에 유용한 정보를 제공한다.
   ㉢ **이익잉여금처분계산서(또는 결손금처리계산서)** : 일정기간 동안 기업의 이익잉여금의 변동사항을 나타내는 보고서로서, K-IFRS에서는 재무제표에 포함되지 않고 주석으로 공시한다. 기업이 당기에 순이익을 산출하면 일부는 주주에게 이익을 배당으로 환원하고 일부는 차기이후의 영업활동을 위하여 적립하게 된다. 이러한 이익의 분배를 처분이라 하며 이는 주주총회의 결의사항이므로 주주총회일에 처분내용이 확정되게 된다. 따라서 결산일 현재시점의 재무상태를 나타내는 재무상태표에는 처분하기 전의 이익잉여금이 표시된다. 한편, 당기순손실이 발생하여 이월이익잉여금이 음(-)의 잔액이 되는 경우 이를 이월결손금이라 하고 이 경우에는 이익잉여금처분계산서 대신 결손금처리계산서를 작성하게 된다.

   결산일(예 : 12월 31일)　　주주총회일(예 : 다음연도 2월 10일)

   ├─────────────────────────────────►

   처분전이익잉여금　　　　처분후이익잉여금(차기이월이익잉여금)

   ㉣ **현금흐름표** : 기업의 일정기간 동안 현금의 변동내역을 나타내는 동태적 보고서이다. 현금흐름표는 현금주의 개념의 손익계산서로 기업의 자금흐름과 미래현금흐름전망에 대한 정보를 제공한다. 현금흐름표는 기업 활동에서의 현금흐름을 영업활동, 투자활동, 재무활동으로 나누어 제시하고 있으며 작성방법에는 직접법과 간접법이 있다.
   ㉤ **자본변동표** : 일정기간 동안에 발생한 자본의 변동을 나타내는 보고서이다.

기출문제

문. ㈜대한은 2010년 회계기간 동안 매출채권 기초잔액 ₩36,000, 기말잔액 ₩40,000, 현금매출액 ₩150,000, 매출채권회전율이 5.0이다. ㈜대한의 2010년 매출액은? (단, 매출채권회전율의 계산은 외상매출액 및 기초와 기말 매출채권 잔액의 평균을 이용한다)

▶ 2011. 5. 14 상반기 지방직

① ₩190,000　　② ₩340,000
③ ₩350,000　　④ ₩465,000

☞ ②

② 재무제표의 상호관계

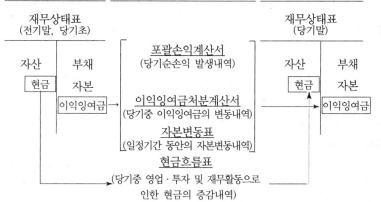

기초의 재무상태   기중의 재무상태 변동내역   기말의 재무상태

재무상태표
(전기말, 당기초)

자산	부채
현금	자본
	이익잉여금

포괄손익계산서
(당기순손익 발생내역)

이익잉여금처분계산서
(당기중 이익잉여금의 변동내역)

자본변동표
(일정기간 동안의 자본변동내역)

현금흐름표
(당기중 영업·투자 및 재무활동으로
인한 현금의 증감내역)

재무상태표
(당기말)

자산	부채
현금	자본
	이익잉여금

⑽ 재무비율분석

① 단기지급능력비율(유동성비율)

ⓐ 유동비율 $= \dfrac{\text{유동자산}}{\text{유동부채}} \times 100$

ⓑ 당좌비율 $= \dfrac{\text{당좌자산(유동자산} - \text{재고자산})}{\text{유동부채}} \times 100$

② 장기지급능력비율(안정성비율)

ⓐ 부채비율 $= \dfrac{\text{총부채}}{\text{자기자본}} \times 100$

ⓑ 자기자본비율 $= \dfrac{\text{자기자본}}{\text{총자본(타인자본} + \text{자기자본})} \times 100$

③ 수익성비율

ⓐ 매출총이익률 $= \dfrac{\text{매출총이익}}{\text{매출액}} \times 100$

ⓑ 매출액순이익률 $= \dfrac{\text{당기순이익}}{\text{매출액}} \times 100$

④ 활동성비율

ⓐ 매출채권회전율 $= \dfrac{\text{순외상매출액}}{(\text{기초매출채권} + \text{기말매출채권}) \div 2}$

                   $= \dfrac{\text{순외상매출액}}{\text{평균매출채권}}$

ⓑ 재고자산회전율 $= \dfrac{\text{매출원가}}{(\text{기초재고자산} + \text{기말재고자산}) \div 2}$

                   $= \dfrac{\text{매출원가}}{\text{평균재고자산}}$

⑾ 재무상태표

① 재무상태표 등식

> 자산 = 부채 + 자본

기출문제

문. 유동비율이 150%일 때, 유동
비율을 감소시키는 거래는?
▶ 2015. 4. 18 인사혁신처

① 매출채권의 현금회수
② 상품의 외상매입
③ 매입채무의 현금지급
④ 장기대여금의 현금회수

☞ ②

문. ㈜한국의 현재 유동비율은 130%,
당좌비율은 80%이다. 매입채무
를 현금으로 상환하였을 때 유
동비율과 당좌비율에 각각 미
치는 영향은?
▶ 2015. 6. 27 제1회 지방직

	유동비율	당좌비율
①	감소	영향 없음
②	증가	영향 없음
③	감소	증가
④	증가	감소

☞ ④

② **재무상태표 작성기준**

　㉠ **구분표시의 원칙** : 재무상태표는 자산, 부채 및 자본으로 구분하고 자산은 유동자산 및 비유동자산으로, 부채는 유동부채 및 비유동부채로, 자본은 자본금, 자본잉여금, 이익잉여금 및 자본조정, 기타포괄손익누계액으로 각각 구분한다.

　㉡ **총액기준원칙** : 자산, 부채 및 자본은 총액에 의하여 기재함을 원칙으로 하고, 자산의 항목과 부채 또는 자본의 항목을 상계함으로써 그 전부 또는 일부를 재무상태표에서 제외하여서는 아니 된다.

　㉢ **유동·비유동의 구분기준(1년 기준)** : 자산과 부채는 1년을 기준으로 하여 유동자산 또는 비유동자산, 유동부채 또는 비유동부채로 구분하는 것을 원칙으로 한다.

　㉣ **유동성배열법** : 재무상태표에 기재하는 자산과 부채의 항목배열은 유동성 배열법에 의함을 원칙으로 한다. 즉, 자산과 부채는 유동성이 높은 항목부터 낮은 항목순서로 배열한다. 이 작성기준에 의해 유동성이 더 높은 단기매매증권을 매출채권보다 위에 표시한다.

　㉤ **자본잉여금과 이익잉여금의 구분표시** : 자본거래에서 발생한 자본잉여금과 손익거래에서 발생한 이익잉여금은 혼동하여 표시해서는 아니 된다.

　㉥ **미결산항목 등의 표시** : 가지급금 또는 가수금 등의 미결산항목은 그 내용을 나타내는 적절한 과목으로 표시한다.

③ **재무상태표의 기본구조** … 재무상태표는 일정시점에 있어서 기업의 재무상태인 자산, 부채 및 자본에 관한 정보를 제공하는 정태적 보고서이다.

재무상태표

(자산)		(부채)	
유동자산		유동부채	×××
당좌자산	×××	비유동부채	×××
재고자산	×××	부채총계	×××
		(자본)	
비유동자산		자본금	×××
투자자산	×××	자본잉여금	×××
유형자산	×××	자본조정	×××
무형자산	×××	기타포괄손익누계액	×××
기타비유동자산	×××	이익잉여금	×××
		자본총계	×××
자산총계	×××	부채와 자본총계	×××

④ **재무상태표의 구성항목**

　㉠ **자산**

　　• **유동자산** : 유동자산이란 보고기간말로부터 1년 이내에 현금화할 수 있는 자산을 말하며, 이는 다시 당좌자산과 재고자산으로 분류된다.

기출문제

문. 「한국채택국제회계기준」에서 규정하고 있는 재무제표의 작성과 표시에 대한 설명으로 옳은 것은?
　　　　　▶ 2014. 4. 19 안전행정부

① 자산과 부채를 표시함에 있어 계정과목은 유동과 비유동으로 구분한 다음 유동성이 큰 순서대로 표시한다.

② 부채로 인식하기 위해서는 부채 인식 당시에 상환금액 및 상환시기를 확정할 수 있어야 한다.

③ 주석에는 '적용한 유의적인 회계정책의 요약'보다는 '한국채택국제회계기준'을 준수하였다는 사실을 먼저 표시하는 것이 일반적이다.

④ 현금흐름표 작성 시 배당금 수취는 영업 또는 투자활동으로 분류할 수 있으나 배당금 지급은 재무활동으로 분류하여 표시해야 한다.

　　　　　☞ ③

문. ㈜대한의 2010회계연도 기초 자산총계는 ₩4,000,0000이며, 기초와 기말시점의 부채총계는 각 ₩2,000,000과 ₩1,500,0000이다. 또한, 당기 포괄손익계산서상 수익총액이 ₩7,000,000, 비용총액이 ₩6,500,0000이고, 당기중 주주의 출자액이 ₩1,000,000일 때 기말 자산총계는? (단, 기타포괄손익은 없는 것으로 가정한다)
　　　　　▶ 2011. 4. 9 행정안전부

① ₩2,500,000
② ₩3,000,000
③ ₩3,500,000
④ ₩5,000,000

　　　　　☞ ④

문. 행복상사의 기초자산은 ₩500,000, 기말자산은 ₩700,0000이다. 기말의 부채는 ₩400,0000이고 당기순이익이 ₩30,0000이며 기중 자본거래는 없다면 기초부채는?
　　　　　▶ 2010. 5. 22 상반기 지방직

① ₩200,000
② ₩230,000
③ ₩260,000
④ ₩290,000

　　　　　☞ ②

- 당좌자산 : 재고자산을 제외한 유동자산으로 판매과정을 거치지 않고 1년 이내에 현금으로 전환될 수 있는 자산이다. 당좌자산에는 현금 및 현금성자산, 단기금융상품, 단기매매증권, 매출채권, 단기대여금, 미수금, 미수수익, 선급금, 선급비용 등이 있다.
- 재고자산 : 영업상 판매를 목적으로 구입하거나 자체적으로 생산한 재화를 말하며 판매과정을 통하여 현금으로 전환된다. 재고자산에는 상품, 제품, 원재료, 재공품 등이 있다.
- 비유동자산 : 보고기간말로부터 1년 이후에 현금화할 수 있는 자산으로 투자자산, 유형자산, 무형자산, 기타비유동자산으로 분류된다.
  - 투자자산 : 다른 회사를 지배하거나 통제할 목적 또는 장기적인 투자수익을 획득하기 위하여 보유하는 자산이며 유형자산과 무형자산 이외의 비유동자산들도 이에 속한다. 투자자산에는 장기금융상품, 매도가능증권, 투자부동산과 같이 투자를 목적으로 보유하고 있는 자산과 장기대여금, 장기미수금 등 유형·무형자산으로 분류되지 않는 비유동자산도 포함된다.
  - 유형자산 : 유형자산은 기업이 생산, 영업 및 관리 활동에 장기간 사용하기 위하여 보유하는 실물자산으로 보통 사용하는 과정에서 수익을 창출하며 가치가 감소하는 속성이 있으므로 감가상각의 대상이 된다. 유형자산에는 토지, 건물, 구축물, 비품, 기계장치, 선박, 차량운반구, 건설중인자산 등이 있다.
  - 무형자산 : 영업 또는 생산활동에 장기간 이용할 목적으로 보유하는 무형의 비화폐성자산으로 수익창출과정에서 그 가치가 소멸한다. 무형자산에는 영업권, 산업재산권, 광업권, 어업권, 개발비 등이 있다.
  - 기타비유동자산 : 장기성 매출채권, 임차보증금, 장기미수금 등을 말한다.
- ⓛ 부채
  - 유동부채 : 보고기간말로부터 1년 이내에 상환하여야 하는 부채로서 매입채무, 단기차입금, 미지급금, 선수금, 예수금, 미지급비용, 선수수익, 미지급법인세, 미지급배당금, 유동성장기부채 등이 있다.
  - 비유동부채 : 보고기간말로부터 1년 이후에 상환하여야 하는 부채로서 장기성매입채무, 장기차입금, 장기미지급금, 사채 등이 있다.
- ⓒ 자본 : 자본이란 기업실체의 자산총액에서 부채총액을 차감한 잔여액 또는 순자산으로서 기업실체의 자산에 대한 소유주의 잔여청구권이다. 자본은 유동성이 아닌 거래유형과 법적인 제약에 따라 자본금, 자본잉여금, 이익잉여금, 자본조정으로 분류한다.
  - 자본금 : 기업이 발행한 주식의 액면가액에 해당하는 금액을 말한다. 주주가 납입한 금액 중 액면가액에 해당하는 금액은 자본금으로 분류하고 이를 초과하는 금액은 주식발행초과금과목으로 하여 자본잉여금으로 분류하고 액면가액에 미달하는 금액은 주식할인발행차금이라 하여 주식발행초과금과 우선 상계하고 남은 잔여액은 자본조정으로 분류한다.
  - 자본잉여금 : 기업활동으로 인하여 증가한 자본금 이외의 순자산증가의 유보액을 말한다. 이 중 주주와의 거래인 자본거래에서 발생한 잉여금은 자본잉여금으로 분류한다. 자본잉여금은 자본거래에서 액면가액보다 높게 주식을 발행하거나 액면가액에 미달하게 주식을 감자하는 경우에 발생하고 주식발행초과금, 감자차익, 자기주식처분이익이 있다.

기출문제

문. 재무제표를 구성하는 요소의 정의로서 옳지 않은 것은?
▶ 2015. 6. 13 서울특별시

① 수익은 자산의 유입이나 증가 또는 부채의 감소에 따라 자본의 증가를 초래하는 특정 회계기간 동안에 발생한 경제적 효익의 증가로서, 지분참여자에 의한 출연과 관련된 것을 포함한다.
② 부채는 과거 사건에 의하여 발생하였으며 경제적 효익을 갖는 자원이 기업으로부터 유출됨으로써 이행될 것으로 예상되는 현재의무이다.
③ 자산은 과거 사건의 결과로 기업이 통제하고 있고 미래 경제적 효익이 기업에 유입될 것으로 기대되는 자원이다.
④ 자본은 기업의 자산에서 모든 부채를 차감한 후의 잔여지분이다. 자본총액은 그 기업이 발행한 주식의 시가총액 또는 기업순자산을 나누어서 처분하거나 기업 전체로 처분할 때 받을 수 있는 대가와 일치하지 않는 것이 일반적이다.

☞ ①

문. 무형자산의 인식에 대한 설명으로 옳은 것은?
▶ 2015. 4. 18 인사혁신처

① 내부 프로젝트의 연구 단계에 대한 지출은 자산의 요건을 충족하는지를 합리적으로 판단하여 무형자산으로 인식할 수 있다.
② 개발 단계에서 발생한 지출은 모두 무형자산으로 인식한다.
③ 사업결합으로 취득하는 무형자산의 취득원가는 취득일의 공정가치로 인식하고, 내부적으로 창출한 영업권은 무형자산으로 인식하지 아니한다.
④ 내부적으로 창출한 브랜드, 출판표제, 고객 목록과 이와 실질이 유사한 항목은 무형자산으로 인식한다.

☞ ③

- 이익잉여금 : 자본거래 이외의 거래를 통해 발생한 순이익 중 주주에게 배당하지 않고 기업내부에 유보되어 있는 금액을 말한다. 이익잉여금은 이익준비금, 기타법정적립금, 임의적립금, 미처분이익잉여금(처분전이익잉여금)으로 구성된다.
- 자본조정 : 자본조정이란 자본거래의 손실과 자본금, 자본잉여금, 이익잉여금에 속하지 않는 자본항목으로 구성된다. 자본조정에는 주식할인발행차금, 감자차손, 자기주식, 자기주식처분손실 등이 있다.
- 기타포괄손익누계액 : 매도가능증권평가손익, 해외사업환산손익 등을 말한다.

(12) 포괄손익계산서

① 포괄손익계산서의 기본구조 … 포괄손익계산서는 일정기간 동안의 기업의 경영성과인 수익, 비용 및 순이익에 관한 정보를 제공하는 동태적 보고서이다.

② 기업회계기준의 손익계산서와의 비교 … 기업회계기준에 의해 작성된 손익계산서는 단계별로 매출총손익, 영업손익, 계속사업손익, 당기순손익 등으로 구분하여 표시한다. 하지만 K-IFRS에서는 수익, 금융비용, 지분법관련손익, 법인세비용, 중단영업관련손익, 당기순손익의 최소한의 항목들을 포괄손익계산서에 포함하도록 하고 있다. 또한, 매출총손익과 영업손익을 구분하지 않는다(기능별로 표시할 경우는 구분하여 표시).

③ 기업회계 기준에 의한 손익계산서의 구성항목
  ㉠ 매출액
  - 기업의 주된 영업활동에서 발생한 제품, 상품, 용역 등의 총매출액에서 매출할인, 매출환입, 매출에누리 등을 차감한 금액이다. 차감 대상 금액이 중요한 경우에는 총매출액에서 차감하는 형식으로 표시하거나 주석으로 기재한다.
  - 매출액은 업종별이나 부문별로 구분하여 표시할 수 있으며, 반제품매출액, 부산물매출액, 작업폐물매출액, 수출액, 장기할부매출액 등이 중요한 경우에는 이를 구분하여 표시하거나 주석으로 기재한다.
  ㉡ 매출원가
  - 제품, 상품 등의 매출액에 대응되는 원가로서 판매된 제품이나 상품 등에 대한 제조원가 또는 매입원가이다. 매출원가의 산출과정은 손익계산서 본문에 표시하거나 주석으로 기재한다.
  - 매출원가는 기초제품(또는 상품)재고액에 당기제품제조원가(또는 당기상품매입액)를 가산하고 기말제품(또는 상품)재고액을 차감한 금액이다.
  - 당기상품매입액은 상품의 총매입액에서 매입할인, 매입환출, 매입에누리 등을 차감한 금액으로 한다.
  - 제품이나 상품에 대하여 생산, 판매 또는 매입 외의 사유로 증감액이 있는 경우에는 이를 매출원가의 계산에 반영한다.
  ㉢ 판매비와관리비 : 판매비와관리비는 제품, 상품, 용역 등의 판매활동과 기업의 관리활동에서 발생하는 비용으로서 매출원가에 속하지 아니하는 모든 영업비용을 포함한다. 급여, 퇴직급여, 복리후생비, 임차료, 접대비, 감가상각비, 무형자산상각비, 세금과공과, 광고선전비, 연구비 등이 이에 속한다.

문. ㈜한국의 2013년도 손익계산서에는 이자비용이 ₩2,000 계상되어 있고, 현금흐름표에는 현금이자지출액이 ₩1,500 계상되어 있다. ㈜한국이 자본화한 이자비용은 없으며 2013년 12월 31일의 선급이자비용은 2012년 12월 31일에 비해 ₩200만큼 감소하였다. 2012년 12월 31일의 재무상태표에 미지급이자비용이 ₩300인 경우 2013년 12월 31일의 재무상태표에 표시되는 미지급이자비용은?
▶ 2014. 4. 19 안전행정부

① ₩1,000　　② ₩800
③ ₩600　　④ ₩300

답 ③

문. 다음은 제품A~C에 대한 자료이다. 이 중에서 제품A에 대한 설명으로 옳지 않은 것은? (단, 결합원가 ₩70,000의 배분은 순실현가치기준법을 사용한다)
▶ 2015. 4. 18 인사혁신처

제품	생산량	각 연산품 추가가공비	단위당 공정가치
A	100kg	₩15,000	₩500
B	150kg	₩8,000	₩300
C	200kg	₩12,000	₩200

① 매출액은 ₩50,000이다.
② 순실현가치는 ₩35,000이다.
③ 단위당 제조원가는 ₩245이다.
④ 결합원가의 배분액은 ₩24,500이다.

답 ③

ㄹ **영업외수익** : 영업외수익은 기업의 주된 영업활동이 아닌 활동으로부터 발생한 수익과 차익으로서 중단사업손익에 해당하지 않는 것으로 한다. 이자수익, 배당금수익, 임대료, 단기투자자산처분이익, 단기투자자산평가이익, 외환차익, 외화환산이익, 지분법 이익 등이 있다.

ㅁ **영업외비용** : 영업외비용은 기업의 주된 영업활동이 아닌 활동으로부터 발생한 비용과 차손으로서 중단사업손익에 해당하지 않는 것으로 한다. 이자비용, 기타 대손상각비, 단기투자자산처분손실, 단기투자자산평가손실, 재고자산감모손실, 외환차손, 외화환산손실 등이 영업외비용에 속한다.

ㅂ **법인세비용차감전계속사업손익** : 법인세비용차감전계속사업손익은 영업손익에 영업외수익을 가산하고 영업외비용을 차감하여 산출한다. 또한 계속사업손익은 법인세비용차감전계속사업손익에서 계속사업손익법인세비용을 차감하여 산출한다. 여기서 계속사업손익은 기업의 계속적인 사업활동과 그와 관련된 부수적인 활동에서 발생하는 손익으로서 중단사업손익에 해당하지 않는 모든 손익을 말한다.

ㅅ **계속사업손익법인세비용** : 계속사업손익법인세비용은 계속사업손익에 대응하여 발생한 법인세비용이다.

ㅇ **중단사업손익** : 중단사업손익은 중단사업으로부터 발생한 영업손익과 영업외손익으로서 사업중단직접비용과 중단사업자산손상차손을 포함하며, 법인세효과를 차감한 후의 순액으로 보고하고 중단사업손익의 산출내역을 손익계산서상에 기재한다.

ㅈ **당기순손익** : 당기순손익은 계속사업손익에 중단사업손익을 가감하여 산출한다.

ㅊ **주당계속사업손익과 주당순손익** : 주당계속사업손익과 주당순손익은 손익계산서 본문에 표시하고 그 산출근거를 주석으로 기재한다.

④ 포괄손익계산서 작성방법
  ㄱ 단일 포괄손익계산서
  ㄴ 두 개의 보고서
    • 별개의 손익계산서 : 당기순이익의 구성요소를 배열
    • 포괄손익계산서 : 당기순손익에서 시작하여 기타포괄손익의 구성요소를 배열

⑤ K-IFRS 규정에 의한 포괄손익계산서의 구성항목
  ㄱ 구성항목 : K-IFRS는 원칙중심의 회계이므로 구체적인 회계처리 방법을 제시하지 않는다. 포괄손익계산서도 정형화된 장부형식을 제시하지 않고 최소한의 항목만 규정한다.
    • 수익(매출액)
    • 금융원가
    • 법인세비용
    • 당기순손익
    • 성격별로 분류되는 기타포괄손익의 구성요소
    • 총포괄손익
    • 세후 중단영업손익과 중단영업에 포함된 자산을 순공정가치로 측정하거나 처분함에 따른 세후손익
    • 지분법 적용대상기업과 조인트벤처의 당기순손익, 기타포괄손익에 대한 지분

문. 다음은 ㈜한국의 2014년도 회계자료의 일부이다. 2014년도 현금흐름표에 표시될 간접법에 의한 영업활동 현금흐름은? (단, 투자활동이나 재무활동과 명백하게 관련된 법인세 등의 납부는 없다)
▶ 2015. 4. 18 인사혁신처

당기순이익	₩2,000,000
미수수익의 순증가액	₩150,000
매입채무의 순증가액	₩200,000
법인세비용	₩400,000
매출채권의 순감소액	₩500,000
미지급비용의 순감소액	₩300,000

① ₩1,850,000
② ₩2,250,000
③ ₩2,350,000
④ ₩2,650,000

답 ②

문. ㈜한국의 자본은 납입자본, 이익잉여금 및 기타자본요소로 구성되어 있으며 2015년 기초와 기말의 자산과 부채 총계는 다음과 같다.
▶ 2015. 6. 27 제1회 지방직

구분	자산 총계	부채 총계
2015년 초	₩100,000	₩70,000
2015년 말	₩200,000	₩130,000

㈜한국은 2015년 중 유상증자 ₩10,000을 실시하고 이익처분으로 현금배당 ₩5,000, 주식배당 ₩8,000을 실시하였으며 ₩1,000을 이익준비금(법정적립금)으로 적립하였다. 2015년에 다른 거래는 없었다고 가정할 때, ㈜한국의 2015년 포괄손익계산서상 당기순이익은?

① ₩35,000   ② ₩40,000
③ ₩43,000   ④ ₩44,000

답 ①

ⓒ 특징
- 기타포괄손익의 구성요소 : 재평가잉여금의 변동, 확정급여제도의 보험수리적 손익, 해외사업장의 재무제표 환산 손익, 매도가능금융자산의 재측정 손익, 현금흐름위험회피의 위험회피수단의 평가손익 중 효과적인 부분 등이 기타포괄손익항목에 속한다. 기타포괄손익의 구성요소는 관련 법인세효과를 차감한 순액으로 표시하거나 관련 법인세효과 반영전 금액으로 표시하고 관련 법인세효과는 단일 금액으로 합산하여 표시한다.
- 총포괄손익 : 총포괄손익은 거래나 기타사건으로 인한 기간 중 자본의 변동(소유주로서의 자격을 행사하는 소유주와의 거래로 인한 자본의 변동 제외)을 말하며, '당기순손익'과 '기타포괄손익'의 모든 구성요소를 포함한다.
- K-IFRS에서 요구하거나 허용하지 않는 한 수익과 비용은 상계하지 않으며 수익과 비용의 어느항목도 포괄손익계산서 또는 주석에 특별손익항목으로 표시할 수 없다.
- K-IFRS의 기본 재무제표는 연결재무제표이기 때문에 포괄손익계산서 끝부분에 당기순이익과 총포괄손익 중 비지배지분과 지배기업 소유주에 귀속되는 금액을 분리하여 공시한다.
- 기타포괄손익의 구성요소와 관련된 재분류조정도 공시한다. 재분류조정은 주석이나 포괄손익계산서에 표시할 수 있으며 주석표시의 경우 재분류조정 후의 금액을 기타포괄손익 값으로 한다.
- 비용을 기능별로 분류할 경우 적어도 매출원가는 다른 비용과 분리하여 공시한다. 비용의 기능별 배분은 상당한 판단이 개입하여 자의적 배분이 가능하므로 비용을 기능별로 분류하는 경우 감가상각비, 기타상각비와 종업원급여 등은 비용의 성격에 대한 추가정보를 공시하여야 한다.

⑥ 비용의 성격별, 기능별 분류방법
ⓐ 성격별 분류

포괄손익계산서

수익(매출액)		×××
기타수익		×××
제품과 재공품의 변동	×××	
원재료와 소모품의 사용액	×××	
종업원의 급여	×××	
감가상각비 등		
기타비용	×××	(×××)
법인세비용차감전계속사업순이익		×××
계속사업법인세비용		(×××)
계속사업순이익(또는 계속사업순손실)		×××
중단사업손익		×××
당기순이익(또는 당기순손실)		×××
기타포괄손익		×××
총포괄손익		×××

기출문제

문. 발생주의회계를 채택하고 있는 ㈜대한의 2010회계연도의 당기순이익은 ₩25,000으로 보고되었다. 2009년 말과 2010년 말의 발생항목과 이연항목이 다음과 같을 때 2010회계연도의 현금주의에 의한 당기순이익은?

▶ 2011. 4. 9 행정안전부

항목	2009년 말	2010년 말
미수수익	₩8,000	₩12,000
미지급비용	₩6,000	₩4,000
선수수익	₩5,000	₩6,500
선급비용	₩7,000	₩4,500

① ₩23,000   ② ₩26,000
③ ₩27,000   ④ ₩30,000

☞ ①

ⓛ 기능별 분류

포괄손익계산서

수익(매출액)	×××
매출원가	(×××)
매출총이익	×××
기타수익	×××
물류원가	(×××)
관리비	(×××)
기타비용	(×××)
금융원가	(×××)
법인세비용차감전계속사업순이익	×××
계속사업법인세비용	(×××)
계속사업순이익(또는 계속사업 순손실)	×××
중단사업손익	×××
당기순이익(또는 당기순손실)	×××
기타포괄손익	×××
총포괄손익	×××

⑴ 현금흐름표

① 개요 … 현금흐름표는 기업에서 일정기간 동안에 발생한 현금의 변동내역 (증감내역)을 나타내는 동태적 보고서이다. 현금흐름표는 일정기간 동안 기업의 영업활동, 투자활동, 재무활동에 의해서 발생한 현금의 입금내역과 출금내역을 구분하여 나타냄으로써 포괄손익계산서(발생주의에 의해 작성) 와 재무상태(일정시점의 재무상태를 나타내는 정태적 보고서)의 보완역 할을 한다.

② 현금흐름표의 유용성

　ⓐ 포괄손익계산서와 현금흐름표를 비교하여 영업활동에서 조달된 현금흐 름과 매출액과의 관계 및 영업활동에서 조달된 현금흐름과 총현금의 증 감액과의 관계를 비교하여 미래에 발생할 현금흐름의 크기와 귀속시기 및 불확실성을 예측하고 평가하는데 유용한 정보를 제공한다.

　ⓑ 투자활동과 재무활동으로 인한 현금흐름에 관한 정보를 검토하여 기업 의 유동성과 재무건전성을 평가함으로써 부채상환능력, 배당금 지급능 력, 외부자금조달의 필요성에 관한 정보를 평가 할 수 있다.

　ⓒ 객관성 있는 정보를 제공하며 이익의 질을 평가할 수 있다.

POINT 팁 　**현금흐름표의 객관성** … 현금흐름표는 영업활동에서 조달된 현금흐름과 당기순 이익과의 차이 및 그 이유에 관한 정보를 제공한다. 발생주의에 의한 포괄손 익계산서상의 당기순이익은 회계담당자의 추정이나 인위적인 원가배분이 불가 피하지만 현금흐름표는 실질적인 현금흐름을 기준으로 작성하기 때문에 추정 이나 인위적인 원가배분이 필요 없으므로 객관적인 정보를 제공한다. 또한, 발 생주의에 의하여 작성된 포괄손익계산서상의 당기순이익과 현금주의에 의하여 작성된 현금흐름표상의 영업활동으로 인한 현금흐름과의 상관관계를 분석하여 이익의 질을 평가할 수 있다. 동일한 당기순이익이라도 영업활동으로 인한 현 금흐름이 많은 것이 이익의 질이 높다(당기순이익의 대부분이 현금화되었다)고 할 수 있다.

기출문제 ▶

문. 상품매매기업이 비용의 기능별 분류법에 따라 단일의 포괄손 익계산서를 작성하는 경우 최 소한 표시해야 할 항목이 아닌 것은?
▶ 2014. 4. 19 안전행정부

① 법인세비용　② 매출원가
③ 금융원가　④ 특별손실

☞ ④

문. 다음은 ㈜한국의 비교재무상태 표와 2015년도의 포괄손익계산 서 항목들이다. 이 자료들을 바 탕으로 ㈜한국의 2015년영업활 동으로 인한 현금흐름표금액을 구하면 얼마인가?
▶ 2015. 6. 13 서울특별시

〈비교재무상태표〉

	2014년 말	2015년 말
매출채권	₩540,000	₩650,000
선급보험료	₩70,000	₩35,000
매입채무	₩430,000	₩550,000
장기차입금	₩880,000	₩920,000

〈2015년도 포괄손익계산서 항목〉
• 당기순이익　₩200,000
• 건물처분손실　₩150,000
• 감가상각비　₩450,000
• 기계장치처분이익　₩60,000

① ₩695,000
② ₩785,000
③ ₩800,000
④ ₩825,000

☞ ②

② 투자활동과 재무활동이 기업의 재무상태에 미치는 영향을 분석할 수 있다. 현금흐름표상의 자산의 구입과 처분, 자금의 차입과 상환 등의 투자 및 재무활동 정보를 분석하여 기업의 재무상태변동에 대한 구체적인 원인을 파악할 수 있다.

③ 현금흐름표의 작성

⊙ 현금의 범위 : 현금흐름표의 작성기준이 되는 현금의 범위는 현금 및 현금등가물로 한다.

> 현금흐름표상의 현금 = 통화 + 통화대용증권 + 요구불예금 + 현금등가물

- 통화 : 지폐와 주화
- 통화대용증권 : 타인발행수표, 자기앞수표, 우편환증서, 전신환증서, 배당금지급통지서, 지급일이 도래한 채권의 이자표 등 언제든지 통화와 교환할 수 있는 것
- 요구불예금 : 당좌예금, 보통예금 등 금융기관에서 취급하는 금융상품으로 언제든지 현금으로 전환이 가능한 예금
- 현금등가물 : 큰 거래비용 없이 현금으로 전환이 용이하고, 이자율변동에 따른 가치변동의 위험이 중요하지 않은 유가증권 및 단기금융상품[단, 취득당시에 만기(또는 상환일)가 3개월 이내에 도래하지만 담보로 제공되거나 하여 사용이 제한된 것은 제외함]
  - 취득당시에 만기가 3개월 이내에 도래하는 채권
  - 취득당시에 상환일까지의 기간이 3개월 이내인 상환우선주
  - 취득당시에 3개월 이내의 환매조건인 환매채
  - 취득당시에 만기가 3개월 이내에 도래하는 양도성예금증서

⊙ 현금흐름의 구분 : 현금흐름표는 현금의 유입과 유출을 영업활동, 투자활동, 재무활동으로 구분하여 각 활동별로 표시한다.

- 영업활동 : 일반적으로 제품의 생산과 상품·용역의 구입 및 판매활동 등을 말하며, 투자 및 재무활동에 속하지 않는 거래를 모두 포함한다.
- 투자활동 : 현금의 대여, 대여금의 회수, 유가증권 및 비유동자산의 취득과 처분 등 일반적으로 비유동자산의 증감과 관련된 거래가 투자활동으로 분류된다.
- 재무활동 : 자금의 조달과 관련된 활동으로 현금의 차입과 차입금의 상환, 신주발행, 배당금 지급 등과 같이 일반적으로 비유동부채 및 자본에 영향을 미치는 거래이다.

④ 현금흐름표의 작성방법 … 현금흐름표를 작성하는 방법은 직접법과 간접법 모두 인정한다. 두 방법은 영업활동으로 인한 현금흐름을 산출하는 방법에만 차이가 있고 투자활동 및 재무활동으로 인한 현금흐름을 산출하는 방법은 같다. 그러나 현금흐름표를 직접법으로 작성한 경우에는 당기순이익과 당기순이익에 가감할 항목을 주석으로 공시하여야 한다.

⊙ 직접법 : 포괄손익계산서상의 발생주의에 의한 수익과 비용을 현금주의 수익과 비용으로 전환하여 영업활동으로 인한 현금흐름을 산출한다.

⊙ 간접법 : 포괄손익계산서상의 발생주의에 의한 당기순이익에서 출발하여 발생주의와 현금주의의 차이를 조정(가감)하여 영업활동으로 인한 현금흐름을 산출한다.

기출문제 ▶

문. 이자와 배당금의 현금흐름표 표시에 대한 설명으로 옳지 않은 것은?
▶ 2015. 4. 18 인사혁신처
① 금융기관이 아닌 경우 배당금 지급은 재무활동현금흐름으로 분류할 수 있다.
② 금융기관이 지급이자를 비용으로 인식하는 경우에는 영업활동 현금흐름으로 분류하고, 지급이자를 자본화하는 경우에는 주석으로 공시한다.
③ 금융기관이 아닌 경우 이자수입은 당기순손익의 결정에 영향을 미치므로 영업활동 현금흐름으로 분류할 수 있다.
④ 금융기관의 경우 배당금수입은 일반적으로 영업활동으로 인한 현금흐름으로 분류한다.

☞ ②

⑤ **현금흐름표의 구조** … 현금흐름표는 기업의 현금흐름을 영업활동, 투자활동, 재무활동으로 구분하여 나타낸다. 이처럼 현금흐름을 각 활동별로 구분하는 이유는 정보이용자에게 보다 유용한 정보를 제공하기 위해서이다.

현금흐름표

Ⅰ. 영업활동으로 인한 현금흐름 (직접법 또는 간접법에 의하여 산출한 현금흐름)		×××
Ⅱ. 투자활동으로 인한 현금흐름		
1. 투자활동으로 인한 현금유입액	×××	
2. 투자활동으로 인한 현금유출액	(×××)	×××
Ⅲ. 재무활동으로 인한 현금흐름		
1. 재무활동으로 인한 현금유입액	×××	
2. 재무활동으로 인한 현금유출액	(×××)	×××
Ⅳ. 현금의 증가(감소) (Ⅰ + Ⅱ + Ⅲ)		×××
Ⅴ. 기초의 현금		×××
Ⅵ. 기말의 현금		×××

(14) 자본변동표

① **의의** … 자본의 크기와 그 변동에 관한 정보를 제공하는 재무보고서로서, 자본을 구성하고 있는 자본금, 자본잉여금, 자본조정, 기타포괄손익누계액, 이익잉여금(또는 결손금)의 변동에 대한 포괄적인 정보를 제공한다.

② **자본변동표의 기본구조**

　㉠ 자본금, 자본잉여금, 자본조정, 기타포괄손익누계액, 이익잉여금(또는 결손금)의 각 항목별로 기초잔액, 변동사항, 기말잔액을 표시한다.

　㉡ 자본금의 변동은 유상증자(감자), 무상증자(감자)와 주식배당 등에 의하여 발생하며, 자본금은 보통주자본금과 우선주자본금으로 구분하여 표시한다.

　㉢ 자본잉여금의 변동은 유상증자(감자), 무상증자(감자), 결손금처리 등에 의하여 발생하며, 주식발행초과금과 기타자본잉여금으로 구분하여 표시한다.

　㉣ 자본조정의 변동은 자기주식, 주식할인발행차금, 주식매수선택권, 출자전환채무, 청약기일이 경과된 신주청약증거금 중 신주납입금으로 충당될 금액, 감자차손, 자기주식처분손실 등으로 구분하여 표시한다.

　㉤ 기타포괄손익누계액의 변동은 매도가능증권평가손익, 해외사업환산손익, 현금흐름위험회피 파생상품평가손익 등으로 구분하여 표시한다.

　㉥ 이익잉여금의 변동은 회계정책의 변경으로 인한 누적효과, 중대한 전기오류수정손익, 연차배당(당기중에 주주총회에서 승인된 배당금액으로 하되 현금배당과 주식배당으로 구분하여 기재한다)과 기타 전기말 미처분이익잉여금의 처분, 중간배당(당기중에 이사회에서 승인된 배당금액), 당기순손익 등으로 구분하여 표시한다.

ⓐ 자본변동표에서 전기에 이미 보고된 이익잉여금(또는 결손금)의 금액이 당기에 발생한 회계정책의 변경이나 중대한 전기오류수정으로 인하여 변동된 경우에는 전기에 이미 보고된 금액을 별도로 표시하고 회계정책 변경이나 오류수정이 매 회계연도에 미치는 영향을 가감한 수정 후 기초 이익잉여금을 표시한다.

⒂ 주석

재무상태표, 포괄손익계산서(혹은 별개의 손익계산서), 현금흐름표 및 자본변동표에 인식되어 본문에 표시되는 항목에 관한 설명이나 금액의 세부내역뿐 아니라 우발부채 또는 약정사항, 비재무적 공시항목과 같이 재무제표에 인식되지 않는 항목에 대한 추가 정보를 포함하여야 한다.

① **주석의 작성** … 일반적으로 재무제표 이용자가 재무제표를 이해하고 다른 기업의 재무제표와 비교하는 데 도움이 될 수 있도록 다음의 순서로 작성한다.
　㉠ K-IFRS에 준거하여 재무제표를 작성하였다는 사실의 명기
　㉡ 재무제표 작성에 적용된 중요한 회계정책의 요약
　㉢ 재무제표 본문에 표시된 항목에 대한 보충정보(재무제표의 배열 및 각 재무제표 본문에 표시된 순서에 따라 공시한다)
　㉣ 기타 우발부채, 약정사항 등의 계량정보와 비계량정보

② **주석의 포함사항**
　㉠ 재무제표 작성기준 및 중요한 거래와 회계사건의 회계처리에 적용한 회계정책
　㉡ K-IFRS에서 주석공시를 요구하는 사항
　㉢ 재무상태표, 포괄손익계산서(혹은 별개의 손익계산서), 현금흐름표 및 자본변동표의 본문에 표시되지 않는 사항으로서 재무제표를 이해하는 데 필요한 추가 정보

③ 주석은 재무제표 이용자의 이해와 편의를 도모하기 위하여 다음과 같은 방법으로 체계적으로 작성한다.
　㉠ 재무제표상의 개별항목에 대한 주석정보는 해당 개별항목에 기호를 붙이고 별지에 동일한 기호를 표시하여 그 내용을 설명한다.
　㉡ 하나의 주석이 재무제표상의 둘 이상의 개별항목과 관련된 경우에는 해당 개별항목 모두에 주석의 기호를 표시한다. 또한, 하나의 주석에 포함된 정보가 다른 주석과 관련된 경우에도 해당되는 주석 모두에 관련된 주석의 기호를 표시한다.

④ 미래에 관한 중요한 가정을 사용하는 경우 보고기간말의 추정불확실성과 미래에 대한 가정의 원천을 공시한다.
　㉠ 주석으로 기재하는 미래에 관한 중요한 가정의 예에는 미래의 이자율, 미래의 급여액 변동, 원가에 영향을 미치는 미래의 가격변동 및 내용연수 등이 있다.
　㉡ 미래 추정정보에는 예산정보와 미래예측을 포함하지 않는다.

⑤ K-IFRS 등의 최초적용으로 인한 회계기준의 중요한 변동이 예상되는 경우, 기업의 준비상황 및 재무제표에 미칠 수 있는 영향 등을 추가 정보로 공시할 것을 권장한다.

⑥ 지배기업과 연결실체 최상위 지배기업의 명칭을 공시하고 미인식 누적우선주 배당금도 공시하여야 한다.

SECTION 3 국제회계기준

(1) 국제회계기준의 필요성

세계화로 인한 글로벌 경영의 보편화로 해외자금조달이나 투자 시에 국제적으로 통일된 회계기준에 의해 재무제표가 작성되면 다른 국가의 회계원칙에 따라 재무제표를 재작성할 필요가 없어 노력과 비용이 절감되고, 회계정보의 국제적 비교가능성과 신뢰성, 상호이해가능성이 제고될 수 있다.

(2) 국제회계기준의 특징

① 원칙중심 회계기준 … 경영자가 경제적 실질에 기초하여 합리적으로 회계처리 할 수 있도록 회계처리의 기본원칙과 방법론을 제시하여 재무제표의 구체적인 양식이나 계정과목을 정형화하지 않고 선택가능 한 대안을 제시하여 재무제표 표시방법의 다양성을 인정하고 있다.

② 연결재무제표 중심 회계기준 … 종속회사가 있는 경우에 지배회사와 종속회사의 재무제표를 결합하여 보고하는 연결재무제표를 기본재무제표로 제시하고 있다.

③ 공시 강화 … 정보이용자를 보호하기 위해 개별 국가의 제도에 따른 기업의 상황을 반영할 수 있도록 국제회계기준의 적용에 최소한 적용되어야 하는 지침을 규정하고 있다.

④ 공정가치 적용 확대 … 목적적합한 정보제공을 위해 자산과 부채를 공정가치로 측정하여 공시할 것을 요구하고 있다.

(3) 우리나라 국제회계기준의 도입

① 도입과정 … 회계투명성 제고와 국제적 정합성을 확보하기 위해 2007년 11월에 K-IFRS를 제정하여 모든 상장기업은 2011년부터 국제회계기준을 적용하고 있다.

② 회계기준의 체계
　㉠ K-IFRS는 회계기준서 및 회계기준해석서로 구성되며, 적용대상은 상장법인, 자발적 채택 비상장법인, 은행·증권 등의 금융기관이다.
　㉡ 일반기업회계기준은 비상장기업에서 사용한다.

기출문제

문. 「한국채택국제회계기준」에 대한 설명으로 옳지 않은 것은?
▶ 2011. 4. 9 행정안전부

① 2011년부터 상장법인은 「한국채택국제회계기준」을 의무적으로 적용하여야 한다.
② 과거의 「기업회계기준」이 규칙중심의 회계기준이었던 데 비하여 「한국채택국제회계기준」은 원칙중심의 회계기준이다.
③ 「한국채택국제회계기준」은 연결재무제표를 주 재무제표로 한다.
④ 「한국채택국제회계기준」은 과거의 「기업회계기준」에 비해 자산과 부채를 측정함에 있어 공정가치보다는 역사적 원가를 반영하도록 하고 있다.

☞ ④

장부조직과 재무제표

1 「국가회계법」상 재무제표에 포함되지 않는 것은?

① 재정상태표
② 재정운영표
③ 순자산변동표
④ 예산결산요약표

TIP ①②③ 정부회계의 재무제표에 해당한다.

※ **재무제표**
　㉠ **정부회계**: 재정상태표, 재정운영표, 순자산변동표
　㉡ **기업회계**: 자본변동표, 포괄손익계산서, 재무상태표, 현금흐름표

2 재무제표에 대한 설명으로 가장 옳지 않은 것은?

① 재무상태와 경영성과 등을 정보이용자에게 보고하기 위한 수단이다.
② 경영자의 수탁책임 이행성과를 평가하는데 유용한 정보를 제공한다.
③ 재무제표는 미래에 발생할 사건에 관한 정보를 나타낸다.
④ 기업의 재무상태, 경영성과 그리고 현금흐름의 변동 및 자본변동에 관한 정보를 제공한다.

TIP ③ 재무제표는 대부분 과거에 발생한 거래 및 사건에 관한 정보를 나타낸다.

3 주기와 주석 및 부속명세서에 관한 설명으로 옳지 않은 것은?

① 주기는 재무제표상의 해당과목 다음에 그 회계사실의 내용을 간단한 문자 또는 숫자로 괄호안에 표시하여 설명하는 것이다.
② 주석은 재무제표상의 해당과목 또는 금액에 기호를 붙이고 난외 또는 별지에 동일한 기호를 표시하여 그 내용을 간결하게 설명하는 방법이다.
③ 주기와 주석 및 부속명세서는 재무제표에 대한 보완수단으로 사용된다.
④ 부속명세서는 재무제표에 첨부되는 서류로서 재무상태표와 손익계산서에 기재된 항목 중에서 중요한 항목에 대한 보조적인 자료를 내용으로 하여 자세히 기록하는 서류이다.

TIP 주석은 재무제표의 보완수단이 아니라 일부분이며, 부속명세서는 첨부되는 서류로서 재무제표의 보완수단으로 사용된다.

☆ ANSWER　1.④　2.③　3.③

4 다음이 설명하는 회계정보의 질적 특성은?

> 회계정보를 이용하여 의사결정을 하는 경우와 이용하지 않고 의사결정을 하는 경우에 있어서 의사결정결과에 차이를 발생시키는 정보의 능력을 말한다.

① 이해가능성　　　　　　　　　　② 목적적합성
③ 신뢰성　　　　　　　　　　　　④ 비교가능성

TIP 목적적합성에는 예측가치, 피드백가치, 중요성 등의 하부속성이 있다.
　① 기업은 정보이용자들이 쉽게 이해할 수 있는 형태로 회계정보를 제공해야 하고, 회계정보 이용자도 적당한 수준의 지식을 갖고 정보를 이해하는데 필요한 노력을 해야 한다.
　③ 정보를 객관적으로 검증가능하며 표현하여야 할 바를 충실하게 표현하고 있어야 한다.
　④ 한 기업에서 매 기간마다 일관성 있게 회계처리방법을 적용하면 기간별 변동추이 비교 분석이 가능하고, 서로 다른 기업들의 회계처리방법이 유사하면 특정기업의 정보를 다른 기업의 유사정보와 쉽게 비교 분석이 가능하여 유용하다.

5 주석에 대한 내용으로 옳지 않은 것은?

① 한국채택국제회계기준에서 주석공시를 요구하는 사항을 포함한다.
② 한국채택국제회계기준에 준거하여 재무제표를 작성하였다는 사실을 명기한다.
③ 하나의 주석이 재무제표상의 둘 이상의 개별항목과 관련된 경우에는 해당 개별항목 모두에 주석의 기호를 표시한다.
④ 주석에는 재무상태표, 포괄손익계산서, 현금흐름표 및 자본변동표에 인식되어 본문에 표시되는 항목에 관한 설명이나 금액의 세무내역만을 명기한다.

TIP ④ 주석에는 우발부채나 약정사항, 비재무적 공시항목과 같이 재무제표에 인식되지 않는 항목에 대한 추가정보를 포함하여야 한다.

6 '상품을 매입하고 대금 중 일부는 약속어음을 발행하고 나머지는 외상으로 하였다.'의 내용에 해당사항이 없는 장부는?

① 분개장, 총계정원장, 매입장
② 매출장, 매출처원장, 당좌예금출납장
③ 매입장, 매입처원장, 지급어음기입장
④ 분개장, 상품재고장, 지급어음기입장

TIP 일단 거래가 일어나면 분개장과 총계정원장에 기장하고, 매입하였으므로 매입장에, 상품매매이므로 상품재고장에, 외상매입이므로 매입처원장에 약속어음을 발행하였으므로 지급어음기입장에 각각 기장한다.

⭐ **ANSWER**　4.②　5.④　6.②

7 다음 중 분개장에 대한 설명으로 옳지 않은 것은?

① 분개장은 거래가 발생한 순서에 따라 일자별로 기록하기 때문에 특정일자의 거래사실을 찾아보기가 쉽다.

② 분개장에는 모든 거래가 기록되므로 분개내용을 통하여 거래내역을 파악할 수 있다.

③ 분개장에는 모든 거래가 기록되어 있기 때문에 분개장만 잘 보관하면 별도로 재무제표를 작성하지 않아도 된다.

④ 분개장을 이용하면 거래사실을 원장에 바로 전기할 때 발생할 수 있는 오류를 줄일 수 있다.

TIP ③ 재무제표는 분개장만으로는 제공하기 어려운 여러 의사결정에 유용한 정보를 제공하는 목적이 있으므로 분개장을 기록, 보관한다고 하여 재무제표를 작성할 필요가 없어지는 것은 아니다.

8 다음 중 보조기입장이 아닌 것은?

① 매입장   ② 상품재고장

③ 지급어음기입장   ④ 당좌예금출납장

TIP 장부조직

㉠ **주요장부**: 분개장(또는 전표), 총계정원장

㉡ **보조장부**
- 보조기입장: 현금출납장, 당좌예금출납장, 매입장, 매출장, 받을어음기입장, 지급어음기입장
- 보조원장: 상품재고원장, 매입처원장, 매출처원장, 유형자산원장, 적송품원장

9 다음 중 장부조직에 대한 설명으로 옳지 않은 것은?

① 분개장에는 기업에서 발생하는 모든 회계거래가 발생순서대로 기록된다.

② 총계정원장에는 분개장에 기록된 거래가 계정별로 집합되어 있어서 총계정원장상의 잔액들로 재무상태표와 포괄손익계산서를 작성한다.

③ 보조기입장에는 모든 거래가 발생순서대로 기록된다.

④ 보조원장은 총계정원장의 특정계정에 관한 상세한 명세를 기록한 장부이다.

TIP ③ 분개장에는 모든 거래가 발생순서대로 기록되고 보조기입장에는 현금출납사항, 당좌예금출납사항, 매입사항, 매출사항, 받을어음의 발생과 회수사항, 지급어음의 발생과 지급사항 등 특정거래에 대하여 발생순서대로 기록한다.

⭐ **ANSWER**   7.③   8.②   9.③

10 서원상사는 상품 ₩1,000,000을 매입하면서 ₩300,000만 현금으로 지급하고 나머지는 외상으로 하기로 하였다. 이 경우 서원상사가 기장하여야 할 장부를 모두 나열하면?

① 분개장, 총계정원장, 매입장, 상품재고장, 현금출납장, 매입처원장
② 분개장, 총계정원장, 매입장, 상품재고장, 현금출납장, 외상매입장
③ 현금출납장, 매입처원장, 매입장, 상품재고장, 외상매입장
④ 현금출납장, 매입장, 매입처원장, 상품재고장, 지급어음어음기입장

TIP 모든 거래는 전부 분개장과 총계정원장에 기장하고 상품을 현금과 외상으로 매입하였으므로 매입장, 상품재고장, 현금출납장(현금매입분), 매입처원장(외상매입분)에 기장한다.

11 서원상사는 한강상사에 상품 ₩10,000,000을 매출하고 ₩5,000,000은 당점발행수표로 받고 나머지는 3개월 만기의 약속어음을 받았다. 이 경우 기입하여야 하는 보조장부는?

① 매출장, 상품재고장, 매출처원장, 당좌예금출납장
② 매출장, 상품재고장, 매출처원장, 받을어음기입장
③ 매출장, 매출처원장, 당좌예금출납장, 받을어음기입장
④ 매출장, 상품재고장, 당좌예금출납장, 받을어음기입장

TIP 상품을 매출하고 당좌수표와 약속어음을 받았으므로 주요장부인 분개장과 총계정원장에 기장하고 보조장부는 매출장, 상품재고장, 당좌예금출납장(당좌수표수취분), 받을어음기입장(약속어음수취분)에 기장한다.

12 다음 장부조직 중 주요장부로만 구성된 것은?

① 매출장과 매입장
② 분개장과 총계정원장
③ 현금출납장과 상품재고장
④ 매출처원장과 매입처원장

TIP 주요장부는 분개장(또는 전표)과 총계정원장이다.

13 다음 중 보조장부에 해당하지 않는 것은?

① 총계정원장
② 상품재고원장
③ 매입처원장
④ 매출처원장

TIP 분개장(또는 전표)과 총계정원장은 주요장부이고 상품재고원장, 매입처원장, 매출처원장, 유형자산원장, 적송품원장 등은 보조장부 중 보조원장에 해당한다.

⭐ **ANSWER** 10.① 11.④ 12.② 13.①

14 다음의 장부에 모두 기장하여야 하는 거래는?

> 분개장, 총계정원장, 매입장, 상품재고장, 지급어음기입장, 매입처원장

① 상품을 매입하고 약속어음을 발행하다.
② 상품을 매입하고 당좌수표를 발행하다.
③ 상품을 매입하고 대금 중 일부는 당좌수표를 발행하고 나머지는 외상으로 하다.
④ 상품을 매입하고 대금 중 일부는 약속어음을 발행하고 나머지는 외상으로 하다.

TIP ㉠ 모든 거래는 분개장과 총계정원장에 기장한다.
ㄴ 매입거래는 매입장에 기장한다.
ㄷ 상품매매거래는 상품재고장에 기장한다.
ㄹ 매입액 중 약속어음발행분은 지급어음기입장에 외상매입분은 매입처원장에 각각 기장한다.

15 다음의 장부에 모두 기장하여야 하는 거래는?

> 분개장, 총계정원장, 매출장, 상품재고장, 당좌예금출납장, 매출처원장

① 상품을 매출하고 대금을 수표로 받다.
② 상품을 매출하고 대금을 외상으로 하다.
③ 상품을 매출하고 대금 중 일부는 수표로 받고 나머지는 외상으로 하다.
④ 상품을 매출하고 대금 중 일부는 현금으로 받고 나머지는 수표로 받다.

TIP 모든 거래는 분개장과 총계정원장에 기록하고, 매출거래에 대하여는 매출장과 상품재고장에, 매출액 중 당좌수표 수취분은 당좌예금출납장에 외상매출분에 대하여는 매출처원장에 기록한다.

16 상품을 외상으로 판매한 후 불량품이 포함되어 있다는 사실을 발견하고 일정액을 에누리한 경우 기장하여야 할 장부가 아닌 것은?

① 매출장   ② 상품재고장
③ 분개장   ④ 총계정원장

TIP ㉠ 모든 거래는 주요장부인 분개장과 총계정원장에 기록된다.
ㄴ 매출에누리와 매출할인은 재고자산의 원가(단가)에 영향을 미치지 않으므로 상품재고장에는 기록하지 않고 매출장에만 기록한다.
ㄷ 매출환입은 재고자산이 다시 입고되므로 상품재고장에 기록한다.
ㄹ 매입환출, 매입에누리, 매입할인은 상품재고장에 기록한다.

ANSWER 14.④ 15.③ 16.②

17 서원상사는 상품 ₩500,000을 매입하면서 약속어음을 발행하였고, 추가로 매입운임 ₩10,000을 현금으로 지급하였다. 이 경우 기장하여야 할 보조장부는?

① 매입장, 상품재고장, 지급어음기입장, 현금출납장
② 매입장, 매입처원장, 상품재고장, 지급어음기입장
③ 매입장, 매입처원장, 상품재고장, 현금출납장
④ 매입장, 매입처원장, 상품재고장, 지급어음기입장, 현금출납장

🏵️**TIP** 상품매입거래에는 매입장과 상품재고장에, 약속어음발행분은 지급어음기입장에, 매입운임 지급분은 현금출납장에 각각 기장한다.

18 상품매매시에 작성하는 상품재고장의 작성방법으로 옳지 않은 것은?

① 상품매입시에는 매입액을 인수란에 기입한다.
② 상품매출시에는 매출액을 인도란에 기입한다.
③ 매입환출액과 매입에누리액은 인수란에 기입한다.
④ 매출환입은 인도란에 기입하지만 매출에누리와 매출할인은 기입하지 않는다.

🏵️**TIP** ㉠ 상품매출시에는 매출액이 아닌 매입원가(매출원가)를 인도란에 기입한다.
㉡ 매출에누리와 매출할인은 재고자산의 원가(단가)에 영향을 미치지 않으므로 상품재고장에는 기입하지 않고 매출장에만 기입한다.
㉢ 매출환입은 상품재고장과 매출장에 기입한다.
㉣ 매입에누리와 매입할인은 인수란에 기입하고 재고자산의 단가를 수정한다.

19 다음 중 특수분개장제도를 채택할 때 4장부제에 속하는 장부로만 구성된 것은?

① 매출장, 매입장, 당좌예금출납장, 받을어음기입장
② 현금출납장, 받을어음기입장, 지급어음기입장, 매출처원장
③ 매출장, 매입장, 매출처원장, 매입처원장
④ 매출장, 매입장, 현금출납장, 보통분개장

🏵️**TIP** 상품의 매출과 매입, 현금의 입금과 출금은 기업에서 자주 발생하며 중요성이 높은 항목이므로 외상매출과 외상매입거래, 현금의 입금과 출금거래는 일반적인 분개장 양식에서 제공할 수 없는 보다 상세한 정보를 기록하고 이용하기 위하여 일반분개장이 아닌 별도의 특수분개장에 기록한다. 이때 사용되는 4장부제는 매출장, 매입장, 현금출납장, 보통분개장으로 구성된다.

⭐**ANSWER**　17.①　18.②　19.④

20 다음 중 매입장에 기입되지 않는 것은?

① 매출환입　　　　　　　　　　② 매입환출

③ 매입할인　　　　　　　　　　④ 매입운임

🏵️ **TIP** ① 매출환입은 매출장과 상품재고장에 기입한다.

21 다음 중 전표제도의 장점이 아닌 것은?

① 기장사무를 분담할 수 있고, 거래의 내용을 다른 부서에 쉽게 전달할 수 있다.

② 책임의 소재를 명확히 하며, 장부검사의 수단으로 이용할 수 있다.

③ 전기의 횟수를 줄일 수 있으며, 기록의 분실우려가 없다.

④ 분개장의 대용으로 장부조직을 간소화할 수 있다.

🏵️ **TIP** 전표제도는 거래의 발생을 분개장에 기록하는 대신에 각 부서별로 분담하여 전표에 기록하고 다른 부서에 전달하며 기장의 증거자료로 보존하는 것으로 전표가 낱장으로 떨어져 있으므로 분실의 우려가 있다.

22 다음의 거래를 전표로 작성할 때 옳은 것은?

> 한강상사로부터 지난달에 어음을 받고 판매한 상품대금 ₩500,000이 만기가 되어 현금 ₩200,000과 자기앞수표로 ₩300,000을 회수하다.

①
입금전표
받 을 어 음 ₩500,000

대체전표	
자기앞수표 ₩300,000	받 을 어 음 ₩500,000

②
입금전표
받 을 어 음 ₩500,000

③
입금전표
받 을 어 음 ₩200,000

대체전표	
자기앞수표 ₩300,000	받 을 어 음 ₩300,000

④
대체전표	
자기앞수표 ₩300,000	받 을 어 음 ₩300,000

⭐ **ANSWER**　20.①　21.③　22.②

TIP 자기앞수표는 통화대용증권으로 현금에 해당하며, 보기의 거래는 현금수입의 원인이 되는 거래이므로 입금전표에 대변계정과목명만 기입하면 된다.

23 다음 중 특수분개장으로 사용할 수 있는 장부는?

① 상품재고장   ② 현금출납장
③ 매출처원장   ④ 매입처원장

TIP 특수분개장은 매출장(모든 외상매출거래를 기록), 매입장(모든 외상매입거래를 기록), 현금수입장과 현금지출장(현금출납장)으로 보조기입장에 갈음하여 사용할 수 있다. 그러나 상품재고장, 매출처원장, 매입처원장은 보조장부의 보조원장에 속하며 특수분개장으로는 사용할 수 없다.

24 다음 중 특수분개장과 그 기장내용의 연결이 옳지 않은 것은?

① 매출장 − 모든 외상매출거래를 기록한 장부이다.
② 매입장 − 모든 매입거래를 기록한 장부이다.
③ 현금수입장 − 모든 현금수입을 기록한 장부이다.
④ 현금지출장 − 모든 현금지출을 기록한 장부이다.

TIP ② 매입장은 모든 매입거래가 아니라 모든 외상매입거래를 기록한 장부이다.

25 다음 전표로 추정할 수 있는 거래의 내용은?

출금전표	대체전표	
매 입 ₩200,000	매 입 ₩300,000	지급어음 ₩300,000

① 상품 ₩200,000을 현금으로 매입하고, 거래처에 발행해 주었던 어음이 만기가 되어 현금 ₩300,000을 지급하다.
② 상품 ₩300,000을 매입하면서 약속어음을 발행하다.
③ 상품 ₩500,000을 매입하면서 대금은 약속어음을 발행하여 지급하다.
④ 상품 ₩500,000을 매입하면서 ₩20,000은 현금으로, 나머지는 약속어음을 발행하여 지급하다.

TIP 출금전표는 현금지출이 수반되는 거래의 차변계정과목명을, 대체전표는 현금의 유출·입이 없는 거래의 차변과 대변계정과목명을 모두 기입한다.

⭐ **ANSWER**   23.② 24.② 25.④

26 상품을 ₩1,000,000에 매입하고 대금 중 ₩700,000은 약속어음을 발행하고 나머지는 당좌수표를 발행하여 지급한 거래를 전표로 작성하면 어떤 전표가 작성되어야 하는가?

① 출금전표, 대체전표   ② 대체전표

③ 입금전표, 대체전표   ④ 출금전표, 매입전표

TIP 위 거래의 내용을 분개하고 전표에 옮기면 다음과 같다.

〈차〉매　입 1,000,000   〈대〉지급어음 700,000
                               당좌예금 300,000

대체전표		대체전표	
매　입 700,000	지급어음 700,000	매　입 300,000	당좌예금 300,000

27 다음 전표의 내용을 분개로 나타내면?

출금전표	대체전표	
매　입 ₩200,000	매　입 ₩300,000	당좌예금 ₩300,000

① 〈차〉매　입　　500,000　　〈대〉현　금　　200,000
　　　　　　　　　　　　　　　　　　당좌예금　300,000

② 〈차〉매　입　　200,000　　〈대〉지급어음　200,000
　　　지급어음　300,000　　　　　당좌예금　300,000

③ 〈차〉지급어음　300,000　　〈대〉당좌예금　300,000

④ 〈차〉매　입　　200,000　　〈대〉현　금　　200,000
　　　지급어음　300,000　　　　　당좌예금　300,000

TIP 출금전표는 상품 ₩200,000을 현금으로 매입한 것이고, 대체전표는 상품 ₩300,000을 당좌수표를 발행하여 매입한 것이다.

28 상품 ₩10,000,000을 매입하고 대금 중 ₩5,000,000은 약속어음을 발행하여 교부하고 ₩3,000,000은 당좌수표를 발행하여 지급하고 ₩2,000,000은 현금으로 지급하였다. 이 경우 기입해야 할 전표는?

① 매입전표, 대체전표   ② 매입전표, 출금전표

③ 출금전표, 대체전표   ④ 입금전표, 출금전표

TIP 거래의 내용을 분개하면 다음과 같다.

〈차〉매입 10,000,000   〈대〉지급어음 5,000,000
                            당좌예금 3,000,000
                            현　금 2,000,000

∴ 현금지급 ₩2,000,000은 출금전표에, 지급어음 ₩5,000,000과 당좌예금 ₩3,000,000은 대체전표에 각각 기입한다.

ANSWER 26.② 27.① 28.③

29 서원상사는 한강상사에서 상품 ₩10,000,000을 매입하면서 대금 중 ₩5,000,000은 당좌수표를 발행하여 지급하고 나머지는 한강상사에 대한 매출채권과 상계하기로 한 경우 기입해야 할 전표는?

① 대체전표   ② 매입전표
③ 출금전표   ④ 매입전표, 대체전표

🌸 **TIP** 위 거래의 내용을 분개하고 전표로 나타내면 다음과 같다.

〈차〉 매입 10,000,000   〈대〉 매출채권 5,000,000
                                         당좌예금 5,000,000

대체전표		대체전표	
매 입 5,000,000	매출채권 5,000,000	매 입 5,000,000	당좌예금 5,000,000

30 5전표제를 사용한다고 할 때 다음의 거래를 전표에 바르게 기입한 것은?

> 서원상사는 한강상회로부터 A상품 ₩5,000,000을 매입하면서 현금 ₩3,000,000을 지급하고 나머지는 외상으로 하다.

①

매입전표	출금전표
A상품 5,000,000	매입채무 3,000,000

②

매입전표	출금전표
A상품 3,000,000	매입채무 3,000,000

③

매입전표	출금전표	대체전표	
A상품 5,000,000	매입채무 3,000,000	매 입 2,000,000	매입채무 2,000,000

④

매입전표	출금전표	대체전표	
A상품 3,000,000	매입채무 3,000,000	매 입 2,000,000	매입채무 2,000,000

🌸 **TIP** 5전표제에서는 3전표제에서 기입하는 것 외에 추가로 매입거래와 매출거래에 대해서 매입전표와 매출전표를 작성한다. 출금전표에서 '매입'이 아닌 '매입채무'로 기입한 것은 매입시에 모두 외상매입으로 기록한 후 현금지급분에 대해서 다시 출금전표를 작성하여 매입채무의 상환으로 처리하였기 때문이다. 따라서 매입전표상의 ₩5,000,000은 모두 외상매입분이고 출금전표상의 ₩3,000,000은 매입채무의 상환액(현금지급액)이다. 그러면 차액 ₩2,000,000이 매입채무로 남아있게 된다.

② 매입전표의 A상품이 ₩5,000,000이어야 한다.
③ 대체전표의 매입과 매입채무가 ₩5,000,000이어야 한다.
④ 매입전표의 A상품이 ₩5,000,000이고 대체전표의 매입과 매입채무도 ₩5,000,000이어야 한다.

※ **전표제도**
　㉠ **1전표제** : 분개전표
　㉡ **3전표제** : 입금전표, 출금전표, 대체전표
　㉢ **4전표제** : 입금전표, 출금전표, 대체입금전표, 대체출금전표
　㉣ **5전표제** : 입금전표, 출금전표, 대체전표, 매입전표, 매출전표

⭐ **ANSWER**　**29.①　30.①**

31 다음과 같은 5월 2일의 전표에 의해 일계표를 작성할 때 일계표상의 차변합계금액과 대변합계금액은 각각 얼마인가?

입금전표		출금전표	
매　　출	300,000	매　　입	200,000

입금전표		출금전표	
받 을 어 음	500,000	외상매입금	500,000

입금전표		출금전표	
대 　여 　금	1,000,000	차 　입 　금	700,000

대체전표		대체전표	
외상매출금 500,000	매　　출 500,000	매　　입 200,000	지 급 어 음 200,000

	차변합계금액	대변합계금액		차변합계금액	대변합계금액
①	₩3,200,000	₩3,200,000	②	₩3,600,000	₩3,600,000
③	₩3,600,000	₩3,900,000	④	₩3,900,000	₩3,900,000

TIP 전표의 내용을 분개하여 차변과 대변의 금액을 각각 합산하면 다음과 같다.

입금전표	〈차〉	현　　금	300,000	〈대〉	매　　출	300,000
		현　　금	500,000		받을어음	500,000
		현　　금	1,000,000		대 여 금	1,000,000
출금전표	〈차〉	매　　입	200,000	〈대〉	현　　금	200,000
		외상매입금	500,000		현　　금	500,000
		차 입 금	700,000		현　　금	700,000
대체전표	〈차〉	외상매출금	500,000	〈대〉	매　　출	500,000
		매　　입	200,000		지급어음	200,000
		차 변 합	3,900,000		대변합	3,900,000

※ 위 전표의 내용을 원장에 전기하여 차변금액의 합과 대변금액의 합을 구하면 각각 ₩3,900,000이 된다.

현　　금			매　　입	
매　　출 300,000	매　　입 200,000		현　　금 200,000	
받 을 어 음 500,000	외상매출금 500,000		지 급 어 음 200,000	
대 여 금 1,000,000	차 입 금 700,000			

매　　출		차 입 금	
	현　　금 300,000	현　　금 700,000	
	외상매출금 500,000		

받을어음		외상매출금	
	현　　금 500,000	매　　출 500,000	

대 여 금		외상매입금	
	현　　금 1,000,000	현　　금 500,000	

지급어음	
	매　　입 200,000

ANSWER 31.④

38 | 제1편 회계원리(재무회계)

32 다음 중 재무제표에 속하지 않는 것은?

① 포괄손익계산서   ② 자본변동표

③ 주석 및 부속명세서   ④ 현금흐름표

TIP ③ 재무제표는 재무상태표, 포괄손익계산서, 현금흐름표, 자본변동표, 주석이 있다. 주석은 재무제표에 속하지만 부속명세서는 재무제표의 일부가 아니다.

33 다음 중 기본적인 재무제표가 아닌 것은?

① 재무상태표   ② 시산표

③ 자본변동표   ④ 현금흐름표

TIP ② 시산표는 대 · 차평균의 원리에 따라 분개와 전기의 정확성여부를 검증하기 위하여 결산전예비과정에서 작성하는 것으로서 재무제표가 아니다.

34 다음 중 재무제표에 관한 설명으로 옳지 않은 것은?

① 재무제표는 자기검증기능에 따라 결산일 이전에 기업의 재무상태와 경영성과를 파악할 수 있는 일람표이다.

② 주기는 재무제표상의 해당과목 다음에 그 회계사실의 내용을 간단한 숫자나 문자로 괄호안에 표시하여 설명하는 것이다.

③ 주석은 해당과목 또는 금액에 기호를 붙이고 난외 또는 별지에 동일한 기호를 표시하여 그 내용을 간결하게 설명하는 방법이다.

④ 주석은 재무제표의 일부분이나 부속명세서는 재무제표에 포함하지 않는다.

TIP ① 자기검증기능에 따라 결산일 이전에 기업의 재무상태와 경영성과를 파악할 수 있는 일람표는 시산표이며 시산표는 재무제표가 아니다.

35 다음 중 재무제표의 목적과 관련이 없는 것은?

① 기업의 재무상태와 경영성과를 파악하는데 유용한 정보를 제공한다.

② 기업의 미래 현금흐름을 예측하는데 유용한 정보를 제공한다.

③ 투자자나 채권자 등 정보이용자들의 의사결정에 유용한 정보를 제공한다.

④ 기업의 미래 투자처를 예측하는데 유용한 정보를 제공한다.

TIP ④ 기업의 이해관계자들은 재무제표를 통하여 여러 가지 유용한 정보를 얻을 수 있으나 기업의 미래 투자처까지 예측할 수 없다. 재무제표는 이 외에 경영자의 수탁책임 이행성과를 평가하는데 유용한 정보를 제공한다.

ANSWER   32.③   33.②   34.①   35.④

36 다음 중 재무제표의 정보이용자가 아닌 것은?

① 정부

② 노동조합

③ 채권자

④ 채무자

TIP 정부 중에서 특히 세무서는 공정한 세무관리를 위해서, 노동조합은 노·사 협상의 자료로, 채권자는 추가 투자나 채권의 회수 등의 목적으로 재무제표를 통한 회계정보를 이용하나 채무자는 특별한 이해관계자가 아니다.

37 다음 중 회계정보의 질적 특성 중 신뢰성에 속하지 않는 것은?

① 적시성

② 표현의 충실성

③ 중립성

④ 검증가능성

TIP 신뢰성은 정보에 오류나 편의가 없어 객관적으로 검증가능하며 표현하여야 할 바를 충실하게 표현하고 있는 정보의 특성으로 표현의 충실성과 중립성, 검증가능성을 속성으로 한다.

38 다음 중 계속기업의 가정으로부터 도출되는 후속개념이 아닌 것은?

① 역사적 원가

② 수익·비용의 대응

③ 감가상각

④ 청산가치

TIP ④ 기업이 자산과 부채를 청산가치로 평가한다는 것은 기업을 더 이상 계속할 수 없어서 청산을 전제로 할 때이다.

39 다음 중 기본적 회계원칙이 아닌 것은?

① 발생주의

② 보수주의

③ 완전공시

④ 역사적 원가

TIP 기본적 회계원칙은 회계담당자가 회계처리를 할 때 따라야 하는 원칙으로 역사적 원가주의(자산·부채인식의 원칙, 발생주의(수익·비용인식의 원칙), 완전공시의 원칙이 있다.

ANSWER 36.④ 37.① 38.④ 39.②

40 다음 중 재무제표 구성요소의 인식 및 측정에 대한 수정원칙이 아닌 것은?

① 적시성
② 수익 · 비용의 대응
③ 보수주의
④ 효익 · 비용의 균형

🏵️ **TIP** 수정된 회계원칙(회계관습 또는 제약요인)은 회계정보가 유용한 정보가 되기 위하여 갖추어야 할 질적 특성이 실무적인 여건이나 환경의 변화로 인하여 제한되는 경우를 말하며 적시성 효익과 비용간의 균형(효율성), 질적 특성간의 균형, 보수주의, 업종별 관행(산업실무) 등이 해당된다.
② 수익 · 비용대응의 원칙은 발생주의에 의한 비용인식의 원칙으로 기본적 회계원칙에 해당한다.

41 다음 중 회계정보가 갖추어야 할 질적 특성이 아닌 것은?

① 비교가능성
② 신뢰성
③ 수익성
④ 목적적합성

🏵️ **TIP** 회계정보가 정보이용자들의 의사결정에 유용한 정보가 되기 위하여 갖추어야 할 질적 특성으로는 이해가 능성(전제조건), 목적적합성, 신뢰성, 비교가능성 등이 있다.
③ 수익성은 회계정보의 질적 특성과 관련이 없다.

42 다음 중 목적적합성에 속하지 않는 것은?

① 중요성
② 피드백가치
③ 적시성
④ 예측가치

🏵️ **TIP** 목적적합성은 회계정보를 이용하여 의사결정을 하는 경우와 회계정보를 이용하지 않고 의사결정을 하는 경우 의사결정결과에 차이를 발생시키는 정보의 능력으로 예측가치, 피드백가치, 적시성을 속성으로 한다.
① 중요성은 수정된 회계원칙 중 하나로 정보이용자의 의사결정에 영향을 미치는지 여부에 따라 재무제표 에 반영여부를 결정하는 것이다.

43 다음 회계주체이론에 관한 설명 중 옳지 않은 것은?

① 자본주이론에서는 기업을 자본주(주주)의 것으로 본다.
② 기업실체이론에서는 기업을 자본주(주주)의 것으로 본다.
③ 기업실체이론에서는 지급이자나 법인세를 비용이 아니라 이익의 분배로 본다.
④ 잔여지분이론에서 잔여지분이란 보통주지분을 말한다.

🏵️ **TIP** ② 기업실체이론에서는 기업을 자본주와 독립된 별개의 실체로 본다.

44 다음 중 재무제표에 관한 설명으로 옳지 않은 것은?

① K-IFRS 도입으로 이익잉여금처분계산서 또는 결손금처리계산서는 재무제표에 포함되지 않고, 주석으로 공시하게 된다.

② 재무상태표는 기업의 일정시점의 재무상태를 나타내는 정태적 보고서이다.

③ 현금흐름표는 기업의 일정시점의 현금보유현황을 나타내는 정태적 보고서이다.

④ 포괄손익계산서는 기업의 일정기간의 경영성과를 나타내는 동태적 보고서이다.

TIP ③ 현금흐름표는 기업의 일정기간의 현금의 증감내역을 나타내는 동태적 보고서이다.

45 다음 중 기업실체이론에 관한 설명으로 옳은 것은?

① 기업과 기업주는 동일한 회계실체로 본다.

② 회사의 채무는 기업주의 채무로 본다.

③ 기업실체이론을 나타내는 회계등식은 '자산 – 부채 = 자본'이다.

④ 부채와 자본을 동질적인 것으로 본다.

TIP 기업실체이론을 나타내는 회계등식은 '자산 = 부채(채권자지분) + 자본(주주지분)'으로 자산은 기업의 자산이며 부채는 채권자가 기업에 대하여 가지는 청구권, 자본은 주주가 기업에 대하여 가지는 청구권으로 부채와 자본을 동질적인 것으로 본다.

46 재무제표의 작성 및 공시와 관련한 설명 중 옳지 않은 것은?

① 포괄손익계산서는 단일 포괄손익계산서로만 작성할 수 있다.

② 주석을 과도하게 사용할 경우 필요 이상으로 많은 정보는 오히려 정보이용자를 혼란케 할 수 있으므로 필요한 사항만 명료하게 사용하여야 한다.

③ 재무제표작성회사의 규모에 따라 십만원 또는 백만원 미만의 금액은 기재를 생략할 수 있다.

④ 재무상태표상에 자산, 부채, 자본은 총액으로 기재함이 원칙이다.

TIP K-IFRS에 의하면 포괄손익계산서는 두 가지 방법으로 작성할 수 있다.
㉠ 단일 포괄손익계산서
㉡ 두 개의 보고서
• 별개의 손익계산서 : 당기순손익의 구성요소 배열
• 포괄손익계산서 : 당기순손익에서 시작해서 기타포괄손익의 구성요소 배열

ANSWER 44.③ 45.④ 46.①

47 다음 중 회계정보가 신뢰성 있는 정보가 되려면 갖추어야 할 속성이 아닌 것은?

① 완전공시성 　　　　　　　② 중립성

③ 표현의 충실성 　　　　　　④ 검증가능성

🏅 **TIP** 　신뢰성이란 정보에 오류나 편의가 없고 객관적으로 검증가능하며 표현하여야 할 바를 충실하게 표현하고 있는 정보의 특성으로 표현의 충실성, 중립성, 검증가능성(객관성)을 속성으로 한다.

48 다음 중 각 회계주체이론에 대한 설명으로 옳지 않은 것은?

① 기업실체이론에서 이자지급액은 비용이다.

② 자본주이론에서 이자지급액은 비용이다.

③ 잔여지분이론에서 이자지급액은 비용이다.

④ 기업실체이론에서 법인세는 비용이 아니다.

🏅 **TIP** 　기업실체이론에서 기업은 자본주와 별개의 독립된 실체이며, 지급이자나 법인세는 자본주에 대한 배당과 마찬가지로 비용이 아니라 독립된 기업실체가 획득한 이익의 분배로 본다.

49 유동비율이 100%를 초과하고 있는 상황에서 다음 중 어느 거래가 유동비율을 더 증가시키는가?

① 단기차입금을 상환하는 경우

② 단기매매증권을 처분하고 손실이 발생한 경우

③ 단기차입금을 차입하는 경우

④ 유형자산을 현금으로 매입하는 경우

🏅 **TIP** 　임의의 금액을 적용하여 유동비율이 100%를 초과하는 상황을 $\dfrac{(유동자산)\,200,000}{(유동부채)\,100,000}=200\%$로 상정해 놓고 거래를 분석해 본다.

　　⊙ 〈차〉 단기차입금 50,000　〈대〉 현금 50,000

　　　　→ 변화된 유동비율 $=\dfrac{200,000-50,000}{100,000-50,000}=300\%$(증가)

　　ⓛ 〈차〉 현금 30,000　　　〈대〉 단기매매증권 50,000
　　　　　　단기매매증권처분손실 20,000

　　　　→ 변화된 유동비율 $=\dfrac{200,000-50,000+30,000}{100,000-0}=180\%$(감소)

　　ⓒ 〈차〉 현금 50,000　　　〈대〉 단기차입금 50,000

　　　　→ 변화된 유동비율 $=\dfrac{200,000+50,000}{100,000+50,000}=167\%$(감소)

　　ⓔ 〈차〉 유형자산 50,000　〈대〉 현금 50,000

　　　　→ 변화된 유동비율 $=\dfrac{200,000-50,000}{100,000+0}=150\%$(감소)

⭐ **ANSWER** 　**47.**① 　**48.**① 　**49.**①

50 유동비율이 100%가 아닌 상황에서 다음 거래 중 유동비율에 영향을 미치지 않는 것은?

① 매입채무를 매출채권과 상계한 경우
② 단기차입금을 현금으로 상환한 경우
③ 장기차입금을 유동성장기부채로 대체한 경우
④ 매출채권을 대손처리한 경우

> **TIP** 유동비율$\left(\dfrac{\text{유동자산}}{\text{유동부채}}\right)$이 100%가 아닌 상황에서 유동자산과 유동부채가 같은 금액으로 증가하거나 감소하면 유동비율이 변화한다.
>
> ④의 경우 매출채권을 대손처리하면
>
> 〈차〉 대손충당금 10,000   〈대〉 매출채권 10,000
>   (매출채권차감계정)
>
> 이므로 유동자산의 변화가 없어서 유동비율은 불변이 된다.

51 재무제표는 그 자체의 본질과 제약성 등으로 인하여 정보제공능력에 한계가 있다. 다음 중 재무제표의 한계를 지적한 것으로 잘못된 것은?

① 회계처리에는 여러 가지 추정이 필요하며 이러한 추정에는 불확실성이 따른다.
② 재무제표는 역사적 원가에 의하여 작성되므로 인플레이션으로 인해 재무제표작성시점의 공정가액을 반영하지 못한다.
③ 재무제표는 화폐단위로 측정하여 보고하므로 화폐단위로 표시할 수 없는 중요한 질적 정보를 포함하지 못한다.
④ 재무제표는 1년 단위의 기간별 보고가 원칙이므로 회계정보의 기간별 비교가 불가능하다.

> **TIP** K-IFRS는 회계처리기준을 적용하거나 추정을 함에 있어서 기간별 비교가 가능하도록 매기마다 같은 방법을 계속 적용하여 계속성(일관성)을 요구하고 있다. 단, 사업내용의 중요 변화나 재무제표 검토결과 다른 표시나 분류방법이 더 적절함이 명백한 경우, 혹은 국제회계기준에서 표시방법의 변경을 요구하는 경우는 제외한다.

52 유동비율이 200%, 당좌비율이 100%인 기업이 상품 ₩1,000,000을 구입하고 대금 중 ₩500,000은 현금을 지급하고 나머지는 외상으로 하였다면 유동비율과 당좌비율에 미치는 영향은?

	유동비율	당좌비율		유동비율	당좌비율
①	증가	증가	②	증가	감소
③	감소	감소	④	불변	불변

⭐ **ANSWER**   50.④ 51.④ 52.③

🐸**TIP** 임의의 금액을 적용하여

$$유동비율 = \frac{2,000,000(유동자산)}{1,000,000(유동부채)} = 200\%$$

$$당좌비율 = \frac{1,000,000(유동자산 - 재고자산)}{1,000,000(유동부채)} = 100\%로 \ 상정해 \ 놓고 \ 거래를 \ 분석한다.$$

〈차〉상 품 1,000,000   〈대〉현   금 500,000
                                    매입채무 500,000

$$→ 변화된 \ 유동비율 = \frac{2,000,000 - 500,000 + 1,000,000}{1,000,000 + 1,000,000} = 167\%(감소)$$

$$→ 변화된 \ 당좌비율 = \frac{1,000,000 - 500,000}{1,000,000 + 500,000} = 33\%(감소)$$

53 다음 중 재무제표 구성요소를 인식하기 위한 일반적인 기준이 아닌 것은?

① 미래 기대현금 흐름의 크기가 커야 한다.
② 재무제표 구성요소의 정의에 합당하여야 한다.
③ 미래 경제적 효익의 유입 · 유출 가능성이 높아야 한다.
④ 금액을 신뢰성 있게 측정할 수 있어야 한다.

🐸**TIP** 재무제표 구성요소를 인식하기 위해서는 발생주의 원칙하에서 재무제표 구성요소의 정의에 합당하며, 미래 경제적 효익의 유입이나 유출가능성이 높고, 그 금액을 신뢰성 있게 측정할 수 있어야 한다. 따라서 미래 기대현금 흐름의 크기 자체는 직접적인 인식기준이 아니다.
※ 기업회계기준은 미래 경제적 효익의 유입, 유출의 가능성이 매우 높은(80%) 경우 자산과 부채를 인식하지만, K−IFRS는 높은 경우(50%)에 인식하게 된다.

54 다음 중 자산으로 인식하기 위한 요건이 아닌 것은?

① 과거의 거래나 사건의 결과로 발생한 것이어야 한다.
② 현재 기업실체에 의해 배타적으로 지배되고 있어야 한다.
③ 배타적인 지배권의 보장은 반드시 법률적 소유권을 수반하여야 한다.
④ 미래에 경제적 효익을 창출할 것으로 기대되어야 한다.

🐸**TIP** 자산은 과거의 거래나 사건의 결과로 현재 기업실체에 의해 지배되고 있고 미래에 경제적 효익을 창출할 것으로 기대되는 자원으로 정의된다. 따라서 자산으로 인식되기 위해서 반드시 법률적 소유권이 있어야 하는 것이 아니며, 무형자산 중 영업권이나 개발비는 법적 소유권 유무와 관계없이 자산으로 계상된다.

⭐**ANSWER** **53.**① **54.**③

55 다음 중 재무상태표의 작성기준이 아닌 것은?

① 수익·비용 대응의 원칙　　　　② 유동성과 비유동성 구분법

③ 혼합법　　　　　　　　　　　④ 유동성 배열법

　　TIP K-IFRS에 의한 재무상태표 작성기준은 유동성과 비유동성 구분법, 유동성 배열법, 혼합법 등이 있다.

56 다음 사항을 유동성 배열법에 따라 바르게 배열한 것은?

㉠ 투자자산	㉡ 무형자산
㉢ 당좌자산	㉣ 유형자산
㉤ 재고자산	

① ㉢ - ㉤ - ㉠ - ㉣ - ㉡　　　　② ㉢ - ㉤ - ㉡ - ㉣ - ㉠

③ ㉢ - ㉤ - ㉣ - ㉡ - ㉠　　　　④ ㉤ - ㉢ - ㉠ - ㉣ - ㉡

　　TIP 자산을 유동성이 높은 순서로 분류하면 다음과 같다.
　　　　　㉠ 유동자산(당좌자산, 재고자산)
　　　　　㉡ 비유동자산(투자자산, 유형자산, 무형자산)

57 다음 중 포괄손익계산서의 작성기준이 아닌 것은?

① 발생주의　　　　　　　　　　② 총액표시

③ 1년기준　　　　　　　　　　　④ 구분표시

　　TIP 포괄손익계산서 작성기준은 발생주의 원칙(수익실현의 원칙), 수익·비용 대응의 원칙, 총액표시의 원칙, 손익의 구분표시 원칙이 있다.
　　　　③ 1년기준 원칙은 유동·비유동 구분을 1년을 기준으로 하는 것으로 재무상태표 작성원칙이다.

58 다음 중 재무상태표에 관한 설명으로 옳지 않은 것은?

① 재무상태표를 분석하면 기업의 유동성 수준 및 재무구조의 건전성 여부를 파악할 수 있다.

② 재무상태표 작성과정에 회계담당자의 주관적 판단이 개입된다.

③ 자산과 부채 및 자본항목들은 원칙적으로 역사적 원가(취득원가)로 표시된다.

④ 기업의 미래가치에 중대한 영향을 미치는 모든 사항들이 반영되어 있다.

　　TIP 재무상태표에는 과거 또한 현재시점에 발생한 결과가 반영되어 있으므로 미래가치에 중대한 영향을 미치는 사항들이 반영되어 있다고 할 수 없고, 인적 자원 등 중요한 질적 정보가 표시되지 않는다.

ANSWER 　55.①　56.①　57.③　58.④

59 다음 중 재무상태표의 항목구분이 잘못된 것은?

① 재공품은 재고자산에 속한다.

② 대손충당금은 매출채권에 대한 차감항목으로 표시한다.

③ 단기매매증권은 유동자산 중 당좌자산에 속하고 매도가능증권은 비유동자산 중 투자자산에 속한다.

④ 주식발행초과금은 자본금에 속한다.

🏅 TIP 자본은 자본금, 이익잉여금 및 기타자본구성요소로 구성되며 자본금은 '발행주식수 × 주식의 액면금액'이고 자본금을 초과하는 금액은 주식발행초과금으로 자본잉여금에 해당한다.

60 다음 등식이 모두 맞는 것으로만 이루어진 것은?

	재무상태표등식	자본등식	포괄손익계산서등식
①	자산 − 부채 = 자본	자산 = 부채 + 자본	총비용 = 당기순이익 + 총수익
②	자산 = 부채 + 자본	자산 − 부채 = 자본	총비용 + 당기순이익 = 총수익
③	자산 + 자본 = 부채	자산 + 부채 = 자본	총수익 − 순자산 = 총비용
④	자산 − 부채 = 자본	자산 − 자본 = 부채	총수익 + 순자산 = 총비용

🏅 TIP ㉠ **재무상태표등식**: 자산 = 부채 + 자본
㉡ **자본등식**: 자산 − 부채 = 자본
㉢ **포괄손익계산서등식**: 총비용 + 당기순이익 = 총수익

61 다음 중 원칙적으로 재무상태표의 구성항목이 될 수 없는 것은?

① 미지급금 ② 가지급금

③ 선수금 ④ 예수금

🏅 TIP ② 가지급금, 가수금 등 구체적 내용이 결정되지 않은 미결산항목은 그 내용을 나타내는 적절한 과목으로 대체하여 표시하여야 한다.

⭐ ANSWER 59.④ 60.② 61.②

62 당기중 현금 ₩1,000,000을 출자하여 영업을 개시한 서원상사의 기말 재무상태가 다음과 같을 때 얼마의 순손익이 발생하였는가?

• 현　금	₩700,000	• 매 입 채 무	₩400,000
• 매출채권	500,000	• 미 지 급 금	500,000
• 상　품	300,000	• 장기차입금	800,000
• 건　물	1,500,000		

① ₩150,000

② ₩200,000

③ ₩250,000

④ ₩300,000

TIP ㉠ 기초자본 : 1,000,000
　　　　　(현금출자액)

㉡ 기말자본
　　(700,000 + 500,000 + 300,000 + 1,500,000) − (400,000 + 500,000 + 800,000) = 1,300,000
　　(현금)　　(매출채권)　　(상품)　　(건물)　　(매입채무)　(미지급금)　(장기차입금)

㉢ 당기순손익 : 1,300,000 − 1,000,000 = 300,000

63 다음 자료를 이용하면 기초자산이 얼마인가? (단, 기중의 자본거래는 없었다)

• 기초부채	₩300,000	• 기말부채	₩800,000
• 기말자산	1,500,000	• 총 수 익	900,000
• 총 비 용	600,000		

① ₩500,000

② ₩600,000

③ ₩700,000

④ ₩800,000

TIP ㉠ 기말자본 : 1,500,000 − 800,000 = 700,000
　　　　　(기말자산)　　(기말부채)

㉡ 당기순이익 : 900,000 − 600,000 = 300,000
　　　　　(총수익)　　(총비용)

㉢ 기초자본 : 700,000 − 300,000 = 400,000
　　　　　(기말자본) (당기순이익)

㉣ 기초자산 : 300,000 + 400,000 = 700,000
　　　　　(기초부채)　　(기초자본)

ANSWER 　62.④　63.③

64 다음 자료에 의한 당기순이익은?

• 기초자산총액	₩ 30,000
• 기초부채총액	₩ 26,000
• 기말자산총액	₩ 35,000
• 기말부채총액	₩ 28,000
• 당기 중의 유상증자액	₩ 3,000
• 당기 중의 현금배당액	₩ 1,000
• 당기 중의 주식배당액	₩ 2,000

① ₩ 1,000　　　　　　　　　　② ₩ 2,000
③ ₩ 3,000　　　　　　　　　　④ ₩ 4,000

TIP [기말자산 ₩ 35,000] − [기말부채 ₩ 28,000] = [기말자본 ₩ 7,000]
[현금배당 ₩ 1,000] + [기말자본 ₩ 7,000] = [자본 ₩ 8,000]
[기초자산 ₩ 30,000] − [기초부채 ₩ 26,000] = [기초자본 ₩ 4,000]
[기초자본 ₩ 4,000] + [유상증자 ₩ 3,000] + [당기순이익] = [자본 ₩ 8,000]
[당기순이익] = ₩ 1,000

65 서원상사의 기초자산은 ₩ 600,000이고 기말자산은 ₩ 750,000, 기말부채는 ₩ 450,000이다. 기중에 자본거래가 없는 상황에서 당기순이익이 ₩ 80,000이라면 기초부채는 얼마인가?

① ₩ 350,000　　　　　　　　　　② ₩ 380,000
③ ₩ 420,000　　　　　　　　　　④ ₩ 450,000

TIP ㉠ **기말자본** : 750,000 − 450,000 = 300,000
　　　　　　(기말자산)　(기말부채)
㉡ **기초자본** : 300,000 − 80,000 = 220,000
　　　　　　(기말자본) (당기순이익)
㉢ **기초부채** : 600,000 − 220,000 = 380,000
　　　　　　(기초자산)　(기초자본)

ANSWER　**64.**① **65.**②

66 한국채택국제회계기준에 따른 기타포괄손익항목이 아닌 것은?

① 재평가잉여금의 변동
② 확정급여제도의 보험수리적손익
③ 매도가능금융자산의 재측정손익
④ 자기주식처분손실

TIP 기타포괄손익항목에는 재평가잉여금의 변동, 확정급여제도의 보험수리적 손익, 해외사업장의 재무제표 환산 손익, 매도가능금융자산의 재측정손익, 현금흐름위험회피의 위험회피수단의 평가손익 중 효과적인 부분 등이 있다. 자기주식처분손실은 자본조정항목이다.

67 기중의 추가적인 자본의 납입이 ₩500,000이었을 때 다음 자료에 의하면 서원상사의 당기순손익은?

• 기초자산 ₩3,500,000	• 기초부채 ₩1,500,000
• 기말자산 5,300,000	• 기말부채 3,100,000

① 당기순이익 ₩200,000   ② 당기순손실 ₩200,000
③ 당기순이익 ₩300,000   ④ 당기순손실 ₩300,000

TIP ㉠ 기초자본 : 3,500,000 − 1,500,000 = 2,000,000
　　　　　　(기초자산)　　(기초부채)
㉡ 기말자본 : 5,300,000 − 3,100,000 = 2,200,000
　　　　　　(기말자산)　　(기말부채)
㉢ 당기순손익 : 2,200,000 − 500,000 − 2,000,000 = (−)300,000(손실)
　　　　　　　(기말자본)　　(기중납입)　　(기초자본)

68 다음 자료에 의하면 기말자본은 얼마인가?

• 기 초 자 본　　₩500,000	• 추가출자액　　₩150,000
• 소유주인출액　　80,000	• 총 수 익　　350,000
• 총 비 용　　200,000	

① ₩720,000   ② ₩750,000
③ ₩770,000   ④ ₩790,000

TIP ㉠ 당기순손익 : 350,000 − 200,000 = 150,000
　　　　　　(총수익)　　(총비용)
㉡ 기말자본 : 500,000 + 150,000 + 150,000 − 80,000 = 720,000
　　　　　　(기초자본)　(순이익)　(추가출자액)(소유주인출액)

ANSWER　66.④　67.④　68.①

69 다음 자료에 의할 때 ㈀, ㈁, ㈂에 알맞은 금액은?

기말자산	기말부채	기말자본	기초자본	총비용	총수익	순이익
1,200,000	㈀	650,000	400,000	550,000	㈁	㈂

	㈀	㈁	㈂			㈀	㈁	㈂
①	500,000	850,000	250,000		②	550,000	800,000	250,000
③	550,000	750,000	300,000		④	500,000	800,000	300,000

TIP ㈀ **기말부채** : 1,200,000 − 650,000 = 550,000
　　　　　　　 (기말자산)　(기말자본)

　　㈁ **총수익** : 250,000 + 550,000 = 800,000
　　　　　　　 (순이익)　(총비용)

　　㈂ **순이익** : 650,000 − 400,000 = 250,000
　　　　　　　 (기말자본)　(기초자본)

　　※ 위의 계산식에서는 ㈂ 순이익을 먼저 구해야만 ㈁ 총수익을 구할 수 있다.

70 다음 자료에 의하면 기초자본은 얼마인가?

• 기 말 자 산　　₩15,000,000	• 기 말 부 채　　₩7,000,000
• 기 중 증 자 액　　　3,000,000	• 기 중 감 자 액　　　1,700,000
• 당기순손실액　　　　300,000	

① ₩6,000,000　　　　　　　　　② ₩7,000,000
③ ₩8,000,000　　　　　　　　　④ ₩9,000,000

TIP ㈀ **기말자본** : 15,000,000 − 7,000,000 = 8,000,000
　　　　　　　 (기말자산)　(기말부채)

　　㈁ **기초자본** : 8,000,000 − 3,000,000 + 1,700,000 + 300,000 = 7,000,000
　　　　　　　 (기말자본)　(기중증자액)　(기중감자액)　(당기순손실)

71 서원상사의 재무상태와 경영성과에 관한 자료이다. ㉠, ㉡, ㉢, ㉣에 알맞은 금액은?

기초자산	기초부채	기초자본	기말자산	기말부채	기말자본	총수익	총비용	순이익
㉠	5,000,000	3,000,000	㉡	6,500,000	㉢	4,500,000	㉣	1,500,000

	㉠	㉡	㉢	㉣
①	8,000,000	10,000,000	4,500,000	3,000,000
②	8,000,000	11,000,000	4,000,000	3,500,000
③	8,000,000	10,000,000	4,000,000	3,500,000
④	8,000,000	11,000,000	4,500,000	3,000,000

> **TIP** ㉠ **기초자산** : 5,000,000 + 3,000,000 = 8,000,000
>   (기초부채)   (기초자본)
> ㉡ **기말자산** : 6,500,000 + 4,500,000 = 11,000,000
>   (기말부채)   (기말자본)
> ㉢ **기말자본** : 3,000,000 + 1,500,000 = 4,500,000
>   (기초자본)   (순이익)
> ㉣ **총비용** : 4,500,000 − 1,500,000 = 3,000,000
>   (총수익)   (순이익)
> ※ 위의 계산식에서는 ㉢ 기말자본을 먼저 구해야만 ㉡ 기말자산을 구할 수 있다.

72 다음 중 포괄손익계산서의 작성기준에 관한 내용으로 옳은 것은?

① 포괄손익계산서는 계정식으로만 작성해야만 한다.
② 수익은 발생시기를 기준으로 계상한다.
③ 각 수익항목과 이에 관련되는 비용항목은 대응표시하여야 한다.
④ 계정식은 수익항목과 이에 관련되는 비용항목을 서로 상계하여 순액으로 표시함으로써 포괄손익계산서작성을 간략하게 하여야 한다.

> **TIP** ① 포괄손익계산서는 보고식, 계정식 중 한 가지 방법으로 작성한다.
> ② 수익은 실현시기를 기준으로 계상한다(수익실현의 원칙).
> ④ 계정식은 포괄손익계산서를 차변과 대변으로 나누어 차변에는 그 기간에 발생한 모든 비용을, 대변에는 그 기간에 발생한 모든 수익을 기입한다.

73 다음 중 물류원가와 관리비항목에 속하지 않는 것은?

① 감가상각비
② 급료
③ 기타 채권에 대한 대손상각비
④ 광고선전비

> **TIP** 기타 채권에 대한 대손상각비는 기타비용항목에 해당한다.

⭐ **ANSWER**   71.④   72.③   73.③

74 다음 자료에서 물류원가와 관리비 총액은 얼마인가?

• 매　출　할　인	₩ 3,000,000
• 퇴　직　급　여	1,000,000
• 단 기 매 매 증 권 평 가 손 실	500,000
• 유 형 자 산 처 분 손 실	700,000
• 매출채권에대한대손상각비	500,000
• 기타채권에대한대손상각비	500,000
• 복　리　후　생　비	1,000,000
• 임　　차　　료	1,000,000
• 기　　부　　금	300,000
• 매　출　원　가	5,000,000

① ₩ 3,000,000   ② ₩ 3,500,000

③ ₩ 4,200,000   ④ ₩ 4,500,000

TIP 1,000,000(퇴직급여) + 500,000(매출채권에대한대손상각비) + 1,000,000(복리후생비) + 1,000,000(임차료)
　　= 3,500,000

75 다음 자료에 의하면 법인세차감전계속사업이익은 얼마인가?

• 매　　　출	₩ 3,000,000	• 매　출　원　가	₩ 1,800,000
• 급　　　료	450,000	• 감　가　상　각　비	200,000
• 대 손 상 각 비	50,000	• 이　자　수　익	90,000
• 외　환　차　익	400,000	• 단기매매증권평가손실	50,000
• 이　자　비　용	50,000	• 유 형 자 산 처 분 손 실	150,000
• 채무면제이익	100,000	• 재　해　손　실	80,000

① ₩ 710,000   ② ₩ 720,000

③ ₩ 730,000   ④ ₩ 740,000

TIP ㉠ **물류원가와 관리비** : 450,000(급료) + 200,000(감가상각비) + 50,000(대손상각비) = 700,000
　　㉡ **기타수익** : 90,000(이자수익) + 400,000(외환차익) = 490,000
　　㉢ **기타비용** : 50,000(단기매매증권평가손실) + 50,000(이자비용) + 150,000(유형자산처분손실) = 250,000
　　∴ **법인세차감전계속사업이익** : 3,000,000(매출액) − 1,800,000(매출원가) − 700,000(물류원가와 관리비) +
　　　490,000(기타수익) − 250,000(기타비용) = ₩ 740,000

76 다음 중 영업이익의 구성요소에서 제외하여야 할 것으로 묶인 것은?

> ㉠ 퇴직급여   ㉡ 무형자산상각비
>
> ㉢ 배당금수익   ㉣ 대여금에 대한 대손상각비
>
> ㉤ 비품의 감가상각비   ㉥ 기부금

① ㉠㉡㉢   ② ㉡㉢㉤

③ ㉢㉣㉥   ④ ㉣㉤㉥

TIP 배당금수익은 기타수익, 대여금에 대한 대손상각비와 기부금은 기타비용이다.

77 ㈜서원은 주주총회의 결의에 의해서 당기분 배당액 ₩15,000,000 중 ₩8,000,000은 신주를 발행하여 지급하고 나머지는 금전으로 지급하였다. 이 경우 ㈜서원은 최소한 얼마를 이익준비금으로 적립하여야 하는가?

① ₩600,000   ② ₩700,000

③ ₩800,000   ④ ₩1,500,000

TIP 회사는 금전에 의한 이익배당액의 1/10 이상을 이익준비금으로 적립하여야 한다.

∴ 적립해야 할 이익준비금 : $(15,000,000 - 8,000,000) \times \dfrac{1}{10} = ₩700,000$

78 다음 중 처분전이익잉여금의 처분순서를 바르게 나열한 것은?

> ㉠ 결손보전적립금   ㉡ 재무구조개선적립금
>
> ㉢ 주주배당금   ㉣ 이익준비금

① ㉠ - ㉡ - ㉢ - ㉣   ② ㉡ - ㉣ - ㉢ - ㉠

③ ㉢ - ㉡ - ㉠ - ㉣   ④ ㉣ - ㉡ - ㉢ - ㉠

TIP 처분전이익잉여금의 처분순서는 이익준비금적립 → 기타법정적립금(재무구조개선적립금)적립 → 배당금지급 → 임의적립금(결손보전적립금)적립이다.

79 다음 중 회사가 임의로 처분할 수 있는 적립금이 아닌 것은?

① 감채적립금

② 재무구조개선적립금

③ 배당평균적립금

④ 사업확장적립금

🏵️**TIP** 이익준비금이나 재무구조개선적립금은 법정적립금으로 결손보전이나 자본전입외에는 처분이 불가능하지만
　　　　나머지는 회사가 일정한 목적을 위하여 임의적으로 적립한 임의적립금으로 그 처분에 특별한 제한이 없다.

80 다음 거래를 분개한 것으로 옳은 것은?

> 신축중이던 창고건물 ₩50,000,000이 완공되어 건설회사로부터 인수하고 공사잔금 ₩15,000,000
> 은 수표를 발행하여 지급하다(다만, 사업확장적립금 ₩30,000,000이 설정되어 있다).

① 〈차〉 건　　　　　물 50,000,000　　　〈대〉 건 설 중 인 자 산 35,000,000
　　　 사업확장적립금 30,000,000　　　　　　　　당 좌 예 금 15,000,000
　　　　　　　　　　　　　　　　　　　　　　　　별 도 적 립 금 30,000,000
② 〈차〉 건　　　　　물 50,000,000　　　〈대〉 선　　 급　　 금 35,000,000
　　　　　　　　　　　　　　　　　　　　　　　　당 좌 예 금 15,000,000
③ 〈차〉 건　　　　　물 15,000,000　　　〈대〉 당 좌 예 금 15,000,000
　　　 사업확장적립금 30,000,000　　　　　　　　별 도 적 립 금 30,000,000
④ 〈차〉 건　　　　　물 45,000,000　　　〈대〉 당 좌 예 금 15,000,000
　　　　　　　　　　　　　　　　　　　　　　　　사업확장적립금 30,000,000

🏵️**TIP** ㉠ 건물의 완공
　　　　　 〈차〉 건　　　　　물 50,000,000　　〈대〉 건설중인자산 35,000,000
　　　　　　　　　　　　　　　　　　　　　　　　　 당 좌 예 금 15,000,000
　　　　㉡ 별도적립금대체
　　　　　 〈차〉 사업확정적립금 30,000,000　　〈대〉 별 도 적 립 금 30,000,000

81 다음 자료를 이용해서 차기이월이익잉여금을 계산하면 얼마인가?

• 기 초 이 익 잉 여 금	₩500,000	• 당 기 순 이 익	₩850,000
• 배 당 금 지 급	430,000	• 이 익 준 비 금 적 립	20,000
• 재무구조개선적립금적립	150,000	• 사업확장적립금적립	50,000
• 감 채 적 립 금 적 립	100,000		

① ₩600,000   ② ₩650,000
③ ₩700,000   ④ ₩750,000

TIP ㉠ 당기말처분전이익잉여금
　　　500,000(전기이월이익잉여금) + 850,000(당기순이익) = 1,350,000
　　㉡ 이익잉여금처분액
　　　20,000(이익준비금) + 150,000(재무구조개선적립금) + 430,000(배당금) + 50,000(사업확장적립금) +
　　　100,000(감채적립금) = 750,000
　　㉢ 차기이월이익잉여금
　　　1,350,000(당기말처분전이익잉여금) − 750,000(이익잉여금처분액) = 600,000

82 다음 중 현금흐름표에 관한 설명으로 잘못된 것은?

① 현금흐름표는 일정기간 동안의 현금흐름을 영업활동, 투자활동, 재무활동으로 구분하여 나타낸다.
② 현금흐름표는 현금주의로 작성하기 때문에 발생주의에 의한 포괄손익계산서의 보완기능을 수행한다.
③ 현금흐름표는 일정기간을 대상으로 하는 동태적 보고서이기 때문에 일정시점의 재무상태를 나타내는 재무상태표의 보완기능을 한다.
④ 간접법에 의한 현금흐름표의 작성은 발생주의에 의한 포괄손익계산서의 당기순이익에서 출발하기 때문에 직접법에 의하여 작성하는 경우보다 회계담당자의 추정이나 인위적인 원가배분을 피할 수는 없다.

TIP 직접법이나 간접법은 영업활동으로 인한 현금흐름을 산출하는 방법상의 차이일 뿐 결과는 항상 동일하며, 실질적인 현금흐름을 기준으로 산출하기 때문에 추정이나 인위적인 원가배분이 필요없다.

ANSWER 81.① 82.④

83 아래에 주어진 자료에서 차기이월이익잉여금을 계산하면? (단, 이익준비금은 법정최소한도액을 적립하며 이익잉여금에 영향을 미치는 다른 거래는 없다)

• 전기이월이익잉여금	₩5,000,000	• 당 기 수 익	₩9,500,000
• 당 기 비 용	8,000,000	• 현금배당금	1,000,000

① ₩5,100,000   ② ₩5,200,000

③ ₩5,300,000   ④ ₩5,400,000

TIP ⊙ 당기말처분전이익잉여금
　　　5,000,000(전기이월이익잉여금) + (9,500,000 − 8,000,000)(당기순이익) = 6,500,000
　　ⓒ 이익잉여금처분액
　　　100,000(이익준비금적립) + 1,000,000(배당금) = 1,100,000
　　ⓒ 차기이월이익잉여금
　　　6,500,000(당기말처분전이익잉여금) − 1,100,000(이익잉여금처분액) = 5,400,000

84 한국채택국제회계기준상 포괄손익계산서 작성기준으로 옳지 않은 것은?

① 미실현수익은 당기의 손익계산에 산입하지 아니함을 원칙으로 한다.

② 수익과 비용은 그 발생원천에 따라 분류하며 각 수익항목과 이에 관련되는 비용항목을 대응표시하여야 한다.

③ 포괄손익계산서는 단일 포괄손익계산서로 작성하거나 두 개의 보고서로 작성할 수 있다.

④ 포괄손익계산서는 일정기간 동안의 기업실체에 대한 현금상태를 나타낸다.

TIP ④ 현금흐름표는 일정기간 동안 기업실체에 대한 현금유입과 현금유출에 대한 정보를 제공한다. 포괄손익계산서는 일정기간 동안 기업실체의 경영성과에 대한 정보를 제공한다.

85 다음 중 목적적합성을 유지하기 위한 속성으로 옳지 않은 것은?

① 예측가치   ② 적시성

③ 표현의 충실성   ④ 피드백가치

TIP 회계정보를 이용하는 것과 이용하지 않는 의사결정과정에서 그 결정에 차이를 발생시키는 정보능력을 목적적합성이라 한다. 목적적합성의 하부속성으로는 예측가치, 피드백가치, 적시성이 있으며, 표현의 충실성은 신뢰성의 하부속성이다.

⭐ **ANSWER**　　83.④　84.④　85.③

86 다음 중 현금흐름표의 유용성에 관한 설명으로 옳지 않은 것은?

① 기업의 미래현금흐름을 예측하고 평가하는데 유용한 정보를 제공한다.
② 기업의 재무상태와 경영성과를 파악하여 유동성과 재무건전성을 평가할 수 있다.
③ 객관성 있는 정보를 제공하며 이익의 질을 평가할 수 있다.
④ 투자활동과 재무활동이 기업의 재무상태에 미치는 영향을 분석할 수 있다.

> **TIP** 현금흐름표는 투자활동과 재무활동으로 인한 현금흐름에 관한 정보를 검토하여 기업의 유동성과 재무건전성을 평가할 수 있으나, 일정시점의 재무상태는 재무상태표에서, 그리고 일정기간의 경영성과는 포괄손익계산서에서 파악할 수 있다.

87 다음의 이익잉여금 중 적립목적이 달성되면 별도적립금으로 대체되는 것은?

① 사업확장적립금　　　　　　　　② 배당평균적립금
③ 결손보전적립금　　　　　　　　④ 재무구조개선적립금

> **TIP** 임의적립금 중 소극적 적립금은 손실 등이 발생하면 해당목적에 사용됨으로써 소멸되나 적극적 적립금은 적립금의 목적이 달성된 후에도 소멸되지 않고 이익잉여금으로 환원시킬 수도 있고, 별도적립금으로 대체하여 그대로 유지시킬 수도 있다.
> ㉠ **소극적 적립금**: 배당평균적립금, 결손보전적립금, 재해손실적립금 등
> ㉡ **적극적 적립금**: 사업확장적립금, 감채적립금, 신축적립금 등

88 다음 중 결손금처리순서를 바르게 나열한 것은?

㉠ 이익준비금	㉡ 주식발행초과금
㉢ 사업확장적립금	㉣ 재무구조개선적립금

① ㉠ - ㉡ - ㉢ - ㉣　　　　　　② ㉠ - ㉢ - ㉣ - ㉡
③ ㉢ - ㉠ - ㉣ - ㉢　　　　　　④ ㉢ - ㉣ - ㉠ - ㉡

> **TIP** 재무상태표상의 자본잉여금과 이익잉여금 배열의 역순으로 임의적립금(사업확장적립금)이입액 → 기타법정적립금(재무구조개선적립금)이입액 → 이익준비금이입액 → 자본잉여금(주식발행초과금)이입액이다.

89 다음 중 이익잉여금처분계산서를 통해서 알 수 있는 것이 아닌 것은?

① 차기이월이익잉여금　　　　　　② 당기순손익
③ 이익잉여금의 처분내용　　　　　④ 재무유동성의 변동사항

> **TIP** 재무유동성이나 재무구조의 변동사항은 재무상태표를 통해서 알 수 있다.

ANSWER 86.④ 87.① 88.④ 89.④

90 ㈜한강상사는 이월결손금이 ₩350,000인 상태에서 결산결과 당기순이익이 ₩500,000 발생하였다. 이를 분개한 것으로 옳은 것은?

① 〈차〉 손   익 500,000   〈대〉 이 월 결 손 금 350,000
                                            이월이익잉여금 150,000
② 〈차〉 손   익 150,000   〈대〉 이월이익잉여금 500,000
    이 월 결 손 금 350,000
③ 〈차〉 이 월 결 손 금 350,000   〈대〉 이월이익잉여금 350,000
④ 〈차〉 손   익 150,000   〈대〉 이 월 결 손 금 500,000
    이월이익잉여금 350,000

🎓**TIP** ㉠ 당기순이익의 집계
       〈차〉 손   익 500,000   〈대〉 이월이익잉여금 500,000
      ㉡ 결손금의 보전
       〈차〉 이월이익잉여금 350,000   〈대〉 이 월 결 손 금 350,000
      ㉢ (㉠ + ㉡)
       〈차〉 손   익 500,000   〈대〉 이월이익잉여금 150,000
                                            이 월 결 손 금 350,000

91 ㈜마포상사는 당기말 결산결과 ₩250,000의 손실이 발생하였으며 처분전이익잉여금이 ₩100,000 있을 경우 이를 분개하면?

① 〈차〉 이 월 결 손 금 250,000   〈대〉 손   익 350,000
    이월이익잉여금 100,000
② 〈차〉 이 월 결 손 금 350,000   〈대〉 손   익 250,000
                                            이월이익잉여금 100,000
③ 〈차〉 이 월 결 손 금 150,000   〈대〉 손   익 150,000
④ 〈차〉 이 월 결 손 금 150,000   〈대〉 손   익 250,000
    이월이익잉여금 100,000

🎓**TIP** ㉠ 당기순이익의 집계
       〈차〉 이 월 결 손 금 250,000   〈대〉 집 합 손 익 250,000
      ㉡ 결손금의 보전
       〈차〉 이월이익잉여금 100,000   〈대〉 이월결손금 100,000
      ㉢ (㉠ + ㉡)
       〈차〉 이 월 결 손 금 150,000   〈대〉 집 합 손 익 250,000
          이월이익잉여금 100,000

⭐ **ANSWER**   90.①   91.④

92 다음 중 현금흐름표상에서 현금의 범위에 포함되지 않는 것은?

① 매출채권
② 지급기일이 도래한 채권의 이자표
③ 보통예금
④ 취득당시에 만기가 3개월 이내에 도래하는 채권

TIP ① 매출채권은 대손 등으로 인하여 현금으로 전환하는데 불확실한 위험이 존재하며 현금회수시점도 정해진 것이 아니므로 현금의 범위에 포함될 수 없고 수취채권에 포함된다.

93 현금흐름표상 현금의 범위에서 현금등가물에 해당하지 않는 것은?

① 현금흐름표 작성시점에 만기가 3개월 이내인 채권
② 취득당시에 상환일까지의 기간이 3개월 이내인 상환우선주
③ 취득당시에 3개월 이내의 환매조건인 환매채
④ 취득당시에 만기가 3개월 이내에 도래하는 양도성예금증서

TIP ① 현금등가물이란 큰 거래비용 없이 현금으로 전환이 용이하고 이자율변동에 따른 가치변동의 위험이 중요하지 않는 유가증권 및 단기금융상품으로 기말시점이 아닌 취득당시부터 만기가 3개월 이내이어야 한다.

94 다음 자료에 의하여 차기이월결손금을 계산하면?

Ⅰ. 미처리결손금	
• 전 기 이 월 결 손 금	₩ 230,000
• 전 기 오 류 수 정 이 익	20,000
• 전 기 오 류 수 정 손 실	50,000
• 당 기 순 손 실	570,000
Ⅱ. 결손금처리액	
• 결 손 보 전 적 립 금 이 입 액	100,000
• 사 업 확 장 적 립 금 이 입 액	80,000
• 재 무 구 조 개 선 적 립 금 이 입 액	130,000
• 이 익 준 비 금 이 입 액	100,000
• 자 본 잉 여 금 이 입 액	160,000

① ₩ 220,000　　　　　　　　　② ₩ 240,000

③ ₩ 260,000　　　　　　　　　④ ₩ 280,000

TIP ㉠ 미처리결손금

(−)230,000(전기이월결손금) + 20,000(전기오류수정이익) + (−)50,000(전기오류수정손실) + (−)570,000(당기순손실) = (−)830,000

㉡ 결손금처리액

100,000(결손보전적립금이입액) + 80,000(사업확장적립금이입액) + 130,000(재무구조개선적립금이입액) + 100,000(이익준비금이입액) + 160,000(자본잉여금이입액) = 570,000

㉢ 차기이월결손금

(−)830,000(미처리결손금) + 570,000(결손금보전액) = (−)260,000

ANSWER 94.③

02 회계의 순환과정

기출문제 ▶

SECTION 1 거래의 기록

회계상의 거래는 화폐 단위로 측정하여 대차평균의 원리에 따라 차변과 대변에 같은 금액으로 기록되므로 차변계정과 대변계정 중 어느 한 쪽의 계정과목을 먼저 결정하면 상대계정은 쉽게 결정할 수 있다. 거래의 매개수단이 현금(자산)이라고 할 때 모든 거래는 현금(자산)의 증·감과 관련되거나 실제거래는 직접 현금(자산)의 증·감과 관련이 없는 거래라 할지라도 그 거래의 결과를 현금(자산)의 증·감과 관련된 것으로 바꾸어서 생각해 볼 수 있다.

POINT 팁 회계상의 거래 … 은행차입금(부채의 증가)으로 매입채무를 상환(부채의 감소)한 거래는 어느 한 쪽의 결과를 현금(자산)의 증감으로 바꾸어 보면, 먼저 매입채무의 상환(부채의 감소)은 결과적으로 현금(자산)의 유출(감소)을 초래하는 거래와 관련된 것으로 볼 수 있다. 그래서 이를 기록할 때는 현금(자산)의 유출(감소)은 대변에 기록되어야 하기 때문에 그 상대계정인 매입채무의 상환(부채의 감소)은 차변에 기록된다. 이렇게 하여 매입채무의 상환(부채의 감소)이 차변으로 결정되면 그 상대계정인 대변은 차입금의 증가(부채의 증가)로 기록하면 된다. 이때 현금(자산)의 증·감은 상대계정의 기록(차변, 대변)을 결정하기 위하여 임시로 생각한 것일 뿐이므로 실제 기록에서는 실제거래의 내용을 기록한다. 이런 논리에 따라 수익의 발생은 결과적으로 현금(자산)의 증가(차변)를 가져온다고 할 수 있으므로 대변에 기록하고 비용의 발생은 현금(자산)의 감소(대변)와 관련되므로 차변에 기록한다.

거래를 기록할 때 현금(자산)의 증감과 관련하여 현금(자산)의 증가는 차변(왼쪽)요소이므로 이를 유발시킨 상대계정을 대변(오른쪽)에 먼저 결정한 후 실제 차변(왼쪽)계정은 실제 거래내용을 기록하면 된다.

마찬가지로 현금(자산)의 감소는 대변(오른쪽)요소이므로 이를 유발시킨 상대계정을 차변(왼쪽)에 먼저 결정한 후 실제 대변(오른쪽)계정은 관련 거래내용을 기록한다.

현금(자산)의 감소와 관련된 상대계정(차변)	현금(자산)의 증가와 관련된 상대계정(대변)
자산의 증가	자산의 감소
부채의 감소	부채의 증가
자본의 감소	자본의 증가
비용의 발생	수익의 발생

이상의 현금(자산)의 증가의 상대계정(대변) 4가지와 현금(자산)의 감소의 상대계정(차변) 4가지를 합한 것을 거래의 8요소라 한다.

문. 회계상의 거래에 포함될 수 없는 것은?

▶ 2010. 4. 10 행정안전부

① 장부가액이 ₩2,500,000인 건물이 화재로 인해 전소되었다.
② 상품을 판매하고 아직 대금을 받지 않았다.
③ 원료 공급회사와 100톤의 원재료를 ₩1,000,000에 구입하기로 계약을 체결하였다.
④ 기계장치를 구입하여 인도받았으나 아직 대금을 지급하지 않았다.

답 ③

이 원리에 따른 거래의 분개순서[현금(자산) 관련계정과 상대계정의 기록]는 다음과 같다. 다음 분개상에 표기한 번호는 이해를 돕기 위한 분개순서(계정의 기록순서)를 나타낸 것이다.

◆상품을 ₩100,000에 외상매입하다.
　〈차〉① 상품(자산증가) 100,000 〈대〉② 외 상 매 입 금 100,000

◆상품을 ₩100,000에 현금매입하다.
　〈차〉① 상품(자산증가) 100,000 〈대〉② 현　　　　　금 100,000
　또는,
　〈차〉② 상품(자산증가) 100,000 〈대〉① 현금(자산감소)　100,000

◆상품 ₩100,000을 매입하고 현금 ₩50,000을 지급하다.
　〈차〉① 상품(자산증가) 100,000 〈대〉② 현　　　　　금　50,000
　　　　　　　　　　　　　　　　　　　③ 외 상 매 입 금　50,000
　또는,
　〈차〉② 상품(자산증가) 100,000 〈대〉① 현금(자산감소)　50,000
　　　　　　　　　　　　　　　　　　　③ 외 상 매 입 금　50,000

◆장부가액 ₩50,000인 토지를 ₩100,000에 처분하고 현금 ₩50,000을 받다.
　〈차〉② 현　금(자산증가) 50,000 〈대〉① 토　　　　　지 50,000
　　　　③ 미수금(자산증가) 50,000　　　　④ 유형자산처분이익 50,000
　　　　　　　　　　　　　　　　　　　　（차　　　　　이）
　또는,
　〈차〉① 현　금(자산증가) 50,000 〈대〉③ 토　　지(자산감소) 50,000
　　　　② 미수금(자산증가) 50,000　　　　④ 유형자산처분이익 50,000
　　　　　　　　　　　　　　　　　　　　（차　　　　　이）

◆비품 ₩100,000을 구입하고 현금 ₩50,000을 지급하다.
　〈차〉① 비품(자산증가) 100,000 〈대〉② 현　　　　　금　50,000
　　　　　　　　　　　　　　　　　　　③ 미 지 급 금　50,000
　또는,
　〈차〉② 비품(자산증가) 100,000 〈대〉① 현금(자산감소)　50,000
　　　　　　　　　　　　　　　　　　　③ 미 지 급 금　50,000

◆현금 ₩100,000을 출자하여 영업을 개시하다.
　〈차〉① 현금(자산증가) 100,000 〈대〉② 자본금(출자금)　100,000

SECTION 2　거래의 분류

회계에서 말하는 거래는 재무제표에 영향을 미치는 경제적 사건, 즉 기업의 경영활동 과정에서 자산, 부채, 자본, 수익·비용의 증감변화를 일으키는 것을 말한다. 이는 일반적인 거래의 개념과는 다소 차이가 있다. 기업에 대한 경제적 사건이 발생할지라도 그 사건이 재무제표에 영향을 미치지 않는다면 이를 인식하여 재무제표에 반영하지 않는다. 예를 들어 계약은 성사되었으나 이행이 이루어지지 않은 미이행계약을 회계상으로 거래로 보지 아니 한다. 이러한 회계상의 거래는 손익의 수반여부에 따라 교환거래, 손익거래, 혼합거래로 분류할 수 있다.

문. 회계상 거래로 파악될 수 있는 내용으로 옳지 않은 것은?
▶ 2011. 7. 23 행정안전부 7급

① ㈜창업은 손실 처리하였던 ₩500,000,000의 매출채권 중 ₩100,000,000을 채권추심기관을 통하여 회수하였다.
② ㈜창업은 당해연도 말 은행차입금에 대한 만기를 5년간 더 연장하는 것에 대하여 은행측 승인을 받았다.
③ ㈜창업은 보관중인 자재에 대한 재고조사에서 도난으로 인해 장부상의 금액보다 ₩500,000,000에 해당되는 재고자산이 부족한 것을 확인하였다.
④ ㈜창업은 제품전시회를 통하여 외국바이어와 ₩1,000,000,000의 수출판매계약과 함께 현지 대리점개설을 위한 양해각서(MOU)를 교환하였다.

☞ ④

02. 회계의 순환과정 | **63**

(1) 교환거래

재무상태표항목 상호 간의 거래로서 자산, 부채, 자본은 증감하지만, 포괄손익계산서항목인 수익과 비용은 발생하지 않는 거래를 말한다. 따라서 거래내용은 재무상태표에는 나타나지만 포괄손익계산서에는 나타나지 않는 자산의 구입, 현금의 차입, 채무의 상환 등의 거래이다.

◆외상매출금 ₩100,000을 회수하다.

　　〈차〉 ① 현금(자산증가) 100,000 〈대〉 ② 외 상 매 출 금 100,000

　　또는,

　　〈차〉 ② 현　　　　금 100,000 〈대〉 ① 외상매출금(자산감소) 100,000

◆상품 ₩100,000을 외상매입하다.

　　〈차〉 ① 상품(자산증가) 100,000 〈대〉 ② 외 상 매 입 금 100,000

(2) 손익거래

수익과 비용이 발생하는 거래로 재무상태표항목과 포괄손익계산서항목에 동시에 영향을 미치며 수익이나 비용이 한 거래의 총액을 차지한다. 따라서 손익거래는 매출, 이자수익, 이자비용, 임대료수취, 임차료지급 등의 거래로서 다음과 같은 형태로 나타난다.

① 차변에 비용발생과 대변에 자산감소(부채증가, 자본증가)

◆급료 ₩100,000을 현금으로 지급하다.

　　〈차〉 ② 급　　　　료 100,000 〈대〉 ① 현금(자산감소) 100,000

② 차변에 자산증가(부채감소, 자본감소)와 대변에 수익발생

◆대여금에 대한 이자 ₩100,000을 현금으로 받다.

　　〈차〉 ① 현금(자산증가) 100,000 〈대〉 ② 이 자 수 익 100,000

(3) 혼합거래

하나의 거래에서 교환거래와 손익거래가 결합하여 동시에 발생하는 거래로 재무상태표항목 상호계정에 포괄손익계산서항목이 추가되는 형태로 나타난다.

◆차입금 ₩100,000과 이자 ₩20,000을 현금으로 지급하다.

　　〈차〉 ② 차 입 금 100,000　　〈대〉 ① 현　금(자산감소) 120,000
　　　　　③ 이자비용　20,000

◆장부가액 ₩50,000인 토지를 현금 ₩100,000에 매각한다.

　　〈차〉 ① 현금(자산증가)　100,000 〈대〉 ② 토　　지(자산감소) 50,000
　　　　　　　　　　　　　　　　　③ 유형자산처분이익 50,000
　　　　　　　　　　　　　　　　　　　(차　　　이)

　　또는,

　　〈차〉 ② 현금(자산증가)　100,000 〈대〉 ① 토　　지(자산감소) 50,000
　　　　　　　　　　　　　　　　　③ 유형자산처분이익 50,000
　　　　　　　　　　　　　　　　　　　(차　　　이)

SECTION 3 회계의 순환과정

회계연도 중에 발생한 거래를 식별, 측정하여 기록하고 결산절차를 통하여 재무제표로 정보화하는 과정을 말한다. 회계순환과정은 크게 기중의 회계처리와 기말결산으로 구분할 수 있는데 기중의 회계처리는 회계기간 동안에 발생한 거래의 기록을 말하며, 결산은 회계기간말에 장부를 마감하여 자산, 부채, 자본의 상태를 조사하고 발생한 수익과 비용을 비교하여 경영성과를 정확하게 파악하는 절차를 의미한다. 회계의 순환과정은 다음의 단계를 거쳐서 이루어지게 된다.

(1) 회계의 순환과정

시기	회계의 순환과정	기록대상	결산절차
기중과정	① 분개	분개장	
	② 전기	총계정원장	
기말 결산 과정	③ 수정전시산표 작성	수정전시산표	
	④ 결산수정분개와 전기	분개장, 총계정원장	… ① 결산예비절차
	⑤ 수정후시산표작성: 선택적	수정후시산표	
	⑥ 장부마감 (마감분개와 전기)	분개장, 총계정원장	… ② 결산본절차
	⑦ 재무제표 작성	재무제표	… ③ 결산후절차 [재무제표(결산보고서)작성절차]
다음연도초	⑧ 기초재수정분개 (역분개) : 선택적		

(2) 분개

① 의의 … 분개란 거래를 분석하는 단계를 의미하는 것으로 거래를 분석하여 계정과목과 금액을 결정하고 이의 증감을 파악하여 차변과 대변에 나누어 기록하는 절차이다. 회계기간 중에 발생한 거래를 직접 각 계정에 기록할 수도 있으나 수많은 거래를 직접 각 계정의 차변과 대변에 기록하다 보면 기록과정에서 오류 또는 누락의 발생가능성이 높아진다. 그러나 거래의 내용을 분개장에 기입한 후 분개된 거래의 내용을 각 계정에 기록하게 되면 기록과정에서 발생하는 오류를 현저하게 줄일 수 있으며 거래를 한눈에 파악할 수 있는 장점을 가지게 된다.

② 기능
　ㄱ 각 거래를 발생 순서대로 기록한다.
　ㄴ 일자별로 기록된 분개장을 통하여 거래사실 및 거래내역을 파악하기 쉽다.
　ㄷ 분개장을 이용하면 총계정원장에 거래내역을 직접 기록할 때보다 오류의 가능성을 크게 줄일 수 있다.
　ㄹ 오류 발생시 그 원인파악을 쉽게 할 수 있다.

(3) 전기

① **계정의 의의** … 계정이란 각 계정과목의 증감내역을 개별적으로 기록하고 계산하기 위하여 설정된 항목별 단위를 말한다. 기업은 재무상태의 변동내역을 기록하기 위하여 자산, 부채, 자본, 수익, 비용 등의 각 항목에 대하여 별도의 독립적인 계정을 설정하고 있으며, 이러한 각 계정의 집합체를 총계정원장이라고 한다. 거래가 발생하면 해당계정에 바로 기입하지 않고 거래의 누락이나 오류가 발생할 수 있으므로 미리 분개장에 분개를 한다. 분개장에 분개된 내용을 다시 각 해당계정에 옮겨적는 절차를 전기라 한다. 이러한 전기절차는 분개발생시마다 또는 일주일마다, 열흘마다 이루어지는데 전기의 수행시기는 회사의 규모나 거래의 복잡성 등 기업의 상황에 따라 결정된다.

② **계정의 분류**

ⓐ **재무상태표 계정**(실질계정 또는 영구계정) : 자산, 부채, 자본과 같은 계정들은 특정시점의 경제적 자원과 청구권 또는 경제적 의무를 표현하며 회계기간이 지나도 소멸하는 계정이 아니기 때문에 재무상태표계정을 실질계정 또는 영구계정이라고 한다.

ⓑ **포괄손익계산서 계정**(명목계정 또는 임시계정) : 수익과 비용계정들은 특정 회계기간의 경영성과를 나타내기 위해 사용하는 계정일뿐 회계기간이 종료되면 경영성과의 결과를 이익잉여금계정에 대체하고 소멸하기 때문에 포괄손익계산서계정을 명목계정 또는 임시계정이라고 한다.

③ **전기의 방법** … 분개장에 기록된 내용을 총계정원장에 옮겨적는 전기의 방법은 다음과 같다.

ⓐ 분개장에 기록된 분개의 해당계정을 찾는다.

ⓑ 분개된 차변계정의 금액을 총계정원장의 해당계정의 차변에 기입한다.

ⓒ 분개된 대변계정의 금액을 총계정원장의 해당계정의 대변에 기입한다.

ⓓ 총계정원장의 적요란에는 상대계정과목을 기입한다.

④ 거래의 분개와 총계정원장상의 각 계정에 전기(분개상의 번호는 거래의 기록에서와 같이 이해를 돕기 위한 편의상의 분개순서임)

◆1월 1일 현금 ₩1,000,000을 출자하여 영업을 시작하다.

분개 : 〈차〉 ① 현　금 1,000,000　〈대〉 ② 자본금 1,000,000

전기

현　금	자본금
1/1 자본금 1,000,000	1/1 현　금 1,000,000

◆1월 3일 상품 ₩100,000을 현금으로 매입하다.

분개 : 〈차〉 ② 상　품 100,000　〈대〉 ① 현　금 100,000

전기

상　품	현　금
1/3 현　금 100,000	1/3 상　품 100,000

◆1월 5일 상품 ₩50,000을 외상으로 매입하다.

분개 : 〈차〉 ① 상　품 50,000　〈대〉 ② 매입채무 50,000
전기

상　품		매입채무
1/5 매입채무 50,000		1/5 상　품 50,000

◆1월 8일 현금 ₩100,000을 은행에 예금하다.

분개 : 〈차〉 ② 예　금 100,000　〈대〉 ① 현　금 100,000
전기

예　금		현　금
1/8 현　금 100,000		1/8 예　금 100,000

◆1월 25일 급여 ₩200,000을 현금으로 지급하다.

분개 : 〈차〉 ② 급　여 200,000　〈대〉 ① 현　금 200,000
전기

급　여		현　금
1/25 현　금 200,000		1/25 급　여 100,000

◆1월 31일 사무실관리비 ₩50,000을 현금으로 지급하다.

분개 : 〈차〉 ② 관리비 50,000　〈대〉 ① 현　금 50,000
전기

관리비		현　금
1/31 현　금 50,000		1/31 관리비 50,000

(4) 수정전시산표의 작성

① **시산표의 의의** … 일정기간 동안에 발생한 모든 거래가 분개장을 통하여 총계정원장의 각 계정에 바르게 전기되었는지 또는 각 계정별 잔액을 산출하는 과정에서 오류가 발생하였는지를 검증하기 위하여 작성하는 표가 시산표이다. 시산표는 총계정원장의 잔액을 모두 집계하여 검증하는 표이다. 대차평균의 원리에 따라 모든 차변합계와 대변합계는 항상 일치해야 한다. 만일 차변과 대변의 합계가 다르다면 이는 회계처리과정에서 오류가 있었다는 것이고 따라서 시산표작성을 통하여 이러한 오류를 검증할 수 있다. 시산표는 원장전기의 정확성 여부를 알기 위한 수단이므로 반드시 결산시점에서만 작성하는 것이 아니라 필요에 따라서는 매일, 매주 또는 매월말에 작성할 수도 있다. 또한 시산표는 반드시 작성되어야 하는 것은 아니지만 작성하는 것이 결산과정에 편리한 보조적인 절차이다.

② **시산표의 작성목적**

　㉠ 모든 계정잔액의 차변합계와 대변합계의 일치여부를 확인하여 기중 회계처리과정상의 오류를 검증할 수 있다.

　㉡ 시산표를 작성하면 재무제표의 작성이 용이해진다.

③ 시산표의 오류검증기능

　　㉠ 시산표에서 발견할 수 있는 오류
　　　• 대·차 한 쪽에만 중복 기장된 경우
　　　• 대·차 어느 한 쪽의 전기가 누락된 경우
　　　• 계정 자체의 대차합계 및 잔액계산에 생긴 오류
　　　• 계정상의 금액을 잘못 적은 경우
　　　• 기타 기장상의 오류

　　㉡ 시산표에서 발견할 수 없는 오류
　　　• 대·차 양편에 틀린 금액이 같이 전기된 경우
　　　• 전기가 누락되거나 이중 전기된 오류
　　　• 대·차가 반대로 전기된 경우
　　　• 다른 계정에 전기된 경우

④ **잔액시산표 등식** … 잔액시산표는 총계정원장 각 계정의 차변합계와 대변합계의 차액을 구하여 그 차액이 많은 쪽으로 금액을 기입하는데 각 계정의 차변잔액(차변합계가 더 큰 경우)은 시산표의 차변에 기입하고, 각 계정의 대변잔액(대변합계가 더 큰 경우)은 시산표의 대변에 기입하여 작성한다. 따라서 잔액시산표의 차변에는 자산의 잔액과 비용발생액이, 대변에는 부채 및 자본의 잔액과 수익발생액을 기록하게 되는데 잔액시산표상의 차변에 기입한 자산과 비용의 합계액과 대변에 기입한 부채, 자본, 수익의 합계액은 반드시 일치한다. 이것을 등식으로 나타내면 다음과 같다.

> 시산표 등식 : 자산 + 비용 = 부채 + 자본 + 수익

잔액시산표

자 산 2,500,000	부 채 700,000
	자 본 1,000,000
비 용 500,000	수 익 1,300,000

(5) 결산수정분개와 전기

① 수정분개의 의의 … 기중의 회계처리 절차는 일상적인 거래를 인식하는데 초점을 두고 단순히 이를 분류하고 기록하는 과정이므로 결산수정정리가 이루어지기 전에 작성된 수정전시산표는 재무제표에 표시하여야 할 계정과목과 금액을 완전히 나타내지 못한다. 회계거래가 발생하였으나 당시에 외부와의 교환거래가 발생하지 않아 기중에 기록하지 않을 경우에는 회사의 장부상 금액과 실제 회사의 재무상태 및 경영성과는 불일치하게 된다. 이와 같이 장부상의 금액과 실제 재무상태 및 경영성과가 불일치할 경우에는 장부상의 금액을 실제 금액으로 조정해야 하는데 이를 수정분개라고 한다.

기출문제 ▶

문. 시산표를 작성함으로써 발견할 수 있는 오류는?
　　　　▶ 2015. 4. 18 인사혁신처

① 상품을 판매한 거래에 대하여 두 번 분개한 경우
② 거래를 분개함에 있어서 차입금 계정의 차변에 기록하여야 하는데 대여금 계정의 차변에 기록한 경우
③ 실제 거래한 금액과 다르게 대변과 차변에 동일한 금액을 전기한 경우
④ 매출채권 계정의 차변에 전기해야 하는데 대변으로 전기한 경우

　　　　　　　　🖝 ④

문. 20x1년 5월 31일에 월말 결산 수정분개를 하기 전에 ㈜한국의 시산표상에 수익합계는 ₩7,000이고 비용합계는 ₩2,000이다. 수정전시산표에 반영되지 않은 다음의 결산수정항목들을 반영하여 산출한 20x1년 5월분 포괄손익계산서상의 당기순이익은?
　　　　▶ 2011. 7. 23 행정안전부 7급

• 단기차입금에 대한 5월분 이자발생액이 ₩800이다.
• 5월초의 선급보험료 중 5월분에 해당하는 금액은 ₩700이다.
• 전월에 선수용역수익으로 받은 금액 가운데 5월에 용역제공이 완료된 금액은 ₩700이다.
• 용역제공은 이미 완료됐지만 아직 받지 못한 금액이 ₩600이다.

① ₩4,800　　② ₩5,000
③ ₩5,100　　④ ₩5,200

　　　　　　　　🖝 ①

② 수정분개의 필요성과 목적 … 발생한 거래가 둘 이상의 회계기간에 영향을 미치는 경우 수정분개가 필요하다. 둘 이상의 회계기간에 영향을 미치는 경우 수익과 비용의 기간귀속문제가 발생하고 기중의 회계처리가 회계기간에 귀속되는 계정과목과 금액에 일치하지 않을 경우 수정분개가 필요하다.

㉠ 포괄손익계산서에 표시할 수익과 비용의 적절한 측정 : 일상적인 기중의 거래기록과정에서 적절하게 측정되지 못한 수익과 비용을 수정한다.

㉡ 재무상태표에 표시할 자산과 부채의 적절한 평가 : 자산과 부채를 K-IFRS가 요구하는 적절한 금액으로 수정한다.

③ 수정분개의 유형 … 수정분개는 기중의 회계처리를 어떻게 하였느냐에 따라서 동일한 회계거래라 하더라도 수정분개의 내용이 달라진다.

㉠ 수익·비용의 이연(이연분개)

• 수익의 이연(선수수익) : 선수임대료, 선수이자, 선수수수료 등

• 비용의 이연(선급비용) : 선급임차료, 선급보험료, 선급이자 등

㉡ 수익·비용의 발생(발생분개)

• 수익의 발생(미수수익) : 미수임대료, 미수이자, 미수수수료 등

• 비용의 발생(미지급비용) : 미지급임차료, 미지급이자, 미지급수수료 등

④ 수정분개와 전기

㉠ 선급비용 : 회계기간 중에 보험료, 임차료, 이자비용 등을 선급한 경우 기말에 차기 이후에 해당하는 부분을 자산으로 수정분개하여 비용을 이연한다.

2011년 10월 1일 보험회사에 1년분 보험료 ₩120,000을 납부하다.

◆보험료 납부시(10월 1일)
분개 : 〈차〉 ② 보험료 120,000 〈대〉 ① 현 금 120,000
(총계정원장에) 전기

보험료	현 금
10/1 현 금 120,000	10/1 보험료 120,000

수정전시산표

㈜서원	수정전시산표*	2011. 12. 31
보험료	120,000	

* 현금계정은 시산표 작성시 생략하였다. - 이하같다 -

◆회계기말의 결산수정(12월 31일)
수정분개 : 〈차〉 ① 선급보험료 90,000 〈대〉 ② 보험료 90,000
(총계정원장에) 전기

선급보험료	보험료
12/31 보험료 90,000	12/31 선급보험료 90,000

수정후시산표

㈜서원	수정후시산표	2011. 12. 31
보 험 료	30,000	
선급보험료	90,000	

기출문제

문. ㈜한국의 기말수정사항이 다음과 같을 때, 기말수정분개가 미치는 영향에 대한 설명으로 옳지 않은 것은? (단, 법인세는 무시한다)
▶ 2015. 4. 18 인사혁신처

• 4월 1일 1년간의 임차료 ₩120,000을 현금으로 지급하면서 전액을 임차료로 기록하였다.

• 12월에 급여 ₩20,000이 발생되었으나, 기말 현재 미지급상태이다.

① 수정후시산표의 차변합계가 ₩50,000만큼 증가한다.

② 당기순이익이 ₩10,000만큼 증가한다.

③ 자산총액이 ₩30,000만큼 증가한다.

④ 부채총액이 ₩20,000만큼 증가한다.

☞ ①

문. ㈜한국의 결산수정사항이 다음과 같은 경우, 기말수정분개가 미치는 영향으로 옳지 않은 것은? (단, 법인세비용에 미치는 영향은 없다고 가정한다)
▶ 2015. 6. 27 제1회 지방직

• 4월 1일 1년간의 보험료 ₩12,000을 지급하고 전액을 선급보험료 계정에 차기하였다.

• 당해 회계연도의 임대료 수익 ₩6,000이 발생되었으나 12월 31일 현재 회수되지 않고 다음 달 말일에 회수할 예정이다.

① 수정후잔액시산표의 대변합계는 ₩6,000만큼 증가한다.

② 당기순이익이 ₩3,000만큼 증가한다.

③ 자산총액이 ₩3,000만큼 감소한다.

④ 부채총액은 변동이 없다.

☞ ②

ⓛ **미지급비용** : 보험료, 임차료, 이자비용, 급여 등의 비용이 당기중에 발생하였으나 현금지출 등 지급이 되지 않은 부분을 부채로 수정분개하여 비용을 인식한다.

2011년 10월 1일 은행에서 ₩1,000,000을 연 12%의 이자율로 차입하고 1년 후에 원금과 이자를 함께 상환하기로 하다.

◆**차입시(10월 1일)**

분개 : 〈차〉 ① 현　금 1,000,000 〈대〉 ② 차입금 1,000,000

전기

현　금	차입금
10/1 차입금 1,000,000	10/1 현　금 1,000,000

수정전시산표

㈜서원	수정전시산표	2011. 12. 31
	차입금	1,000,000

◆**결산수정(12월 31일)**

수정분개 : 〈차〉 ② 이자비용 30,000 〈대〉 ① 미지급이자* 30,000

* 비용의 발생은 현금(자산)의 유출을 수반하나 지급이 이루어지지 않으므로 그 대용인 부채를 먼저 인식함(분개순서에서)

전기

이자비용	미지급이자
12/31 미지급이자 30,000	12/31 이자비용 30,000

수정후시산표

㈜서원	수정후시산표		2011. 12. 31
이자비용	30,000	차　입　금	1,000,000
		미지급이자	30,000

ⓒ **선수수익** : 임대료, 이자수익 등의 수익을 당기중에 수취하였으나 차기 이후에 해당하는 부분을 부채로 수정분개하여 수익을 이연한다.

2011년 10월 1일 1년분 임대료 ₩120,000을 수취하다.

◆**수취시(10월 1일)**

분개 : 〈차〉 ① 현　금 120,000 〈대〉 ② 임대료 120,000

전기

현　금	임대료
10/1 임대료 120,000	10/1 현　금 120,000

수정전시산표

㈜서원	수정전시산표	2011. 12. 31
	임대료	120,000

◆**결산수정(12월 31일)**

수정분개 : 〈차〉 ② 임대료 90,000 〈대〉 ① 선수임대료* 90,000

* 현금(자산)의 유출의 대용인 부채를 먼저 인식함(분개순서에서)

전기

임대료			선수임대료	
12/31 선수임대료 90,000	10/1 현 금 120,000			12/31 임대료 90,000

수정후시산표

㈜서원	수정후시산표	2011. 12. 31
	임 대 료	30,000
	선수임대료	90,000

   ㉣ **미수수익** : 임대료, 이자수익 등의 수익이 당기중에 발생하였으나 현금수입 등 유입이 이루어지지 않은 부분을 자산으로 계상하고 수익을 인식한다.

    2011년 10월 1일 ₩1,000,000을 연 12%의 이자율로 은행에 예금하고 1년 후에 원금과 이자를 함께 받기로 하다.

◆예입시(10월 1일)

분개 : 〈차〉 ② 예 금 1,000,000 〈대〉 ① 현 금 1,000,000

전기

예 금			현 금	
10/1 현 금 1,000,000				10/1 예 금 1,000,000

수정전시산표

㈜서원	수정전시산표	2011. 12. 31
예 금	1,000,000	

◆결산수정(12월 31일)

수정분개 : 〈차〉 ① 미수이자 30,000 〈대〉 ② 이자수익 30,000

전기

미수이자			이자수익	
12/31 이자수익 30,000				12/31 미수이자 30,000

수정후시산표

㈜서원	수정후시산표	2011. 12. 31
예 금	1,000,000	이자수익 30,000
미수이자	30,000	

   ㉤ **소모품** : 당기중에 사무용품 등 소모품을 구입하여 당기중에 사용된 부분은 소모품비로 비용처리하고 기말 현재 사용되지 않고 남아있는 부분은 소모품으로 하여 자산으로 계상한다.

    2011년 10월 1일 사무용 소모품을 ₩100,000에 현금구입하였다. 이 중 기말 결산시 소모품 조사에서 사용되지 않고 남아있는 부분은 ₩70,000 임을 확인하였다.

◆구입시(10월 1일)

분개 : 〈차〉 ② 소모품비 100,000 〈대〉 ① 현 금 100,000

전기

소모품비			현 금	
10/1 현 금 100,000				10/1 소모품비 100,000

수정전시산표

㈜서원	수정전시산표	2011. 12. 31
소모품비	100,000	

◆결산수정(12월 31일)

수정분개 : 〈차〉 ① 소모품 70,000 〈대〉 ② 소모품비 70,000

전기

소모품		소모품비	
12/31 소모품비 70,000		10/1 현　금 100,000	12/31 소모품 70,000

수정후시산표

㈜서원	수정후시산표	2011. 12. 31
소 모 품	70,000	
소모품비	30,000	

　　ⓑ **감가상각** : 감가상각은 자산의 기말가액을 공정가액으로 평가하는 평가과정이 아니라 내용연수 동안에 자산의 취득원가를 체계적이고 합리적인 방법으로 배분하는 원가의 배분과정으로서 이렇게 배분된 원가를 감가상각비로 하여 비용으로 인식하고 감가상각누계액은 자산의 차감적 평가계정으로 재무상태표의 자산에서 차감하는 형식으로 표시한다.

　　2011년 10월 1일 기계장치를 ₩1,000,000에 외상으로 구입하였다. 동 기계장치의 내용연수는 5년이며 잔존가액은 없는 것으로 하여 정액법으로 상각한다.

◆기계장치 구입시(10월 1일)

분개 : 〈차〉 ① 기계장치 1,000,000 〈대〉 ② 미지급금 1,000,000

전기

기계장치		미지급금	
10/1 미지급금 1,000,000			10/1 기계장치 1,000,000

수정전시산표

㈜서원	수정전시산표		2011. 12. 31
기계장치	1,000,000	미지급금	1,000,000

◆결산수정(12월 31일)

수정분개

〈차〉 ② 감가상각비 50,000* 〈대〉 ② 감가상각누계액 50,000

$* \ 1,000,000 \div 5년 \times \dfrac{3}{12} = 50,000$

전기

감가상각비		감가상각누계액	
12/31 감가상각누계액 50,000			12/31 감가상각비 50,000

수정후시산표

㈜서원	수정후시산표		2011. 12. 31
기 계 장 치	1,000,000	미 지 급 금	1,000,000
감가상각비	50,000	감가상각누계액	50,000

기출문제 ▶

문. ㈜한국은 기초 소모품이 ₩5,000이었고, 기중에 소모품 ₩6,000을 추가로 구입하고 자산으로 처리하였다. 기말에 남아 있는 소모품이 ₩3,000이라면, 소모품과 관련된 기말 수정분개는?
　　　▶ 2011. 5. 14 상반기 지방직

① 〈차〉 소모품비 8,000
　 〈대〉 소 모 품 8,000
② 〈차〉 소 모 품 3,000
　 〈대〉 소모품비 3,000
③ 〈차〉 소모품비 3,000
　 〈대〉 소 모 품 3,000
④ 〈차〉 소 모 품 8,000
　 〈대〉 소모품비 8,000

☞ ①

(6) 수정후시산표 작성(선택사항)

① **수정후시산표의 작성목적** ··· 수정분개가 완료된 후에 기중 교환거래와 마찬 가지로 총계정원장에 전기하고 다시 한번 분개 및 전기의 정확성을 검증하기 위하여 수정후시산표를 작성하게 된다. 수정전시산표가 기중의 회계처리과정의 오류를 검증하기 위한 것이라면 수정후시산표는 결산수정분개가 모두 완료된 후 재무제표를 작성하기 전에 결산수정정리과정의 오류를 검증하는 것을 목적으로 한다.

② **수정후잔액시산표의 예시** ··· 수정후시산표에는 당기수익 안에 당기순이익이 포함되어 있다.

수정후잔액시산표

기말자산 2,500,000	기말부채 800,000
	기초자본 1,200,000
	당기수익 900,000 }당기순이익 500,000
당기비용 400,000	

수정후시산표 등식 : 기말자산 + 당기비용 = 기말부채 + 기초자본 + 당기수익

(7) 장부마감(마감분개 및 전기)

① **장부마감절차** ··· 당기의 경영활동에 대한 성과와 재무상태를 파악하기 위하여 기말수정분개를 하고난 후에는 총계정원장의 각 계정들을 마감하여 다음 회계기간의 경영활동을 기록하기 위한 준비를 하여야 한다. 이러한 장부마감절차는 다음의 3가지 단계로 구성된다.
　㉠ 포괄손익계산서계정의 마감
　㉡ 집합손익계정의 마감
　㉢ 재무상태표계정의 마감

② **포괄손익계산서계정의 마감** ··· 수익계정과 비용계정은 포괄손익계산서계정으로 명목계정(임시계정)이라고 한다. 이러한 명목계정인 포괄손익계산서계정은 당기의 경영성과를 나타내 주는 것이므로 다음기의 경영활동에 영향을 주어서는 안된다. 따라서 수익·비용계정은 한 회계기간이 끝나면 잔액을 '0'으로 만들어서 다음 기의 경영활동에 따른 기록은 '0(Zero base)'에서 다시 출발하도록 하여야 한다. 이 경우 모든 수익의 잔액은 대변에 남아 있으므로 같은 금액을 차변에 기입하고 모든 비용의 잔액은 차변에 남아 있으므로 같은 금액을 대변에 기입하여 잔액을 '0'으로 만들어 주며, 이 때 사용하는 반대편의 계정으로 집합손익계정을 총계정원장에 새로 설정한다.

　　ⓐ **수익계정의 마감** : 수익계정잔액은 대변에 나타나기 때문에 이를 '0'으로 만들기 위해서는 차변에 수익계정잔액을 기록하고 대변에 집합손익계정을 기록한다. 즉 수익계정잔액을 집합손익계정의 대변에 대체한다.

　　　〈차〉 수익(매출액 등) 200,000　〈대〉 집합손익 200,000

　　ⓑ **비용계정의 마감** : 비용계정잔액은 차변에 나타나기 때문에 이를 '0'으로 만들기 위해서는 대변에 비용계정잔액을 기록하고 차변에 집합손익계정을 기록한다. 즉 비용계정잔액을 집합손익계정의 차변에 대체한다.

　　　〈차〉 집합손익 100,000　〈대〉 비용(급여 등) 100,000

③ **집합손익계정의 마감** … 수익계정과 비용계정을 마감하기 위하여 집합손익계정에 각각의 계정잔액을 대체하였는데, 집합손익계정의 차변에는 당기에 발생한 모든 비용이 기록되었으며 집합손익계정의 대변에는 당기에 발생한 모든 수익이 기록되었다. 따라서 집합손익계정에는 당기의 모든 수익과 비용의 발생내역이 나타나게 되고 포괄손익계산서에 나타나는 모든 내역이 반영되게 된다. 이 때 집합손익계정의 잔액을 계산하면 당기의 수익에서 당기의 비용을 차감한 당기순손익이 산출된다. 집합손익계정의 잔액이 대변잔액(대변이 더 큼)이면 당기순이익이 되고 집합손익계정의 잔액이 차변잔액(차변금액이 더 큼)이면 당기순손실이 발생하게 된다. 그러나 집합손익계정 역시 수익계정과 비용계정을 마감하기 위하여 일시적으로 사용하는 임시계정이므로 이를 마감시켜야 한다. 이 경우 상대편의 계정으로 이익잉여금계정을 사용한다. 수익계정과 비용계정을 집합손익계정에 대체하고 집합손익계정의 잔액인 당기순손익을 이익잉여금계정에 대체하기 위하여 분개장에 분개를 하는데 이를 결산분개라고 한다. 그리고 수익계정과 비용계정을 마감하기 위하여 집합손익이라는 일시적인 계정을 사용하였는데 집합손익계정 역시 결산분개를 마친 후 그 잔액은 '0'이 된다.

　　ⓐ **당기순이익이 발생한 경우** : 집합손익계정의 잔액이 대변잔액인 당기순이익이 발생하면 이를 이익잉여금으로 대체한다.

　　　〈차〉 집합손익 100,000　〈대〉 이익잉여금 100,000

　　ⓑ **당기순손실이 발생한 경우** : 집합손익계정의 잔액이 차변잔액인 당기순손실이 발생하면 이를 이익잉여금으로 대체한다.

　　　〈차〉 이익잉여금 100,000　〈대〉 집합손익 100,000

④ **재무상태표계정의 마감** … 장부상의 기말잔액을 차기 장부상의 기초잔액으로 이월하는 절차이다. 자산·부채·자본계정은 수익·비용계정과는 달리 한 회계기간이 종료된다고 하더라도 잔액이 '0'으로 되지 않고 계속해서 잔액을 유지하게 된다. 따라서 재무상태표계정은 잔액을 '0'으로 만들 필요없이 다음 회계기간으로 이월시켜야 한다. 이월시키는 방법은 장부상에 잔액이 나타나는 반대편에 같은 금액을 차기이월로 표시하여 장부를 마감시키고 차기의 장부에는 전기말 잔액을 전기이월로 표시한다. 이 경우 자산계정은 항상 잔액이 차변에 남게 되고 부채와 자본계정은 잔액이 대변에 남게 된다. 재무상태표계정의 마감은 당기말 잔액을 단순히 차기의 기초잔액으로 이전시키는 과정이므로 분개없이 계정에 이월을 나타내주기만 하면 된다.

㉠ **자산계정의 마감** : 자산계정은 차변에 잔액이 남게 되므로 대변에 차변잔
액만큼 기입하여 차변과 대변을 일치시켜 마감시킨 뒤에 그 잔액만큼을
다시 차변에 기입하여 다음 회계기간으로 이월시킨다. 계정마감시 대변
에 차기이월이라고 기재하며 차변에는 전기이월이라고 기재한다.

자산계정

증 가	200,000	감 소	150,000
		차기이월	50,000
계	200,000	계	200,000
전기이월	50,000		

㉡ **부채 및 자본계정의 마감** : 부채 및 자본계정은 대변에 잔액이 남게 되므
로 차변에 대변잔액만큼 기입하여 차변과 대변을 일치시켜 마감시킨 뒤
그 잔액만큼을 다시 대변에 기입하여 다음 회계기간으로 이월시킨다.
계정마감시 차변에 차기이월이라고 기재하며 대변에는 전기이월이라고
기재한다.

부채계정				자본계정			
감 소	70,000	증 가	100,000	감 소	50,000	증 가	150,000
차기이월	30,000			차기이월	100,000		
계	100,000	계	100,000	계	150,000	계	150,000
		전기이월	30,000			전기이월	100,000

(8) 재무제표의 작성

① **포괄손익계산서의 작성** … 수정후시산표상의 차변합계와 대변합계가 일치하
면 이를 토대로 포괄손익계산서계정과목과 잔액을 이용하여 작성한다.

② **재무상태표의 작성** … 수정후시산표상의 재무상태표계정잔액을 재무상태표
의 자산, 부채, 자본란에 단순히 옮겨 놓으면 된다.

(9) 기초재수정분개(역분개)

기초재수정분개란 기말수정분개로 인하여 발생한 선급비용, 미지급비용, 미수
수익, 선수수익 등의 계정을 다음 회계연도초에 반대분개를 하여 없애주는 것
으로 선택적으로 시행할 수 있다. 기초재수정분개를 하는 이유는 기중회계처
리를 간편하게 하기 위해서이다.

2011년 9월 1일 6개월분의 보험료 ₩60,000을 현금으로 납부하다.

◆기초재수정분개를 하지 않는 경우
현금납부시(2011. 9. 1)
〈차〉② 선급보험료 60,000 〈대〉① 현 금 60,000
결산수정분개(2011. 12. 31) : 당기의 비용인식
〈차〉② 보험료 40,000 〈대〉① 선급보험료* 40,000
* 비용의 발생은 자산의 유출을 수반하므로 자산의 감소(대변)를 먼저 분개한다(순개순서에서).

보험기간 경과시(2012. 2. 28)

〈차〉 ② 보험료 20,000 〈대〉 ① 선급보험료 20,000

◆기초재수정분개(역분개)를 하는 경우

현금납부시(2011. 9. 1)

〈차〉 ② 선급보험료 60,000 〈대〉 ① 현 금 60,000

결산수정분개(2011. 12. 31) : 당기의 비용인식

〈차〉 ② 보험료 40,000 〈대〉 ① 선급보험료 40,000

기초재수정분개(2012. 1. 1)

〈차〉 ② 보험료 20,000 〈대〉 ① 선급보험료 20,000

보험기간 경과시(2012. 2. 28) : 기초재수정분개를 통하여 당기의 보험료를 인식하였으므로 추가적인 분개가 필요없다.

1 다음 중 거래의 결합관계가 성립될 수 없는 것은?

① 〈차〉 비용의 발생 　〈대〉 자산의 감소　　② 〈차〉 자산의 증가 　〈대〉 수익의 발생
　　　부채의 감소 　　　　자본의 증가　　　　　　자본의 감소 　　　　부채의 증가

③ 〈차〉 자산의 증가 　〈대〉 자산의 감소　　④ 〈차〉 자산의 증가 　〈대〉 자산의 감소
　　　부채의 감소 　　　　자본의 증가　　　　　　자본의 증가 　　　　자본의 감소

TIP 자본의 증가는 결과적으로 현금(자산)의 증가를 가져오는 것으로 생각할 수 있으므로 현금(자산)의 증가
(차변)의 상대계정인 대변에 기록되어야 하고 자본의 감소는 반대의 상황으로 차변에 기록된다.

2 (주)한국의 수정전시산표상 소모품은 ₩160,000이고, 기말 현재 남아있는 소모품이 ₩70,000이다. 수정
분개로 옳은 것은?

① (차) 소모품비 　₩90,000 　　(대) 소모품 　₩90,000
② (차) 소모품비 　₩70,000 　　(대) 소모품 　₩70,000
③ (차) 소모품 　₩90,000 　　(대) 소모품비 　₩90,000
④ (차) 소모품 　₩70,000 　　(대) 소모품비 　₩70,000

TIP 구입 : (차) 소모품 ₩160,000, (대) 현금 ₩160,000
결산 : (차) 소모품비 ₩90,000, (대) 소모품 ₩90,000

ANSWER 　1.④　2.①

3 다음 중 장부에 기록할 수 없는 것은?

① 판매용 상품 중 일부를 종업원들에게 추석선물로 나누어 주었다.
② 보관중인 상품의 가격이 폭락하였다.
③ 사장의 업무용 승용차를 거래처의 영업부장에게 무상으로 주었다.
④ 거래처 영업부장이 상품을 계속 구매하겠다는 계약서를 보내왔다.

🎁 TIP 상품의 판매계약만으로는 장부에 기록할 수 있는 회계상의 거래가 아니다. 제시된 거래를 임의의 금액
₩100,000을 적용하여 분개하면 다음과 같다.
① 〈차〉 상   여   금 100,000   〈대〉 상   품 100,000
② 〈차〉 재고자산평가손실 100,000   〈대〉 재고자산평가충당금 100,000
③ 〈차〉 접   대   비 100,000   〈대〉 유 형 자 산 100,000

4 다음 거래는 어느 종류에 속하는가?

> 원재료 ₩500,000을 매입하고 대금 중 ₩300,000은 현금으로 지급하고 나머지는 어음을 발행하
> 여 지급하다.

① 교환거래   ② 손익거래
③ 혼합거래   ④ 대체거래

🎁 TIP 재무상태표항목 상호간의 거래로서 자산이나 부채, 자본은 증감하지만, 포괄손익계산서항목인 수익과비용
항목은 나타나지 않으므로 교환거래에 해당한다.
〈차〉 매입(또는 원재료) 500,000   〈대〉 현   금 300,000
                                      지급어음 200,000

5 다음 거래는 어느 종류에 속하는가?

> 상품보관창고에 화재가 발생하여 상품 ₩2,000,000과 창고건물 ₩3,000,000이 전소되다.

① 교환거래   ② 손익거래
③ 혼합거래   ④ 대체거래

🎁 TIP 재무상태표항목과 포괄손익계산서항목에 동시에 영향을 미치는 거래로 수익이나 비용이 한 거래의 총액을
차지하는 거래, 즉 분개의 한 쪽에는 수익이나 비용항목만 나타나고 반대쪽에는 자산, 부채, 자본항목만
나타나는 거래는 손익거래이다.
〈차〉 재해손실 5,000,000   〈대〉 상 품 2,000,000
                                          건 물 3,000,000

⭐ ANSWER 3.④ 4.① 5.②

6 다음 중 혼합거래에 속하는 것은?

① 거래처에 대여하였던 대여금 ₩1,000,000과 이에 대한 이자 ₩70,000을 외상매입금과 상계하다.
② 받을어음 ₩500,000을 회수하여 당좌예입하다.
③ 상품 ₩700,000을 판매하고 ₩200,000은 현금으로 받고 나머지는 매월 초에 ₩100,000씩 받기로 하다.
④ 자연산 송이 ₩500,000을 구입하여 거래처에 선물하다.

TIP ① 〈차〉 매입채무 1,070,000 〈대〉 대 여 금 1,000,000
　　　　　　　　　　　　　　　　　　이자수익 　　 70,000 → 혼합거래
　　② 〈차〉 당좌예금 　 500,000 〈대〉 받을어음 　 500,000 → 교환거래
　　③ 〈차〉 현 　 금 　 200,000 〈대〉 매 　 출 　 700,000 → 손익거래
　　　　　매출채권 　 500,000
　　④ 〈차〉 접 대 비 　 500,000 〈대〉 현 　 금 　 500,000 → 손익거래

7 다음 중 회계상의 거래로 볼 수 없는 것은?

① 상품의 일부가 부패하였다.
② 한강상사로부터 상품 ₩1,000,000을 구입하겠다는 주문서를 받았다.
③ 상품을 판매하고 대금을 받지 못했다.
④ 종업원이 상품을 몰래 사용하였다.

TIP 회계상의 거래는 자산 · 부채 · 자본 · 수익 · 비용의 증감변화를 일으켜야 한다.
　　② 거래처에서 상품을 구입하겠다는 계약만으로는 회사의 재무상태에 변화를 일으키지 않으므로 장부에 기록할 수 있는 회계상의 거래가 아니다.

8 다음 거래의 종류는 무엇인가?

> 취득원가 ₩5,000,000, 감가상각누계액 ₩2,000,000인 업무용 트럭을 공정가액이 ₩3,500,000인 기계장치와 교환하다.

① 교환거래　　　　　　　　　　　② 손익거래
③ 혼합거래　　　　　　　　　　　④ 대체거래

TIP 재무상태표항목 상호계정에 손익항목이 추가되는 형태로 혼합거래에 해당한다.
　　〈차〉 기 계 장 치 3,500,000 〈대〉 차 량 운 반 구 5,000,000
　　　　 감가상각누계액 2,000,000 　　　유형자산처분이익 　 500,000

⭐ ANSWER 6.① 7.② 8.③

9 다음 사항을 일반적인 회계처리순서에 따라 바르게 배열한 것은?

> ㉠ 역분개   ㉡ 수정분개
> ㉢ 재무제표작성   ㉣ 장부마감
> ㉤ 수정후시산표작성   ㉥ 수정전시산표작성

① ㉡ − ㉥ − ㉣ − ㉤ − ㉢ − ㉠
② ㉡ − ㉥ − ㉤ − ㉢ − ㉣ − ㉠
③ ㉥ − ㉡ − ㉣ − ㉤ − ㉢ − ㉠
④ ㉥ − ㉡ − ㉤ − ㉣ − ㉢ − ㉠

🌸 TIP **회계순환과정** … 거래의 발생 → 분개 → 전기 → 수정전시산표작성 → 기말수정분개와전기 → 수정후시산표작성 → 장부마감(마감분개 및 전기) → 재무제표작성 → 역분개(기초재수정분개, 선택적)

10 다음 중 결산예비절차에 해당하지 않는 것은?

① 기말수정분개와 전기   ② 장부마감
③ 수정전시산표작성   ④ 수정후시산표작성

🌸 TIP **결산의 절차**
     ㉠ **결산예비절차** : 수정전시산표작성 → 결산수정분개와 전기 → 수정후시산표작성(선택적)
     ㉡ **결산본절차** : 장부마감(마감분개 및 전기)
     ㉢ **결산후절차**(결산보고서작성) : 재무제표 작성

11 다음 중 기말결산과정이 아닌 것은?

① 장부마감   ② 역분개
③ 수정전시산표작성   ④ 수정분개

🌸 TIP 역분개(기초재수정분개)는 다음연도 초에 선택적으로 행하는 절차이다.

12 회계처리과정 중 기말결산과정이 아닌 것은?

① 수정후시산표작성   ② 장부마감
③ 수정분개   ④ 전기

🌸 TIP 거래가 발생하면 바로 분개장에 분개하고 총계정원장의 각 계정에 전기한다. 따라서 분개와 전기는 거래 발생시마다 행하는 기중의 회계처리과정이다.

⭐ ANSWER   9.④   10.②   11.②   12.④

13 다음 중 총계정원장 각 계정들의 차변합계와 대변합계가 일치한다는 원리는?

① 분개의 원리　　　　　　　　② 전기의 원리

③ 거래의 이중성　　　　　　　④ 대차평균의 원리

　🌸**TIP** 　원장상의 각 계정금액을 모두 이기한 시산표는 대차평균의 원리를 이용하여 분개와 전기의 정확성을 검증
　　　　　한다.

14 다음 중 각 계정의 분류가 잘못된 것은?

① 자산계정 – 현금계정, 상품계정, 건물계정 등

② 부채계정 – 매입채무계정, 미지급금계정, 차입금계정 등

③ 수익계정 – 매출액계정, 임대료계정, 이익잉여금계정 등

④ 비용계정 – 매출원가계정, 임차료계정, 이자비용계정 등

　🌸**TIP** 　이익잉여금계정은 자본계정에 해당한다.

15 다음 계정의 잔액이 옳지 않은 것은?

① | 미지급금 |
|---|
| 30,000 | |

② | 소 모 품 |
|---|
| 45,000 | |

③ | 자 본 금 |
|---|
| | 500,000 |

④ | 임 대 료 |
|---|
| | 20,000 |

　🌸**TIP** 　① 미지급금은 부채이므로 그 잔액이 대변에 남는다.

16 다음 중 계정잔액이 대변에 남는 항목이 아닌 것은?

① 자본금　　　　　　　　　　② 미수수익

③ 차입금　　　　　　　　　　④ 미지급비용

　🌸**TIP** 　자산계정과 비용계정은 차변에 잔액이 남고, 부채계정과 자본계정 및 수익계정은 대변에 잔액이 남는다.
　　　　　① 자본금은 자본계정에 속하며, ③ 차입금과 ④ 미지급비용은 부채계정에 속한다.
　　　　　② 미수수익은 자산계정에 속하는 항목이다.

⭐ **ANSWER** 　13.④　14.③　15.①　16.②

17 다음 거래를 총계정원장의 해당계정에 바르게 전기한 것은?

> 〈차〉현 금 2,000,000 　　　　　〈대〉자본금 5,000,000
> 　　　건 물 3,000,000

①
```
              자본금
              │자본금      3,000,000
```

②
```
         현  금
현  금   2,000,000 │
```

③
```
         건  물
건  물   3,000,000 │
```

④
```
              자본금
              │현  금      2,000,000
              │건  물      3,000,000
```

🏅**TIP**
```
        현  금                          자본금
자본금 2,000,000 │             │현  금 2,000,000
                              │건  물 3,000,000

        건  물
자본금 3,000,000 │
```

18 다음 계정기입내용을 보고 (1)의 거래를 추정하면?

```
            현  금                              차입금
(1) 차 입 금 2,500,000 │(1) 건　　물 2,500,000        │(1) 현　　금 2,500,000
(3) 매출채권 1,000,000 │(2) 이자비용　120,000
                                              건  물
                                  (1) 현　　금 2,500,000 │
```

① 건물을 ₩2,500,000에 매각하여 그 대금으로 차입금을 상환하다.
② 현금 ₩2,500,000을 차입하여 건물을 매입하다.
③ 차입금 ₩2,500,000과 이자비용 ₩120,000을 보유중인 건물로 대물상환하다.
④ 현금 ₩2,500,000을 출자하여 건물을 매입하다.

🏅**TIP** (1)의 계정기입내용을 분개로 표시하면
　　　㉠ 〈차〉현 금 2,500,000　　　〈대〉차입금 2,500,000
　　　㉡ 〈차〉건 물 2,500,000　　　〈대〉현 금 2,500,000

⭐ **ANSWER** 　17.④ 　18.②

19 다음 계정을 보고 거래를 추정한 것으로 옳지 않은 것은?

현　금			매출채권	
(1) 5,000,000	(3)　　700,000		(2) 1,000,000	
(2)　　500,000	(4)　　150,000			

매입채무			매　출	
(3)　　700,000				(2) 1,500,000

전 기 료			자 본 금	
(4)　　150,000				(1) 5,000,000

① 현금 ₩5,000,000을 출자하여 영업을 개시하다.
② 매출채권 중 ₩500,000을 현금으로 회수하다.
③ 매입채무 ₩700,000을 현금으로 상환하다.
④ 전기료 ₩150,000을 현금으로 지급하다.

> **TIP** (1) 〈차〉 현　　금 5,000,000　　　〈대〉 자본금 5,000,000
> (2) 〈차〉 현　　금　500,000　　　〈대〉 매　출 1,500,000
> 　　　　　매출채권 1,000,000
> (3) 〈차〉 매입채무　700,000　　　〈대〉 현　금　700,000
> (4) 〈차〉 전 기 료　150,000　　　〈대〉 현　금　150,000
> ∴ (2)의 내용은 상품 ₩1,500,000을 판매하고 대금 중 ₩500,000은 현금으로 받고 나머지는 외상으로
> 한 경우이다.

20 다음의 계정기입내용에 대한 거래를 잘못 추정한 것은?

매　출			
매출채권	370,000	제　　좌	4,500,000
매　　입	3,000,000		
손　　익	1,130,000		
	4,500,000		4,500,000

① 총매출액은 ₩4,500,000이다. 　　② 매출총이익은 ₩1,500,000이다.
③ 매출원가는 ₩3,000,000이다. 　　④ 매출환입및에누리액은 ₩370,000이다.

> **TIP** ㉠ 순매출액
> 　　4,500,000(총매출액) − 370,000(매출환입및에누리) = 4,130,000
> ㉡ 매출총이익
> 　　4,130,000(순매출액) − 3,000,000(매출원가) = 1,130,000

ANSWER 　19.② 　20.②

21 다음의 계정기입내용에 관한 거래를 잘못 추정한 것은?

이월상품		매 출	
전기이월 250,000		받을어음 70,000	받을어음 1,300,000

매 입	
지급어음 1,200,000	지급어음 60,000
	지급어음 40,000
	이월상품 100,000

① 당기순매입액은 ₩1,100,000이다.　　② 당기총매출액은 ₩1,300,000이다.

③ 매출총이익은 ₩200,000이다.　　④ 매입환출및에누리는 ₩100,000이다.

TIP ㉠ 당기순매출액

1,300,000(총매출액) − 70,000(매출환입및에누리) = 1,230,000

㉡ 당기순매입액

1,200,000(총매입액) − (60,000 + 40,000)(매입환출및에누리) = 1,100,000

㉢ 매출원가

250,000(기초상품) + 1,100,000(당기순매입액) − 100,000(기말상품) = 1,250,000

㉣ 매출총손실

1,230,000(당기순매출액) − 1,250,000(매출원가) = (−)20,000

22 다음 중 시산표를 통해서 발견할 수 있는 오류는?

① 하나의 분개를 두 번 전기한 경우

② 상품계정에 전기하여야 하는데 매출채권계정에 전기한 경우

③ 매입채무계정의 차변에 전기할 것을 대변에 전기한 경우

④ 차변과 대변 양쪽의 전기를 누락한 경우

TIP 어떤 계정의 차변에 전기할 것을 대변에 전기하면 시산표의 차변합계와 대변합계가 일치하지 않아 오류를 발견할 수 있다.

23 다음 손익에 관한 기말수정분개 중 비용의 이연으로 재무상태표 차변에 표시되는 것은? (단, 금액은 편의상 ₩100,000으로 한다)

① 〈차〉 선급보험료 100,000　　　〈대〉 보　험　료 100,000

② 〈차〉 급　　　료 100,000　　　〈대〉 미지급급료 100,000

③ 〈차〉 미수이자　100,000　　　〈대〉 이자수익　100,000

④ 〈차〉 이자수익　100,000　　　〈대〉 선수이자　100,000

ANSWER 21.③ 22.③ 23.①

🏅 **TIP** ㉠ 발생분개
　　　• 미수수익 : 수익의 발생을 기록하고 자산으로 계상함
　　　• 미지급비용 : 비용의 발생을 기록하고 부채로 계상함
　　㉡ 이연분개
　　　• 선수수익 : 수익을 차기로 이연시켜 부채로 계상함
　　　• 선급비용 : 비용을 차기로 이연시켜 자산으로 계상함

24 다음 중 시산표에서 발견할 수 없는 오류는?

　① 어떤 거래 전체를 이중으로 전기한 경우
　② 차변과 대변 중 한 쪽에만 중복기장한 경우
　③ 계정상의 금액을 잘못 쓴 경우
　④ 계정자체의 대변과 차변합계에 오류가 생긴 경우

🏅 **TIP** ① 어떤 거래 전체를 이중으로 전기하면 시산표의 차변합계와 대변합계가 일치하여 오류를 발견할 수 없다.

25 다음 등식의 산식이 옳지 않은 것은?

　① 포괄손익계산서등식 : 총비용 + 순이익 = 총수익, 또는 총비용 = 총수익 + 순손실
　② 재무상태표등식 : 자산 = 부채 + 자본
　③ 자본등식 : 자산총액 − 부채총액 = 자본총액
　④ 시산표등식 : 기말자산 + 총비용 = 기말부채 + 기말자본 + 총수익

🏅 **TIP** ④ **시산표등식** … 기말자산 + 총비용 = 기말부채 + 기초자본 + 총수익

26 다음 손익에 관한 기말수정분개 중 수익의 발생으로 재무상태표 차변에 표시되는 것은? (단, 금액은 편의상 ₩10,000으로 한다)

　① 〈차〉 이 자 비 용 10,000　　　　　　〈대〉 미지급이자 10,000
　② 〈차〉 임 대 료 10,000　　　　　　〈대〉 선수임대료 10,000
　③ 〈차〉 소 모 품 10,000　　　　　　〈대〉 소모품비　 10,000
　④ 〈차〉 미 수 이 자 10,000　　　　　　〈대〉 이 자 수 익　 10,000

🏅 **TIP** ① 발생분개 : 비용의 발생을 기록하고 부채로 계상함 − 대변
　　② 이연분개 : 수익을 차기로 이연시켜 부채로 계상함 − 대변
　　③ 이연분개 : 비용을 차기로 이연시켜 자산으로 계상함 − 차변
　　④ 발생분개 : 수익의 발생을 기록하고 자산으로 계상함 − 차변

⭐ **ANSWER**　24.① 25.④ 26.④

27 잔액시산표상의 차·대변 총계가 각각 ₩5,500,000일 때 매출채권 ₩500,000을 현금으로 회수한 분개를 추가한 경우 잔액시산표상의 차·대변총계는 각각 얼마인가?

① ₩4,500,000

② ₩5,000,000

③ ₩5,500,000

④ ₩6,000,000

TIP 〈차〉현 금   500,000   〈대〉매출채권   500,000

(자산의 증가)   (자산의 감소)

∴ 잔액시산표합계에는 영향을 미치지 않는다.

28 ㈜서원의 수정전잔액시산표의 합계액은 ₩1,786,000이었다. 다음 사항을 수정반영한 후의 시산표잔액합계액은?

• 선급보험료미경과액 ₩150,000	• 소모품기말재고액 ₩320,000
• 선수임대료미경과액 25,000	• 미수이자발생액 200,000

① ₩1,786,000

② ₩1,930,000

③ ₩1,980,000

④ ₩1,986,000

TIP ※ 기말수정분개

㉠ 선급보험료미경과액 : 〈차〉선급보험료 150,000 〈대〉보 험 료 150,000
㉡ 선수임대료미경과액 : 〈차〉임대료수익 25,000 〈대〉선수임대료 25,000
㉢ 소모품기말재고액 : 〈차〉소모품   320,000 〈대〉소모품비   320,000
㉣ 미수이자발생액 : 〈차〉미수이자   200,000 〈대〉이자수익   200,000

수정분개 ㉠, ㉡, ㉢은 시산표상의 차변과 대변이 직접 대체되므로 잔액합계에는 영향을 미치지 않고, ㉣의 수익의 발생만 시산표잔액에 영향을 미친다.

∴ 1,786,000 + 200,000 = 1,986,000

29 기중에 소모품 ₩700,000을 구입하고 모두 비용처리한 후 기말에 소모품을 조사하였더니 ₩420,000이었다. 기말수정분개는?

① 〈차〉소모품비 700,000   〈대〉소 모 품 700,000

② 〈차〉소모품비 420,000   〈대〉소 모 품 420,000

③ 〈차〉선급비용 700,000   〈대〉소모품비 420,000

④ 〈차〉소 모 품 420,000   〈대〉소모품비 420,000

TIP 기중에 비용처리한 것 중 기말에 미사용분을 차기로 이연하여 자산으로 계상한다.

ANSWER 27.③ 28.④ 29.④

30 다음과 같은 항목을 포함하는 거래가 회계처리되지 않아 장부에서 누락되었을 경우, 이것을 장부에 반영한다면 순이익에 미치는 영향은?

- 선 급 보 험 료 ₩120,000
- 미 지 급 임 차 료　 300,000
- 선수수익의실현　 450,000
- 매입채무지급 ₩250,000
- 매출채권회수　 500,000

---

① 순이익 ₩270,000 증가
② 순이익 ₩270,000 감소
③ 순이익 ₩520,000 증가
④ 순이익 ₩520,000 감소

TIP 누락된 회계처리는 다음과 같다.
    ㉠ 〈차〉 선급보험료 120,000　〈대〉보 　　험 　료 120,000 → 순이익 증가
    ㉡ 〈차〉 임 차 료 300,000　〈대〉미지급임차료 300,000 → 순이익 감소
    ㉢ 〈차〉 선 수 수 익 450,000　〈대〉수 　　　　　익 450,000 → 순이익 증가
    ㉣ 〈차〉 매 입 채 무 250,000　〈대〉현 　　　　　금 250,000 → 순이익 불변
    ㉤ 〈차〉 현 　　　금 500,000　〈대〉매 출 채 권 500,000 → 순이익 불변
    ∴ 120,000 − 300,000 + 450,000 = 270,000(순이익 증가)

31 다음 중 결산정리사항으로서 당기순이익을 감소시키지 않는 것은?

① 감가상각비의 계상
② 미지급이자의 계상
③ 선급보험료의 계상
④ 대손충당금 계상

TIP 분개상의 금액을 편의상 ₩50,000으로 한다.
    ① 〈차〉 감가상각비 50,000　〈대〉 감가상각누계액 50,000 → 당기순이익 감소
    ② 〈차〉 이 자 비 용 50,000　〈대〉 미 지 급 이 자 50,000 → 당기순이익 감소
    ③ 〈차〉 선급보험료 50,000　〈대〉 보 　　험 　료 50,000 → 당기순이익 증가
    ④ 〈차〉 대손상각비 50,000　〈대〉 대 손 충 당 금 50,000 → 당기순이익 감소

ANSWER 30.① 31.③

32 결산수정전 당기순이익이 ₩2,500,000이었다. 결산정리사항이 다음과 같을 때 정확한 당기순이익은?

- 선급보험료 ₩150,000
- 소 모 품 400,000
- 미지급급료 300,000
- 선급임차료 ₩300,000
- 감가상각비 550,000
- 선 수 이 자 200,000

---

① ₩2,600,000
② ₩2,500,000
③ ₩2,400,000
④ ₩2,300,000

TIP 기말수정분개
ⓐ 〈차〉 선급보험료 150,000 　　〈대〉 보 　 험 　 료 150,000 → 순이익 증가
ⓑ 〈차〉 소 모 품 400,000 　　〈대〉 소 모 품 비 400,000 → 순이익 증가
ⓒ 〈차〉 급 　 료 300,000 　　〈대〉 미 지 급 급 료 300,000 → 순이익 감소
ⓓ 〈차〉 선급임차료 300,000 　　〈대〉 임 　 차 　 료 300,000 → 순이익 증가
ⓔ 〈차〉 감가상각비 550,000 　　〈대〉 감가상각누계액 550,000 → 순이익 감소
ⓕ 〈차〉 이 자 수 익 200,000 　　〈대〉 선 수 이 자 200,000 → 순이익 감소
∴ 당기순이익 : 2,500,000 + 150,000 + 400,000 − 300,000 + 300,000 − 550,000
　　 − 200,000 = ₩2,300,000

33 다음 자료에 의하면 매출총이익은 얼마인가?

- 매 출 액 ₩3,850,000
- 매출할인 100,000

- 기말결산분개
  〈차〉 매 　 입 250,000
  〈차〉 재고자산 300,000
- 매 입 액 ₩2,700,000
- 매입에누리 80,000
- 매 입 할 인 50,000

  〈대〉 재고자산 250,000
  〈대〉 매 　 입 300,000

---

① ₩1,200,000
② ₩1,210,000
③ ₩1,220,000
④ ₩1,230,000

TIP ⓐ 순매출액 : 3,850,000 − 100,000 = 3,750,000
ⓑ 순매입액 : 2,700,000 − 80,000 − 50,000 = 2,570,000
ⓒ 매출원가 : 250,000(기초재고) + 2,570,000(순매입액) − 300,000(기말재고) = 2,520,000
ⓓ 매출총이익 : 3,750,000(순매출액) − 2,520,000(매출원가) = 1,230,000

ANSWER 32.④ 33.④

34 서원상사는 당기중에 소모품 ₩250,000을 외상으로 구입하여 자산계상하였다. 회계연도말에 소모품재고액을 조사하였더니 ₩165,000이었다. 이에 대한 수정분개를 반영하면 당기순이익은 어떻게 되겠는가?

① ₩85,000 증가　　　　　　　　　　② ₩85,000 감소
③ ₩165,000 증가　　　　　　　　　　④ ₩165,000 감소

TIP ㉠ 소모품구입시
〈차〉소 모 품 250,000　　〈대〉미지급금 250,000
㉡ 기말수정분개
〈차〉소모품비 85,000*　〈대〉소 모 품 85,000
* 당기소모품사용액 : 250,000 − 165,000 = 85,000

35 서원상사는 7월 1일 화재보험계약을 체결하면서 2년분의 보험료 ₩360,000을 선납하고 모두 자산으로 계상하였다. 동년 회계기말(12월 31일)에 필요한 수정분개는?

① 〈차〉보　험　료 270,000　　　　　〈대〉선급보험료 270,000
② 〈차〉보　험　료 90,000　　　　　　〈대〉선급보험료 90,000
③ 〈차〉선급보험료 90,000　　　　　　〈대〉보　험　료 90,000
④ 〈차〉선급보험료 270,000　　　　　〈대〉보　험　료 270,000

TIP ㉠ 보험료납부시(7월 1일)
〈차〉선급보험료 360,000　　　　　〈대〉현　　　금 360,000
㉡ 기말수정분개(12월 31일)
〈차〉보　험　료 90,000*　　　　　〈대〉선급보험료 90,000

* 당기분보험료 : $360,000 \times \dfrac{6}{24} = 90,000$

36 기말수정전 당기순이익이 ₩550,000이었다. 다음의 수정사항을 반영한 후의 당기순이익은?

• 선급보험료 ₩60,000	• 선급임차료 ₩130,000
• 미 수 이 자　50,000	• 미지급급료　100,000
• 감가상각비　70,000	

① ₩600,000　　　　　　　　　　　　② ₩620,000
③ ₩640,000　　　　　　　　　　　　④ ₩660,000

TIP ㉠ 분개
• 〈차〉선급보험료 60,000　　　　〈대〉보　　험　　료 60,000
• 〈차〉선급임차료 130,000　　　　〈대〉임　　차　　료 130,000
• 〈차〉미 수 이 자 50,000　　　　〈대〉이 자 수 익 50,000
• 〈차〉급　　　료 100,000　　　　〈대〉미 지 급 급 료 100,000
• 〈차〉감가상각비 70,000　　　　〈대〉감가상각누계액 70,000
㉡ 수정후당기순이익
550,000 + 60,000 + 130,000 + 50,000 − 100,000 − 70,000 = 620,000

★ ANSWER　34.② 35.② 36.②

37 다음 자료에 의해서 매출원가를 계산하면?

• 현 금 매 입 상 품	₩ 200,000	• 외 상 매 입 상 품	₩ 500,000
• 외상매입금지급액	300,000	• 매 입 할 인	30,000
• 매 입 환 출	50,000	• 매 출 할 인	40,000
• 매 출 에 누 리	70,000	• 기말상품재고액	50,000
• 기초상품재고액	150,000		

① ₩ 700,000   ② ₩ 710,000

③ ₩ 720,000   ④ ₩ 730,000

🌸 **TIP** ㉠ 순매입액

200,000(현금매입액) + 500,000(외상매입액) − 50,000(매입환출) − 30,000(매입할인)
= 620,000

㉡ 매출원가

150,000(기초상품) + 620,000(순매입액) − 50,000(기말상품) = 720,000

38 다음 자료에 의할 때 매출총이익은?

• 매 출 액	₩ 830,000	• 매 입 액	₩ 500,000
• 매 출 환 입	70,000	• 매 입 환 출	60,000
• 매 출 에 누 리	30,000	• 매 입 에 누 리	40,000
• 기초상품재고액	130,000	• 기말상품재고액	200,000

① ₩ 330,000   ② ₩ 350,000

③ ₩ 400,000   ④ ₩ 430,000

🌸 **TIP** ㉠ 순매출액 : 830,000(매출액) − 70,000(매출환입) − 30,000(매출에누리) = 730,000

㉡ 순매입액 : 500,000(매입액) − 60,000(매입환출) − 40,000(매입에누리) = 400,000

㉢ 매출원가 : 130,000(기초재고) + 400,000(순매입액) − 200,000(기말재고) = 330,000

㉣ 매출총이익 : 730,000(순매출액) − 330,000(매출원가) = 400,000

39 다음 중 시산표에서 발견할 수 없는 오류 중 옳지 않은 것은?

① 대·차 어느 한 쪽의 전기를 누락한 경우

② 대·차 양편에 틀린 금액을 같이 전기한 경우

③ 대·차를 반대로 전기한 경우

④ 전기를 누락하거나 이중으로 전기한 경우

🌸 **TIP** 시산표에서 발견할 수 없는 오류는 ②③④ 외에도 다른 계정에 전기한 경우가 있다. 대·차 어느 한 쪽에만 누락했다는 것은 반대쪽을 보면 원인을 알 수 있으므로 시산표에서 발견할 수 있다.

40 다음 자료에 의하여 계산한 각각의 금액은?

• 기초상품재고액	₩130,000	• 총매입액	₩500,000
• 매입환출및에누리	70,000	• 매입할인	30,000
• 매 출 총 이 익	225,000	• 매출원가	400,000
• 매출환입및에누리	85,000	• 매출할인	40,000

	총매출액	순매출액	순매입액	기말상품재고액
①	₩700,000	₩600,000	₩425,000	₩130,000
②	₩700,000	₩625,000	₩400,000	₩150,000
③	₩750,000	₩600,000	₩425,000	₩150,000
④	₩750,000	₩625,000	₩400,000	₩130,000

🌸 **TIP** ⊙ 순매입액
500,000(총매입액) − 70,000(매입환출및에누리) − 30,000(매입할인) = 400,000
ⓒ 기말상품재고액
130,000(기초재고액) + 400,000(순매입액) − 400,000(매출원가) = 130,000
ⓒ 순매출액
400,000(매출원가) + 225,000(매출총이익) = 625,000
② 총매출액
625,000(순매출액) + 85,000(매출환입및에누리) + 40,000(매출할인) = 750,000

⭐ **ANSWER** **39.**① **40.**④

41 다음 계정에서 결산시 소모품사용분 ₩120,000을 정리하기 위한 분개는?

소모품비	
9/1 현금 250,000	

① 〈차〉 소모품비 130,000 　　　　〈대〉 소 모 품 250,000
　　　손　　익 120,000
② 〈차〉 소 모 품 250,000 　　　　〈대〉 현　　　금 250,000
③ 〈차〉 소모품비 250,000 　　　　〈대〉 현　　　금 250,000
④ 〈차〉 소 모 품 130,000 　　　　〈대〉 소모품비 250,000
　　　손　　익 120,000

🏅**TIP** ㉠ 소모품구입시(9/1)
　　　 〈차〉 소 모 품 비 250,000 　　　 〈대〉 현　　　금 250,000
㉡ 결산수정분개
　　　 〈차〉 소 모 품 130,000 　　　 〈대〉 소모품비 130,000
㉢ 장부마감분개
　　　 〈차〉 (집합)손익 120,000 　　　 〈대〉 소모품비 120,000*
㉣ (㉡ + ㉢)
　　　 〈차〉 소 모 품 130,000 　　　 〈대〉 소모품비 250,000
　　　　　 (집합)손익 120,000
　* 250,000 − 130,000 = 120,000

42 다음 계정에서 결산시 소모품사용액 ₩120,000을 정리하기 위한 분개는?

소모품	
7/1 현금 250,000	

① 〈차〉 소모품비 　120,000 　　　　〈대〉 소 모 품 120,000
② 〈차〉 (집합)손익 120,000 　　　　〈대〉 소모품비 120,000
③ 〈차〉 (집합)손익 120,000 　　　　〈대〉 소 모 품 120,000
④ 〈차〉 소 모 품 120,000 　　　　〈대〉 소모품비 120,000

🏅**TIP** ㉠ 소모품구입시(7/1)
　　　 〈차〉 소 모 품 250,000 　　　 〈대〉 현　　　금 250,000
㉡ 결산수정분개
　　　 〈차〉 소 모 품 비 120,000 　　　 〈대〉 소 모 품 120,000
㉢ 장부마감분개
　　　 〈차〉 (집합)손익 120,000 　　　 〈대〉 소모품비 120,000
㉣ (㉡ + ㉢)
　　　 〈차〉 (집합)손익 120,000 　　　 〈대〉 소 모 품 120,000

⭐ **ANSWER** 　41.④ 　42.③

43 다음 중 분개장의 기능에 대한 설명으로 옳지 않은 것은?

① 각 거래를 발생순서대로 기록한다.

② 일자별로 기록된 분개장을 통하여 거래사실 및 거래내역을 파악하기 쉽다.

③ 일기장을 이용하면 총계정원장에 거래내역을 직접 기록할 때보다 오류의 가능성이 크다는 약점이 있다.

④ 오류 발생시 그 원인파악을 쉽게할 수 있다.

TIP 분개장을 이용하면 총계정원장에 거래내역을 직접기록할 때보다 오류의 가능성을 크게 줄일 수 있다.

44 다음 중 계정의 분류가 잘못되어진 것은?

① 자산계정 – 현금계정, 매출채권계정, 상품계정, 토지계정

② 부채계정 – 매입채무계정, 미지급금계정, 차입금계정

③ 자본계정 – 자본금계정, 자본잉여금계정, 이익잉여금계정

④ 비용계정 – 매출원가계정, 임대료계정, 이자비용계정

TIP ④ 비용계정은 매출원가계정, 임차료계정, 이자비용계정 등이 있고, 수익계정에는 매출액계정, 임대료계정, 이자수익계정 등이 있다.

45 ㈜태백은 2011년도 결산일에 보험료 미경과분에 대하여 계상하지 않았다. 이를 계상하면 당기순이익에 어떠한 변화가 오겠는가?

• 10월 1일에 1년분 보험료 ₩2,400,000을 현금으로 납부하였다.

• 결산일(12월 31일)에 결산수정분개를 하지 않았다.

---

① ₩600,000 증가

② ₩600,000 감소

③ ₩1,800,000 증가

④ ₩1,800,000 감소

TIP ㉠ 보험료 납부시(10월 1일) 분개

　　〈차〉보　험　료 2,400,000　　　〈대〉현　금 2,400,000

㉡ 회계기말의 결산수정분개

　　〈차〉선급보험료 1,800,000　　　〈대〉보험료 1,800,000

㉢ 결산수정분개로 비용(보험료)이 자산(선급보험료)화 됐으므로 순이익이 ₩1,800,000만큼 증가된다.

46 다음의 거래에 대한 내용으로 옳은 것은?

> 원재료 ₩2,000,000 상당액을 매입하고 그 대금 중 ₩1,000,000은 현금지급 하였으며 나머지는 어음을 발행하여 지급하다.

① 손익거래
② 혼합거래
③ 교환거래
④ 대체거래

TIP 본 내용을 분개하면

〈차〉 원재료(또는 매입) 2,000,000 　〈대〉 현　　금 1,000,000
　　　　　　　　　　　　　　　　　　　지급어음 1,000,000

으로 나타낼 수 있다. 위에서는 자산이 증가(원재료)하고 자산이 감소(현금), 부채가 증가(지급어음) 하는 재무상태표 항목만 나타나고, 포괄손익계산서 항목인 수익과 비용항목은 나타나지 않았으므로 교환거래에 해당한다.

47 다음 거래의 내역을 보고 말할 수 있는 거래는?

> LPG가스 폭발로 인해 창고에 화재가 발생하여 상품 ₩10,000,000과 창고건물 ₩8,000,000이 전소되는 피해를 입었다.

① 혼합거래
② 대체거래
③ 교환거래
④ 손익거래

TIP 재무상태표항목과 포괄손익계산서 항목 중 한쪽에는 수익이나 비용항목만 나타나고 다른 쪽에는 자산이나 부채 및 자본항목만 나타나는 거래는 손익거래이다.

〈차〉 재해손실 18,000,000 　〈대〉 상　품 10,000,000
　　　　　　　　　　　　　　　　　건　물　8,000,000

ANSWER 46.③ 47.④

48 다음 중 회계상의 거래로 볼 수 없는 것은?

> ㉠ 화재로 건물이 전소되었다.
> ㉡ 상품 ₩150,000이 운송도중 파손되었다.
> ㉢ 화장품 가게를 월세 ₩300,000에 임차계약을 맺었다.
> ㉣ 거래처에 현금 ₩2,500,000을 대여하다.
> ㉤ 경리직원이 현금 ₩390,000을 분실하였다.
> ㉥ 거래처로부터 상품 ₩500,000의 매출주문을 받았다.
> ㉦ 기업주가 현금 ₩600,000을 개인적 용도로 사용하였다.

① ㉠㉡   ② ㉠㉣
③ ㉡㉦   ④ ㉢㉥

🎗️**TIP** 회계상의 거래는 자산·부채·자본·수익·비용의 증가나 감소의 변화를 수반해야 한다. 임대차 계약을 맺거나 단순히 상품을 주문받는 것만으로는 위 변화를 수반하지 않는다.

49 현재의 순이익은 ₩1,000,000이다. 다만 다음의 사항들은 전혀 고려하지 않았다. 이러한 사항들을 정확히 고려하고 난 뒤의 올바른 순이익을 구하면?

> • 감 가 상 각 비 ₩50,000   • 매입채무지급 ₩150,000
> • 매출채권회수   100,000   • 선 급 보 험 료   250,000

① ₩950,000   ② ₩1,050,000
③ ₩1,150,000   ④ ₩1,200,000

🎗️**TIP** 〈차〉 감가상각비 50,000   〈대〉 감가상각누계액 50,000 → 순이익감소
　　　　〈차〉 매 입 채 무 150,000   〈대〉 현　　　금 150,000 → 순이익불변
　　　　〈차〉 현　　　금 100,000   〈대〉 매 출 채 권 100,000 → 순이익불변
　　　　〈차〉 선급보험료 250,000   〈대〉 보　 험　 료 250,000 → 순이익증가
　　　　∴ 순이익 : 1,000,000 − 50,000 + 250,000 = ₩1,200,000

50 ㈜불조심은 당 사업연도 10월 1일에 A화재보험과 보험계약을 체결하고 2년분 보험료 ₩240,000을 선납하였다. 회사가 이를 모두 자산으로 처리했을 시 당 사업년도말 12월 31일에 필요한 분개는?

① 〈차〉보 험 료 30,000 〈대〉선급보험료 30,000

② 〈차〉선급보험료 30,000 〈대〉보 험 료 30,000

③ 〈차〉선급보험료 210,000 〈대〉보 험 료 210,000

④ 〈차〉보 험 료 210,000 〈대〉선급보험료 210,000

TIP 회사의 보험료 납입시(10월 1일) 분개는

〈차〉선급보험료 240,000 〈대〉현 금 240,000

회사는 수정분개를 통하여 당해 연도분만 비용처리 해야 한다.

〈차〉보 험 료 30,000* 〈대〉선급보험료 30,000

* 당해연도분보험료 : $240,000 \times \dfrac{3}{24} = 30,000$

⊛ **ANSWER** 50.①

03 현금 · 현금성자산 및 금융상품

(1) 현금 및 현금성자산의 구성

① **통화** … 지폐와 주화

② **통화대용증권** … 타인발행수표, 송금환(우편환증서, 전신환증서), 국고환급증서, 대체저금환급증서, 국·공채만기이자표, 일람출급어음, 배당금영수증 등 언제든지 통화와 교환할 수 있는 것을 말한다. 여기서 타인발행수표란 거래처 등에서 발행한 당좌수표나 가계수표를 말한다.

③ **현금 및 현금성자산** … 당좌예금, 보통예금 등 요구불예금은 금융기관에서 취급하는 금융상품 중 하나이지만 통화의 입·출금이 자유로워 언제든지 현금으로 전환이 가능한 예금이므로 금융상품이 아닌 현금으로 분류하며, 큰 거래비용 없이 현금으로 전환이 용이하고 이자율변동에 따른 가치변동의 위험이 중요하지 않은 유가증권 및 단기금융상품으로 취득당시 만기(또는 상환일)가 3개월 이내에 도래하는 것을 현금성자산이라 한다.

(2) 현금 및 현금성자산의 분류에서 유의할 사항

① 우표, 엽서, 수입인지 등은 통화대용증권이 아니라 선급비용 또는 소모품 등으로 처리한다.

② 급여가불증은 단기대여금으로 분류한다.

③ 일반적 상거래에서 발생한 선일자수표는 매출채권으로 분류한다.

④ 부도수표는 매출채권으로 분류한다.

⑤ 당좌차월은 단기차입금으로 분류한다.

(3) 현금출납장

① **성격** … 현금과 관련된 거래는 어떤 거래보다 거래 빈도수가 높기 때문에 매일의 현금거래를 모두 현금계정(총계정원장)에 기입하게 되면 현금계정이 너무 복잡해진다. 따라서 현금과 관련된 거래는 현금계정에 직접 기입하지 않고 현금계정의 보조기입장인 현금출납장에 기록하고, 매일의 현금계정의 수입총계와 지출총계를 현금계정에 기록하면 장부가 보다 단순해지고 필요한 정보를 쉽게 얻을 수 있다.

② **특징** … 현금출납장은 현금계정의 기입내용을 보조기입하는 장부로, 수입란은 현금계정의 차변금액과 동일하게 지출란은 현금계정의 대변금액과 동일하게 기입한다. 현금출납장의 잔액과 현금계정의 잔액은 반드시 일치하여야 한다.

(4) 소액현금제도

① **개념** … 현금은 성격상 도난이나 분실의 위험이 높으므로 이를 예방하기 위하여 기업은 거래은행과 당좌예금계좌를 개설하여 타인으로부터 현금이나 수표를 받으면 당좌예입하고 모든 지출은 수표를 발행하여 처리하는데, 소액경비(우편료, 소모품비, 교통비 등)에 대한 지출을 위해서는 소액현금을 두고 소액지출에 대한 회계처리를 한다.

기출문제

문. 2010년 12월 31일 결산일 현재 ㈜ 대한이 보유하고 있는 자산 중 재무상태표에 계상할 현금 및 현금성자산은?
▶ 2011. 4. 9 행정안전부

- 통화 ₩1,500
- 수입인지 ₩100
- 만기가 도래한 국채이자표 ₩300
- 송금환 ₩400
- 배당금지급통지표 ₩50
- 만기가 1개월 후인 타인발행 약속어음 ₩200
- 2010년 12월 1일에 취득한 환매채 (만기 2011년 1월 31일) ₩500

① ₩1,500   ② ₩2,250
③ ₩2,750   ④ ₩2,950

☞ ③

문. 다음은 2013년 12월 31일 현재 (주)한국이 보유하고 있는 항목들이다. (주)한국이 2013년 12월 31일의 재무상태표에 현금 및 현금성자산으로 표시할 금액은?
▶ 2014. 4. 19 안전행정부

- 지급기일이 도래한 공채이자표 ₩5,000
- 당좌거래개설보증금 ₩3,000
- 당좌차월 ₩1,000
- 수입인지 ₩4,000
- 선일자수표(2014년 3월 1일 이후 통용) ₩2,000
- 지폐와 동전 합계 ₩50,000
- 2013년 12월 20일에 취득한 만기 2014년 2월 20일인 양도성예금증서 ₩2,000
- 2013년 10월 1일에 취득한 만기 2014년 3월 31일인 환매채 ₩1,000

① ₩56,000   ② ₩57,000
③ ₩58,000   ④ ₩59,000

☞ ②

② 회계처리

   ⊙ 소액현금 충당시

   〈차〉현   금 50,000 〈대〉당좌예금 50,000

   ⓛ 소액현금 지출시 : 회계처리 없음

   ⓒ 소액현금 재충당시

   〈차〉소모품비 10,000 〈대〉현   금 38,000

        우 편 료 7,000

        교 통 비 8,000

        통 신 비 13,000

   〈차〉현   금 38,000 〈대〉당좌예금 38,000

(5) 현금과부족

① 성격 … 장부상의 현금계정의 차변잔액과 실제의 현금잔액은 반드시 일치하여야 하지만, 기록이나 계산착오 또는 분실이나 도난 등의 원인으로 일치하지 않는 경우가 있다. 이러한 경우에는 원인이 판명될 때까지 현금과부족이라는 임시계정을 설정하여 처리한다.

② 기입방법

  ⊙ 실제현금잔액이 장부상잔액보다 부족한 경우에는 현금계정을 대변에 기입하여 장부상 현금을 감액하고 현금과부족계정을 차변에 기입한다.

  ⓛ 실제현금잔액이 장부상잔액보다 많은 경우에는 현금계정을 차변에 기입하여 장부상 현금을 증액하고 현금과부족계정을 대변에 기입한다.

③ 특징 … 현금과부족계정은 일시적으로 계상하는 임시계정이므로 현금과부족의 원인을 조사하여 그 원인이 판명되면 해당계정에 대체하여야 한다. 만약 결산일까지 원인이 밝혀지지 않으면 그 부족액을 잡손실(기타비용), 과다액은 잡이익(기타수익)으로 처리한다.

◆10월 5일 현금출납장의 장부상잔액은 ₩720,000인데 실제현금잔액을 조사한 결과 ₩650,000이었다.

  〈차〉현금과부족 70,000 〈대〉현   금 70,000

◆10월 31일 위의 불일치 원인을 조사한 결과 ₩50,000은 종업원의 급료가불액을 지급하고 기장을 누락한 것으로 판명되었다.

  〈차〉단기대여금 50,000 〈대〉현금과부족 50,000

◆12월 31일 나머지 ₩20,000은 결산시까지 원인이 판명되지 않았다.

  〈차〉잡 손 실 20,000 〈대〉현금과부족 20,000

(6) 당좌예금의 회계처리

기업이 은행과 당좌계약을 맺고 은행에 현금을 예입하고 필요에 따라 수표를 발행하여 현금을 인출할 수 있는 예금으로서, 예입은 현금이나 타인으로부터 받은 수표 등으로 할 수 있고 인출은 수표의 발행에 의해서 할 수 있는 요구불예금이다. 주로 차이는 일시적인 것이기 때문에 대부분 단기에 소멸되나 이러한 차이를 파악하지 못한 상태에서 수표를 발행할 경우에는 당좌잔고가 부족하여 부도의 원인이 될 수 있으므로 정기적으로 원인을 파악하고 조정하여야 한다.

① **당좌개설보증금** … 은행과 당좌거래를 개설하기 위해서는 보증금을 납부해야 하는데 이를 당좌개설보증금이라 하고 당좌거래를 해지하기 전까지 인출할 수 없으므로 장기금융상품으로 분류한다.

◆1월 5일 ㈜서원은 대한은행과 당좌거래계약을 체결하고 동시에 ₩10,000,000의 당좌차월한도를 약정하였으며 당좌개설보증금으로 ₩1,000,000을 예치하다. *

〈차〉 장기금융상품 1,000,000 〈대〉 현　금 1,000,000

 * 당좌거래계약과 당좌차월한도의 약정은 회계상의 거래가 아니므로 회계처리할 필요가 없으며 당좌개설보증금의 예치만 회계처리 한다.

② **당좌예입** … 당좌예금은 현금 또는 타인발행수표로 입금하거나 회사가 당좌거래은행에 추심의뢰한 받을어음의 만기가 도래하면 잔액이 증가하게 된다.

◆3월 8일 ㈜서원은 매출처로부터 매출채권 ₩300,000을 현금으로 회수하여 당좌예입하다.

매출채권의 회수

〈차〉 현　　금 300,000 〈대〉 매출채권 300,000

당좌예입

〈차〉 당좌예금 300,000 〈대〉 현　　금 300,000

③ **당좌수표의 발행** … 기업이 대금을 결제하기 위하여 수표를 발행하면 당좌예금에서 출금이 이루어진다. 또한 기업이 어음을 발행한 경우에 지급어음의 지급기일이 도래하면 당좌예금잔액을 감소시킨다.

◆4월 2일 ㈜서원은 마포상사로부터 ₩200,000의 상품을 매입하고 그 대금은 수표를 발행하여 지급하다.

〈차〉 매　입 200,000 〈대〉 당좌예금 200,000

④ **당좌차월** … 당좌수표는 당좌예금잔액의 한도 내에서만 발행할 수 있으며 당좌예금잔액을 초과하여 수표를 발행하면 그 수표는 부도가 난다. 그러나 거래은행에 담보물을 제공하고 당좌차월계약을 체결하면 일정한 한도내에서 예금잔액을 초과하여 수표를 발행할 수 있다. 이 때 당좌예금잔액을 초과하여 수표를 발행한 금액을 당좌차월이라고 하는데, 기업의 장부에는 당좌예금계정이 대변잔액이 된다. 회계기간 중에는 당좌예금과 당좌차월을 구분하지 않고 당좌예금만으로 처리하다가 결산시점에서 당좌예금잔액이 차변잔액이면 유동자산으로 분류하고, 반대로 당좌예금잔액이 대변잔액이면 이는 은행으로부터 차입한 것이므로 단기차입금이라는 과목으로 하여 유동부채로 분류한다.

⑤ **당좌예금출납장** … 당좌예금의 입·출금을 자세하게 기록하기 위하여 작성하는 보조장부에 해당된다. 당좌예금은 그 잔액을 거래은행별로 상세하게 파악하고 있는 것이 가장 중요하기 때문에 은행별로 구분하여 작성한다.

(7) 은행계정조정표

① 개념 … 착오 또는 기록시점의 불일치로 일정시점에서 회사의 당좌예금잔액과 은행장부상 예금잔액 사이에 차이가 발생할 경우, 그 불일치 원인을 제거하고 정확한 잔액으로 수정하기 위해 작성하는 표이다.

② 수정방법

　　㉠ 회사에서는 입금기입을 하였으나 은행에서 미기입한 경우(은행미기입예금) : 은행측 잔액에 가산

　　㉡ 회사에서는 출금기입을 하였으나 은행에서 미기입한 경우(기발행미인출수표) : 은행측 잔액에서 차감

　　㉢ 은행에서 입금기입을 하였으나 회사에서 미기입한 경우(은행이 직접 수금한 추심완료어음에 대한 입금기입이 회사에 미통보된 경우 등) : 회사측 잔액에 가산

　　㉣ 은행에서 출금기입을 하였으나 회사에서 미기입한 경우(은행이 당좌차월에 대한 이자를 차감하였으나 회사에 미통지된 경우 등) : 회사측 잔액에서 차감

　　㉤ 기장오류 : 오류의 수정 반영

③ 은행계정조정표

은행계정조정표

㈜ 서원 　　　　　　　　　　　　　　　　　　　2016년 12월 31일

	회사측잔액	은행측잔액
12월 31일 수정전잔액	959,200	900,000
조정항목 : 가산(차감)		
① 은행미기입예금		45,000
② 은행이 확인한 부도수표	(33,000)	
③ 기발행 미인출수표		(20,000)
④ 은행수수료	(1,200)	
12월 31일 정확한 잔액	925,000	925,000

(8) 현금검증표

은행계정조정표가 단순히 일정 시점의 은행측 잔액과 회사측 잔액을 조정한 것이라면, 현금검증표는 기초잔액과 기중의 현금수입·현금지출을 포괄적으로 조정하는 표이다.

(9) 현금성자산

큰 거래비용 없이 현금으로 전환하기 용이하고, 이자율 변동에 따른 가치변동의 위험이 중요하지 않은 유가증권 및 단기금융상품으로 취득당시에 만기(또는 상환일)가 3개월 이내에 도래하는 것으로 하되 사용이 제한된 경우는 제외한다. 이들은 취득당시부터 초단기간동안 현금을 운용할 목적으로 취득하여 현금으로 전환하기 용이한 금융상품과 채무증권이므로 이를 현금성자산으로 하여 현금과 같이 공시한다.

기출문제

문. 다음은 ㈜대한의 2010년 12월 31일 현재 은행계정조정표를 작성하기 위한 자료이다. 은행에서 보내온 2010년 12월 31일 현재 수정전 예금잔액증명서상의 잔액이 ₩30,000일 경우, ㈜대한의 2010년 12월 31일 현재 수정전 당좌예금계정 잔액은?

　　▶ 2011. 5. 14 상반기 지방직

• 2010년 12월 중 ㈜대한에서 기발행되었으나, 기말 현재 은행에서 미인출된 수표는 ₩8,000이다.
• 2010년 12월 31일 현재 은행의 예금잔액증명서에 반영된 부도수표 ₩9,000이 ㈜대한의 당좌예금계정에는 반영되지 않았다.
• ㈜대한이 2010년 12월 31일 입금했으나, 은행에서는 2011년 1월 3일 입금처리된 금액은 ₩6,000이다.
• 2010년 12월 말까지 ㈜대한에 통보되지 않은 매출채권 추심액은 ₩12,000이다.

① ₩13,000　　② ₩25,000
③ ₩28,000　　④ ₩41,000

 ②

① 취득당시에 만기가 3개월 이내에 도래하는 채권

② 취득당시에 상환일까지의 기간이 3개월 이내인 상환우선주

③ 취득당시에 3개월 이내의 환매조건인 환매채

⑽ 금융상품

K-IFRS 제1032호, 제1039호에서 금융상품은 현금, 정기예금, 정기적금, 중개어음, 금전신탁 등의 정형화된 상품뿐만 아니라 거래당사자 일방에게 금융자산을 발생시키고 동시에 다른 거래상대방에게 금융부채나 지분상품을 발생시키는 모든 계약으로 금융상품의 범위를 확대하였다.

① **금융자산**… 금융자산은 당기손익인식금융자산, 만기보유금융자산, 매도가능금융자산, 대여금 및 수취채권으로 분류되며, 이러한 4가지 범주는 측정과 당기손익 인식을 위한 분류로서 재무제표에 표시할 때에는 다른 계정과목을 사용할 수 있다. 금융자산은 다음의 자산을 말한다.

   ㉠ 현금

   ㉡ 다른 기업의 지분상품

   ㉢ 다음 중 하나에 해당하는 계약상의 권리
- 거래상대방에게서 현금 등 금융자산을 수취할 계약상의 권리
- 잠재적으로 유리한 조건으로 거래상대방과 금융자산이나 금융부채를 수취하기로 한 계약상의 권리

   ㉣ 기업이 자기지분상품으로 결제하거나 결제할 수 있는 다음 중 하나의 계약
- 수취할 자기지분상품의 수량이 변동가능한 비파생상품
- 확정수량의 자기지분상품에 대해 확정금액의 현금 등 금융자산을 수취하여 결제하는 방법이 아닌 방법으로 결제되거나 결제될 수 있는 파생상품

② **금융부채**… 금융부채는 채무상품으로 당기손익인식금융부채와 기타금융부채로 분류되며, 당기손익인식금융부채는 단기매매금융부채와 당기손익인식지정금융부채로 나뉜다. 금융부채는 다음의 부채를 말한다.

   ㉠ **다음 중 하나에 해당하는 계약상의 의무**
- 거래상대방에게서 현금 등 금융자산을 인도하기로 한 계약상의 의무
- 잠재적으로 불리한 조건으로 거래상대방과 금융자산이나 금융부채를 교환하기로 한 계약상의 의무

   ㉡ 기업이 자기지분상품으로 결제하거나 결제할 수 있는 다음 중 하나의 계약
- 인도할 자기지분상품의 수량이 확정되지 않은 비파생상품
- 확정수량의 자기지분상품에 대해 확정금액의 현금 등 금융자산을 교환하여 결제하는 방법이 아닌 방법으로 결제되거나 결제될 수 있는 파생상품

③ **지분상품**… 다음 두 가지 요건을 만족하는 금융상품

   ㉠ 다음의 계약상의 의무를 포함하지 아니한다.
- 거래상대방에게 현금 등 금융자산을 인도하기로 한 계약상의 의무
- 잠재적으로 불리한 조건으로 거래상대방과 금융자산이나 금융부채를 교환하기로 한 계약상의 의무

ⓛ 자기지분상품으로 결제하거나 결제할 수 있는 계약으로 다음 중 하나의
계약
- 변동가능한 수량의 자기지분상품을 인도할 계약상 의무가 없는 비파생
상품
- 확정수량의 자기지분상품에 대해 확정금액의 현금 등 금융자산의 교환
을 통해서만 결제될 파생상품

⑾ 재무상태표 공시

현금과 금융상품은 재무상태표상에 현금 및 현금성자산, 단기금융상품, 장기
금융상품의 계정과목으로 공시한다. 현금 및 현금성자산과 단기금융상품은 유
동자산의 당좌자산항목으로, 장기금융상품은 비유동자산의 투자자산항목으로
분류된다.

기출문제 ▶

1 다음 중 현금 및 현금성자산에 해당하는 것은?

① 선일자수표   ② 당좌차월
③ 당좌예금   ④ 수입인지

🌸**TIP** ① 매출채권 ② 단기차입금(유동부채) ④ 선급비용이나 소모품

2 다음은 2015년 12월 31일 현재 (주)한국이 보유하고 있는 항목들이다. (주)한국이 2015년 12월 31일의 재무상태표에 현금및현금성자산으로 표시할 금액은?

• 지급기일이 도래한 공채이자표	₩5,000
• 당좌거래개설보증금	₩3,000
• 당좌차월	₩1,000
• 수입인지	₩4,000
• 선일자수표(2016년 3월 1일 이후 통용)	₩2,000
• 지폐와 동전 합계	₩50,000
• 2015년 12월 20일에 취득한 만기 2016년 2월 20일인 양도성예금증서	₩2,000
• 2015년 10월 1일에 취득한 만기 2016년 3월 31일인 환매채	₩1,000

① ₩56,000   ② ₩57,000
③ ₩58,000   ④ ₩59,000

🌸**TIP** 공채이자표+지폐동전+양도성예금증서
₩5,000+₩50,000+₩2,000

⭐**ANSWER** 1.③ 2.②

3 다음 중 현금 및 현금성자산에 해당하지 않은 것은?

① 통화대용증권, 당좌예금

② 정기예금, 정기적금

③ 가계수표, 보통예금

④ 우편환증서, 배당금지급통지표

🏅**TIP** ② 정기예금, 정기적금 및 사용이 제한되어 있는 예금 등은 만기에 따라 단기금융상품 또는 장기금융상품으로 분류한다.

4 서원상사는 한강상사에 상품 ₩700,000을 매출하고 대금 중 ₩500,000은 한강상사가 발행한 수표로 받고 나머지 ₩200,000은 서원상사가 전월에 발행하였던 수표로 받았다. 다음 중 이에 대한 분개로 옳은 것은?

① 〈차〉 당좌예금 700,000 　　　　　〈대〉 매　출 700,000

② 〈차〉 당좌예금 500,000 　　　　　〈대〉 매　출 700,000
　　 받을어음 200,000

③ 〈차〉 받을어음 700,000 　　　　　〈대〉 매　출 700,000

④ 〈차〉 현　　금 500,000 　　　　　〈대〉 매　출 700,000
　　 당좌예금 200,000

🏅**TIP** ㉠ 타인(한강상사)발행수표 ₩500,000 : 현금
　　㉡ 자기(서원상사)발행수표 ₩200,000 : 당좌예금
　　㉢ 자기(서원상사)발행수표에 대해서만 보면
　　• 전월에 상품을 매입하고 수표 ₩200,000 발행시
　　　〈차〉 상　　품 200,000 　　　　〈대〉 당좌예금 200,000
　　• 당월에 상품 판매하고 전월에 발행한 수표 ₩200,000 회수시
　　　〈차〉 당좌예금 200,000 　　　　〈대〉 매　　출 200,000

⭐ **ANSWER** 　3.② 　4.④

5 '당좌예금잔액이 ₩300,000인 상태에서 외상매입금 ₩450,000을 수표로 발행하여 지급하다'를 분개로 표시한 것 중 옳은 것은?

① 〈차〉 매입채무 450,000 　　　　　　〈대〉 당좌예금 300,000
　　　　　　　　　　　　　　　　　　　　　　지급어음 150,000
② 〈차〉 매입채무 450,000 　　　　　　〈대〉 당좌예금 300,000
　　　　　　　　　　　　　　　　　　　　　　당좌차월 150,000
③ 〈차〉 매입채무 300,000 　　　　　　〈대〉 당좌예금 300,000
④ 〈차〉 매입채무 150,000 　　　　　　〈대〉 당좌차월 150,000

🎓**TIP** 수표를 발행할 때 당좌예금잔액이 부족하면 당좌차월(단기차입금)계정으로 처리한다.
　　　〈차〉 매입채무 450,000 　　　　　　〈대〉 당좌예금　　　　　　 300,000
　　　　　　　　　　　　　　　　　　　　　　　당좌차월(또는 단기차입금) 150,000

6 '당좌차월잔액이 ₩200,000인 상태에서 현금 ₩500,000을 은행에 당좌예입하다'를 분개로 표시하면?

① 〈차〉 당좌예금　 500,000 　　　　　　〈대〉 현　금 500,000
② 〈차〉 당좌예금　 300,000 　　　　　　〈대〉 현　금 300,000
③ 〈차〉 당좌차월　 200,000 　　　　　　〈대〉 현　금 200,000
④ 〈차〉 단기차입금 200,000 　　　　　　〈대〉 현　금 500,000
　　　　당좌예금　 300,000

🎓**TIP** 당좌차월(단기차입금)잔액이 있을 경우 당좌예입시 먼저 당좌차월잔액을 제거하고 나머지를 당좌예금으로 처리한다.
　　　〈차〉 당좌차월(단기차입금) 200,000 　　〈대〉 현　금 500,000
　　　　　　당좌예금　　　　　　 300,000

⭐ **ANSWER**　5.② 　6.④

7 다음 거래 중 당좌예금출납장에 기입할 수 없는 거래는?

① 당좌차월잔액이 있는 상태에서 타인발행수표를 예입하다.

② 외상매입금을 상환하기 위하여 타인발행수표를 지급하다.

③ 외상매출금을 현금으로 회수하여 당좌예입하다.

④ 상품을 매출하고 당점발행수표를 받다.

> **TIP** 제시된 각각의 거래를 분개로 표시하면(분개상 금액은 임의의 숫자임)
> ① 〈차〉 당좌차월 30,000   〈대〉 현   금 50,000
>   당좌예금 20,000
> ② 〈차〉 매입채무 50,000   〈대〉 현   금* 50,000
> ③ 〈차〉 당좌예금 50,000   〈대〉 매출채권 50,000
> ④ 〈차〉 당좌예금 50,000   〈대〉 매   출 50,000
> * 타인발행수표는 현금에 해당한다.

8 다음 계정을 설명한 것 중 옳은 것은?

현금과부족	
9/1 현금 150,000	

① 현금의 실제잔액이 장부상 금액보다 ₩150,000 많다.

② 현금 ₩150,000을 추가로 차입하여야 한다.

③ 현금의 실제잔액이 장부상 금액보다 ₩150,000 적다.

④ 현금 ₩150,000을 당좌예금하여야 한다.

> **TIP** 위 경우는 다음의 분개를 현금과부족계정에 전기한 것이다.
> 〈차〉 현금과부족 150,000   〈대〉 현   금 150,000
> ∴ 현금의 실제잔액이 장부상 금액보다 ₩150,000 적으므로 장부상 현금 ₩150,000을 차감하고 그 원인
> 이 밝혀질 때까지 현금과부족계정(임시계정)을 사용한다.

9 현금으로 당좌예입한 ₩69,000을 ₩96,000으로 잘못 기입한 것을 발견하다. 이에 대한 정정분개로 옳은 것은?

① 〈차〉 당좌예금   69,000   〈대〉 현   금 69,000

② 〈차〉 당좌예금   69,000   〈대〉 현금과부족 69,000

③ 〈차〉 현금과부족 27,000   〈대〉 당좌예금   27,000

④ 〈차〉 현   금   27,000   〈대〉 당좌예금   27,000

TIP ㉠ 최초분개

〈차〉당좌예금 96,000   〈대〉현금 96,000

㉡ 올바른 분개

〈차〉당좌예금 69,000   〈대〉현금 69,000

∴ ㉠과 ㉡의 차이인 당좌예금과다예입액과 현금과다차감액 ₩27,000을 조정한다.

10 장부상 현금계정의 잔액이 ₩430,000인 상태에서 현금을 실사한 결과 실제잔액이 ₩500,000이고 차이의 원인은 밝혀지지 않았다. 이 상황을 분개로 옳게 표시하면?

① 〈차〉현   금 70,000   〈대〉현금과부족 70,000

② 〈차〉현금과부족 70,000   〈대〉현   금 70,000

③ 〈차〉현금과부족 70,000   〈대〉잡 이 익 70,000

④ 〈차〉잡 손 실 70,000   〈대〉현   금 70,000

TIP 장부상잔액을 초과하는 현금 ₩70,000을 증액하여 장부에 반영하고 원인이 밝혀질 때까지 현금과부족계정에 기록한다.

11 현금실제잔액이 ₩150,000 부족하여 원인을 조사해보니 거래처에 대한 외상매입금 ₩150,000을 상환하고 회계처리를 누락한 것을 발견하였다. 원인발견시의 올바른 분개는?

① 〈차〉현금과부족 150,000   〈대〉현   금 150,000

② 〈차〉매입채무   150,000   〈대〉현금과부족 150,000

③ 〈차〉매입채무   150,000   〈대〉현   금 150,000

④ 〈차〉현   금 150,000   〈대〉현금과부족 150,000

TIP ㉠ 현금과부족발견시

〈차〉현금과부족 150,000   〈대〉현   금 150,000

㉡ 원인발견시

〈차〉매 입 채 무 150,000   〈대〉현금과부족 150,000

12 서원상사는 거래은행과 당좌차월계약을 맺고 일시적 자금운용목적으로 매입한 사채액면 ₩5,000,000(장부가액 ₩4,500,000)을 근저당으로 제공하다. 이에 대한 옳은 분개는?

① 〈차〉담보유가증권 5,000,000   〈대〉당 좌 차 월 5,000,000

② 〈차〉담보유가증권 4,500,000   〈대〉당 좌 차 월 4,500,000

③ 〈차〉예치유가증권 5,000,000   〈대〉단기매매증권 5,000,000

④ 〈차〉예치유가증권 4,500,000   〈대〉단기매매증권 4,500,000

TIP ④ 단기매매증권을 담보로 제공하면 단기매매증권의 장부가액을 예치유가증권으로 전환한다.

ANSWER 10.① 11.② 12.④

13 다음 중 현금계정으로 분류할 수 없는 항목은?

① 타인발행수표　　　　　　　　　　② 우편환증서

③ 선일자수표　　　　　　　　　　　④ 보통예금

> 🏅**TIP** 현금계정
> ㉠ **통화** : 지폐, 주화
> ㉡ **통화대용증권** : 타인발행수표, 자기앞수표, 우편환증서, 전신환증서, 배당금지급통지표
> ㉢ **현금 및 현금성자산** : 당좌예금, 보통예금, 현금의 단기적 운용을 목적으로 한 유동성 높은 유가증권

14 서해상회는 당좌예금잔액이 ₩700,000이고, 외상매입금은 ₩1,000,000이었다. 이때 담당자가 수표를 발행하여 외상매입금 전액을 지급했을 경우의 분개로 맞는 것은?

① 〈차〉 매입채무 1,000,000　　　　　〈대〉 당좌예금　　700,000
　　　　　　　　　　　　　　　　　　　　　당좌차월　　300,000

② 〈차〉 매입채무 1,000,000　　　　　〈대〉 당좌예금 1,000,000

③ 〈차〉 매입채무　　700,000　　　　　〈대〉 당좌예금　　700,000

④ 〈차〉 매입채무　　300,000　　　　　〈대〉 당좌차월　　300,000

> 🏅**TIP** ① 수표를 발행한 경우에 당좌예금잔액이 부족하여도 은행과 일정한도를 초과하여 지급할 수 있는 당좌차월계약을 맺으면 잔액을 초과하여 지급할 수 있으며 이를 당좌차월(단기차입금)계정으로 처리한다.

15 ㈜부안의 결산기말 재무상태표에 표시될 현금은 얼마인가?

• 현금	₩1,500,000
• 수입인지	300,000
• 타인발행수표	2,500,000
• 선일자수표	800,000
• 만기가 도래한 국 · 공채이자표	700,000
• 급여가불증	300,000

① ₩1,500,000　　　　　　　　　　② ₩4,700,000

③ ₩2,700,000　　　　　　　　　　④ ₩3,800,000

> 🏅**TIP** 수입인지는 소모품으로, 선일자수표는 매출채권으로, 급여가불증은 단기대여금으로 분류한다.
> ∴ 현금 : 1,500,000 + 2,500,000 + 700,000 = ₩4,700,000

⭐ **ANSWER**　　13.③　14.①　15.②

16 회사의 장부상 현금계정 잔액은 ₩1,000,000인 상황에서 금고에 실제로 있는 금액이 ₩800,000이라면, 원인이 밝혀질 때까지 처리할 수 있는 분개는?

① 〈차〉 현금과부족 200,000   〈대〉 잡 손 실 200,000
② 〈차〉 현금과부족 200,000   〈대〉 현   금 200,000
③ 〈차〉 잡 이 익 200,000   〈대〉 현금과부족 200,000
④ 〈차〉 현   금 200,000   〈대〉 잡 이 익 200,000

🏅**TIP** ② 현금의 실제잔액이 ₩200,000 부족하므로 장부상에서 부족액을 차감하고 그 원인이 밝혀질 때까지 현금과부족계정(임시계정)을 사용한다.

17 매출채권에 대한 대손추정방법 중 수익·비용대응의 관점에서 가장 적절하다고 생각되는 방법은?

① 매출액의 일정비율로 추정하는 방법
② 매출채권잔액의 일정비율로 추정하는 방법
③ 연령조사표에 의하여 추정하는 방법
④ 직접차감법에 의한 대손처리방법

🏅**TIP** 충당금설정법 중에서 매출액비율법은 수익·비용대응원칙에 잘 부합되는 반면 재무상태표상 매출채권이 순실현가치를 잘 반영하지 못하는 경우가 많다.

18 은행계정조정표란 무엇인가?

① 은행의 당좌계정이 잘못된 경우 회사가 수정토록 요구하는 표
② 은행측 잘못으로 은행장부상의 예금잔액이 틀린 경우 수정한 표
③ 당좌예금잔액을 일치시키기 위하여 결산시 작성하는 재무제표
④ 회사의 당좌예금잔액과 은행의 잔액이 일치하지 않는 경우 회사가 작성한 표

🏅**TIP** 은행계정조정표 … 회사측 장부상 예금계정잔액과 은행측 잔액이 불일치할 때 그 원인규명을 위해 작성하는 표이다. 실무적으로는 주로 회계감사 시에 작성된다.

⭐**ANSWER**   16.② 17.① 18.④

PART 01. 회계원리(재무회계)

수취채권과 지급채무

(1) 수취채권과 지급채무의 분류

기업의 일상적인 상거래에서 발생한 채권과 채무는 매출채권과 매입채무로 분류하고, 기타의 영업활동에서 발생한 채권과 채무는 기타채권과 기타채무로 분류한다. 또한 재무상태표일로부터 1년 이내에 만기가 도래하는 채권과 채무는 유동자산(당좌자산)과 유동부채로, 재무상태표일로부터 1년 이후에 만기가 도래하는 채권과 채무는 비유동자산(투자자산)과 비유동부채로 분류한다.

① 수취채권
　㉠ 매출채권(금융항목) : 일반적 상거래에서 발생한 외상매출금과 받을어음
　㉡ 미수금(금융항목) : 일반적 상거래 이외의 거래에서 발생한 미수채권
　㉢ 미수수익(금융항목) : 당기에 속하는 수익 중 미수액
　㉣ 선급금(비금융항목) : 상품, 원재료 등의 매입을 위하여 선급한 금액
　㉤ 선급비용(비금융항목) : 선급된 비용 중 1년내에 비용으로 되는 것
　㉥ 단기대여금(비금융항목) : 회수기한이 1년내에 도래하는 대여금

② 지급채무
　㉠ 매입채무(금융항목) : 일반적 상거래에서 발생한 외상매입금과 지급어음
　㉡ 미지급금(금융항목) : 일반적 상거래 이외의 거래에서 발생한 채무
　㉢ 미지급비용(금융항목) : 발생된 비용으로서 지급되지 아니한 것
　㉣ 선수금(비금융항목) : 수주공사, 수주품 및 기타 일반적 상거래에서 발생한 선수액
　㉤ 선수수익(비금융항목) : 받은 수익 중 차기 이후에 속하는 금액
　㉥ 예수금(비금융항목) : 일반적 상거래 이외에서 발생한 일시적 제예수액
　㉦ 단기차입금(비금융항목) : 금융기관으로부터의 당좌차월액과 1년이내에 상환될 차입금
　㉧ 충당부채(비금융항목) : 지출의 시기나 금액이 불확실한 부채

(2) 매출채권

① 매출채권의 인식 … 매출채권은 상품이나 용역의 외상거래로 인하여 매출액을 인식하는 시점에 발생하며 이는 거래 당시의 교환가격으로 측정한다.

◆3월 8일 마포상사에 상품 ₩100,000을 외상으로 판매하다.
　〈차〉 매출채권 100,000　〈대〉 매출 100,000

② 매출에누리와 매출환입 … 매출에누리는 판매한 제품이나 상품에 파손이나 결함이 있어서 값을 깎아주는 것을 말하며, 매출환입이란 판매된 제품이나 상품에 파손이나 결함이 있어서 판매된 제품이나 상품이 반환되는 것을 말한다. 이러한 매출에누리와 매출환입은 실제로 발생한 시점에서 매출액과 매출채권에서 차감한다.

◆3월 12일 마포상사에 3월 8일 외상으로 판매한 상품 중 일부에 결함이 있어서 값을 ₩5,000 깎아주다.
〈차〉 매출에누리(또는 매출) 5,000 　〈대〉 매출채권 5,000

◆3월 12일 마포상사에 3월 8일 외상으로 판매한 상품 중 일부에 파손이 있어서 ₩3,000이 반품되다.
〈차〉 매출환입(또는 매출) 3,000 　〈대〉 매출채권 3,000

③ 매출할인 … 외상매출금은 정해진 기간내에 회수하는 경우에 일정한 할인율에 따라 현금할인혜택을 주는 것을 말한다. 매출할인은 매출액의 차감항목으로 처리하고 매출채권을 감액한다.

◆3월 20일 마포상사에서 3월 8일 발생한 매출채권 ₩95,000을 조기상환하여 ₩2,000을 할인하여주고 현금 ₩93,000을 회수하다.
〈차〉 현　　금　　　　 93,000 　〈대〉 매출채권 95,000
　　　매출할인(또는 매출)　 2,000

(3) 매입채무

① 매입채무의 인식 … 매입채무는 상품이나 용역의 외상거래로 인하여 매입액을 인식하는 시점에 발생하며 이는 거래 당시의 교환가격으로 측정한다.

◆4월 2일 한강상사에서 상품 ₩80,000을 외상으로 매입하다.
〈차〉 매 입 80,000 　〈대〉 매입채무 80,000

② 매입에누리와 매입환출 … 매입에누리는 구입한 제품이나 상품에 파손이나 결함이 있어서 값을 깎는 것을 말하며 매입환출이란 구입한 제품이나 상품에 파손이나 결함이 있어서 구입한 제품이나 상품을 반품하는 것을 말한다. 이러한 매입에누리와 매입환출은 실제로 발생한 시점에서 매입액과 매입채무에서 차감한다.

◆4월 6일 한강상사에서 4월 2일 외상으로 구입한 상품 중 일부에 결함이 있어서 값을 ₩4,000 깎다.
〈차〉 매입채무 4,000 　　　　〈대〉 매입에누리(또는 매입) 4,000

◆4월 6일 한강상사에서 4월 2일 외상으로 구입한 상품 중 일부에 파손이 있어서 ₩2,000을 반품하다.
〈차〉 매입채무 2,000 　　　　〈대〉 매 입 환 출(또는 매입) 2,000

③ 매입할인 … 외상매입금을 정해진 기간내에 상환하는 경우에 일정한 할인율에 따라 현금할인혜택을 받는 것을 말한다. 매입할인은 매입액의 차감항목으로 처리하고 매입채무를 감액한다.

◆4월 15일 한강상사에 4월 2일 발생한 매입채무 ₩74,000을 상환하고 ₩1,800의 할인을 받아 현금 ₩72,200을 지급하다.
〈차〉 매입채무 74,000 　　　　〈대〉 현　　　금　　　　 72,200
　　　　　　　　　　　　　　　　　　매입할인(또는 매입)　 1,800

(4) 매출처원장과 매입처원장

외상거래에 대하여 매출채권과 매입채무계정을 사용하여 회계처리하는 동시에 각 거래처별 채권과 채무를 효율적으로 파악·관리하기 위하여 외상매출금과 외상매입금의 보조장부인 매출처원장과 매입처원장을 함께 사용한다.

매출채권

외상매출액	100,000	회수액	70,000
		잔 액	30,000
	100,000		100,000

매출처원장

서교상사

외상매출액	60,000	회수액	40,000
		잔 액	20,000
	60,000		60,000

동교상사

외상매출액	40,000	회수액	30,000
		잔 액	10,000
	40,000		40,000

매입채권

지급액	70,000	외상매입액	100,000
잔 액	30,000		
	100,000		100,000

매입처원장

한강상사

지급액	40,000	외상매입액	60,000
잔 액	20,000		
	60,000		60,000

마포상사

지급액	30,000	외상매입액	40,000
잔 액	10,000		
	40,000		40,000

(5) 수취채권의 평가(대손회계)

① 대손의 회계처리방법 … 대손에 대한 회계처리방법에는 '예상손실'과 '발생손실'을 적용하는 방법으로 나눌 수 있다. 예상손실은 대손예상액을 추정하여 추정된 예상손실을 대손상각비로 인식하는 방법이다. 하지만 발생손실은 매출채권이 손상되었는지, 그 여부를 검토하여 객관적인 증거가 있는 경우에만 손상액을 추정하여 대손상각비로 인식한다. K-IFRS에서는 예상손실 개념을 배제하고 발생손실개념에 의한 회계처리를 적용한다.

② 손상의 회계처리 … K-IFRS에 의하면 객관적인 손상발생의 증거를 확인하여 매 보고기간 말에 평가하고 증거가 있는 경우에만 손상차손을 인식한다.
   ⊙ 손상차손 발생 : 객관적인 손상 증거가 있고, 그 사건의 결과가 추정미래 현금흐름에 영향을 준 때만 발생한 것으로 한다. 아무리 발생가능성이 높다고 해도 미래에 발생 예상되는 손상차손은 인식하지 않는다.

- 파산 혹은 재무구조조정의 가능성이 높은 상태
- 원금상환, 이자지급을 불이행하거나 지연시키는 등의 계약위반
- 채무자 혹은 금융자산의 발행자의 중요한 재무적 어려움
- 국가나 지역의 경제상황 등이 차입자의 지급능력의 악화 혹은 채무의 불이행과 상관관계에 있는 경우

③ **직접상각법** … 대손이 실제 발생할 때 이를 당기의 비용으로 인식하고 관련 수취채권을 장부에서 제각하는 방법이다.

   ㉠ **장점** : 단순하고 회계처리가 쉽다.

   ㉡ **단점** : 매출에서 발생한 수익과 관련 대손비용을 다른 회계기간에 인식하여 수익·비용 대응의 원칙에 부합하지 못한다. 또, 수취채권을 실제로 회수가능한 금액인 순실현가능가치로 나타내지 못한다.

④ **충당금설정법** … 기말 현재 수취채권잔액으로부터 회수불능채권을 추정하여 대손충당금을 설정하고 동시에 이를 동 기간의 비용으로 회계처리하는 방법이다. 그리고 실제 대손이 발생한 시점에서 대손충당금과 해당 수취채권을 상계시킨다.

   ㉠ **대손의 확정** : 특정채권의 회수가 불가능하다는 사실이 확인되는 경우에는 그 수취채권을 장부에서 제각하여야 한다. 이 경우 전기에 설정한 대손충당금에서 우선 상계하고 대손충당금잔액이 부족한 경우에는 이를 대손상각비로 계상한다.

◆ 대손충당금계정잔액이 충분한 경우
매출채권 ₩3,000에 대하여 대손이 발생하였는데 이 때의 대손충당금 계정잔액은 ₩5,000이었다.
〈차〉 대손충당금 3,000   〈대〉 매출채권 3,000

◆ 대손충당금계정잔액이 부족한 경우
매출채권 ₩3,000에 대하여 대손이 발생하였는데 이 때의 대손충당금계정잔액은 ₩2,000이었다.
〈차〉 대손충당금 2,000   〈대〉 매 출 채 권 3,000
    대손상각비 1,000

   ㉡ **상각채권의 회수** : 대손이 확정되었다고 판단하여 수취채권을 제각하였으나 그 수취채권이 이후 다시 회수되는 경우에는 당기에 상각처리한 채권이 회수되었는지, 당기 이전에 상각처리한 채권이 회수되었는지에 따라 회계처리가 달라진다.

◆ 당기에 대손처리한 채권을 회수한 경우
3월 8일 : 외상매출금 ₩3,000에 대하여 대손이 발생하였다. 이 때의 대손충당금잔액은 ₩5,000이 있었다.
〈차〉 대손충당금 3,000   〈대〉 매 출 채 권 3,000
5월 15일 : 당기 3월 8일 대손처리하였던 매출채권 ₩3,000을 현금으로 회수하였다.
〈차〉 현   금 3,000   〈대〉 대손충당금 3,000

기출문제 ▶

문. ㈜한국의 결산일 현재 매출채권은 ₩6,150,000이다. 매출채권의 대손과 관련된 자료가 다음과 같을 때, 회수 가능한 매출채권 추정액은?
▶ 2010. 7. 24 행정안전부 7급

- 기초매출채권대손충당금잔액 ₩300,000
- 당기중 회수불능으로 대손처리한 매출채권 ₩400,000
- 당기 매출채권의 대손상각비 ₩950,000

① ₩5,100,000
② ₩5,200,000
③ ₩5,300,000
④ ₩7,000,000

☞ ③

이는 다음과 같이 당기 대손확정시의 분개를 취소하는 분개와 외상매출금의 회수분개가 합쳐진 것이다.

㉠ 대손확정시 분개의 취소분개

〈차〉 매출채권 3,000   〈대〉 대손충당금 3,000

㉡ 외상매출금의 회수분개

〈차〉 현   금 3,000   〈대〉 매 출 채 권 3,000

㉢ (㉠ + ㉡)

〈차〉 현   금 3,000   〈대〉 대손충당금 3,000

◆ 대손발생시 대손충당금잔액이 부족한 경우

3월 8일 : 외상매출금 ₩3,000에 대하여 대손이 발생하였다. 이 때의 대손충당금잔액은 ₩2,000이 있었다.

〈차〉 대손충당금 2,000   〈대〉 매 출 채 권 3,000
    대손상각비 1,000

4월 15일 : 당기 3월 8일 대손처리하였던 매출채권 ₩3,000을 현금으로 회수하였다.

〈차〉 현   금 3,000   〈대〉 대손충당금 2,000
                    대손상각비 1,000

이는 다음과 같이 당기 대손확정시의 분개를 취소하는 분개와 외상매출금의 회수분개가 합쳐진 것이다.

㉠ 대손확정시 분개의 취소분개

〈차〉 매출채권 3,000   〈대〉 대손충당금 2,000
                    대손상각비 1,000

㉡ 외상매출금의 회수분개

〈차〉 현   금 3,000   〈대〉 매 출 채 권 3,000

㉢ (㉠ + ㉡)

〈차〉 현   금 3,000   〈대〉 대손충당금 2,000
                    대손상각비 1,000

당기이전에 대손처리한 채권을 회수한 경우에는 대손확정시의 분개가 대손충당금으로 차기하였는지, 아니면 대손충당금잔액이 부족하여 그 부족액에 대하여 대손상각비도 차기하였는지를 확인하기가 어렵기 때문에 무조건 대손충당금을 대변에 기록한다. 이렇게 무조건 대손충당금을 대기하여도 기말에 대손충당금 추가설정시 당기의 대손상각비와 기말현재 대손충당금잔액은 자동적으로 조정된다.

◆ 전기에 대손처리한 외상매출금 ₩3,000을 당기에 현금으로 회수하다. 단, 전기 대손처리시 대손충당금잔액은 ₩2,000이었다.

〈차〉 현   금 3,000   〈대〉 대손충당금 3,000

㉢ 기말 대손충당금 설정 : 기말결산시에는 기말현재 수취채권잔액에 대하여 회수가 불확실한 채권(대손예상액)을 합리적이고 객관적인 방법에 따라 추정하여 대손충당금잔액을 결정하여야 한다. 그 결과 결산전 대손충당금잔액이 기말결산시 추정한 대손예상액보다 부족하면 그 부족액을 대손상각비로 하여 대손충당금을 추가로 설정하고, 반대로 결산전 대손충당금 잔액이 기말결산시 추정한 대손예상액을 초과하면 그 초과분을 대손충당금환입이라는 계정과목으로 하여 환입한다.

수취채권에 대하여 기말결산시 추가로 설정하는 대손비용이 외상매출금이나 받을어음과 같은 매출채권에 대한 것이라면 대손상각비라는 과목으로 하여 물류원가, 관리비로 분류하고 미수금이나 대여금 등 기타채권에 대한 대손비용은 기타의 대손상각비라는 과목으로 하여 기타비용으로 분류한다. 또한 대손충당금환입액은 매출채권에 대한 것이건 기타채권에 대한 것이건 구분하지 않고 모두 기타수익으로 분류한다.

◆기말 대손예상액이 결산전 대손충당금잔액보다 큰 경우(대손충당금의 추가설정) 결산전 대손충당금잔액이 ₩5,000일 때 기말대손예상액이 ₩6,000이다.
〈차〉 대손상각비 1,000   〈대〉 대 손 충 당 금 1,000

◆기말 대손예상액이 결산전 대손충당금잔액보다 작은 경우(대손충당금의 환입) 결산전 대손충당금잔액이 ₩5,000일 때 기말대손예상액이 ₩3,000이다
〈차〉 대손충당금 2,000   〈대〉 대손충당금환입 2,000

⑤ 대손충당금계정의 예시(계정의 금액은 임의의 숫자임)

대손충당금

매출채권(대손확정액)	3,000	전기이월액(전기말대손예상액)	8,000
		현 금(상각채권회수액)	2,000
차기이월(당기말대손예상액)	12,000	대손상각비(당기말추가설정액)	5,000
계	15,000	계	15,000

(6) 수취채권의 처분

기업은 수취채권을 만기시에 정상적으로 회수하는 경우도 있으나, 수취채권의 만기 이전에 일정한 비용을 부담하고 이를 처분하여 현금을 조기조달하여 활용하는 경우도 있다.

① 외상매출금의 양도

　㉠ 매각거래 : 외상매출금의 양도시에는 다른 자산의 판매와 마찬가지로 외상매출금의 액면가액을 제거하고 현금을 차기하여야 한다. 현금의 차기액과 외상매출금의 대기액의 차이에서 예상되는 매출에누리및환입과 매출할인을 차감한 잔액에 대하여 매출채권처분손실을 인식한다. 매각된 외상매출금과 관련하여 예상되는 매출에누리및환입과 매출할인은 팩토링회사(외상매출금을 매수한 금융회사)가 그 지급을 유보한 미수금으로 처리한다.

　　㈜서원은 2015년 10월 5일 ㈜한강팩토링에 ₩500,000의 외상매출금을 상환청구불능조건으로 판매하였으며, 매출에누리 등에 대한 유보액은 추후 실제발생액에 따라 정산하기로 하였다. 다음 자료에 따라 ㈜서원의 분개를 제시하면

◆㈜한강팩토링은 외상매출금액면가액의 3%에 해당하는 금액을 팩토링수수료로 부과하고, 5%에 해당하는 금액을 매출에누리및환입과 매출할인에 대한 유보액으로 차감한 잔액을 ㈜서원에 지급하였다.

〈차〉 현   금 460,000* 〈대〉매출채권 500,000
   미 수 금 25,000**
   매출채권처분손실 15,000***

* 500,000 × {1 − (0.03 + 0.05)} = 460,000
** 500,000 × 0.05 = 25,000
*** 500,000 × 0.03 = 15,000

◆동 외상매출금 ₩500,000과 관련하여 2015년 11월 20일에 ₩485,000은 현금으로 회수되고 매출에누리와 환입으로 ₩10,000이 발생하였으며 ₩5,000은 회수가 불가능한 것으로 판명되어 대손처리하였다.

매출에누리와환입의 인식

〈차〉 매출에누리와 환입 10,000 〈대〉미수금 10,000
   거래의 정산(미수금의 정산)

〈차〉 현   금 15,000 〈대〉미수금 15,000*

* 25,000 − 10,000 = 15,000

◆㈜서원은 ㈜한강팩토링에 외상매출금을 상환청구불능조건으로 매각하였기 때문에 외상매출금에 대한 현금회수나 대손발생은 ㈜서원과는 무관하고 ㈜한강팩토링이 분개할 사항이다.

 ⓒ 차입거래 : 외상매출금의 양도가 차입거래에 해당하는 경우에는 외상매출금의 양도로 받은 현금을 차기하고 단기차입금을 대기하며 팩토링회사에 지급하는 수수료는 선이자성격으로 보아 이자비용으로 처리하며 매출채권을 담보제공매출채권으로 대체하여야 한다.

② 받을어음의 양도
 ㉠ 받을어음의 추심위임 : 추심위임이란 소지하고 있던 어음대금의 추심을 은행에 의뢰하는 것으로 기업이 보유중인 어음에 대하여 분실가능성과 보관·회수비용을 절감하기 위하여 은행에 보관 및 대금수취업무를 위임하는 것이다. 은행은 단순히 보관 및 수취를 대행하는 것이므로 회사는 특별한 회계처리가 없다. 다만, 회사가 추심위임에 대한 수수료를 지급할 때는 수수료비용을 인식하는 분개만 추가한다.
 ㉡ 받을어음의 배서양도 : 배서양도란 다른 거래처로부터 상품을 매입하고 그 대금을 보유중인 받을어음으로 지급하는 것을 말한다. 배서가 이루어지면 어음양도인은 어음양수인에게 어음의 부도시 이를 대신 지급하여야 할 의무를 지게 되고 이를 상환청구권이라 한다. 실질적인 어음의 이전을 수반하는 배서양도의 경우 이를 매입채무와 상계처리한다.

◆3월 10일 : ㈜서원은 ㈜한강으로부터 상품 ₩100,000을 매입하고 대금은 ㈜마포에 대한 받을어음 ₩100,000을 배서양도하였다.
 〈차〉 매 입 100,000 〈대〉매출채권 100,000

POINT 팁 배서양도한 어음의 부도시 회계처리는 상환청구권의 유무에 따라 다르다. 배서양도 후 상환청구권이 부여되지 않은 어음의 부도는 회계처리가 없고, 상환청구권이 부여된 어음의 부도는 이를 어음양도인이 매입대금을 직접 지급하고 배서양도하였던 어음을 다시 회수하는 분개를 하여야 한다.

◆4월 2일 : 3월 10일 ㈜서원이 ㈜한강에 배서양도한 어음이 부도가 되었다.
배서양도어음에 상환청구권이 부여되지 않은 경우
㈜서원 : 분개없음
배서양도어음에 상환청구권이 부여된 경우
㈜서원 : 〈차〉 매출채권 100,000   〈대〉 현 금 100,000

ⓒ 받을어음의 할인 : 어음할인이란 보유중인 어음채권을 금융기관에 할인양
도하여 자금을 조달하는 방법이다. 어음할인시 금융기관은 액면가액에
서 할인료를 공제한 잔액을 지급한다. 받을어음을 할인하는 경우 그 어
음에 대한 권리나 의무가 어음의 양도인과 분리되어 실질적으로 이전되
는 경우에는 매각거래로 보아 매출채권에서 직접 차감하고, 그 이외의
경우에는 매출채권을 담보제공한 것으로 본다.

㈜서원은 2015년 9월 1일 상품을 판매하고 그 대금을 3개월만기 액면
₩500,000의 약속어음을 받았다. 이후 한달 뒤인 2015년 10월 1일 현금
의 조기확보를 위하여 할인료 ₩10,000을 공제하고 은행에 할인하였다.
이 어음은 만기일에 정상결제되었다. 이 거래와 관련한 ㈜서원의 회계처
리는 다음과 같다.

◆상환청구권이 없는 받을어음의 할인(매각거래)
2015년 9월 1일(상품매출일)
〈차〉 매 출 채 권 500,000   〈대〉 매   출 500,000
2015년 10월 1일(받을어음 할인일)
〈차〉 현   금 490,000   〈대〉 매 출 채 권 500,000
    매출채권처분손실 10,000
2015년 12월 1일(어음의 만기일 : 어음대금 회수) : 분개없음

㈜서원은 어음을 매각하였으므로 그 이후에 어음의 대손이나 어음대금
의 회수와는 무관하다.

◆상환청구권이 있는 받을어음의 할인(차입거래)
2015년 9월 1일(상품매출일)
〈차〉 매 출 채 권 500,000   〈대〉 매   출 500,000
2015년 10월 1일(어음할인일)
〈차〉 현   금 490,000   〈대〉 단기차입금 500,000
    이 자 비 용 10,000
2015년 12월 1일(어음의 만기일 : 어음대금 회수)
〈차〉 단기차입금 500,000   〈대〉 매출채권 500,000

이는 다음 두 개의 분개가 합쳐진 것이다.
㉠ 어음대금의 회수
  〈차〉 현   금 500,000   〈대〉 매출채권 500,000
㉡ 회수한 현금으로 차입금의 상환
  〈차〉 단기차입금 500,000   〈대〉 현   금 500,000
㉢ (㉠ + ㉡)
  〈차〉 단기차입금 500,000   〈대〉 매출채권 500,000

기출문제 ▶

문. ㈜서울은 외상매출의 결제대금
으로 받은 60일 만기 액면가액
₩10,000,000의 무이자부어음
을 자금사정이 어려워 발행일
로부터 30일이 지난 후인 10월
5일에 주거래은행에 연이자율
10%로 할인하여 현금으로 수령
하고 다음과 같이 분개하였다.
이에 대한 설명으로 옳은 것은?
▶ 2015. 6. 13 서울특별시

(차) 현금   9,917,809
    매출채권처분손실   82,191
(대) 받을어음   10,000,000

① 어음할인을 양도거래로 보고 회
계처리하였다.
② 이 거래는 회사의 주거래인 재
화의 판매나 용역의 제공거래에
해당한다.
③ 은행에 받을어음을 맡기고 돈을
차입한 경우에 해당한다.
④ 결산 시에 결산조정분개가 필요
한 거래이다

☞ ①

수취채권과 지급채무

1 다음의 계정과목에 대한 설명으로 옳지 않은 것은?

① 미수금 – 일반적 상거래 이외의 거래에서 발생한 채권
② 선급금 – 상품이나 원재료 등의 매입을 위하여 미리 지급한 금액
③ 선수금 – 미리 받은 수익 중 차기 이후에 속하는 금액
④ 예수금 – 일반적 상거래 이외의 거래에서 미리 받은 금액

TIP ③ 선수금은 일반적 상거래에서 그 대금을 미리 받은 것이며, 미리 받은 수익 중 차기 이후에 속하는 것은 선수수익에 해당한다.

2 지방출장중인 사원으로부터 내용을 알 수 없는 송금수표 ₩100,000을 받아 당좌예입한 경우 올바른 분개는?

① 〈차〉 현   금 100,000   〈대〉 송금수표 100,000
② 〈차〉 현   금 100,000   〈대〉 잡 이 익 100,000
③ 〈차〉 당좌예금 100,000   〈대〉 매출채권 100,000
④ 〈차〉 당좌예금 100,000   〈대〉 가 수 금 100,000

TIP ④ 현금의 유입이 있으나 내용을 알 수 없는 경우에는 내용이 밝혀질 때까지 가수금계정(임시계정)으로 처리한다.

3 영업부장이 내용을 밝히지 않고 현금 ₩100,000을 인출해간 경우의 분개로 옳은 것은?

① 〈차〉 잡 손 실 100,000   〈대〉 현   금 100,000
② 〈차〉 가지급금   100,000   〈대〉 현   금 100,000
③ 〈차〉 단기대여금 100,000   〈대〉 현   금 100,000
④ 〈차〉 선 급 금 100,000   〈대〉 현   금 100,000

TIP ② 내용을 알 수 없는 현금의 지급은 그 내용이 밝혀질 때까지 임시계정인 가지급금계정을 사용한다.

ANSWER 1.③ 2.④ 3.②

4 다음 내용 중 옳지 않은 것은?

① 매출채권에 대한 대손상각비는 물류원가와 관리비로 처리하고, 미수금에 대한 대손상각비는 기타비용으로 처리한다.

② 매출환입은 판매된 상품에 결함이나 파손이 있어 반환되는 것으로 매출액에서 차감한다.

③ 매출에누리는 판매한 상품에 결함이나 파손이 있어서 가격을 할인해 주는 것으로 매출액에서 차감한다.

④ 매출할인은 상품판매 후 조기에 대금을 결제해 준 것에 대한 현금할인으로 이자성격이 강하므로 기타수익으로 처리한다.

🏵️ **TIP** 매출할인은 매출에누리 및 매출환입과 함께 총매출액에서 차감하여 포괄손익계산서상의 매출액은 매출에누리, 매출환입, 매출할인이 차감된 순매출액이 된다.

5 서원상사는 마포상회에 대한 외상매출액 ₩500,000 중 ₩300,000을 당기중에 회수한 경우 매출처원장이 바르게 기록된 것은?

①

매출채권			
외상매출금 500,000	회 수 액	300,000
	잔 액	200,000

②

매출채권		
외상매출금 200,000	잔 액	200,000

③

마포상회		
외상매출금 500,000	회 수 액	300,000
	잔 액	200,000

④

마포상회		
외상매출금 200,000	잔 액	200,000

🏵️ **TIP** 각 거래처별 채권의 현황을 쉽게 파악하고 효율적으로 관리하기 위하여 매출채권에 대한 보조장부로 매출처원장을 함께 사용한다.

⭐ **ANSWER** 4.④ 5.③

6 서원상사는 상품을 ₩2,200,000에 외상판매하면서 운송비 ₩50,000을 지급하였다. 이후 판매한 상품에 불량품이 포함되어 있어서 ₩120,000은 반품하고 ₩80,000은 값을 깎아 주었다. 또한 거래처에서 외상매출금의 조기지급으로 ₩30,000을 할인해 주었다. 이 경우 포괄손익계산서에 계상될 매출액은?

① ₩1,970,000
② ₩2,000,000
③ ₩2,080,000
④ ₩2,200,000

TIP 포괄손익계산서상의 매출액은 순매출액을 말한다.
∴ 순매출액 : 2,200,000(총매출액) − 120,000(매출환입) − 80,000(매출에누리) − 30,000(매출할인)
= ₩1,970,000

7 다음 자료에 의하면 당기의 어음대금회수액은 얼마인가?

- 기초재무상태표 : 외상매출금 ₩500,000, 받을어음 ₩620,000
- 기말재무상태표 : 외상매출금 ₩480,000, 받을어음 ₩600,000
- 받을어음 중 ₩400,000을 은행에 할인하고 현금 ₩350,000을 수취하다.
- 당기순매출액은 ₩2,300,000이다.
- 모든 매출은 일단 외상매출금으로 계상되며, 외상매출금은 전액 약속어음으로 회수한다.

① ₩1,840,000
② ₩1,940,000
③ ₩2,200,000
④ ₩2,300,000

TIP 외상매출금과 받을어음을 매출채권계정으로 일괄처리하면,

매출채권

기초외상매출금	500,000	어음대금회수액	?
기초받을어음	620,000	받을어음할인액(장부가액)	400,000
당기순매출액	2,300,000	기말외상매출금	480,000
		기말받을어음	600,000
	3,420,000		3,420,000

∴ 어음대금회수액 : 3,420,000 − 400,000 − 480,000 − 600,000 = ₩1,940,000

8 다음 거래를 분개로 표시한 것 중 옳은 것은?

> 한강상사는 매출처로부터 받은 약속어음 ₩1,000,000을 만기일 전에 은행에서 할인하고 현금 ₩930,000을 수취하다.

① 〈차〉 현　　　금 930,000 　〈대〉 받을어음 　930,000
② 〈차〉 현　　　금 930,000 　〈대〉 받을어음 1,000,000
　　　　매　　　출 70,000
③ 〈차〉 현　　　금 930,000 　〈대〉 받을어음 1,000,000
　　　　잡　손　실 70,000
④ 〈차〉 현　　　금 930,000 　〈대〉 받을어음 1,000,000
　　　　매출채권처분손실 70,000

TIP 매출채권(받을어음)을 만기일 전에 은행에서 할인한 경우 매출채권의 장부가액을 제거하고 현금수취액과의 차액은 매출채권처분손실(기타비용)로 처리한다.

9 다음 자료에 의하면 매출활동으로부터의 현금유입액은 얼마인가?

> • 기초매출채권잔액 ₩130,000 　• 당기현금매출액 ₩2,100,000
> • 기말매출채권잔액 　70,000 　• 당기외상매출액 　1,800,000

① ₩2,100,000　　　　　　　　② ₩2,160,000
③ ₩3,960,000　　　　　　　　④ ₩4,030,000

TIP 현금매출액이나 외상매출액이나 모두 외상매출로 보고 매출채권계정에서 분석하면 된다. 즉, 현금매출액은 외상매출후 바로 현금으로 회수한 것으로 생각하면 된다.

매출채권

기 초 매 출 채 권	130,000	현 금 회 수 액	?
당기현금매출액	2,100,000		
당기외상매출액	1,800,000	기말매출채권	70,000
	4,030,000		4,030,000

∴ 당기현금유입액 : 4,030,000 − 70,000 = ₩3,960,000

⭐ ANSWER 8.④ 9.③

10 다음 중 여러 분개 가운데 회계연도말에 행하는 결산수정분개가 아닌 것은?

① 〈차〉 대손상각비 〈대〉 대손충당금　　　② 〈차〉 급　　여 〈대〉 미지급급여

③ 〈차〉 대손충당금 〈대〉 매출채권　　　④ 〈차〉 미수이자 〈대〉 이자수익

🌸 **TIP** ③ 매출채권을 제각하는 것은 대손이 확정된 시점이다. 이는 결산수정분개가 아니라 기중거래이다.

11 'A상점에 상품 ₩1,500,000을 매출하고 그 대금은 동점발행수표로 받고 부가가치세 ₩150,000은 현금으로 받다'를 분개한 것으로 옳은 것은?

① 〈차〉 당좌예금 1,500,000　　　　　〈대〉 매　　　　　출 1,500,000
　　　현　　금　 150,000　　　　　　　 부가가치세예수금　 150,000

② 〈차〉 당좌예금 1,500,000　　　　　〈대〉 매　　　　　출 1,500,000
　　　현　　금　 150,000　　　　　　　 잡　　이　　익　 150,000

③ 〈차〉 당좌예금 1,500,000　　　　　〈대〉 매　　　　　출 1,650,000
　　　현　　금　 150,000

④ 〈차〉 현　　금 1,650,000　　　　　〈대〉 매　　　　　출 1,500,000
　　　　　　　　　　　　　　　　　　　 부가가치세예수금　 150,000

🌸 **TIP** 타인발행수표는 현금에 해당하며, 상품매출로 고객으로부터 수취하는 부가가치세는 정부에 납부할 것이므로 부채성격으로 예수금계정의 대변에 기입하였다가 세무서에 납부할 때 차변에 기입하여 부채를 감액한다.

12 전기에 대손처리하였던 외상매출금 ₩120,000을 현금으로 회수하였다. 다만, 대손처리당시에 대손충당금 잔액은 ₩60,000이었다. 현금회수시의 분개로 옳은 것은?

① 〈차〉 현　 금 120,000　　　　　　〈대〉 대손충당금　 60,000
　　　　　　　　　　　　　　　　　　　 대손상각비　　 60,000

② 〈차〉 현　 금 120,000　　　　　　〈대〉 매 출 채 권 120,000

③ 〈차〉 현　 금 120,000　　　　　　〈대〉 대손충당금 120,000

④ 〈차〉 현　 금 120,000　　　　　　〈대〉 대손상각비 120,000

🌸 **TIP** ③ 당기 이전에 대손처리한 채권을 회수한 경우에는 대손처리 당시의 회계처리 여부와 상관없이 대손충당금의 증가로 처리한다.

⭐ **ANSWER** 10.③ 11.④ 12.③

13 당기에 대손처리한 외상매출금 ₩250,000을 현금으로 회수하였다. 다만, 대손발생시 대손충당금 잔액은 ₩180,000이었다. 현금회수시의 분개로 옳은 것은?

① 〈차〉 현   금 250,000   〈대〉 매 출 채 권 250,000
② 〈차〉 현   금 250,000   〈대〉 대손충당금 180,000
                                        대손상각비 70,000

③ 〈차〉 매출채권 250,000   〈대〉 대손충당금 250,000
④ 〈차〉 매출채권 250,000   〈대〉 대손충당금 180,000
                                        대손상각비 70,000

🎓**TIP** 대손발생시 대손충당금잔액이 부족하면 부족액은 대손상각비로 처리한다.
　　⊙ 당기대손발생시
　　　〈차〉 대손충당금 180,000   〈대〉 매 출 채 권 250,000
　　　　　대손상각비 70,000
　　⊙ 당기대손처리분 회수시
　　　〈차〉 현   금 250,000   〈대〉 대손충당금 180,000
　　　　　　　　　　　　　　　　　　　　　　　　대손상각비 70,000

14 다음 자료에 의하면 결산수정후 대손충당금 잔액은 얼마인가?

> • 기말수정전 : 받을어음잔액　　　　　₩50,000,000
> 　　　　　　　외상매출금잔액　　　　　 7,000,000
> 　　　　　　　대손충당금잔액　　　　　 3,200,000
> • 위 받을어음 중 ₩3,000,000은 회수가 불가능하며, 기말미회수채권잔액의 2%는 대손될 것으로 예상된다.

① ₩200,000   ② ₩880,000
③ ₩1,080,000   ④ ₩3,200,000

🎓**TIP** ⊙ 대손(회수불능)발생시
　　　〈차〉 대손충당금 3,000,000   〈대〉 받 을 어 음 3,000,000
　　⊙ 대손상각비 계상
　　　{50,000,000(받을어음) − 3,000,000(대손발생액) + 7,000,000(외상매출금)} × 2% − {3,200,000(대손충당금) − 3,000,000(대손발생액)} = 880,000
　　　〈차〉 대손상각비 880,000   〈대〉 대손충당금 880,000
　　⊙ 수정후 대손충당금 잔액
　　　3,200,000 − 3,000,000 + 880,000 = 1,080,000

⭐ **ANSWER**　13.② 14.③

04. 수취채권과 지급채무 | **123**

15 서원상사는 기말결산시에 매출채권잔액 ₩400,000에 대하여 3%의 대손을 추산한다. 결산전 대손충당금 장부가액이 ₩7,000일 때 올바른 분개는?

① 〈차〉 대손상각비 12,000   〈대〉 대손충당금 12,000
② 〈차〉 대손충당금 7,000   〈대〉 대손상각비 7,000
③ 〈차〉 대손상각비 5,000   〈대〉 대손충당금 5,000
④ 〈차〉 대손충당금 5,000   〈대〉 대손상각비 5,000

🏅TIP 당기말 대손상각비계상액 : 400,000 × 3% − 7,000 = ₩5,000

16 다음 중 수취채권계정에 대한 설명으로 옳지 않은 것은?

① 단기대여금 – 차용증서를 받고 대여한 것 중 회수기한이 1년 내 도래하는 것
② 미수금 – 일상적인 상거래 이외의 거래에서 발생한 미수채권
③ 매출채권 – 일상적인 상거래에서 발생한 외상매출금과 받을어음
④ 선급비용 – 상품, 원재료 등의 매입을 위하여 선급한 금액

🏅TIP ④ 선급비용은 선급된 비용 중에서 1년 내에 비용으로 되는 것을 말하고, 선급금은 상품이나 원재료 등의 매입을 위하여 선급된 금액을 말한다.

17 다음 중 매출채권에 대한 내용으로 옳지 않은 것은?

① 매출환입은 판매된 상품의 결함이나 파손이 원인이 되어 반환되는 것을 말한다.
② 매출채권에 대한 대손상각비는 물류원가와 관리비로 처리한다.
③ 매출에누리는 판매된 상품의 결함과 파손의 원인으로 가격을 할인해 주는 것으로 매출액에서 차감한다.
④ 매출할인은 현금으로 할인하므로 할인액을 기타수익으로 한다.

🏅TIP ④ 매출할인은 상품판매 후에 조기에 대금을 지급받음으로 인하여 할인하여 주는 것을 말한다. 매출할인은 매출액의 차감항목이다.

⭐ ANSWER 15.③ 16.④ 17.④

18 호남상사는 결산과정에서 2010년 12월 31일에 매출채권에 대한 경과기간을 분석한 결과 순실현가치를 ₩ 500,000으로 결정하였다. 다음 자료를 보고 회사가 행할 2010년말의 분개는? (단, 기업회계규정이다)

• 2010년초 대손충당금 대변잔액	₩ 50,000
• 2010년 중에 이미 대손처리된 매출채권	₩ 10,000
• 2010년 말 매출채권잔액	₩ 600,000
• 2010년 중 매출채권 회수액	₩ 400,000

① 〈차〉 대손상각비 60,000   〈대〉 대손충당금 60,000
② 〈차〉 대손상각비 70,000   〈대〉 대손충당금 70,000
③ 〈차〉 대손상각비 50,000   〈대〉 대손충당금 50,000
④ 〈차〉 대손상각비 100,000   〈대〉 대손충당금 90,000
                                          매 출 채 권 10,000

TIP 매출채권잔액에서 순실현가치를 차감하면 ₩100,000이 된다. 기초에 대손충당금 잔액이 ₩50,000이고, 기중에 ₩10,000이 대손되었으므로 현재 대손충당금은 ₩40,000이다.
∴ ₩60,000을 추가로 대손처리 해주면 된다.

⭐ **ANSWER**   18.①

재고자산

재고자산이란 정상적인 영업활동 과정에서 판매를 목적으로 보유하고 있는 상품, 제품과 판매를 목적으로 생산과정에 있는 재공품, 판매할 자산을 생산하는 데 사용하거나 소비될 원재료, 저장품을 말한다. 기업이 보유하는 재고자산의 종류는 기업의 특성에 따라 다르다. 상품매매기업의 경우는 상품이 주요 재고자산이며 제조업의 경우에는 완제품, 재공품, 원재료 등의 재고자산이 존재한다.

SECTION 1 재고자산의 분류

(1) 종류

① **상품** … 기업의 정상적 영업활동과정에서 판매를 목적으로 구입한 상품, 미착상품, 적송품 등을 말하며, 부동산매매업에 있어서 판매를 목적으로 소유하는 토지, 건물, 기타 이와 유사한 부동산도 이에 포함한다.

② **제품** … 기업 내부에서 판매를 목적으로 제조한 생산품, 부산물을 말한다.

③ **반제품** … 자가제조한 중간제품과 부분품 등을 말한다.

④ **재공품** … 제품 또는 반제품의 제조를 위하여 제조과정에 있는 것을 말한다.

⑤ **원재료** … 완제품을 제조 · 가공할 목적으로 구입한 원료, 재료, 매입부분품, 미착원재료 등을 말한다.

⑥ **저장품** … 소모품, 수선용 부분품 및 기타 저장품 등을 말한다.

(2) 특성

재고자산의 분류는 기업의 주요 영업활동목적에 따라 달라진다. 일반기업이 공장건설을 위하여 매입한 토지는 유형자산이고, 투자목적으로 보유하는 토지는 투자자산이지만 부동산매매회사가 판매목적으로 보유하는 토지는 상품인 재고자산이다. 또한 일반기업이 보유하는 주식은 단기매매증권이나 매도가능증권 등의 투자자산으로 분류되지만 증권회사가 보유하는 주식은 상품인 재고자산으로 분류된다.

SECTION 2 재고자산의 취득원가결정

재고자산의 취득원가는 재고자산이 판매가능한 상태로 될 때까지 소요된 모든 지출액을 포함한다. 따라서 취득원가에는 매입가액뿐만 아니라 매입과 관련하여 발생한 부대비용(매입수수료, 운송비, 하역비 등)을 포함하고 매입에누리와 환출 및 매입할인은 차감한다.

기출문제

문. 2010년 12월 10일 위탁자인 ㈜ 한국은 수탁자인 ㈜ 대한에 상품을 인도하고 외상매출로 회계처리 하였다. 이러한 회계처리가 ㈜한국의 2010년 재무제표에 미치는 영향으로 옳지 않은 것은? (단, 상품매매거래는 계속기록법을 적용한다)

▶ 2011. 5. 14 상반기 지방직

① 재고자산 과소계상
② 매출 과대계상
③ 매출채권 과대계상
④ 매출원가 과소계상

☞ ④

한편, 재고자산을 자가제조하는 경우의 취득원가는 제조원가에 취득부대비용을 가산한 가액으로 하되 재고자산의 제조에 장기간이 소요되는 경우 당해 재고자산의 제조에 사용된 차입금에서 발생한 이자비용은 재고자산의 취득원가에 산입할 수 있다.

> 재고자산의 취득원가
> = 매입가액(제조원가) + 매입부대비용 − 매입에누리와 환출 − 매입할인

(1) 매입가액

매입가액은 상품을 구입할 때 지급한 현금 또는 현금등가액으로 한다. 외상으로 구입하는 경우 매입채무가 단기일 경우에는 액면가액을, 장기일 경우에는 현재가치로 평가한 금액을 매입가액으로 한다.

〈차〉 매   입 100,000   〈대〉 매입채무(또는 현금) 100,000

(2) 매입부대비용

재고자산의 취득과 관련된 부대비용에는 매입수수료, 운송비, 하역비, 보험료 등이 있다. 이러한 지출은 수익·비용 대응의 원칙에 따라 발생시점에는 재고자산의 취득원가에 가산하였다가 재고자산이 판매되어 수익이 인식되는 시점에 매출원가로 하여 비용으로 인식한다.

〈차〉 매   입 20,000   〈대〉 매입채무(또는 현금) 20,000

그러나 재고자산을 취득하여 판매가능한 상태에 이른 이후에 발생한 창고보관료나 판매비용 등의 부대비용은 즉시 비용으로 처리한다.

〈차〉 판매관리비 10,000   〈대〉 미지급금(또는 현금) 10,000

(3) 매입에누리와 매입환출 및 매입할인

매입에누리란 매입한 상품에 결함 등이 있어서 판매자가 값을 깎아주는 것을 말하며, 매입환출은 매입한 상품에 결함이나 파손이 있어서 매입한 상품을 반환하는 것을 말한다. 그리고 매입할인은 상품의 구매대금을 조기에 지급함에 따라 미리 정해진 일정한 할인액을 판매자가 할인하여 주는 것을 말한다.

매입에누리와 매입환출 및 매입할인은 매입가액에서 차감하고 재고자산의 취득원가에서도 차감하여야 한다.

① 매입에누리와 매입환출
  〈차〉 매입채무(또는 현금) 10,000   〈대〉 매입에누리와환출(또는 매입) 10,000
② 매입할인
  〈차〉 매입채무 110,000   〈대〉 현   금   105,000
                                매입할인(또는 매입)   5,000

기출문제 ▶ ·············

문. 20x1년 9월 1일에 (주)한국의 창고에서 화재가 발생하여 재고자산이 일부 소실되었다. 남아있는 재고자산의 순실현가능가치는 ₩3,600이다. 다음의 자료를 이용하여 화재로 인한 재고자산 손실액을 구하면?
▶ 2011. 7. 23 행정안전부 7급

- 20x1년초 기초 재고자산 ₩25,000
- 20x1년 8월말까지 재고자산 매입액 ₩39,000
- 20x1년 8월말까지 매입환출 금액 ₩4,000
- 20x1년 8월말까지 총매출액 ₩55,000
- 20x1년 8월말까지 매출할인액 ₩3,000
- 매출총이익률 30%

① ₩17,900   ② ₩20,000
③ ₩23,600   ④ ₩24,000

☞ ②

SECTION 3 재고자산에 포함될 항목의 결정

재고자산과 관련하여 재무상태표일 현재 자산(매출채권, 기말재고)과 부채(매입채무) 및 포괄손익계산서에 표시될 수익과 매출원가를 적정하게 계상하기 위해서는 어느 회계기간의 매입 또는 매출거래인지를 결정하여야 정확한 수익과 매출원가 및 재고자산을 파악할 수 있다.

(1) 미착상품(운송중인 상품)

미착상품이란 상품을 주문하였으나 운송중에 있어서 기말 현재 아직 도착하지 않은 상품을 말한다. 이러한 운송중인 상품의 경우에는 구매자와 판매자간의 매매계약상 거래조건인 선적지인도기준이나 도착지인도기준에 따라 그 소유권을 결정하게 된다.

① 선적지인도기준으로 매입한 운송중인 상품은 구매자의 매입액과 기말재고자산에 포함해야 하고, 선적지인도기준으로 판매한 운송중인 상품은 판매자의 기말재고자산에서 제외하고 판매자의 당기의 매출액에 포함시켜야 한다.

② 도착지인도기준으로 매입한 운송중인 상품은 구매자의 매입액과 기말재고자산에 포함해서는 안되고, 도착지인도기준으로 판매한 운송중인 상품은 판매자의 기말재고자산에 포함하고 판매자의 당기의 매출액에 포함시켜서는 안된다.

(2) 적송품

위탁품(적송품)은 위탁자가 수탁자에게 판매를 위탁하기 위해 인도한 상품을 말한다. 적송과정에 운임이 발생하면 위탁품을 판매가능한 상태에 이르게 하기 위한 비용으로 재고자산(적송품)의 원가에 가산한다. 위탁품은 수탁자가 점유하게 되지만 수탁자가 고객에게 적송품을 판매하기 전까지는 위탁자의 기말재고에 포함시켜야 한다.

(3) 시송품(시용판매상품)

시용판매란 고객에게 상품을 일정기간 동안 미리 시험적으로 사용하게 한 후 고객이 매입의사를 표시하면 판매가 이루어지는 조건부판매방식을 말하며, 시용판매방식으로 고객에게 미리 보낸 상품을 시용품이라고 한다. 따라서 시용판매의 경우 상품이 고객에게 인도되는 시점에서 매출로 인식하지 않고 고객이 구매의사를 표시한 날에 매출로 인식한다. 반면에 고객이 구매의사를 표시하지 않고 상품을 반환하는 경우에는 회계처리가 발생하지 않는다. 기말 현재 고객에게 인도된 시송품 중 구매의사가 표시된 상품은 매출로 계상하고 기말재고자산에서 제외하여야 하고, 구매의사가 표시되지 않았거나 반환의사를 표시한 시송품은 매출로 계상하지 않고 기말재고자산에 포함시켜야 한다.

(4) 특별주문상품(예약매출)

특별주문상품의 경우 수익금액의 객관적인 측정이 가능하고 주문상품의 생산 그 자체가 결정적인 사건에 해당하므로 진행기준으로 수익을 인식하도록 규정 하고 있다. 따라서 당기에 발생한 생산원가를 결산시점에서 매출원가로 대체 시키므로 기말재고에 포함되지 않는다(당기 발생한 생산원가를 결산시 매출원 가로 대체).

(5) 매입계약상품

매입계약이란 구매자가 판매자의 상품 중 일정수량을 미래에 일정한 가격으로 매입하겠다는 약정이다. 그러나 거래가 완전히 성립되지 않은 것이므로 물건 의 인도전에는 판매자의 기말재고에 포함시켜야 한다.

(6) 할부판매

할부판매의 수익은 상품의 인도시점에 인식하므로 상품의 인도시에 회사의 재 고자산에서 제외하고 매출원가를 계상하여야 한다.

(7) 반품이 가능한 판매

① **반품률의 합리적 추정이 가능한 경우**… 상품의 인도시에 반품률을 적절히 반영하여 매출수익을 인식하고 회사의 재고자산에서 제외하여 매출원가로 계상한다.
② **반품률의 합리적 추정이 불가능한 경우**… 구매자의 구입승낙이나 반품기간 이 종료하기 전에는 매출수익으로 인식할 수 없으므로 회사의 재고자산에 포함시켜야 한다.

(8) 담보제공 재고자산

금융기관 등에 재고자산을 담보로 제공하고 자금을 차입한 경우에는 저당권이 행사되어 재고자산의 소유권이 이전되기 전까지는 회사의 재고자산에 포함시 켜야 한다.

SECTION 4 재고자산의 원가배분

재고자산의 원가배분이란 재고자산의 취득원가(판매가능상품 = 기초재고액 + 당기순매입액)를 판매된 부분은 비용(매출원가)으로 인식하고 판매되지 않고 남아있는 부분은 자산(기말재고)으로 배분하는 과정이다.

> 매출원가와 기말재고액의 계산은 다음과 같다.
> ㉠ 매출원가 = 판매수량 × 단위원가
> ㉡ 기말재고액 = 재고수량 × 단위원가

(1) 매출원가의 산출

매출원가는 기초상품재고액에 당기상품순매입액을 가산한 금액에서 기말상품 재고액을 차감하여 산출하며 기초상품재고액에 당기상품순매입액을 가산한 금액을 판매가능액이라고 한다. 당기상품순매입액은 당기상품총매입액에서 매입에누리와환출 및 매입할인을 차감하여 계산한다. 한편, 매출원가는 기말수정분개를 통하여 산출하는데 기말수정분개는 다음과 같이 이루어진다.

> 매출원가는 일정기간 동안 판매한 상품의 취득원가로 다음과 같다.
> ㉠ 매출원가 = 기초상품재고액 + 당기상품순매입액 - 기말상품재고액
> ㉡ 당기상품순매입액 = 당기상품총매입액 - 매입에누리와환출 - 매입할인

① 기초상품재고액을 매출원가계정으로 대체한다.
　〈차〉 매출원가　　　 100,000　　　 〈대〉 상　　 품(기초) 100,000
② 당기상품순매입액을 매출원가계정으로 대체한다.
　〈차〉 매출원가　　　 500,000　　　 〈대〉 매　　　 입　　 500,000
③ 기초상품재고액과 당기순매입액을 합한 매출원가계정잔액에서 기말상품재고액을 차감한다. 따라서 이 기말수정분개를 하고 난 다음의 매출원가계정잔액은 기초상품재고액에 당기순매입액을 합한 금액에서 기말상품재고액을 차감한 것으로 당기매출원가가 도출된다.
　〈차〉 상　　 품(기말)　 80,000　　　 〈대〉 매출원가　　　　 80,000

(2) 재고자산의 수량을 결정하는 방법

① **계속기록법** … 상품이 입·출고될 때마다 수량을 계속적으로 기록하는 방법으로 기말재고수량은 당기판매가능수량(기초재고수량 + 당기매입수량)에서 당기판매수량을 차감하여 계산한다. 계속기록법에 의하면 기초재고수량, 당기매입수량, 당기판매수량이 모두 기록되므로 언제든지 장부상의 재고수량을 파악할 수 있다.

> 기초재고수량 + 당기매입수량 - 당기판매수량 = 기말재고수량

② **실지재고조사법** … 분기별, 반기별 등 정기적으로 재고실사를 하여 재고수량을 파악한 후 판매가능수량과의 차이를 모두 판매수량으로 추정하는 방법이다. 상품재고장에 입고기록만 하고 출고기록은 하지 않기 때문에 당기판매수량은 당기판매가능수량(기초재고수량 + 당기매입수량)에서 기말재고실사에서 파악된 수량을 차감하여 계산한다. 기초재고수량과 당기매입수량만 장부에 기록하고 당기판매수량은 기말에 실지재고조사를 한 후 일괄적으로 파악한다.

> 기초재고수량 + 당기매입수량 - 기말재고수량 = 당기판매수량

③ 재고수량

	재고수량		
판매가능수량 [기초재고수량	50개	당기판매수량	900개
당기매입수량	1,000개	기말재고수량	150개
	1,050개		1,050개

기출문제

문. ㈜대한의 2010회계연도의 매출 및 매입 관련 자료에 대한 설명으로 옳은 것은?
▶ 2011. 4. 9 행정안전부

- 총매출액 ₩1,000
- 총매입액 ₩700
- 기초재고 ₩400
- 기말재고 ₩300
- 매출환입 ₩100
- 매입에누리 ₩100
- 매출할인 ₩100
- 매입할인 ₩100
- 매입운임 ₩100

① 순매출액은 ₩900이다.
② 순매입액은 ₩800이다.
③ 매출원가는 ₩700이다.
④ 매출총이익은 ₩200이다.
　정답 ③

문. 실지재고조사법을 적용하고 있는 ㈜한국은 2013년도 재무제표를 작성하는 중에 2013년 매입이 ₩300 누락되었고, 2013년 기말재고자산이 ₩150 과대평가 되었음을 확인하였다. 이와 같은 오류를 수정하지 않았을 경우에 대한 설명으로 옳지 않은 것은? (단, 재고자산회전율은 매출액을 평균재고자산으로 나눈 값으로 하며, 법인세는 무시한다)
▶ 2015. 4. 18 인사혁신처

① 2014년 재고자산회전율은 실제보다 증가된다.
② 2013년 당기순이익은 ₩450 과대평가 된다.
③ 2014년 당기순이익은 ₩150 과소평가 된다.
④ 2013년 재고자산회전율은 실제보다 감소된다.
　정답 ①

(3) 재고자산의 단가산정(원가흐름에 대한 가정)

재고자산의 단가는 같은 상품이라도 구매시점마다 각각 다르다. 실물흐름과 일치하는 재고자산의 단가를 적용하기 위해서는 판매된 재고자산의 단가를 일일이 추적하여 기록하는 것이 가장 정확하나 상품의 종류가 다양하고 상품의 구매와 판매가 빈번하게 발생하는 경우 이 방법은 비경제적이며, 현실적으로 불가능하다. 따라서 상품의 실제물량흐름과는 관계없이 일정한 가정을 통하여 판매수량에 대한 단가와 기말재고수량에 대한 단가를 계산하여 매출원가와 기말재고액으로 배분하는 것이 원가흐름의 가정이다.

① 개별법 … 재고자산 각각에 대하여 개별적으로 단위원가를 식별하여 실물흐름에 따라 매출원가와 기말재고로 배분한다. 개별법은 실물흐름과 원가흐름이 일치하기 때문에 수익·비용 대응의 관점에서 가장 이상적인 방법이나 품목별로 단가를 추적하는 것은 비경제적이므로 귀금속이나 부동산매매업 등 재고자산의 단가가 고가이고 매매가 빈번하지 않은 경우에 한하여 제한적으로 적용될 수 있다.

② 선입선출법 … 먼저 취득한 재고자산이 먼저 판매된다는 가정하에 매출원가와 기말재고자산으로 원가를 배분한다.
  ㉠ 장점
    • 대체로 재고자산의 실물흐름이 선입선출법의 원가흐름과 일치한다.
    • 재무상태표의 기말재고자산이 현행원가의 근사치로 보고된다.
  ㉡ 단점
    • 현행매출수익(판매시의 판매가격)에 오래전에 매입한 원가가 매출원가로 대응하므로 수익·비용 대응이 적절하게 이루어지지 않는다.
    • 인플레이션 상황에서는 매출원가(오래전에 매입한 원가)가 과소계상된다.

③ 후입선출법 … 나중(최근)에 구입한 재고자산이 먼저 판매된다는 가정하에 매출원가와 기말재고자산으로 원가를 배분한다. K-IFRS에서는 후입선출법을 허용하지 않는다.
  ㉠ 장점
    • 현행매출수익(판매시의 판매가격)에 현행원가(판매시점이전 가장 최근의 판매가격)가 대응하므로 수익·비용대응이 적절하게 이루어진다.
    • 물가가 상승하는 경우 매출원가(최근에 구입한 원가)가 많게 계상되므로 순이익이 작아져서 세금을 적게 내는 절세효과가 있다.
  ㉡ 단점
    • 기말재고가액이 오래전의 원가로 구성되어 과소계상된다.
    • 기말재고수량이 기초재고수량보다 감소하는 경우 기초재고분(대단히 낮은 원가)이 매출원가화 되어 매출원가가 작아지고 순이익이 많아져서 절세효과가 사라진다. 즉, 비자발적인 재고청산문제(낮은 기초재고분이 매출원가화 되는 문제)가 발생한다.
    • 비자발적인 재고청산문제를 해결하기 위해 불건전한 구매습관이 생길 수 있다.

④ **가중평균법** … 기초재고와 당기매입(생산)재고를 가중평균하여 단위원가를 결정하는 방법으로, 실지재고조사법 하에서는 총평균법이 사용되고 계속기록법 하에서는 이동평균법이 사용된다.

기출문제

문. 다음은 ㈜대한의 2010년 3월의 재고자산 입고 및 출고에 관한 자료이다. 선입선출법을 적용하는 경우와 총평균법을 적용하는 경우, ㈜대한의 2010년 3월 31일 현재 재고자산금액은?

▶ 2011. 5. 14 상반기 지방직

		수량(개)	단가(₩)
3월 1일	월초재고	20	100
7일	매입	20	100
11일	매출	20	150
14일	매입	20	130
27일	매출	20	200
31일	월말재고	20	

	선입선출법	총평균법
①	₩2,200	₩2,200
②	₩2,200	₩2,600
③	₩2,600	₩2,200
④	₩2,600	₩2,600

☞ ③

문. ㈜한국의 7월 상품 매매거래는 다음과 같다. 7월의 매출원가와 7월 말의 상품재고에 관한 설명으로 옳은 것은? (단, 장부상 기말재고는 실지재고수량과 일치한다)

▶ 2010. 7. 24 행정안전부 7급

• 7월 1일 월초재고 10개 (단위당 ₩20)
• 7월 5일 매입 40개 (단위당 ₩21)
• 7월 15일 매출 30개
• 7월 20일 매입 50개 (단위당 ₩22)
• 7월 30일 매출 40개

① 7월 15일자 매출에 대한 선입선출법의 매출원가는 이동평균법의 매출원가보다 ₩4이 많다.
② 7월 30일자 매출에 대한 선입선출법의 매출원가는 이동평균법이나 후입선출법의 매출원가보다 많다.
③ 선입선출법의 월말 재고액이 총평균법의 월말 재고액보다 ₩18이 많다.
④ 선입선출법의 월말 재고액은 이동평균법이나 후입선출법의 월말 재고액보다 적다.

☞ ③

- ㉠ **총평균법** : 총평균법 단가 = (기초재고금액 + 당기매입금액) / (기초재고수량 + 당기매입수량)
- ㉡ **이동평균법** : 총평균법의 단가 계산 방식을 거래가 발생할 때마다 적용
⑤ **추정에 의한 방법** … 지금까지는 각 기업이 설계한 재고시스템에 따라 물량 흐름을 파악하고 이를 기초로 원가를 배분하였다. 그러나 이러한 원가배분이 화재나 재해, 도난 등으로 정상적인 자료의 이용이 불가능하거나 개별 품목별로 상품의 입·출고를 관리하는 것이 비경제적이라고 판단되는 경우에는 정상적인 원가배분이 아닌 재고자산의 원가흐름을 추정하여 원가배분을 하게 된다.
  - ㉠ **매출총이익률법** : 화재나 도난 등으로 재고자산을 파악할 수 없거나 중간 결산을 하는 경우에 과거의 매출총이익률(매출총이익 ÷ 매출액)을 이용하여 매출원가와 기말재고자산을 추정하여 결정한다.
    - 매출총이익률의 추정
    - 매출원가의 계산 : 매출액 × (1 − 매출총이익률)
    - 기말재고액의 계산 : 기초재고액 + 당기순매입액 − 매출원가

재고자산

기초재고액	200,000	매출원가	640,000	←800,000 × (1 − 20%)
당기순매입액	500,000	기말재고액	60,000	(매출액) (매출총이익)
	700,000		700,000	

  - ㉡ **소매재고법**(매출가격환원법, 매가환원법) : 백화점 등과 같이 많은 종류의 상품을 취급하는 업종의 경우 상품 종류별로 일일이 원가배분을 하는 것이 비경제적이므로 여러 종류의 상품을 하나 또는 소수의 유사상품군으로 분류하여 동일한 원가율을 적용하여 기말재고액과 매출원가를 추정한다. 소매재고법은 기업의 업종이나 재고자산의 특성에 비추어 다른 방법을 적용하는 것보다 합리적이라고 인정되는 경우에 한하여 적용할 수 있도록 규정하고 있다.
    - 방법
    - 원가율산정
    - 기말재고(원가) = 기말재고(매가)* × 원가율
      * 기말재고(매가) = 매가표시의 판매가능액 + 순인상액 − 순인하액 − 매출액
    - 매출원가 = 기초재고(원가) + 순매입(원가) − 기말재고(원가)
    - 종류(원가율산정방법에 따른 차이)
    - 평균원가소매재고법 : 기초재고와 당기매입분이 평균적으로 판매된다고 가정한다.

$$원가율 = \frac{원가(기초재고 + 당기순매입액)}{매가(기초재고 + 당기매입 + 순인상액 − 순인하액)}$$

    - 저가기준소매재고법(전통적 소매재고법) : 원가율 산정시 순인하액을 제외(차감하지 않음)시켜 원가율을 낮춤으로써 기말재고(원가)가 낮게 평가되도록 하는 방법이다.

$$원가율 = \frac{원가(기초재고 + 당기순매입)}{매가(기초재고 + 당기순매입 + 순인상액)}$$

−선입선출소매재고법 : 먼저 구입한 자산이 먼저 판매된다고 보므로 기말 재고자산이 전부 당기매입분으로만 구성되어 있다고 가정한다.

$$원가율 = \frac{원가(당기순매입)}{매가(당기순매입 + 순인상액 - 순인하액)}$$

−후입선출소매재고법 : 기말재고자산을 구성하고 있는 재고층을 파악해야 한다.

- 기초재고(매가) > 기말재고(매가)일 경우
  기말재고(원가) = 기말재고(매가) × 원가(기초재고) / 매가(기초재고)
- 기초재고(매가) < 기말재고(매가)일 경우
  기말재고(원가) = 기초재고(원가) + 당기증가분 × FIFO 원가율

SECTION 5 재고자산의 저가평가

재고자산의 가격이 하락하거나 수량이 부족한 경우에는 원가배분에 의해서 구해진 기말재고액을 그대로 재무상태표가액으로 하지 않고 재고자산가액을 감액하여야 한다.

(1) 재고자산감모손실

재고자산을 보유하는 과정에서 도난, 분실, 파손, 증발 등으로 인하여 재고실사를 통한 실제재고수량이 계속기록법에 의하여 상품재고장에 기록된 장부상의 재고수량보다 적은 경우에 발생하는 손실을 말한다. 재고자산감모손실은 장부상의 기말재고액을 감액하고, 정상적인(불가피한) 원인에 의하여 발생한 부분은 매출원가에 포함시키고, 비정상적인 원인에 의하여 발생한 부분은 기타비용으로 처리한다.

〈차〉매　출　원　가　　　6,000　〈대〉재고자산 10,000
　　　재고자산감모손실(기타비용) 4,000

(2) 재고자산평가손실

재고자산의 순실현가능가액(추정판매가액 − 추정판매비용)이 취득원가에 미달하는 경우에는 동 미달액을 재고자산평가손실로 하여 매출원가에 가산하고 재고자산평가충당금계정을 사용하여 재고자산의 취득원가에서 차감하는 형식으로 기재함으로써 순실현가능가치를 재고자산의 재무상태표가액(기말재고가액)으로 한다.

〈차〉재고자산평가손실(매출원가) 5,000　〈대〉재고자산평가충당금 5,000

이후 재고자산의 시가(순실현가능가치)가 상승하여 장부가액(평가후 가액)을 초과하는 경우에는 최초의 장부가액(평가전 취득원가)을 초과하지 않는 범위 내에서 시가의 상승분을 환입하고 매출원가에서 차감한다.

〈차〉재고자산평가손실충당금 3,000　〈대〉재고자산평가손실환입(매출원가) 3,000

기출문제

문. ㈜서울의 2010년도 말 재고자산에 대한 취득원가와 순실현가능가액은 다음과 같으며, 각 상품종목은 서로 유사하거나 관련되어 있지 않다. ㈜서울의 2010년도 기말상품재고액은?
▶ 2010. 5. 22 상반기 지방직

상품종목	취득원가	순실현 가능가액
상품 1	₩30,000	₩20,000
상품 2	₩40,000	₩30,000
상품 3	₩50,000	₩60,000
합계	₩120,000	₩110,000

① ₩100,000　　② ₩110,000
③ ₩120,000　　④ ₩130,000

☞ ①

문. 재고자산평가손실과 정상적 원인에 의한 재고감모손실은 매출원가로, 비정상적인 감모손실은 기타비용으로 보고하는 경우 다음 자료를 토대로 계산한 매출원가는?
▶ 2014. 4. 19 안전행정부

- 판매가능원가(= 기초재고원가 + 당기매입원가) : ₩78,000
- 계속기록법에 의한 장부상 수량 : 100개
- 실지재고조사에 의해 파악된 기말재고 수량 : 90개
- 재고부족수량 : 40%는 비정상적 원인, 나머지는 정상적 원인에 의해 발생됨
- 기말재고자산의 원가 : @₩100
- 기말재고자산의 순실현가능가치 : @₩90

① ₩69,500　　② ₩69,300
③ ₩68,400　　④ ₩68,600

☞ ①

1 다음 중 재고자산에 관한 설명이 잘못된 것은?

① 상품 – 상품판매기업이 판매를 목적으로 구입한 상품

② 제품 – 제조기업이 판매를 목적으로 제조한 생산품

③ 재공품 – 자가제조한 중간제품과 부분품

④ 저장품 – 소모품, 수선용부분품, 기타 저장품

🏅TIP ③ 재공품은 제품이나 반제품의 제조를 위하여 제조과정에 있는 것이며, 자가제조한 중간제품과 부분품 등은 반제품에 해당된다.

2 상품매입에 대한 기장을 누락하면 다음에 미치는 영향은?

	매출원가	매출총이익	당기순이익	기말재고
①	많아진다	작아진다	작아진다	많아진다
②	작아진다	많아진다	많아진다	영향없다
③	작아진다	많아진다	많아진다	작아진다
④	많아진다	작아진다	작아진다	영향없다

🏅TIP ㉠ 〈차〉매　입 100,000　　〈대〉현금 등 100,000

㉡
	상 품		
기초재고	100,000	매출원가	520,000
매　입	500,000		+ 100,000
	+ 100,000	기말재고	80,000

㉢ 기초재고와 기말재고가 일정한 상황에서 매입이 누락되면 → 매출원가 과소 → 매출총이익 과대 → 당기순이익 과대

⭐ANSWER 1.③　2.②

3 상품 ₩600,000을 외상으로 매입하고 운임 ₩20,000을 현금으로 지급하다. 단, 상품구입대금의 일부로 미리 지급한 금액 ₩200,000이 있다. 이 거래에 대한 올바른 분개는?

① 〈차〉매 입 600,000   〈대〉선 급 금 200,000
      운반비 20,000   매입채무 400,000
                                현 금 20,000

② 〈차〉매 입 600,000   〈대〉선 급 금 200,000
      운반비 20,000   매입채무 420,000

③ 〈차〉매 입 620,000   〈대〉선 급 금 200,000
                                매입채무 400,000
                                현 금 20,000

④ 〈차〉매 입 620,000   〈대〉선 급 금 200,000
                                매입채무 420,000

TIP ㉠ 상품 매입시 미리 지급한 선급금이 있으면 이를 먼저 감액한다.
       ㉡ 상품 매입시 지급한 운반비는 상품의 매입원가에 포함된다.

4 다음 자료에 의하면 매출원가는 얼마인가?

• 매 출 ₩2,800,000		• 매출환입 ₩350,000	
• 매 입 1,600,000		• 매입운임 200,000	
• 매입에누리 150,000		• 매입환출 200,000	
• 매 입 할 인 100,000		• 기초재고 600,000	
• 기 말 재 고 450,000			

① ₩1,500,000   ② ₩1,600,000
③ ₩1,700,000   ④ ₩1,800,000

TIP ㉠ 순매입액 : 1,600,000 + 200,000 − 150,000 − 200,000 − 100,000 = 1,350,000
           (매입)   (매입운임) (매입에누리)(매입환출)(매입할인)
   ㉡ 매출원가 : 600,000 + 1,350,000 − 450,000 = 1,500,000
           (기초재고) (순매입액)   (기말재고)

상 품

기초재고	600,000	매출원가	?
매 입	1,600,000	매입에누리	150,000
매입운임(매입에 가산)	200,000	매 입 환 출 }(매입에서 차감)	200,000
		매 입 할 인	100,000
		기 말 재 고	450,000
	2,400,000		2,400,000

∴ 매출원가 : 2,400,000 − 150,000 − 200,000 − 100,000 − 450,000 = ₩1,500,000

⭐ **ANSWER**　3.③　4.①

5 물가가 지속적으로 상승하는 상황에서 기말재고자산을 선입선출법에 의하여 평가하면 후입선출법에 의하여 평가하는 경우보다 다음 사항에 미치는 영향은?

	매출원가	기말재고액	당기순이익
①	많아진다	작아진다	작아진다
②	많아진다	영향없다	작아진다
③	작아진다	영향없다	많아진다
④	작아진다	많아진다	많아진다

TIP 재고자산의 원가배분

재고자산의 원가배분

기초재고	매출원가
매 입	기말재고

㉠ 선입선출법에 의하면 가장 최근에 구입한 재고자산의 원가가 기말재고액이 된다.
㉡ 매출원가와 기말재고는 반비례관계이다.
㉢ 당기순이익은 매출원가와 반비례하고 기말재고와 비례한다.

6 다음 중 재고자산에 포함되지 않는 것은?

① 선적지인도기준으로 매입한 운송중인 상품
② 상품인도시점이 지난 할부판매 상품
③ 매입자가 매입의사를 표시하지 않은 시용판매상품
④ 도착지인도기준으로 판매한 운송중인 상품

TIP ② 상품인도시 회사의 재고자산에서 제외된다.

7 다음 중 수익·비용 대응의 원칙에 가장 충실한 재고자산 평가방법은 무엇인가?

① 총평균법   ② 후입선출법
③ 매출총이익률법   ④ 선입선출법

TIP 한국채택국제회계기준에서 후입선출법이 제외된 이유는 재고자산의 흐름을 충실히 표현하고 있지 못하고, 재무상태표상의 재고자산이 최근의 원가수준을 반영하지 못하며, 대부분의 기업이 이 방법을 절세의 목적으로 사용하고 있기 때문이다.

ANSWER 5.④ 6.② 7.②

8 다음 자료에 의하면 매출총이익률법에 의한 기말재고자산은 얼마인가?

• 매 출 액 ₩830,000		• 매 출 에 누 리 ₩24,000	
• 매 출 할 인 16,000		• 매 입 액 540,000	
• 매 입 운 임 20,000		• 매 입 환 출 25,000	
• 매 입 할 인 15,000		• 기초재고자산 70,000	
• 매출총이익률 40%			

① ₩70,000   ② ₩84,000

③ ₩96,000   ④ ₩116,000

TIP ㉠ 순매출액

830,000(매출액) − 24,000(매출에누리) − 16,000(매출할인) = 790,000

㉡ 순매입액

540,000(매입액) + 20,000(매입운임) − 25,000(매입환출) − 15,000(매입할인)
= 520,000

㉢ 매출원가

790,000(순매출액) × (1 − 0.4) = 474,000

㉣ 기말재고

70,000(기초재고) + 520,000(순매입액) − 474,000(매출원가) = 116,000

<table>
<tr><td colspan="4" align="center">재고자산</td></tr>
<tr><td>기초재고</td><td align="right">70,000</td><td>매출원가(790,000 × 0.6)</td><td align="right">474,000</td></tr>
<tr><td>순매입액</td><td align="right">520,000</td><td>기말재고</td><td align="right">116,000</td></tr>
<tr><td></td><td align="right">590,000</td><td></td><td align="right">590,000</td></tr>
</table>

9 다음 중 선입선출법에 관한 설명이 아닌 것은?

① 대체로 재고자산의 실물흐름이 선입선출법의 원가흐름과 일치한다.

② 재무상태표상의 기말재고자산이 현행원가의 근사치로 보고된다.

③ 수익·비용 대응이 적절하게 이루어진다.

④ 인플레이션 상황에서는 매출원가가 과소계상되고 기말재고액과 당기순이익이 과다계상된다.

TIP 선입선출법은 현행매출수익에 오래전에 매입한 원가가 매출원가로 대응하므로 수익·비용 대응이 적절하게 이루어지지 않는다.

ANSWER 8.④ 9.③

10 한강상사는 재고실사를 하지 않고 기말결산을 하였다. 재고실사결과를 추가로 반영하면 다음 사항들은 어떻게 변화하는가?

- 장부상 기말재고수량   100개
- 실제기말재고수량   70개
- 재고자산의 취득원가   @₩100
- 재고자산의 순실현가능가액   @₩80
- 재고자산의 수량부족 중 10개는 원가성이 있음

	매출원가	매출총이익	당기순이익	기말재고자산
①	₩4,400 증가	₩4,400 감소	₩4,400 감소	₩4,400 감소
②	₩2,400 증가	₩2,400 감소	₩4,400 감소	₩4,400 감소
③	₩2,400 증가	₩2,400 감소	₩2,400 감소	₩2,400 감소
④	₩2,400 증가	₩4,400 감소	₩4,400 감소	₩2,400 감소

TIP ⊙ 재고자산평가손실 : 매출원가에 가산

ⓒ 재고자산감모손실
  - 원가성이 있는 부분 : 매출원가에 가산
  - 나머지(원가성이 없는 부분) : 영업외비용

ⓒ 재고자산 평가대상은 실제 존재하는 수량을 기준으로 하여야 하며, 재고자산 감모손실은 부족한 수량에 취득원가를 적용하여야 한다.

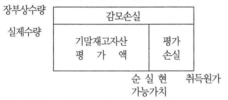

ⓔ 재고자산감모손실
  - 매출원가 : 10개 × @₩100 = 1,000
  - 기타비용 : 20개 × @₩100 = 2,000

  〈차〉매 출 원 가   1,000   〈대〉재 고 자 산 3,000
       재고자산감모손실   2,000
       (기타비용)

ⓜ 재고자산평가손실 : 70개 × (₩100 − ₩80) = 1,400
  〈차〉재고자산평가손실(매출원가)1,400   〈대〉재고자산평가충당금 1,400

⭐ ANSWER   10.②

11 기말상품재고액을 ₩200,000 과소계상하면 어떠한 결과가 발생하는가?

① 기초재고액이 ₩200,000 과대계상된다.

② 매출원가가 ₩200,000 과소계상된다.

③ 매출총이익이 ₩200,000 과대계상된다.

④ 당기순이익이 ₩200,000 과소계상된다.

TIP 기말재고액을 과소계상하면 매출원가가 과대계상되어 매출총이익과 당기순이익이 과소계상된다.

12 인플레이션시에 재고수량이 일정한 상황에서 기말재고자산을 후입선출법에 의하여 평가하면 선입선출법에 의한 평가와 어떤 차이가 있는가?

① 매출원가가 적어진다.　　　　　　② 당기순이익이 적어진다.

③ 매출액이 많아진다.　　　　　　　④ 기말재고자산가액이 많아진다.

TIP 후입선출법은 가장 최근에 구입한 재고자산이 먼저 판매된다고 가정하고 원가를 배분한다. 따라서 선입선출법에 비하여 매출원가는 많아지고 기말재고와 순이익은 적게 계상된다.

13 다음 자료에 의할 때 매출총이익은 얼마인가?

• 현 금 매 출 액 ₩530,000	• 외 상 매 출 액 ₩600,000
• 현 금 매 입 액　310,000	• 외 상 매 입 액　400,000
• 매 출 에 누 리　25,000	• 매 입 에 누 리　20,000
• 환 입 액　40,000	• 환 출 액　55,000
• 매 출 할 인　30,000	• 매 입 할 인　10,000
• 기초매출채권　250,000	• 기초재고자산　150,000
• 기말매출채권　400,000	• 기말재고자산　180,000

① ₩380,000　　　　　　　　　　② ₩440,000

③ ₩560,000　　　　　　　　　　④ ₩630,000

TIP ㉠ 순매출액

530,000(현금매출액) + 600,000(외상매출액) − 25,000(매출에누리) − 40,000(매출환입액) − 30,000(매출할인) = 1,035,000

㉡ 순매입액

310,000(현금매입액) + 400,000(외상매입액) − 20,000(매입에누리) − 55,000(매입환출액) − 10,000(매입할인) = 625,000

㉢ 매출원가

150,000(기초재고) + 625,000(순매입액) − 180,000(기말재고) = 595,000

㉣ 매출총이익

1,035,000(순매출액) − 595,000(매출원가) = 440,000

⭐ ANSWER　11.④　12.②　13.②

14 한강상사의 A상품의 기말자료가 다음과 같다. 저가법으로 평가한 기말재고자산가액은 얼마인가?

• A상품　　　　　　980개	• 취 득 원 가 @₩3,000
• 추정판매가액 @₩2,700	• 추정판매비용 @₩200

① ₩2,940,000　　　　　　　　　② ₩2,450,000

③ ₩2,646,000　　　　　　　　　④ ₩2,750,000

TIP ⊙ 순실현가능가치 : @₩2,700(추정판매가액) - @₩200(추정판매비용) = @₩2,500
　　　ⓒ 재고자산평가액 : 980개 × @₩2,500 = ₩2,450,000

15 다음 자료에 의하면 재고자산평가손실은 얼마인가?

• 장부상 기말상품재고액	₩300,000 (@₩300, 1,000개)
• 기말상품재고실사수량	940개
• 기말상품개당시가(순실현가능가액)	@₩250

① ₩50,000　　　　　　　　　② ₩49,000

③ ₩48,000　　　　　　　　　④ ₩47,000

TIP 재고자산평가손실(매출원가) : 940개(실제재고수량) × (@₩300 - @₩250) = ₩47,000

16 기말상품재고액 ₩680,000을 ₩860,000으로 잘못 계상하면 다음 사항에 미치는 영향은?

	매출액	매출원가	매출총이익	당기순이익
①	₩180,000 과대	₩180,000 과소	₩360,000 과대	₩360,000 과대
②	₩180,000 과대	₩180,000 과소	₩180,000 과대	₩180,000 과대
③	영향없음	₩180,000 과소	₩360,000 과대	₩360,000 과대
④	영향없음	₩180,000 과소	₩180,000 과대	₩180,000 과대

⭐ ANSWER 14.② 15.④ 16.④

TIP 재고자산

재고자산

재고자산의 원가배분과정에서 기말재고자산과 매출원가는 반비례관계이므로 기말재고 과대 → 매출원가 과소 → 매출총이익 과대 → 당기순이익 과대 등의 영향이 나타난다.

17 다음 중 재고자산에 대한 설명으로 옳지 않은 것은?

① 정상적인 영업활동과정에서 판매를 목적으로 보유하고 있는 상품·제품 등을 말한다.

② 미착품은 상품을 주문하였으나 운송중에 있어서 기말현재 아직 도착하지 않은 상품을 말한다.

③ 적송품은 위탁자가 수탁자에게 판매를 위탁하기 위해 인도한 상품을 말한다.

④ 시송품은 고객에게 상품을 인도하기 전에 미리 대금을 선수하는 상품을 말한다.

TIP ④ 시용판매상품(시송품)은 고객에게 상품을 일정기간 동안 미리 시험적으로 사용하게 한 후 고객이 매입 의사를 표시하면 판매가 이루어지는 조건부판매방식을 말한다.

18 오류기업은 재고담당자의 실수로 기말재고를 누락하였다. 기말재고자산이 ₩200,000원이라고 할 때 당해 영업에 미친 영향은?

① 매출원가 ₩200,000 과소평가 된다.

② 당기순이익 ₩200,000 과대평가 된다.

③ 매출원가 ₩200,000 과대평가 된다.

④ 당기순손실 ₩200,000 과소평가된다.

TIP ③ '기초재고 + 당기매입액 − 기말재고 = 매출원가'로 계산된다.
  ㉠ 200,000 + 800,000 − 200,000 = ₩800,000
  ㉡ 200,000 + 800,000 − 0(누락) = ₩1,000,000
  ∴ ㉠보다 ㉡이 매출원가를 ₩200,000원 증가시켜 과대평가된다.

ANSWER 17.④ 18.③

19 ㈜낙동강의 회계처리가 다음과 같을 때 2016년의 이 회사의 매출총이익은 얼마인가?

• 2016년 1월 1일 매출채권(순액)   ₩ 800,000
• 2016년 12월 31일 매출채권(순액)   ₩ 1,200,000
• 매출채권 회전율   5회
• 2016년 1월 1일 재고자산   ₩ 1,000,000
• 2016년 12월 31일 재고자산   ₩ 2,000,000
• 재고자산 회전율   2회

① ₩ 2,000,000   ② ₩ 1,500,000

③ ₩ 2,500,000   ④ ₩ 3,500,000

TIP 매출채권회전율 $= \dfrac{\text{매출액}}{(800,000 + 1,200,000)/2} = 5회$

매출액 : ₩ 5,000,000

재고자산회전율 $= \dfrac{\text{매출액}}{(1,000,000 + 2,000,000)/2} = 2회$

매출원가 : ₩ 3,000,000

∴ 매출총이익 : $5,000,000 - 3,000,000 = ₩ 2,000,000$

20 다음은 2016년 서원회사의 관련자료이다. 직접재료비나 가공비 모두가 평균적으로 발생한다고 할 때, 선입선출법을 적용하여 기말재공품원가를 계산하면 얼마인가?

• 기초재공품수량   150개(80% 완성)
• 기초재공품원가   ₩ 640,000
• 당기제조원가   ₩ 5,300,000
• 당기완성품수량   600개
• 기말재공품수량   100개(평균 50% 완성)

① ₩ 266,697   ② ₩ 358,462

③ ₩ 439,623   ④ ₩ 500,000

TIP 기말재공품원가 : $5,300,000 \times \dfrac{(100 \times 0.5)}{600 + (100 \times 0.5) - (150 \times 0.8)} = ₩ 500,000$

⭐ **ANSWER**   19.①   20.④

21 다음 자료에서 총매입액을 구하면 얼마인가?

• 환 입 액	₩20,000	• 환 출 액	₩10,000
• 기초재고	15,000	• 총 매 출 액	150,000
• 기말재고	30,000	• 상품매매이익	40,000

① ₩95,000   ② ₩100,000

③ ₩105,000   ④ ₩115,000

TIP

상 품

기 초 재 고	15,000	총 매 출 액	150,000
총 매 입 액	?	매입환출액	10,000
매출환입액	20,000	기 말 재 고	30,000
상품매매이익	40,000		
	₩190,000		₩190,000

∴ **총매입액**: 190,000 − 15,000 − 20,000 − 40,000 = ₩115,000

22 다음 중 후입선출법에 관한 설명이 아닌 것은?

① 물가가 상승하는 경우 매출원가가 높게 계상되고 기말재고액과 순이익이 낮아져 절세효과가 있다.

② 현행판매수익에 현행원가가 대응하므로 수익·비용 대응이 적절하게 이루어진다.

③ 재무상태표상의 기말재고가액이 오래전의 원가로 계상되므로 자산의 순실현가능가치를 제대로 반영하지 못한다.

④ 인플레이션 상황에서 기말재고수량이 기초재고수량보다 적어지면 대단히 낮은 원가의 기초재고분이 매출원가화되어 순이익이 많아지므로 현금흐름이 향상된다.

TIP ④ 인플레이션 하에서 비자발적인 재고청산문제가 발생하면 매출원가가 낮아지고 순이익이 높아져 세금을 많이 내므로 후입선출법에 의한 절세효과가 사라져 현금유출이 많아진다(현금흐름이 나빠진다).

06 유형자산과 무형자산

 SECTION 1 ## 유형자산의 분류

(1) 성격

유형자산이란 재화의 생산, 용역의 제공, 타인에 대한 임대 또는 자체적으로 사용한 목적 등 정상적인 기업활동 과정에서 1년 이상 장기간 사용할 목적으로 보유하는 물리적 형태가 있는 자산이다. 따라서 판매를 목적으로 보유하거나, 투자목적으로 보유하는 자산은 유형자산으로 분류할 수 없으며 특허권 등의 법률상의 권리도 유형자산이 아니다.

(2) 분류

기업이 토지나 건물을 취득하였을 때 계정과목은 자산의 물적속성이 아닌 보유목적에 따라 구분한다. 예컨대 기업이 토지를 취득한 경우 공장건물이나 사옥을 신축할 목적으로 취득한 경우에는 유형자산(토지)으로 분류하지만, 부동산 시세차익을 얻기 위한 목적으로 취득하였다면 투자자산(투자부동산)으로, 부동산매매업을 영위하는 회사가 판매를 목적으로 취득한 토지는 재고자산(상품, 판매용 토지)으로 분류한다.

(3) 종류

① **토지** … 대지·임야·전답·잡종지 등으로 영업활동에 사용할 목적으로 취득한 것을 말한다.

② **건물** … 건물과 냉난방, 조명, 통풍 및 기타의 건물부속설비를 말한다.

③ **구축물** … 선거, 교량, 안벽, 부교, 궤도, 저수지, 갱도, 굴뚝, 정원설비, 기타의 토목설비 또는 공작물 등을 말한다.

④ **기계장치** … 기계장치, 운송설비(콘베어, 기중기 등)와 기타의 부속설비를 말한다.

⑤ **선박** … 선박과 기타의 수상운반구 등을 말한다.

⑥ **차량운반구** … 철도차량·자동차 및 기타의 육상운반구 등을 말한다.

⑦ **건설중인자산** … 유형자산을 건설·제작하기 위한 재료비, 노무비 및 경비로 아직 건설·제작이 완료되지 않아 임시적으로 처리하는 계정이다. 이는 건설·제작이 완료되면 해당 계정으로 대체된다.

⑧ **기타의 유형자산** … 위에 속하지 아니한 유형자산으로서 공기구, 비품(책상, 의자, 금고, 복사기 등) 등을 들 수 있다.

기출문제

문. 유형자산에 해당되는 것은?
▶ 2011. 7. 23 행정안전부 7급
① 주택시장의 침체로 인하여 건설회사가 소유하고 있는 미분양 상태의 아파트
② 남해안에서 양식 중인 5년 된 양식장의 참치
③ 해양 천연가스를 발굴하기 위하여 설치한 대형 해양탐사 구조물
④ 시세가 상승할 것으로 예측하여 취득하였으나 아직 사용목적을 결정하지 못한 대도시 외곽의 토지
☞ ③

SECTION 2 유형자산의 취득원가결정

유형자산의 취득원가는 그 자산을 취득하여 목적하는 용도에 사용할 수 있을 때까지 지출된 부대비용을 포함하되 매입에누리와환출 및 매입할인이 있는 경우에는 이를 차감한다.

(1) 일반적인 경우

① 취득가액 … 취득시 지급한 현금 또는 현금등가액으로 하되 매입에누리와 환출 및 매입할인은 차감한다.

② 취득부대비용 … 유형자산 취득시 발생한 수수료, 세금과 공과, 운반비, 설치비 등을 말한다. 또한 유형자산의 취득과 관련하여 국·공채 등을 불가피하게 고가로 매입하는 경우 매입가액과 국·공채 등의 현재가치와의 차액은 유형자산의 취득을 위한 부대비용으로 보아 취득원가에 산입한다.

> 유형자산의 취득원가 = 취득가액 + 취득부대비용

(2) 일괄구입

여러 종류의 자산을 단일 금액으로 동시에 매입하는 경우 개별자산의 취득원가는 일괄구입가격을 각 자산의 공정가치(상대적 시장가치)를 기준으로 배분하되, 공정가치를 알 수 없는 경우에는 감정가액이나 과세표준액을 이용하여 배분한다.

(3) 장기후불구입

장기후불조건으로 유형자산을 구입하거나 대금지급기간이 일반적인 신용기간보다 긴 경우 취득시점의 현금구입가격으로 하고 현금구입가격과 실제 총지급액과의 차액은 현재가치할인차금계정으로 처리한다. 현재가치할인차금은 유효이자율법에 따라 만기까지의 기간에 걸쳐 이자비용으로 인식한다.

예를 들어 건물을 취득하면서 2년만기의 무이자부어음 ₩242,000을 발행하였다. 이 때 취득 당시의 시장이자율이 10%라면 현재가치와 회계처리는 다음과 같다.

① 현재가치 … $242,000 \div (1 + 0.1)^2 = 200,000$

② 회계정리

〈차〉 건　　　　　물 200,000　〈대〉 장 기 미 지 급 금 242,000
　　　 현재가치할인차금　42,000

(4) 자가건설

자가건설과정에서 발생한 재료비, 노무비, 경비와 도급금액 등은 건설중인자산계정으로 집계한 후 자가건설이 완공되면 그 원가를 해당 자산계정으로 대체한다.

문. 유형자산의 회계처리에 대한 설명으로 옳지 않은 것은?
▶ 2014. 4. 19 안전행정부

① 주식을 발행하여 유형자산을 취득하는 경우 해당 주식의 발행가액이 액면가액 이상이면 액면가액에 해당되는 금액은 자본금으로, 액면가액을 초과하는 금액은 주식발행초과금으로 계상한다.

② 취득한 기계장치에 대한 취득세와 등록세 및 보유기간 중 발생된 화재보험료는 기계장치의 취득원가에 포함하여 감가상각한다.

③ 건설회사가 보유하고 있는 중장비의 주요 구성부품(예를 들면 궤도, 엔진, 굴삭기에 부착된 삽 등)의 내용연수와 경제적 효익의 소비행태가 다르다면, 해당 구성부품은 별도의 자산으로 계상하고 감가상각할 수 있다.

④ 유형자산의 내용연수가 경과되어 철거하거나 해체하게 될 경우 원상대로 회복시키는 데 소요될 복구비용(현재가치로 할인한 금액)은 유형자산의 취득원가에 포함한다.

☞ ②

문. ㈜대한은 다음 자료와 같이 기계장치를 취득하였다. 기계장치의 취득원가는?
▶ 2011. 4. 9 행정안전부

- 기계장치 구입대금　₩20,000
- 운반비　₩1,000
- 설치비　₩3,000
- 시운전비　₩2,000
- 구입 후 수선비　₩2,000

① ₩21,000　　② ₩25,000
③ ₩26,000　　④ ₩28,000

☞ ③

① 건설중(건설원가발생시)

〈차〉건 설 중 인 자 산 200,000　　〈대〉현　　　금 등 200,000
　　　　　　　　　　　　　　　　　　　(재료비, 노무비 등)

② 건설완료시

〈차〉건　　　물 등 200,000　　〈대〉건 설 중 인 자 산 200,000

한편, 건설중인자산의 제작과 관련한 차입금이 있는 경우에는 건설기간과 관계없이 그 자산의 취득원가에 포함한다. 금융비용을 자본화하는 이유는 수익·비용의 적절한 기간대응을 위해서이다. 건설중인자산의 경우 아직 수익이 창출되지 않으므로 금융비용 또한 비용으로 인식하지 않고 자산으로 계상한다. 그러나 재고자산을 자가제조하는 경우에는 제조에 장기간(1년 이상)이 소요될 경우에 한해서 당해 재고자산의 제조에 사용된 차입금에서 발생한 이자비용을 재고자산의 취득원가에 산입할 수 있다.

③ 이자비용발생시

〈차〉건설중인자산　　5,000　　〈대〉현　　　금　　5,000
　　　　　　　　　　　　　　　　(또는 미지급이자)

같은 논리로 건설중인자산에 대해서는 감가상각을 하지 아니 한다. 이후 건설중인자산이 완성되어 해당계정으로 대체된 후에 발생한 금융비용에 대해서는 비용으로 인식하고, 또한 감가상각을 시작한다.

(5) 주식발행에 의한 자산의 구입(현물출자)

현물출자란 유형자산을 취득한 대가로 주식을 발행한 경우로 발행주식과 유형자산을 교환하는 비화폐성거래이다. 비화폐성거래로 취득한 자산의 원가는 원칙적으로 양도한 자산이나 제공한 대가의 공정가치(이는 투입가치를 의미한다)로 하되, 제공한 자산의 공정가치가 불확실한 경우에는 취득하는 자산의 공정가치를 취득원가로 할 수 있다. 즉, 현물출자, 증여 또는 무상으로 취득한 자산은 공정가치를 취득원가로 한다. 현물출자한 경우 공정가치란 다음을 의미한다.

① 발행한 주식의 시가가 명확한 경우에는 발행주식의 시가

② 발행한 주식의 시가를 측정하기 곤란한 경우에는 취득한 자산의 공정가치

③ 발행한 주식의 시가나 취득한 자산의 공정가치를 모두 측정할 수 없는 경우에는 감정가액 등을 기초로 하여 결정한 금액

예를 들어 건물을 구입하면서 보통주 1,000주(액면 @₩5,000, 시가 @₩8,000)를 발행하였다면 회계처리는 다음과 같다.

〈차〉건 물 8,000,000　　　　　　〈대〉자　　　본　　금 5,000,000
　　　　　　　　　　　　　　　　　　　주식발행초과금 3,000,000

기출문제

문. 유형자산의 인식, 측정 및 평가에 대한 설명으로 옳지 않은 것은?
▶ 2011. 7. 23 행정안전부 7급

① 유형자산에 대한 후속원가 중 유형자산이 제공하는 미래경제적 효익이 증대되면 자산으로 인식한다.

② 석유화학공장에서 환경규제요건을 충족하기 위해 새로운 화학처리공정설비를 설치하였을 경우 이를 관련증설원가로 보아 자산으로 인식한다.

③ 장기후불조건으로 구입하였을 경우 현금거래 가격보다 높지만 실제 구입하여 발생된 것이므로 실제 총지급액을 원가로 보아 자산으로 인식한다.

④ 자산의 장부금액이 재평가로 인해 증가될 경우 증가액을 기타포괄손익으로 인식하고 재평가잉여금과목으로 자본에 가산한다.

☞ ③

(6) 교환에 의한 취득

① **동종자산과의 교환** … 동일한 업종 내에서 유사한 용도로 사용되고 공정가치가 비슷한 동종자산과의 교환으로 유형자산을 취득한 경우에는 교환손익을 인식하지 않으므로, 교환으로 받은 자산의 취득원가는 교환으로 제공한 자산의 장부가액으로 한다. 이는 구자산의 수익창출과정이 신자산과의 교환으로 종료된 것이 아니라 신자산이 구자산의 기능을 계속하여 수행한다고 보기 때문이다. 여기서 공정가치가 비슷한 경우란 교환거래에서 수수된 현금(화폐성 자산)이 제공하는 자산의 공정가치(지급한 현금포함)의 25% 이하인 경우를 말한다. 따라서 같은 종류의 자산을 교환하더라도 수수된 현금(화폐성 자산)이 제공한 자산의 공정가치 총액은 25%를 초과하면 이는 이종자산과의 교환으로 보아 교환으로 인한 손익은 인식한다.

예를 들어 장부가액 ₩60,000(취득원가 ₩100,000, 감가상각누계액 ₩40,000)의 기계를 제공하고 동종의 기계장치(공정가치 ₩80,000)를 취득하였다면 회계처리는 다음과 같다.

〈차〉 기 계 장 치(신) 60,000   〈대〉 기계장치(구) 100,000
　　 감가상각누계액　　 40,000

② **이종자산과의 교환** … 이종자산과의 교환으로 취득한 자산의 취득원가는 교환을 위하여 제공한 자산의 공정가치로 측정한다. 다만 제공한 자산의 공정가치를 알 수 없는 경우에는 교환으로 취득한 자산의 공정가치로 한다. 따라서 이종자산간의 교환시에는 구자산의 수익창출과정이 완료되고 신자산은 새로운 수익창출활동을 시작하는 것으로 보므로 교환으로 인한 손익을 인식한다.

예를 들어, 장부가액 ₩60,000(취득원가 ₩100,000, 감가상각누계액 ₩40,000), 공정가치 ₩80,000인 차량운반구를 제공하고 공정가액이 ₩70,000인 기계장치를 취득한 경우의 회계처리는 다음과 같다.

〈차〉 기 계 장 치(신) 80,000   〈대〉 차 량 운 반 구(구) 100,000
　　 감가상각누계액　　 40,000　　　　　　 유형자산처분이익　 20,000

(7) 증여 등 무상취득

증여 등 무상으로 취득한 자산은 지불한 대가가 없으므로 역사적 원가는 0(Zero)이며, 역사적 원가주의를 엄격하게 적용하면 취득원가는 0(Zero)이 된다. 그러나 미래 경제적 효익의 유입이 기대되는 유형자산에 대하여 취득원가를 계상하지 않으면 기업의 경제적 실질을 왜곡하는 것이 되고 수익·비용의 적절한 대응에도 문제가 생기므로 증여 등 무상으로 취득한 자산에 대해서는 공정가치를 취득원가로 한다.

예를 들어 지방자치단체로부터 공정가치 ₩5,000,000인 토지를 증여받고 소유권이전비용으로 ₩200,000을 지출하였다면 회계처리는 다음과 같다.

〈차〉 유형자산 5,200,000   〈대〉 현　　　　금　　　　　　 200,000
　　　　　　　　　　　　　　　　 자산수증이익(I/S 특별이익) 5,000,000

기출문제

문. 2014년 1월 1일 ㈜한국은 당사의 기계장치 X를 ㈜민국의 기계장치 Y와 교환하고, ㈜한국은 ㈜민국으로부터 현금₩100,000을 수령하였다. 각 회사의 기계장치의 장부가액과 공정가치에 대한 정보는 다음과 같다.
▶ 2015. 4. 18 인사혁신처

구분	기계장치 X	기계장치 Y
장부가액	₩400,000	₩300,000
공정가치	₩700,000	₩600,000

기계장치 X와 기계장치 Y의 교환거래가 상업적 실질이 있는 경우와 상업적 실질이 없는 경우 각각에 대하여 ㈜한국이 교환으로 취득한 기계장치 Y의 취득원가를 계산하면?

① 상업적 실질이 있는 경우
　₩300,000
　상업적 실질이 없는 경우
　₩600,000
② 상업적 실질이 있는 경우
　₩500,000
　상업적 실질이 없는 경우
　₩200,000
③ 상업적 실질이 있는 경우
　₩600,000
　상업적 실질이 없는 경우
　₩300,000
④ 상업적 실질이 있는 경우
　₩700,000
　상업적 실질이 없는 경우
　₩400,000

 ③

(8) 저가 또는 고가구입

상대방과의 특수관계, 법률상의 특권 또는 우연한 사정으로 자산을 정상적인 가격과 현저히 다른 가격으로 구입한 경우에는 구입한 유형자산의 공정한 평가액을 취득원가로 하여야 한다.

① **저가구입** … 공정가치가 ₩1,000,000인 토지를 ₩400,000에 구입한 경우의 회계처리는 다음과 같다.

〈차〉 토지(공정가액) 1,000,000　〈대〉현　　　　　금　　　　400,000
　　　　　　　　　　　　　　　　　　　　자산수증이익(특별이익)　600,000

② **고가구입** … 공정가치가 ₩1,000,000인 토지를 ₩1,500,000에 구입한 경우의 회계처리는 다음과 같다.

〈차〉토　지(공정가치)　1,000,000〈대〉현　금 1,500,000
　　　기부금(기타비용)　　500,000

SECTION 3　유형자산의 취득후 지출

유형자산은 장기간 사용되므로 취득일 이후에도 추가적인 지출이 이루어진다. 이러한 지출에는 수선유지비, 개량비, 확장·증설비 및 이전비 등이 있으며 이는 자본적 지출과 수익적 지출로 구분된다.

(1) 자본적 지출

① **의의** … 특정지출이 자산의 용역잠재력을 증가시켜서 그 효익이 일정기간 동안 계속되는 경우에는 그 지출액만큼 당해 자산계정을 증가시키고, 그 지출의 효익이 지속되는 기간 동안에 감가상각을 통하여 비용으로 인식한다.

② **자본적 지출의 요건**
　　㉠ 생산능력의 증대
　　㉡ 생산하는 제품이나 서비스의 품질향상
　　㉢ 당해 유형자산의 내용연수 연장

③ **자본적 지출의 예**
　　㉠ 건물의 엘리베이터, 냉·난방설비, 피난시설 등의 설치
　　㉡ 정기적인 종합검사
　　㉢ 주요부품의 교환 등

④ **회계처리** … 사용중인 건물에 소방안전시설을 위한 피난시설을 설치하고 ₩500,000을 현금으로 지급하다.

〈차〉유 형 자 산 500,000　〈대〉현　금 500,000

(2) 수익적 지출

① **의의** … 유형자산에 대한 특정지출의 효익이 당해 기간에 한정되는 경우에는 그 지출액을 발생년도의 비용으로 처리한다.

문. ㈜한국은 20x1년 7월 1일에 건물이 정착되어 있는 토지를 ₩900,000에 취득하였다. 취득 과정에서 발생한 수수료는 ₩100,000이었으며, 취득한 건물의 추정내용연수는 10년이다. 취득시점에서 토지 및 건물의 공정가치는 각각 ₩300,000과 ₩900,000이다. 건물의 잔존가치는 ₩50,000으로 추정하였으며, 감가상각방법은 정액법을 사용하고, 기중 취득자산의 감가상각비는 월할 계산한다. 해당건물의 20x1년도 감가상각비는 얼마인가?

▶ 2011. 7. 23 행정안전부 7급

① ₩31,875　　② ₩35,000
③ ₩42,500　　④ ₩63,750

답 ②

문. ㈜미래는 2009년 1월 1일에 기계장치를 취득하여 이중체감잔액법(double declining balance method)을 적용하여 감가상각하고 있다. 기계장치의 내용연수는 5년이며, 잔존가치는 ₩50,000이다. ㈜미래가 2010년도에 인식한 당해 기계장치의 감가상각비가 ₩48,0000이라고 한다면, 기계장치의 취득원가는?

▶ 2010. 5. 22 상반기 지방직

① ₩150,000　　② ₩200,000
③ ₩250,000　　④ ₩300,000

답 ②

② 수익적 지출의 요건 … 자산의 원상회복이나 능률유지를 위한 경상적인 지출

③ 수익적 지출의 예

　㉠ 건물의 도색

　㉡ 파손된 유리와 소모품의 교환 등

④ 회계처리 … 공장건물의 외벽에 도장공사비와 파손된 유리를 대체하고 ₩100,000을 현금으로 지급하다.

〈차〉 수선유지비 100,000　　　　〈대〉 현　금 100,000

SECTION 4　유형자산의 감가상각

(1) 감가상각의 의의

감가상각은 그 사용이나 시간의 경과에 따라 가치가 감소하는 유형자산의 취득원가를 내용연수동안에 체계적이고 합리적인 방법으로 배분하는 원가의 배분과정이다. 즉, 감가상각은 유형자산을 기말의 공정가치로 평가하는 평가과정이 아니라, 역사적 원가주의에 의해 기록한 취득원가를 수익·비용 대응의 원칙에 따라 사용기간 동안 유형자산이 창출하는 효익에 대응시켜 비용화하는 취득원가의 배분과정이다.

(2) 감가상각의 결정요소

회계기간별 감가상각비를 결정하는 요소는 취득원가, 잔존가액, 내용연수의 세가지이다. 그러나 취득원가와 잔존가액은 감가상각대상금액(취득원가 − 잔존가액)으로 설명할 수 있다. 여기서 취득원가는 유형자산 취득시의 원가는 물론 취득일 이후의 자본적지출을 포함한 것으로 한다.

① 감가상각대상금액(감가상각기초가액) … 취득원가 또는 취득원가를 대체하는 다른 금액에서 잔존가치를 차감한 금액으로 당해 자산을 이용하는 기간 동안 인식할 감가상각비 총액을 의미한다. 여기서 잔존가액은 유형자산의 내용연수가 종료되는 시점에 그 자산의 예상처분가액에서 예상처분비용을 차감한 금액 즉, 유형자산의 내용연수 종료시점의 순실현가능가치를 말한다.

② 내용연수 … 유형자산을 영업활동에 사용할 수 있는 예상사용기간을 말하며 물리적, 경제적 요인을 고려하여 객관적이고 합리적으로 추정해야 한다.

(3) 감가상각방법

① 정액법 … 감가상각대상금액을 내용연수에 걸쳐 균등배분하는 방법으로 계산이 간편하다는 장점이 있으나, 일반적인 유형자산의 경우 내용연수 초기에 높은 효익(성능이 우수하여 생산성이 높음)을 제공한다는 점에서 수익·비용 대응이 적절하지 못하다는 단점이 있다.

$$\text{매기 감가상각비} = \text{감가상각대상금액(취득원가 − 잔존가액)} \times \frac{1}{\text{내용연수}}$$

문. ㈜대한은 2010년 7월 1일에 취득원가 ₩650,000, 잔존가치 ₩50,000의 기계장치를 취득한 후 사용해오고 있다. 이 기계장치의 내용연수가 3년이고, 기계장치에 대한 감가상각방법으로 정액법을 사용한다고 할 때, 2011년말 재무상태표에 보고되어야 할 이 기계장치의 장부금액은?

▶ 2011. 5. 14 상반기 지방직

① ₩300,000　② ₩350,000

③ ₩400,000　④ ₩450,000

☞ ②

문. ㈜한국은 2009년 1월 1일에 기계를 ₩100,000에 취득하였다. 이 기계의 내용연수는 4년이고, 잔존가치는 ₩20,000으로 추정된다. 2009년 12월 31일 이 기계의 감가상각을 정액법과 연수합계법을 적용하여 계산할 때 두 방법의 감가상각비 차이는?

▶ 2010. 4. 10 행정안전부

① ₩13,000　② ₩12,000

③ ₩11,000　④ ₩10,000

☞ ②

② **가속상각법** … 유형자산이 시간의 경과에 따라 수선유지비는 체증하고, 가동률과 수익(유형자산을 사용함으로 인한 경제적 효익의 유입액)은 체감하며, 내용연수 결정에 있어서 유형자산의 진부화가 중요시된다는 가정하에 감가상각비를 상각대상기간의 초기에 많이 인식하고 후기에 적게 인식하여 수익·비용 대응의 원칙에 부합한다는 장점이 있다. 이러한 가속상각법에는 정률법, 이중체감법 및 연수합계법이 있다.

㉠ **정률법**

> 매기 감가상각비 = 장부가액(취득원가 − 감가상각누계액) × 상각률

㉡ **이중체감법**(정액법의 배법)

> 매기 감가상각비
>
> = 장부가액(취득원가 − 감가상각누계액) × $\left(\dfrac{1}{\text{내용연수}} \times \text{배수}^* \right)$
>
> * 배수는 1.5(150%), 2(200%) 등이 있으나 주로 2(200%) 배수를 사용한다.

㉢ **연수합계법**

> 매기 감가상각비
>
> = 감가상각대상금액(취득원가 − 잔존가액) × $\dfrac{\text{잔여내용연수}}{\text{내용연수의 합계}}$

③ **비례법**

㉠ **작업시간비례법**

> 매기 감가상각비
>
> = 감가상각대상금액(취득원가 − 잔존가액) × $\dfrac{\text{당기사용기간}}{\text{총사용가능기간}}$

㉡ **생산량비례법**

> 매기 감가상각비
>
> = 감가상각대상금액(취득원가 − 잔존가액) × $\dfrac{\text{당기생산량}}{\text{총생산가능량}}$

SECTION 5 유형자산의 손상

유형자산은 판매목적이 아니므로 시가가 변동하더라도 이를 반영하지 않고 원칙적으로 역사적 원가로 평가한다. 그러나 유형자산의 심각한 손상으로 생산성 등 용역잠재력이 하락하는 경우에는 유형자산의 장부가액을 회수가능가액*으로 감액하여 손상차손을 즉시 인식하여야 한다.

* 자산의 순실현 가능가치(예상처분가액 − 예상처분비용)와 사용가치 중 큰 금액

기출문제

문. ㈜한국은 2012년 초에 업무용 차량운반구를 ₩10,000(내용연수 5년, 잔존가치 ₩0)에 취득하여 정액법으로 감가상각하여 오다가 2013년부터 감가상각방법을 연수합계법으로 변경하였다. 다른 사항은 변화가 없고 원가모형을 적용한다고 가정할 경우, 2013년 말 재무상태표에 표시되는 동 차량운반구의 장부금액은?

▶ 2014. 4. 19 안전행정부

① ₩6,000 ② ₩5,200
③ ₩4,800 ④ ₩4,200

답 ③

문. ㈜한국은 2014년 초에 기계장치(잔존가치 ₩0, 내용연수 5년, 정액법 상각)를 ₩5,000에 취득하고, 원가모형을 사용하여 측정하고 있다. 2014년 말에 손상징후가 있어 손상검사를 실시한 결과, 기계장치의 순공정가치는 ₩2,500, 사용가치는 ₩2,800으로 판명되었다. 이후 2015년 말에 손상이 회복되어 기계장치의 회수가능액이 ₩4,000이 된 경우 기계장치의 장부금액은?

▶ 2015. 6. 27 제1회 지방직

① ₩2,100 ② ₩3,000
③ ₩3,300 ④ ₩4,000

답 ②

SECTION 6 유형자산의 처분

유형자산은 매각, 교환, 증여 등 자발적 동기에 의해 처분되거나 재해 등 비자발적 요인에 의해 불가피하게 처분될 수도 있다. 어느 형태이든 유형자산을 처분하거나 폐기한 경우에는 처분시점 현재의 장부가액을 제거하여야 한다.

(1) 매각

유형자산을 매각하는 경우에는 매각시점의 장부가액(취득원가 − 감가상각누계액)을 제거하고 처분가액과의 차액을 유형자산처분손익(영업외손익)으로 처리한다. 매각시점이 기중인 경우에는 기초시점부터 매각시점까지의 감가상각비를 먼저 반영한 다음 장부가액을 결정한다.

예를 들어 취득원가 ₩1,000,000, 잔존가액 ₩200,000, 내용연수 4년, 감가상각방법이 정액법인 기계장치를 2015년 초에 취득하여 사용하다가 2016년 7월 1일 ₩800,000에 처분하였다면 취득시부터 처분시까지의 회계처리는 다음과 같다.

① 취득시(2015년 초)

〈차〉기 계 장 치 1,000,000   〈대〉현   금 1,000,000

② 기말결산정리(2015년 12월 31일)

〈차〉감 가 상 각 비   200,000*   〈대〉감가상각누계액   200,000

　* (1,000,000 − 200,000) × 1/4 = 200,000

③ 처분시(2016년 7월 1일)

　㉠ 감가상각비의 반영(기초시점부터 처분시점까지)

〈차〉감 가 상 각 비   100,000*   〈대〉감가상각누계액   100,000

　* (1,000,000 − 200,000) × 1/4 × 6/12 = 100,000

　㉡ 장부가액의 제거(처분손익의 계산)

〈차〉감가상각누계액   300,000*   〈대〉기 계 장 치 1,000,000
　　현   금   800,000　　　　　　유형자산처분이익   100,000

　* 200,000 + 100,000 = 300,000

(2) 비자발적 처분

재해 등으로 인하여 유형자산이 멸실된 경우에는 멸실된 자산의 장부가액(취득원가 − 감가상각누계액)을 제거하여 이를 재해손실로 인식한다. 이 경우 멸실된 자산이 보험에 가입되어 있는 경우에는 일단 미결산계정이라는 임시계정으로 처리하였다가 재해로 인하여 수취할 보험금이 확정되면 확정된 보험금과 미결산계정과의 차액을 재해손실이나 보험차익으로 처리한다.

예를 들어 취득원가 ₩1,000,000, 잔존가액 ₩200,000, 내용연수 4년, 감가상각방법이 정액법인 기계장치를 2015년초에 취득하여 사용하다가 2016년 7월 1일 공장의 화재로 전소되었다면 보험에 가입되었는지 여부에 따라 회계처리는 다음과 같다.

기출문제

문. ㈜대한은 2010년도 포괄손익계산서상 기계장치와 관련하여 감가상각비 ₩35,000, 처분손실 ₩10,000을 보고하였다. 2010년도 중 취득한 기계장치가 ₩155,000인 경우, 다음 자료를 이용하여 기계장치를 처분하고 수취한 현금액을 계산하면? (단, 기계장치 처분은 전액 현금으로 이루어지며, 법인세비용은 없는 것으로 가정한다)

▶ 2011. 5. 14 상반기 지방직

	2010. 1. 1	2010. 12. 31
기계장치	₩100,000	₩200,000
감가상각누계액	(20,000)	(40,000)

① ₩10,000　② ₩20,000
③ ₩30,000　④ ₩40,000

☞ ③

① 보험에 가입하지 않은 경우

 ⊙ 감가상각비 반영(2016년초부터 재해발생시까지)

  〈차〉감 가 상 각 비 100,000* 〈대〉감가상각누계액 100,000

  * $(1,000,000 - 200,000) \times 1/4 \times 6/12 = 100,000$

 ⓒ 재해 발생시점의 장부가액제거

  〈차〉감가상각누계액 300,000* 〈대〉기 계 장 치 1,000,000

   재 해 손 실 700,000

  * $200,000 + 100,000$

② 보험에 가입한 경우(단, 기계장치에 대한 보험금은 ₩800,000이며 2016년 10월 1일 보험금 ₩800,000이 확정되어 보험회사로부터 지급받았다)

 ⊙ 감가상각비 반영(기초부터 재해발생시점까지)

  〈차〉감 가 상 각 비 100,000* 〈대〉감가상각누계액 100,000

  * $(1,000,000 - 200,000) \times 1/4 \times 6/12 = 100,000$

 ⓒ 재해발생시점의 장부가액제거

  〈차〉감가상각누계액 300,000* 〈대〉기 계 장 치 1,000,000

   미 결 산 계 정 700,000

  * $200,000 + 100,000 = 300,000$

 ⓒ 보험금 확정시

  〈차〉현금(확정보험금) 800,000 〈대〉미 결 산 계 정 700,000

             보 험 차 익 100,000

SECTION 7   무형자산

무형자산이란 물리적 실체는 없지만 식별가능한 비화폐성자산이다. 기업은 물리적 실체가 있는 유형자산 외에도 물리적 실체는 없지만 미래 경제적 효익을 가져올 수 있는 법적·계약적 권리를 취득하거나 기술개발 등에 기업의 자원을 사용한다. 이러한 지출 중 무형자산의 요건을 충족하는 경우에는 이를 자산으로 계상하고 미래 경제적 효익이 기대되는 기간 동안에 무형자산의 상각을 통하여 비용으로 처리한다.

(1) 무형자산의 인식요건

① 식별가능성…특정자산이 독립적으로 가치를 측정할 수 있으며 개별적으로 매매가 가능하면 그 자산을 구체적인 개별자산으로 식별할 수 있다. 그러나 영업권은 개별적으로 가치를 측정할 수 없고 따로 영업권만을 매매할 수도 없으며 기업전체와 관련하여서만 확인할 수 있으므로 식별가능성이 없는 식별불능자산이다.

② 통제…특정기업이 보유하고 있는 무형자산에 대하여 타인의 접근을 제한할 수 있고 무형자산이 창출하는 경제적 효익을 배타적으로 확보할 수 있어야 한다. 통제능력은 일반적으로 법원에서 강제할 수 있는 법적권리에서 나온다.

기출문제 ▶

문. 기업회계기준서 제3호「무형자산」과 관련한 설명으로 옳지 않은 것은?
 ▶ 2010. 5. 22 상반기 지방직
① 프로젝트의 개발단계에서 발생한 지출은 모두 무형자산으로 인식한다.
② 프로젝트의 연구단계에서 발생한 지출은 모두 발생한 기간의 비용으로 인식한다.
③ 프로젝트를 연구단계와 개발단계로 구분할 수 없는 경우에는 그 프로젝트에서 발생한 지출은 모두 연구단계에서 발생한 것으로 본다.
④ 내부적으로 창출된 무형자산의 취득원가는 그 자산의 창출, 제조, 사용 준비에 직접 관련된 지출과 합리적이고 일관성있게 배분된 간접 지출을 모두 포함한다.

      정답 ①

③ **경제적 효익** ··· 기업은 무형자산으로부터 발생하는 미래 경제적 효익이 유입될 가능성이 높고 자산의 원가를 신뢰성 있게 측정할 수 있을 때 무형자산을 인식한다.

(2) 무형자산의 종류

영업권, 개발비, 산업재산권, 라이선스, 프랜차이즈, 저작권, 컴퓨터소프트웨어, 임차권리금, 광업권, 어업권 등을 무형자산으로 규정하고 있다.

(3) 무형자산의 회계처리

① **무형자산의 취득원가결정** ··· 무형자산은 영업권과 영업권으로부터 분리되어 식별가능한 무형자산으로 분류할 수 있다. 식별가능한 무형자산에는 개발비, 산업재산권(특허권, 상표권, 실용신안권, 디자인권), 라이선스, 프랜차이즈, 저작권, 컴퓨터소프트웨어, 개발비, 임차권리금 등이 있다.

  ㉠ **개별취득** : 자산과 구입원가를 사용할 수 있도록 준비하는 데 직접적으로 관련된 지출로 구성된다. 리베이트, 매입할인 등이 있으면 차감하여 취득원가를 산출한다.

  ㉡ **매수기업결합으로 인한 취득** : 취득일의 공정가치를 취득원가로 한다.

  ㉢ **정부보조에 의한 취득** : 정부의 보조로 무형자산을 낮은 대가 혹은 무상으로 취득하는 경우, 최초 공정가치를 취득원가로 정하거나 명목가치와 자산을 의도한 용도로 사용하는데 직접적으로 필요한 관련 지출을 합한 금액을 취득원가로 한다.

  ㉣ **자산교환에 의한 취득** : 무형자산을 비화폐성자산 혹은 화폐성자산과 비화폐성자산이 결합한 대가와 교환하여 취득할 때에는 공정가치로 측정하는 것이 원칙이다. 상업적 실적이 없거나 공정가치를 신뢰성 있게 측정하는 것이 불가능한 경우에는 제공한 자산의 장부금액으로 측정한다.

  ㉤ **내부적으로 창출한 경우** : 내부에서 창출한 무형자산의 미래 경제적 효익을 합리적으로 추정할 수 있고, 무형자산을 창출하는데 소요된 원가 중 특정한 무형자산에 소요된 것으로 식별할 수 있을 때 한하여 지출된 원가를 무형자산으로 계상하고, 그렇지 않은 경우에는 그 지출액을 발생한 기간에 비용으로 처리해야 한다.

② **무형자산의 원가배분(무형자산의 상각)** ··· 내용연수가 유한한 무형자산은 그 자산의 사용가능시점부터 경제적 효익이 기대되는 기간에 걸쳐 체계적으로 상각한다. 이때 법률상 또는 계약상의 권리기간과 경제적 내용연수 중 짧은 기간을 상각기간으로 한다. 비한정인 경우에는 상각하지 아니하고 정기적인 손상평가를 하여야 한다. 내용연수가 비한정하다는 말은 무한정과는 구별되는 것으로서, 미래의 순현금유입이 기대되는 기간을 예측하여 제한할 수 없다는 뜻이다.

  ㉠ **잔존가액** : 무형자산은 잔존가액이 없는 것이 원칙이다. 단, 내용연수 종료시점에 제3자가 자산을 구입하기로 한 약정이 있거나, 그 자산의 거래시장이 존재할 경우 상각기간 종료 시점에서 그 시장에 기초하여 잔존가치를 결정할 수 있다.

기출문제

문. 무형자산의 회계처리에 대한 설명으로 옳지 않은 것은?
  ▶ 2011. 4. 9 행정안전부

① 내용연수가 비한정인 무형자산은 상각하지 않고, 매년 손상검사를 실시하여 손상차손(또는 손상차손환입)을 인식한다.
② 내부적으로 창출한 영업권은 무형자산으로 인식하지 않는다.
③ 연구개발활동과 관련하여 연구단계와 개발단계에서 발생한 지출은 무형자산의 취득원가로 처리한다.
④ 무형자산은 미래경제적효익이 기업에 유입될 가능성이 높고 취득원가를 신뢰성 있게 측정할 수 있을 때 인식한다.

☞ ③

ⓛ **상각방법** : 무형자산은 정액법, 정률법, 연수합계법, 이중체감법, 생산량 비례법 등 경제적 효익이 소비되는 형태를 반영한 합리적인 방법으로 상각하되, 다른 합리적인 상각방법을 정할 수 없는 경우에는 정액법을 사용한다. 그러나 영업권은 반드시 정액법으로 상각하여야 한다. 무형 자산은 직접상각법을 원칙으로 하지만 간접상각법(누계액설정법)을 선택할 수도 있다. 직접상각법의 회계처리는 다음과 같이 해당 무형자산을 직접 감액한다.

〈차〉 무형자산상각비 50,000 〈대〉 무형자산 50,000

(4) 영업권

① **특징** : 객관적으로 측정 가능한 사업결합으로 발생(외부구입)한 영업권만 무형자산이 될 수 있다. 내부창출 영업권은 식별과 측정의 어려움, 미래효익의 불확실성 때문에 무형자산으로 인식하지 않으며, 기업전체와 분리하여 식별할 수 없다.

② **상각과 손상** : K-IFRS는 영업권의 내용연수를 비한정인 것으로 가정하여 상각하지 않는다. 단, 영업권의 회수가능액이 장부가액을 크게 미달하는 경우에는 장부가액을 회수가능가액으로 조정하고 차액을 영업권손상차손으로 처리한다. 손상차손 인식 후, 회수가능가액이 영업권의 장부가액을 초과하는 경우에도 그 초과액을 자가창출영업권으로 보아 손상차손환입으로 처리할 수 없다.

(5) 연구개발비

① **연구비** … 연구비는 미래 경제적 효익이 매우 불확실하기 때문에 연구활동과 관련된 지출은 발생한 기간의 비용으로 처리한다.

② **경상개발비** … 개발활동과 관련된 지출 중 자본화요건을 충족하지 못하는 경우에는 경상개발비로 하여 발생한 기간의 비용으로 처리한다.

③ **개발비** … 개발활동과 관련된 지출 중 미래 경제적 효익의 유입가능성이 매우 높고, 취득원가를 신뢰성 있게 측정할 수 있는 경우에만 무형자산으로 계상한다.

기출문제 ▶

문. ㈜서울은 ㈜인천을 합병하기 위하여 총 ₩4,500,000을 현금으로 지급하였다. 합병일 현재 ㈜인천의 재무상태표상 자산총액은 ₩30,000,000(공정가치 : ₩35,000,000)이며, 부채 총액은 ₩28,000,000(공정가치 : ₩32,000,000)이었다. ㈜서울은 ㈜인천과의 합병거래에서 영업권을 얼마로 계상하여야 하는가?

▶ 2015. 6. 13 서울특별시

① ₩1,000,000
② ₩1,500,000
③ ₩2,000,000
④ ₩2,500,000

☞ ②

1 유형자산의 회계처리에 대한 설명으로 옳지 않은 것은?

① 주식을 발행하여 유형자산을 취득하는 경우 해당 주식의 발행가액이 액면가액 이상이면 액면가액에 해당되는 금액은 자본금으로, 액면가액을 초과하는 금액은 주식발행초과금으로 계상한다.

② 취득한 기계장치에 대한 취득세와 등록세 및 보유기간 중 발생된 화재보험료는 기계장치의 취득원가에 포함하여 감가상각한다.

③ 건설회사가 보유하고 있는 중장비의 주요 구성부품(예를 들면 궤도, 엔진, 굴삭기에 부착된 삽 등)의 내용연수와 경제적 효익의 소비행태가 다르다면, 해당 구성부품은 별도의 자산으로 계상하고 감가상각할 수 있다.

④ 유형자산의 내용연수가 경과되어 철거하거나 해체하게 될 경우 원상대로 회복시키는 데 소요될 복구비용(현재가치로 할인한 금액)은 유형자산의 취득원가에 포함한다.

TIP ② 보유기간 중 발생된 화재보험료는 당기비용으로 처리한다.

2 서원상사는 신형 인쇄기계를 ₩30,000,000에 구입하면서 운송비와 설치비로 ₩1,500,000을 지출하였다. 또한 신형 인쇄기계의 검사와 시험운전을 위하여 초청한 기술자에게 ₩1,000,000을 지급하였다. 신형 인쇄기계의 취득원가는 얼마인가?

① ₩30,000,000　　　　　　　　② ₩31,000,000

③ ₩31,500,000　　　　　　　　④ ₩32,500,000

TIP 유형자산의 취득시 발생한 운반비, 설치비, 시운전비 등 정상적인 가동을 위하여 지출한 취득부대비용도 취득원가에 포함한다.

ANSWER 1.② 2.④

3 신형자동차를 인수하면서 사용중이던 자동차(취득원가 ₩15,000,000, 감가상각누계액 ₩8,000,000)를 ₩ 10,000,000으로 평가하여 현금 ₩10,000,000과 함께 제공한 경우 유형자산처분손익은?

① 유형자산처분이익 ₩2,000,000　　　　② 유형자산처분이익 ₩3,000,000

③ 유형자산처분손실 ₩2,000,000　　　　④ 유형자산처분손실 ₩3,000,000

TIP 자동차의 공정가치가 비슷하지 않을 뿐만 아니라 현금비율이 중요하므로 이종자산간의 교환으로 보고 교환에 따른 손익을 인식한다.
　ⓐ 제공한 구자산의 장부가액 : 15,000,000(취득원가) − 8,000,000(감가상각누계액) = 7,000,000
　ⓑ 제공한 구자산의 공정가치 : 10,000,000
　ⓒ 유형자산처분이익 : 10,000,000(공정가치) − 7,000,000(장부가액) = 3,000,000
　ⓓ 신자산의 취득원가 : 10,000,000(구자산공정가치) + 10,000,000(현금지급액) = 20,000,000
　ⓔ 분개

〈차〉 차량운반구(신)	20,000,000	〈대〉 차 량 운 반 구(구)	15,000,000
감가상각누계액	8,000,000	현　　　　　　금	10,000,000
		유형자산처분이익	3,000,000

4 서원상사는 본사를 이전하려고 ㈜동교로부터 건물과 부속토지를 일괄취득하면서 ₩20,000,000을 지불하였다. 관련자료가 다음과 같을 때 건물과 부속토지의 취득원가는 각각 얼마인가?

• ㈜동교의 건물장부가액	₩4,000,000
• ㈜동교의 토지장부가액	8,000,000
• 건물의 공정가액	10,000,000
• 토지의 공정가액	15,000,000
• 건물의 감정가액	9,000,000
• 토지의 감정가액	13,000,000

	건물취득원가	토지취득원가		건물취득원가	토지취득원가
①	₩6,666,667	₩13,333,333	②	₩8,181,818	₩11,818,182
③	₩8,000,000	₩12,000,000	④	₩10,000,000	₩10,000,000

TIP 여러 종류의 자산을 일괄취득하는 경우 각 자산의 취득원가는 공정가치가 모두 있을 경우에는 공정가치를 기준으로 배분하고, 공정가치를 알 수 없는 경우에는 감정가액이나 과세시가표준액을 이용하여 배분한다.
　ⓐ 건물의 취득원가 : $20,000,000 \times \dfrac{10,000,000}{10,000,000 + 15,000,000} = 8,000,000$
　ⓑ 토지의 취득원가 : $20,000,000 - 8,000,000 = 12,000,000$

ANSWER 3.② 4.③

5 ㈜한강은 주당액면 ₩5,000인 보통주 10,000주를 발행하고 ㈜마포로부터 건물과 토지를 구입하였다. 관련자료가 다음과 같을 경우 이 거래에 대한 분개로 옳은 것은? (단, ㈜한강의 주식은 상장되지 않아서 시가를 알 수 없다)

	건물	토지
• ㈜마포의 취득원가	₩50,000,000	₩30,000,000
• ㈜마포의 장부가액	30,000,000	30,000,000
• 공정가액	45,000,000	40,000,000

① 〈차〉 건 물 31,250,000 〈대〉 자 본 금 50,000,000
　　　 토 지 18,750,000

② 〈차〉 건 물 25,000,000 〈대〉 자 본 금 50,000,000
　　　 토 지 25,000,000

③ 〈차〉 건 물 45,000,000 〈대〉 자 본 금 50,000,000
　　　 토 지 40,000,000 　　 주식발행초과금 35,000,000

④ 〈차〉 건 물 30,000,000 〈대〉 자 본 금 50,000,000
　　　 토 지 30,000,000 　　 주식발행초과금 10,000,000

TIP 현물출자로 취득한 자산의 취득원가는 공정가액으로 한다. 여기서 현물출자한 경우의 공정가치란 다음을 의미한다.
　㉠ 발행한 주식이 상장(등록)되어 있어서 시장가치가 형성되어 있는 경우에는 발행한 주식의 시가(즉, 주식의 발행가액)
　㉡ 주식의 시가를 측정하기 곤란한 경우에는 취득한 자산의 공정가치
　㉢ 발행한 주식의 시가나 취득한 자산의 공정가치를 모두 측정할 수 없는 경우에는 감정가액 등을 기초로 결정한 가액

⭐ **ANSWER** 5.③

6 ㈜마포는 ㈜동교와 동종의 인쇄기계를 상호교환하여 사용하기로 하였다. 인쇄기계에 관한 두 회사의 관련 자료가 다음과 같은 경우 ㈜마포가 하여야 할 분개로 옳은 것은?

	㈜마포의 인쇄기계	㈜동교의 인쇄기계
• 취 득 원 가	₩20,000,000	₩30,000,000
• 감가상각누계액	8,000,000	15,000,000
• 공 정 가 액	16,000,000	19,000,000

① 〈차〉 기 계 장 치(신) 12,000,000 〈대〉 기 계 장 치(구) 20,000,000
    감가상각누계액   8,000,000

② 〈차〉 기 계 장 치(신) 15,000,000 〈대〉 기 계 장 치(구) 20,000,000
    감가상각누계액   8,000,000   유형자산처분이익   3,000,000

③ 〈차〉 기 계 장 치(신) 19,000,000 〈대〉 기 계 장 치(구) 20,000,000
    감가상각누계액   1,000,000

④ 〈차〉 기 계 장 치(신) 19,000,000 〈대〉 기 계 장 치(구) 20,000,000
    감가상각누계액   8,000,000   유형자산처분이익   7,000,000

TIP 동종자산과의 교환시에는 구자산의 기능을 신자산이 계속하여 수행하기 때문에 교환에 따른 손익을 인식하지 않고 구자산의 장부가액을 신자산의 취득원가로 계상한다.

7 다음 중 유형자산의 취득원가에 포함되지 않은 것은?

① 제품의 생산능력을 증대시키기 위한 지출
② 유형자산의 내용연수를 연장시키기 위한 지출
③ 생산하는 제품의 품질을 향상시키기 위한 지출
④ 유형자산의 능률유지를 위한 지출

TIP ④ 자산의 원상회복이나 능률유지를 위한 경상적인 지출은 수익적 지출의 요건으로 그 지출액은 발생년도의 비용으로 처리한다.

ANSWER 6.① 7.④

8 ㈜마포는 ㈜동교에 사용중이던 건물과 현금 ₩15,000,000을 지급하고 ㈜동교의 공장부지를 인수하였다. 관련자료가 다음과 같을 경우 ㈜마포가 하여야 할 분개로 옳은 것은?

	㈜마포의 건물	㈜동교의 공장부지
• 취 득 원 가	₩50,000,000	₩50,000,000
• 감가상각누계액	20,000,000	−
• 공 정 가 액	40,000,000	70,000,000

① 〈차〉 토　　　지　　 20,000,000　〈대〉 건　　　　물　 50,000,000
　　　 감가상각누계액　 20,000,000　　　　 현　　　　금　 15,000,000
　　　　　　　　　　　　　　　　　　　　　 유형자산처분이익　 5,000,000

② 〈차〉 토　　　지　　 45,000,000　〈대〉 건　　　　물　 50,000,000
　　　 감가상각누계액　 20,000,000　　　　 현　　　　금　 15,000,000

③ 〈차〉 토　　　지　　 55,000,000　〈대〉 건　　　　물　 50,000,000
　　　 감가상각누계액　 20,000,000　　　　 현　　　　금　 15,000,000
　　　　　　　　　　　　　　　　　　　　　 유형자산처분이익　 10,000,000

④ 〈차〉 토　　　지　　 70,000,000　〈대〉 건　　　　물　 50,000,000
　　　 감가상각누계액　 20,000,000　　　　 현　　　　금　 15,000,000
　　　　　　　　　　　　　　　　　　　　　 유형자산처분이익　 25,000,000

TIP 이종자산간의 교환으로 취득하는 자산의 취득원가는 제공한 자산의 공정가치로 하고 장부가액과의 차액은 유형자산처분손익으로 인식한다.
제공한 자산의 공정가치: 40,000,000(건물의 공정가치) + 15,000,000(현금지급액)
= 55,000,000(토지의 취득원가)

9 유형자산에 관련된 다음의 지출 중 전액을 발생년도의 비용으로 처리하여야 하는 것은?

① 건물 내·외벽의 대대적인 도색
② 건물에 피난시설을 추가 설치하기 위한 지출
③ 건물에 에너지절약형 냉·난방기의 설치
④ 건물에 안전도가 검증된 엘리베이터의 설치

TIP ① 건물의 도색을 위한 지출은 수익적 지출로서 발생년도에 전액을 비용으로 처리하여야 한다.

ANSWER 8.③ 9.①

10 1기초에 건물을 취득하여 영업을 시작한 서원상사의 5기말 결산수정전 건물에 대해 정액법으로 상각한 감가상각누계액이 ₩8,000,000이다. 건물의 잔존가액은 취득원가의 20%이고 내용연수는 20년이다. 서원상사의 1회계기간은 1년이다. 건물의 취득원가는 얼마인가?

① ₩16,000,000
② ₩25,000,000
③ ₩32,000,000
④ ₩50,000,000

TIP ㉠ 연간 감가상각비 : 8,000,000(감가상각누계액) ÷ 4(5기말결산수정전) = 2,000,000
㉡ 취득원가 × 80%(감가상각대상액) ÷ 20(내용연수) = 2,000,000
∴ **취득원가**(H · C) = ₩50,000,000

11 기계의 부품을 대체하고 대금 ₩20,000,000을 수표로 지급하다. 이 중 ₩3,000,000은 소모품의 교환에 사용되었다. 이에 대한 분개로 옳은 것은?

① 〈차〉 수 선 비	20,000,000	〈대〉 당좌예금	20,000,000	
② 〈차〉 수 선 비	17,000,000	〈대〉 당좌예금	20,000,000	
기계장치	3,000,000			
③ 〈차〉 기계장치	20,000,000	〈대〉 당좌예금	20,000,000	
④ 〈차〉 기계장치	17,000,000	〈대〉 당좌예금	20,000,000	
수 선 비	3,000,000			

TIP 소모품의 교환은 수익적 지출이고 나머지 기계부품의 대체는 자본적 지출로 하여 기계장치의 취득원가를 증가시켰다가 감가상각을 통하여 비용으로 처리하여야 한다.

12 다음 중 감가상각의 본질은 무엇인가?

① 비유동자산을 기말현재의 공정가액으로 평가하는 것이다.
② 비유동자산의 내용연수 종료시에 대체할 자산의 구입자금을 적립하는 과정이다.
③ 파손, 마모 등으로 인한 비유동자산의 가치하락분을 비용으로 인식하는 것이다.
④ 비유동자산의 취득원가를 수익에 대응시켜 배분하는 원가의 배분과정이다.

TIP 감가상각은 자산의 평가과정이 아니라 취득원가를 역사적 원가주의에 따라 사용기간 동안 수익에 대응시켜 비용화하는 취득원가의 배분과정이다.

🌸 **ANSWER** 　10.④　11.④　12.④

13 다음 중 감가상각비를 계산하는데 필요한 요소가 아닌 것은?

① 취득가액 ② 순실현가능가치

③ 잔존가액 ④ 내용연수

TIP 정액법에 의한 감가상각비는 감가상각대상가액(취득원가 − 잔존가액) $\times \dfrac{1}{\text{내용연수}}$ 이다.

14 다음 중 감가상각비를 정액법에 의하여 계산할 때의 특징으로 옳은 것은?

① 정액법에 의하면 감가상각비가 매기 일정하게 계산된다.

② 정액법이 수익 · 비용 대응의 원칙에 가장 충실한 감가상각방법이다.

③ 정액법이 자산의 가치감소분을 가장 잘 반영한다.

④ 정액법에 의한 감가상각결과 미상각잔액은 자산의 공정가치와 유사하다.

TIP 정액법은 감가상각대상가액을 내용연수 동안에 균등하게 배분하는 방법이다.

15 다음 중 기말수정분개 후의 감가상각누계액이 의미하는 것은?

① 유형자산의 취득원가에서 감가상각누계액을 차감하면 유형자산의 공정가액이 된다.

② 유형자산의 취득시부터 현재까지 소요된 수선비의 합계액이다.

③ 유형자산의 취득시부터 현재까지 유형자산의 취득원가를 비용화한 금액의 합계액이다.

④ 유형자산의 취득시부터 현재까지 유형자산의 대체에 필요한 적립금의 합계액이다.

TIP 감가상각누계액은 감가상각비(취득원가의 비용화)의 누적합계로 유형자산의 취득원가에서 차감하는 형식으로 표기한다.

16 자본적 지출을 수익적 지출로 처리하면 어떤 결과가 발생하는가?

① 부채의 과대계상 ② 자산의 과소계상

③ 수익의 과대계상 ④ 비용의 과소계상

TIP 자본적 지출을 수익적 지출로 처리하면 자산으로 계상하여야 할 것은 비용으로 계상한 것이므로 자산이 과소계상되고 비용이 과대계상되어 당기순이익이 과소계상된다.

ANSWER 13.② 14.① 15.③ 16.②

17 취득원가 ₩10,000,000, 내용연수 10년, 잔존가치가 없는 기계를 구입하여 6년간 사용한 후 ₩3,200,000을 들여 대수선을 한 결과 내용연수가 2년 증가되었다. 대수선후 연간 감가상각비는? (단, 감가상각방법은 정액법이다)

① ₩1,000,000
② ₩1,200,000
③ ₩1,400,000
④ ₩1,600,000

TIP 대수선결과 내용연수가 증가되었으므로 자본적 지출에 해당한다.
　　㉠ 6년간 사용후 감가상각누계액
　　　$(10,000,000 - 0) \div 10 \times 6 = 6,000,000$
　　㉡ 6년간 사용한 후 장부가액
　　　$10,000,000(취득원가) - 6,000,000(감가상각누계액) = 4,000,000$
　　㉢ 대수선후 연간 감가상각비
　　　$(4,000,000 + 3,200,000)(장부가액) \div (4 + 2)(자본적지출액) = 1,200,000$

18 2014년초에 ₩1,200,000에 취득한 기계(내용연수 : 5년, 잔존가치 : ₩0, 감가상각방법 : 정액법)를 사용하다가 2016년 9월 1일 ₩650,000에 처분하였다. 기계장치의 처분시 분개로 옳은 것은?

① 〈차〉 감가상각누계액	480,000	〈대〉유 형 자 산	1,200,000		
현　　　　금	650,000				
유형자산처분손실	70,000				
② 〈차〉 감가상각누계액	550,000	〈대〉유 형 자 산	1,200,000		
현　　　　금	650,000				
③ 〈차〉 감가상각누계액	640,000	〈대〉유 형 자 산	1,200,000		
현　　　　금	650,000	유형자산처분이익	90,000		
④ 〈차〉 현　　　　금	650,000	〈대〉유 형 자 산	560,000		
		유형자산처분이익	90,000		

TIP 기중에 유형자산 처분시에는 당기중의 감가상각비를 먼저 인식하여야 한다.
　　㉠ 2015년 12월 31일까지 감가상각누계액
　　　$(1,200,000 - 0) \times \dfrac{1}{5년} \times 2년 = 480,000$
　　㉡ 2016년 1월 1일~ 2016년 8월 31일까지 감가상각비 계상
　　　$(1,200,000 - 0) \times \dfrac{1}{5년} \times \dfrac{8개월}{12개월} = 160,000$
　　　〈차〉 감 가 상 각 비 160,000　　　　　〈대〉 감가상각누계액　160,000
　　㉢ 2016년 9월 1일 처분시 분개
　　　〈차〉 감가상각비누계액 640,000　　　　　〈대〉유 형 자 산 1,200,000
　　　　　현　　　　금 650,000　　　　　　　　　유형자산처분이익　90,000

ANSWER 17.② 18.③

19 서원상사는 2014년초에 인쇄기를 ₩6,500,000에 구입하였다. 인쇄기의 내용연수는 10년, 잔존가치는 ₩500,000이며, 정액법에 의해서 상각한다. 2016년초에 동 인쇄기의 인쇄속도와 인쇄품질을 향상시키기 위하여 ₩1,600,000의 부속장치를 추가설치 하였다. 이 결과 서원상사가 2016년말 인쇄기에 대하여 인식해야 할 감가상각비와 2016년말 인쇄기의 장부가액은 각각 얼마인가?

감가상각비	장부가액
① ₩600,000	₩4,700,000
② ₩600,000	₩6,100,000
③ ₩800,000	₩4,700,000
④ ₩800,000	₩6,100,000

TIP 인쇄기의 인쇄속도와 인쇄품질을 향상시키기 위한 지출은 자본적지출에 해당한다.
  ㉠ 2015년말 감가상각누계액
    $\{(6,500,000 - 500,000) \div 10\} \times 2 = 1,200,000$
  ㉡ 2015년말 장부가액
    $6,500,000(취득원가) - 1,200,000(감가상각누계액) = 5,300,000$
  ㉢ 2016년초 장부가액
    $5,300,000(2010년말 장부가액) + 1,600,000(자본적지출액) = 6,900,000$
  ㉣ 2016년말 감가상각비
    $\{6,900,000(기초장부가액) - 500,000(잔존가액)\} \div (10 - 2)(잔여내용연수) = 800,000$
  ㉤ 2016년말 장부가액
    $6,500,000(취득원가) + 1,600,000(자본적지출액) - (1,200,000 + 800,000)(감가상각누계액) =$
    $6,100,000$

20 다음 중 무형자산에 해당하는 것은?

① 연구비   ② 경상개발비
③ 매수영업권   ④ 자가창설영업권

TIP ①② 연구비와 경상개발비는 당기비용에 해당한다.
  ③ 매수영업권은 무형자산으로 계상한 후 20년 내에서 경제적 효익이 유입될 것으로 기대되는 기간동안 정액법으로 상각한다.
  ④ 자가창설영업권은 취득원가를 신뢰성 있게 측정할 수 없고 기업이 통제하고 있는 식별가능한 자원이 아니기 때문에 무형자산으로 인정하지 않는다.

ANSWER   19.④   20.③

21 자동차보험에 가입된 업무용 차량(취득원가 ₩15,000,000, 감가상각누계액 ₩7,000,000)이 수재로 인하여 소실되었다. 보험회사에 사고접수를 한 후 보험회사로부터 보험금지급액이 ₩5,000,000으로 결정되었다는 통지를 받았다. 다음 중 보험금결정통지를 받은 날의 분개로 옳은 것은?

① 〈차〉 감가상각누계액   7,000,000   〈대〉차 량 운 반 구   15,200,000
　　　미　결　산   8,000,000
② 〈차〉미　결　산   8,000,000   〈대〉차 량 운 반 구   8,000,000
③ 〈차〉 감가상각누계액   7,000,000   〈대〉미　결　산   15,000,000
　　　미　수　금   5,000,000   　　　유형자산처분이익   90,000
④ 〈차〉미　수　금   5,000,000   〈대〉미　결　산   8,000,000
　　　재 해 손 실   3,000,000

🏅TIP　보험에 가입한 유형자산이 재해 등으로 소실되면 장부가액을 제거하고 미결산계정(임시계정)을 사용하였다가, 이후 수취할 보험금이 확정되면 미결산계정(임시계정)을 제거하고 미결산계정과 보험금과의 차이는 손익으로 인식한다.

　　⊙ 재해발생시
　　　　〈차〉 감가상각누계액 7,000,000　　　　　　　〈대〉 차량운반구 15,000,000
　　　　　　　미　결　산 8,000,000
　　⊙ 보험금확정시
　　　　〈차〉미　수　금 5,000,000　　　　　　　〈대〉미 결 산 8,000,000
　　　　　　재 해 손 실 3,000,000

22 다음 중 무형자산의 특징으로 볼 수 없는 것은?

① 물적 실체가 없는 자산이다.
② 대부분이 법률적 · 경제적 권리이다.
③ 기업 또는 기업의 물적 재화와 분리될 수 없다.
④ 무형자산은 특성상 정액법으로만 상각해야 한다.

🏅TIP　무형자산은 정액법, 정률법, 생산량비례법 등 경제적 효익이 소비되는 형태를 반영한 합리적 방법으로 상각하되, 다른 합리적인 상각방법을 정할 수 없는 경우에는 정액법을 사용한다. 그러나 영업권은 반드시 정액법으로 상각하여야 한다.

⭐ ANSWER　21.④　22.④

23 다음 중 연구비와 개발비에 관한 내용으로 옳지 않은 것은?

① 연구비는 미래 경제적 효익이 매우 불확실하기 때문에 지출이 발생한 연도에 비용으로 처리한다.
② 경상개발비는 발생한 기간의 비용으로 처리한다.
③ 개발비는 무형자산으로 계상하여 사용가능한 시점부터 20년 이내의 합리적인 기간동안 상각한다.
④ 개발비상각액은 수익·비용 대응의 원칙에 따라 비용으로 처리한다.

🏵️ **TIP** ④ 개발비상각액은 비용으로 처리하거나 또는 특정제품의 제조와 관련된 경우에는 제조원가로 처리하였다가 제품판매 시에 매출원가로 처리한다.

24 유형자산의 취득원가에 대한 설명으로 옳지 않은 것은?

① 현물출자, 증여, 기타 무상으로 취득하는 자산의 취득원가는 공정가치로 한다.
② 취득원가는 구입원가나 또는 제작원가나 관련된 모든 부대비용을 포함한다.
③ 국고보조금은 취득원가에서 차감하는 형식으로 표시된다.
④ 서로 다른 자산 간의 교환으로 취득하는 유형자산의 취득원가는 취득하는 자산의 공정가치로 측정한다.

🏵️ **TIP** ④ 이종자산과의 교환으로 취득하는 유형자산의 취득원가는 제공한 자산의 공정가치로 측정한다.

25 ㈜도토리는 공장을 신축하기 위하여 ㈜키재기로부터 장부가액이 각각 5억과 15억인 사옥과 토지를 30억에 일괄매입하였다. 매입 직후 1억원을 들여 기존 사옥을 철거하고 공장신축공사를 하였다. ㈜도토리가 이러한 거래로 인하여 계상하여야 하는 토지의 취득원가는?

① 16억   ② 21억
③ 30억   ④ 31억

🏵️ **TIP** 사옥을 사용하기 위하여 매입한 것이 아니므로 모두 토지원가를 해야 한다. 또한 토지를 의도한 용도로 사용하기 위하여 지출한 금액도 원가에 포함한다.

⭐ **ANSWER**   23.④   24.④   25.④

26 다음 중 유형자산의 정의로 옳지 않은 것은?

① 유형자산은 재화의 생산·용역의 제공, 타인에게 임대하거나 또는 자체사용목적으로 보유한다.
② 유형자산은 미래의 경제적 효익의 유입가능성이 높고, 취득원가를 신뢰성있게 측정가능할 때 인식한다.
③ 유형자산의 감가상각 방법은 해당자산의 미래 경제적 효익의 소멸형태에 따라 선택한다.
④ 취득후 지출 중 가장 최근에 평가된 성능 수준을 초과하여 미래의 경제적 효익을 증가시키는 지출은 수익적 지출로 한다.

TIP ④ 취득후 지출 중 가장 최근에 평가된 성능 수준을 초과하여 미래의 경제적 효익을 증가시키는 지출은 자본적 지출로 한다.

27 취득원가 ₩2,200,000, 내용연수 10년, 잔존가치가 ₩200,000인 기계를 4년 6개월 사용하고 ₩1,400,000에 처분하였다. 처분시 계상할 손실은? (단, 정액법 상각)

① ₩100,000(손실)   ② ₩200,000(이익)
③ ₩100,000(이익)   ④ ₩200,000(손실)

TIP 정액법상각 $= \dfrac{\text{취득원가} - \text{잔존가치}}{\text{내용연수}} = \dfrac{2,200,000 - 200,000}{10년} = ₩200,000(\text{매년상각비})$

매년상각비는 ₩200,000이다.

4년에(₩200,000 × 4) 6월분(₩200,000 × $\dfrac{6}{12}$)을 합한 ₩900,000이 상각누계액이고 이 금액을 장부가액에서 차감하면 처분시 장부가액 ₩1,300,000이 된다.

∴ **처분손익**: ₩1,400,000 − 1,300,000 = ₩100,000(처분이익)

⭐ **ANSWER** 26.④ 27.③

07 유가증권

기출문제

SECTION 1 유가증권의 분류

유가증권은 투자목적으로 보유하고 있는 주식, 국·공채, 사채 등을 의미한다. 기업은 유가증권을 장·단기 자금운용목적이나 다른 기업에 영향력을 행사하기 위하여 취득한다. 주식을 취득한 경우는 지분증권이라 하고 투자채권을 취득한 경우는 채무증권이라 하며 이를 통틀어 유가증권이라고 한다. 이러한 유가증권은 지분증권과 채무증권으로 분류할 수 있다. 지분증권의 경우 만기가 없으며 이자가 아닌 배당금을 지급하는 것으로 보통주, 우선주 등이 이에 해당된다. 채무증권의 경우 만기가 되면 원금이 상환되고 명시된 액면이자를 지급하는 것으로 국가나 기업에서 자금을 조달하기 위한 목적으로 발행하는 국·공채나 사채가 이에 해당된다.

(1) 단기매매증권

단기적 매매차익을 얻을 목적으로 취득한 유가증권으로서 매매가 적극적이고 빈번하게 이루어지는 증권이다. 단기매매증권은 유동자산으로 분류하고 기말의 유가증권 평가는 공정가액법을 적용하여 시가로 평가하고 장부가액과의 차액을 단기매매증권평가손익으로 하여 영업외손익항목으로 처리한다.

(2) 매도가능증권

장기간 동안의 시세차익이나 이자·배당금을 수취하기 위하여 보유하는 증권으로 단기매매증권이나 만기보유증권 및 지분법적용투자주식으로 분류되지 않는 유가증권을 말한다. 매도가능증권은 장기간(1년 이상) 보유목적이기 때문에 투자자산으로 분류하고 처분예정일이 1년 이내에 도래할 경우에는 유동자산으로 분류한다. 기말의 유가증권 평가는 공정가액법을 적용하여 시가로 평가하고 평가손익은 재무상태표의 기타포괄손익누계액으로 분류한다.

(3) 만기보유증권

만기에 상환할 금액과 만기가 확정되어 있는 채무증권을 만기까지 보유할 목적으로 취득한 증권을 말한다. 다만, 당 회계연도와 직전 2개 회계연도 중에 만기보유증권을 만기일 전에 매도하였거나 발행자에게 중도상환권을 행사한 사실이 있는 경우, 또는 만기보유증권을 매도가능증권으로 분류 변경한 사실이 있다면(단, 만기보유증권 총액과 비교하여 경미한 금액인 경우는 제외) 보유중이거나 신규로 취득하는 모든 채무증권은 만기보유증권으로 분류할 수 없다. 만기보유증권은 투자자산으로 분류하고 만기가 1년 이내에 도래할 경우에는 유동자산으로 분류한다. 기말의 유가증권 평가는 상각원가법으로 시가변동과 상관없이 장부가액에 유효이자율을 적용하여 기간별 이자수익을 인식한다.

기출문제 ▶

(4) 지분법적용투자주식

투자회사가 피투자회사의 경영활동에 중대한 영향력을 행사할 목적으로 취득한 지분증권으로, 피투자회사 발행주식 총수의 20% 이상을 취득하였을 경우에는 중대한 영향력을 행사할 수 있는 것으로 본다. 지분법적용투자주식은 투자자산으로 분류하고, 기말의 유가증권 평가는 지분법을 적용하여 평가하고 평가손익은 영업외손익항목으로 처리한다.

SECTION 2 유가증권의 기본적 회계처리

(1) 유가증권의 취득원가결정

유가증권의 취득원가는 그 증권을 취득하기 위하여 제공한 대가에 취득부대비용을 가산한 가액으로 한다. 유가증권의 종목별 단가는 이동평균법이나 선입선출법 등 기타 합리적인 방법으로 결정한다. K-IFRS의 경우 금융상품의 최초인식 시점은 정형화된 거래의 금융자산에 대해서는 매매일에 인식하는 회계처리와 결제일에 인식하는 회계처리 중 선택이 가능하도록 규정하고 있다. 지분증권과 채무증권의 취득원가는 최초인식시 공정가치로 측정한다. 다만, 최초인식 이후 공정가치로 측정하고 공정가치의 변동을 당기손익으로 인식하는 금융자산과 금융부채가 아닌 경우 당해 금융자산과 금융부채의 취득과 직접 관련되는 거래원가는 최초인식하는 공정가치에 가산(차감)한다.

(2) 보유기간 중의 기말평가

유가증권의 기말평가방법은 공정가액법(시가평가)이 원칙이나 만기보유증권의 경우에는 시세차익목적이 아닌 만기보유목적(만기까지 이자수익)이므로 원가법을 적용한다. 다만, 만기보유증권의 취득가액과 만기가액간에 차이가 있을 경우에는 동 차액을 보유기간동안 유효이자율법에 의해 이자수익으로 인식하는 상각원가법을 적용하며 지분법적용투자주식의 경우에는 지분법을 적용한다.

(3) 유가증권의 처분

특정 유가증권을 처분하는 경우에는 처분가액과 이에 대응하는 장부가액(또는 취득원가)과의 차액을 유가증권처분손익으로 하여 영업외손익으로 처리한다. K-IFRS에서는 단기매매증권으로 분류된 유가증권이 시장성을 상실한 경우에 매우 드문 상황(비경상적이면서 가까운 시일 내에 재발할 가능성이 거의 없는 경제적 사건과 같은 상황을 의미한다)을 제외하고 당기손익인식금융자산에서 다른 범주의 금융자산으로 분류 변경할 수 없도록 규정하고 있다.

SECTION 3   **단기매매증권**

(1) 단기매매증권의 취득과 보유

단기매매증권의 취득원가는 매입가액에 부대비용을 가산한 가액으로 하며 종목별로 단가를 구분하여 기록한다. 단기매매증권의 보유기간 중에 이자나 배당금을 수취하면 이자수익, 배당금 수익으로 하여 영업외수익으로 분류한다. 다만, 주식배당이나 무상신주를 교부받은 경우에는 이를 수익으로 인식하지 않고 증가한 주식수를 반영하여 종목별 단가만 조정한다. 주식분할 및 주식병합으로 주식수가 변동된 경우에도 같은 방법으로 처리한다.

㈜서원은 2015년 중 단기매매차익을 얻을 목적으로 다음의 유가증권을 취득하였다.

◆5월 1일 : 액면가액 ₩5,000인 A회사의 주식 100주를 주당 현금 ₩9,600에 취득하였다.

〈차〉 단기매매증권 960,000　　〈대〉현　　금 960,000

◆6월 5일 : 액면가액 ₩500,000인 B회사의 사채를 현금 ₩420,000에 구입하였으며 거래수수료 ₩10,000을 현금으로 지급하였다.

〈차〉 단기매매증권 430,000　　〈대〉현　　금 430,000

◆6월 18일 : 액면가액 ₩5,000인 C회사 주식 60주를 ₩450,000에 구입하였다.

〈차〉 단기매매증권 450,000　　〈대〉현　　금 450,000

◆11월 30일 : A회사 주식에 대하여 주당 0.2주의 주식배당을 받았다.

－ 회계처리 없음 －

(단, A회사 주식의 새로운 단가는 $\dfrac{₩960,000}{100주+20주} = ₩8,000$이다)

◆12월 10일 : C회사 주식에 대하여 주당 ₩300의 배당금을 받았다.

〈차〉현　　금 18,000　　〈대〉배당금수익 18,000

◆12월 31일 : B회사 사채에 대한 이자를 ₩25,000 받았다.

〈차〉현　　금 25,000　　〈대〉이자수익 25,000

(2) 단기매매증권의 기말평가

단기매매증권은 공정가치로 평가하고 이를 재무상태표가액으로 한다. 이때 공정가치는 재무상태표일 현재의 종가를 말하고, 재무상태표일 현재의 종가가 없는 경우에는 직전거래일의 종가에 의한다. 단기매매증권의 평가는 포트폴리오 전체를 평가하는 과정이므로 종목별로 평가손익을 각각 인식하지 않고 포트폴리오 전체의 평가이익이나 평가손실을 일괄하여 인식한다. 또한 단기매매증권 평가손익은 영업외손익으로 하여 당기손익으로 처리한다.

> 단기매매증권평가이익(손실) = 기말공정가치총액(시가) － 평가전 장부가액총액*
> * 평가전장부가액 : 전기말 장부가액 또는 당기 취득원가

㈜서원이 2015년 중 취득한 단기매매증권의 결산일(2015년 12월 31일) 현재의 자료가 다음과 같을 때 결산일의 회계처리는?

구분(종목)	수 량	취득단가	공정가치(12월 31일)
A회사 주식	120주	₩8,000*	₩8,000
B회사 사채	50좌	8,200	8,500
C회사 주식	60주	7,500	7,000

* 주식배당후의 새로운 단가임

〈차〉 단기매매증권평가손실 15,000*　〈대〉 단기매매증권 15,000
　　　 (영 업 외 손 실)

* ㉠ 기말공정가치(시가) : 120주 × 8,000 + 50좌 × 8,500 + 60주 × 7,000 = 1,805,000
　㉡ 평가전장부가액 : 120주 × 8,000 + 50좌 × 8,200 + 60주 × 7,500 = 1,820,000
　㉢ 차액(단기매매증권평가손실)　　　　　　　　　　　　　(−) 15,000 (손실)

(3) 단기매매증권의 처분

단기매매증권을 처분한 경우에는 처분전장부가액과 처분가액과의 차액을 단기매매증권처분손익으로 하여 영업외손익으로 처리한다. 이 때 처분전 장부가액은 단기매매증권의 종목별로 기록된 장부가액을 말한다. 따라서 단기매매증권의 처분이익과 처분손실은 기중거래에서 발생하는 별개의 거래이므로 이를 상계하지 않고 총액으로 보고한다.

> 단기매매증권처분이익(손실) = 종목별 처분가액 − 종목별 처분전 장부가액

① ㈜서원의 2015년 중에 취득한 단기매매증권에 대한 2016년 4월 2일 처분현황이 다음과 같을 때 처분일의 분개는?

> ㉠ 장부가액 주당 ₩8,000인 A회사 주식 중 50주를 주당 ₩9,000에 처분하였다.
> ㉡ 장부가액 좌당 ₩8,500인 B회사 사채 중 20좌를 좌당 ₩8,000에 처분하였다.

㉠ A회사 주식
〈차〉 현 금 450,000　　　〈대〉 단 기 매 매 증 권 400,000
　　　　　　　　　　　　　　　　 단기매매증권처분이익　50,000*
　　　　　　　　　　　　　　　　　 (영 업 외 수 익)

* ㉠ A회사 주식 처분가액 : 50주 × 9,000 = 　450,000
　㉡ A회사 주식 처분전장부가액 : 50주 × 8,000 = 400,000
　㉢ 차액(단기매매증권처분이익) : 　　　　　　　50,000 (이익)

㉡ B회사 사채
〈차〉 현　　　　　　 금 160,000　〈대〉 단기매매증권 170,000
　　　 단기매매증권처분손실　10,000*
　　　　 (영 업 외 비 용)

* ㉠ B회사 사채 처분가액 : 20좌 × 8,000 = 　　160,000
　㉡ B회사 사채 처분전 장부가액 : 20좌 × 8,500 = 170,000
　㉢ 차액(단기매매증권처분이익) : 　　　　　　(−)10,000 (손실)

기출문제

문. 2010년 초 ㈜한국은 ㈜대한 주식을 주당 ₩2,500에 300주 매각하였다. 다음 자료를 참고할 때 해당 매각거래로 인하여 2010년도 손익계산서 상에 인식되는 처분손익은?
▶ 2010. 5. 22 상반기 지방직

• ㈜한국은 2009년 10월 중 단기간 내의 매매차익을 목적으로 유가증권거래소에서 ㈜대한의 주식 100주, 200주, 300주, 400주를 각각 주당 ₩4,000, ₩3,000, ₩2,000, ₩1,000에 취득한 후 단기매매증권으로 분류하였다.
• 2009년 말 ㈜대한의 주식 시장가액은 주당 ₩1,500이었다.
• 거래비용과 세금은 없다고 가정한다.

① 이익 ₩150,000
② 손실 ₩150,000
③ 이익 ₩300,000
④ 손실 ₩250,000

답 ③

② ㈜서원의 2015년 중에 취득한 단기매매증권의 2016년 12월 31일 현재의 현황이 다음과 같을 때 결산일의 회계처리는?

구분(종목)	수 량	취득단가	장부가액	공정가치
A회사 주식	70주	₩8,000	₩8,000	₩9,000
B회사 사채	30좌	8,200	8,500	8,000
C회사 주식	60주	7,500	7,000	7,200

〈차〉 단기매매증권 67,000　〈대〉 단기매매증권평가이익 67,000*

(영 업 외 수 익)

* ㉠ 기말공정가치 : 70주 × 9,000 + 30좌 × 8,000 + 60주 × 7,200 =　1,302,000
　㉡ 평가전장부가액 : 70주 × 8,000 + 30좌 × 8,500 + 60주 × 7,000 = 1,235,000
　㉢ 차액(단기매매증권평가이익) :　67,000 (이익)

(4) 유가증권의 대차 및 예치와 예수

① 유가증권의 대여
　㉠ 당점이 소유하고 있는 유가증권의 대여
　　〈차〉 대여유가증권 100,000　　〈대〉 유 가 증 권 100,000
　㉡ 타점이 보관하고 있는 유가증권의 대여
　　〈차〉 대여유가증권 100,000　　〈대〉 보관유가증권 100,000

② 유가증권의 차입
　　〈차〉 보관유가증권 100,000　　〈대〉 차입유가증권 100,000

③ 유가증권의 담보제공
　㉠ 당점이 소유하고 있는 유가증권의 담보제공
　　〈차〉 예치유가증권 100,000　　〈대〉 유 가 증 권 100,000
　㉡ 타점이 보관하고 있는 유가증권의 담보제공
　　〈차〉 예치유가증권 100,000　　〈대〉 보관유가증권 100,000

④ 유가증권을 담보로 제공받는 경우
　　〈차〉 보관유가증권 100,000　　〈대〉 예수유가증권 100,000

SECTION 4　매도가능증권

매도가능증권은 주식 등 매도가능지분증권과 국·공채, 사채 등 매도가능채무증권으로 구분되며 취득일 이후의 회계처리도 달라진다.

(1) 매도가능지분증권

① 보유기간 중의 기말평가
　㉠ 매도가능지분증권의 공정가치를 알 수 있는 경우에는 공정가치(공정가치법)로 평가하여 관련 평가손익은 당기손익에 반영하지 않고 매도가능증권평가이익(손실)의 과목으로 하여 재무상태표의 기타포괄손익누계액으로 처리한다.

기출문제

문. ㈜대한은 2009년 10월 2일 한국거래소에 상장된 ㈜태극의 주식 100주를 총 ₩100,000에 구입하고 매도가능증권으로 계상하였다. ㈜대한의 결산일인 2009년 12월 31일 ㈜태극의 공정가치는 주당 ₩1,200이었다. 2010년 5월 10일 ㈜대한은 ㈜태극의 주식 50주를 주당 ₩1,300에 처분하였다. 2010년 12월 31일 ㈜태극의 공정가치는 주당 ₩1,700이다. ㈜대한이 매도가능증권과 관련하여 2010년 손익계산서상 영업외손익에 계상하여야 할 금액을 A라 하고 2010년 말 대차대조표상 기타포괄손익누계액의 금액을 B라 할 때 A + B는? (단, 법인세효과는 없는 것으로 가정한다)

▶ 2010. 5. 22 상반기 지방직

① ₩30,000　② ₩40,000
③ ₩50,000　④ ₩60,000

☞ ③

〈차〉 매도가능증권 5,000　　　〈대〉 매도가능증권평가이익 5,000
　　　　　　　　　　　　　　　　　　　　　　(기타포괄손익누계액)

ⓛ 매도가능지분증권의 공정가치를 산정할 수 없는 경우에는 기말평가를 하지 않고 취득원가(원가법)로 계상한다.

② **매도가능지분증권의 처분** … 매도가능지분증권의 처분시에는 처분가액과 처분직전의 장부가액과의 차이를 매도가능지분증권처분이익(손실)의 과목으로 하여 포괄손익계산서의 영업외수익(비용)으로 당기손익에 반영한다. 이때 처분직전의 장부가액이란 원가법의 경우에는 취득원가를 말하지만, 공정가치로 평가한 경우에는 처분직전의 장부가액에 매도가능증권평가손실은 가산하고 매도가능증권평가이익은 차감하여 원래의 취득원가로 환원하여야 한다.

ⓐ 원가법의 처분손익 계산

처분손익 = 처분가액 − 취득원가

〈차〉 현　　　　　금 120,000　　〈대〉 매 도 가 능 증 권 100,000
　　　　　　　　　　　　　　　　　매도가능증권처분이익 20,000
　　　　　　　　　　　　　　　　　(영 업 외 수 익)

ⓑ 공정가액법의 처분손익 계산

처분손익 = 처분가액 − (처분직전의 장부가액 ± 매도가능증권평가손익) 　　　　 = 처분가액 − 취득원가

〈차〉 현　　　　　금 120,000　　〈대〉 매 도 가 능 증 권 105,000
　　매도가능증권평가이익 5,000　　　　매도가능증권처분이익 20,000
　　(기타포괄손익누계액)　　　　　　　(영 업 외 수 익)

(2) 매도가능채무증권

① **보유기간 중 이자수익의 인식** … 매도가능채무증권의 보유기간 중 발생하는 이자수익은 유효이자율법을 적용하여 인식하고 액면이자와의 차액은 매도가능채무증권의 장부가액에 직접 가감한다(상각후 취득원가).

〈차〉 현　　　　　금 10,000　　　〈대〉 이　　자　　수　　익 12,000
　　매도가능증권 2,000

② **보유기간 중의 기말평가** … 매도가능채무증권의 공정가액은 현행시장이자율에 영향을 받으므로 매도가능지분증권과 달리 언제든지 산정할 수 있다. 따라서 매도가능채무증권은 공정가치로 평가하고 이 평가액과 평가전 장부가액과의 차액은 매도가능증권평가이익(손실)의 과목으로 하여 기타포괄손익누계액으로 처리한다.

〈차〉 매도가능증권 5,000　　　〈대〉 매도가능증권평가이익 5,000
　　　　　　　　　　　　　　　　　(기타포괄손익누계액)

문. ㈜한국은 20×1년 중에 ㈜서울의 주식 10%를 장기투자목적으로 1주당 ₩13,000에 총10주를 취득하였다. ㈜서울의 1주당 공정가치가 20×1년 말 ₩15,000이고, 20×2년 말 현재 ₩12,000이라면 20×2년 말 현재 재무상태표상 표시될 매도가능금융자산평가손익은 얼마인가?
▶ 2015. 6. 13 서울특별시

① 매도가능금융자산평가손실 ₩10,000
② 매도가능금융자산평가이익 ₩10,000
③ 매도가능금융자산평가손실 ₩30,000
④ 매도가능금융자산평가이익 ₩30,000

답 ①

문. ㈜한국은 2012년 중에 매매수수료 ₩100을 포함하여 ₩1,200에 ㈜민국 주식을 취득하여 매도가능금융자산으로 분류하였다. 2012년 말 현재 ㈜민국 주식의 공정가치는 ₩1,400이다. ㈜한국은 2013년 중에 위의 매도가능금융자산의 절반(1/2)을 매각하고, ₩500의 현금을 수취하였다. ㈜한국이 2013년 중에 인식할 매도가능금융자산처분손익은?
▶ 2014. 4. 19 안전행정부

① 처분손실 ₩100
② 처분손실 ₩200
③ 처분이익 ₩200
④ 처분손익 없음

답 ①

③ **매도가능채무증권의 처분** … 매도가능증권은 장기간 보유목적이지만 가격의 변화와 기업의 사정에 따라 언제든지 처분할 수 있다. 매도가능채무증권을 처분하면 처분가액과 처분직전의 장부가액에 관련된 평가손익을 가감한 가액(상각 후 취득원가)과의 차액은 매도가능증권처분이익(손실)로 하여 당기손익으로 처리한다. 이 때 처분가액에는 기초부터 처분일까지 발생한 이자가 포함되어 있으므로 이를 반영하여야 한다.

〈차〉 현　　　　　　　금 120,000　〈대〉매 도 가 능 증 권 95,000
　　　매도가능증권평가이익 　 5,000　　　 이 　 자 　 수 　 익 　7,000
　　　(기타포괄손익누계액)　　　　　　 매도가능증권처분이익 23,000
　　　　　　　　　　　　　　　　　　　　 (영 　업 　외 　수 　익)

만기보유증권

만기보유증권은 취득당시부터 증권의 만기와 만기금액이 확정되어 있어야 하므로 주식 등 지분증권은 해당되지 않고 국·공채, 사채 등 채무증권만으로 구성된다.

(1) 보유기간 중 이자수익의 인식

만기보유증권의 보유기간 중 발생하는 이자수익은 유효이자율법을 적용하여 인식하고 액면이자와의 차액은 만기보유증권의 장부가액에 직접 가감한다(상각후 취득원가).

〈차〉 현　　　　　금 10,000　〈대〉이자수익 12,000
　　　만기보유증권 　2,000

(2) 보유기간 중의 기말평가

만기보유증권은 만기까지 보유하면서 이자수익을 획득하는 것을 목적으로 하므로 보유기간 중의 공정가액변동은 주요 관심사항이 아니다. 따라서 만기보유증권은 공정가치로 평가하지 않고 유효이자율법에 의한 상각후 취득원가를 기말 장부가액으로 한다.

(3) 만기보유증권의 처분

만기보유증권은 만기까지 보유한 목적으로 취득한 것이지만 기업의 사정에 따라 중도에 처분하는 경우도 있다. 만기보유증권을 중도처분하는 경우에도 매도가능채무증권의 처분과 동일하게 회계처리 하지만 보유기간 중의 평가가 없으므로 만기보유증권평가이익(손실)계정은 나타나지 않는다.

〈차〉 현 금 120,000　　　　　　〈대〉만 기 보 유 증 권 90,000
　　　　　　　　　　　　　　　　　　 이 　 자 　 수 　 익 　7,000
　　　　　　　　　　　　　　　　　　 만기보유증권처분이익 23,000
　　　　　　　　　　　　　　　　　　 (영 　업 　외 　수 　익)

07. 유가증권 | 173

SECTION
6 **지분법적용투자주식**

지분법적용투자주식은 투자회사가 피투자회사에 중대한 영향력을 행사할 목적으로 취득하는 지분증권으로 피투자회사의 의결권 있는 주식 총수의 20% 이상을 취득한 경우에는 특별한 반증이 없는 한 중대한 영향력을 행사할 수 있는 것으로 본다. 지분법적용투자주식의 회계처리는 피투자회사의 경제적 실질의 변화를 반영하여야 한다.

(1) 주식취득시

피투자회사의 주식을 취득하여 중대한 영향력을 행사할 수 있는 경우에는 그 취득원가를 지분법적용투자주식으로 계상한다.

〈차〉 지분법적용투자주식 2,000,000 〈대〉현   금 2,000,000

(2) 피투자회사의 당기순이익 보고

피투자회사의 당기순이익 중 투자회사의 지분해당액을 투자회사의 몫으로 보아 지분법이익의 과목으로 하여 영업외수익으로 보고한다.

〈차〉 지분법적용투자주식   150,000 〈대〉지 분 법 이 익   150,000*
                                          (영 업 외 손 익)

* 600,000(피투자회사의 당기순이익) × 25%(투자지분율) = 150,000

(3) 피투자회사로부터 배당금 수령시

피투자회사로부터의 배당금 수령액은 투자회사의 수익이 아니라 투자주식가액의 환급으로 보아 지분법적용투자주식에서 직접 차감한다.

〈차〉현   금   30,000 〈대〉지분법적용투자주식   30,000

(4) 당기순이익 보고와 배당금 수령 이후

① 지분법이익(영업외수익) = 150,000
② 지분법적용투자주식 = 2,000,000(취득원가) + 150,000(당기순이익 중 지분비율) − 30,000(배당금수령분) = 2,120,000

문. ㈜한국은 2008년 12월 31일 ㈜소한의 의결권주식의 20%(20주)를 ₩20,000에 취득하여 중대한 영향력을 행사하게 되었다. 취득당시 ㈜소한의 자산과 부채의 장부가액은 공정가치와 일치하였으며 투자차액은 없었다. ㈜소한은 2009년 8월 20일 중간배당금으로 현금 ₩10,000을 지급하였다. ㈜소한의 2009년도 순자산변동은 당기순이익 ₩40,000과 매도가능증권평가손실 ₩10,000에 의해 발생하였다. ㈜한국의 2009년도 지분법이익과 2009년 말 지분법적용투자주식은? (단, ㈜한국과 ㈜소한의 결산일은 12월 31일이다)

▶ 2010. 7. 24 행정안전부 7급

	지분법이익	지분법적용투자주식
①	₩8,000	₩24,000
②	₩6,000	₩28,000
③	₩10,000	₩26,000
④	₩8,000	₩26,000

☞ ①

---

1 다음 유가증권의 분류에 관한 설명으로 옳지 않은 것은?

① 단기매매증권은 단기적 매매차익을 얻을 목적으로 취득한 유가증권으로 매매가 적극적이고 빈번하게 이루어져야 한다.

② 매도가능증권은 장기간 동안의 시세차익이나 이자, 배당금을 수취하기 위하여 보유하는 증권으로 단기매매증권이나 만기보유증권 및 지분법적용투자주식으로 분류되지 않는 유가증권을 말한다.

③ 만기보유증권은 만기에 상환할 금액과 만기가 확정되어 있는 채무증권을 만기까지 보유할 목적으로 취득한 증권을 말한다.

④ 지분법적용투자주식이란 투자회사가 피투자회사에 중대한 영향력을 행사할 목적으로 취득한 지분증권을 말하며, 피투자회사 발행주식총수의 25% 이상을 취득한 경우에는 중대한 영향력을 행사할 수 있는 것으로 본다.

🏅**TIP** ④ 지분법적용투자주식의 분류에서 피투자회사 발행주식총수의 20% 이상을 취득한 경우에는 중대한 영향력을 행사할 수 있는 것으로 본다.

2 다음 중 유가증권으로 분류할 수 없는 것은?

① 공채증서　　　　　　　　　　② 주식

③ 사채권　　　　　　　　　　　④ 약속어음

🏅**TIP** 유가증권에는 채무증권(공채증서, 사채권)과 지분증권(주식)이 있으며, 약속어음은 수취채권(매출채권)에 해당한다.

⭐**ANSWER**　1.④　2.④

3 다음 자료에 따르면 당기말 단기매매증권평가손익은 얼마인가?

• 단기매매증권의 매입가액   ₩6,000,000
• 단기매매증권의 매입부대비용   500,000
• 전기말 단기매매증권 장부가액   6,300,000
• 당기말 단기매매증권 공정가치   7,100,000

① 평가이익 ₩500,000
② 평가이익 ₩600,000
③ 평가이익 ₩800,000
④ 평가이익 ₩1,100,000

🐝 **TIP** 전기말 단기매매증권장부가액이 주어진 것은 전기말이전에 취득하여 전기말에 공정가치로 평가하고 평가
손익을 인식하였다는 것이다.
∴ 단기매매증권평가손익 : 7,100,000 − 6,300,000 = ₩800,000(평가이익)

4 다음은 (주)한국이 보유하고 있는 금융자산에 관한 자료이다. 2016년 말 금융자산평가손익이 포괄손익에
미치는 영향은? (단, 매도가능금융자산은 중대한 영향력을 행사할 수 없다)

구분	2015.5.1 취득원가	2015.12.31 공정가치	2016.12.31 공정가치
단기매매금융자산	₩1,200,000	₩1,100,000	₩1,400,000
매도가능금융자산	₩1,000,000	₩1,500,000	₩1,700,000

① ₩200,000
② ₩300,000
③ ₩500,000
④ ₩900,000

🐝 **TIP** [단기매매금융자산평가이익 ₩300,000] + [매도가능금융자산평가이익 ₩200,000] = ₩500,000

⭐ **ANSWER**   3.③   4.③

5 다음 거래를 분개한 것으로 옳은 것은?

> A회사가 발행한 사채 1,000좌를 좌당 @₩10,000에 단기보유목적으로 구입하고 대금은 마포은행 앞수표를 발행하여 지급하고 수수료 ₩300,000은 현금으로 지급하다. 단, 마포은행과는 당좌차월계약을 맺고 있으며 당좌예금잔액은 ₩7,500,000이다.

① 〈차〉 단기매매증권 10,300,000   〈대〉 당 좌 예 금   10,300,000

② 〈차〉 단기매매증권 10,300,000   〈대〉 당 좌 예 금   10,000,000
　　　　　　　　　　　　　　　　　　　　　　현　　　금　　　 300,000

③ 〈차〉 단기매매증권 10,300,000   〈대〉 당 좌 예 금　 7,500,000
　　　　　　　　　　　　　　　　　　　　　　단 기 차 입 금　2,500,000
　　　　　　　　　　　　　　　　　　　　　　현　　　금　　　 300,000

④ 〈차〉 단기매매증권 10,000,000   〈대〉 당 좌 예 금　 7,500,000
　　　　 지 급 수 수 료　 300,000   　　　단 기 차 입 금　2,500,000
　　　　　　　　　　　　　　　　　　　　　　현　　　금　　　 300,000

🏵️**TIP** 단기매매증권의 취득원가는 매입가액에 부대비용(수수료 등)을 가산한 가액으로 하며, 당좌차월계약이 맺어진 경우 당좌예금잔액이 부족하면 그 부족액은 단기차입금(당좌차월)으로 처리한다.

6 전기에 ₩2,000,000에 취득한 단기매매증권에 대해서 전기말에 평가손실 ₩350,000을 인식하였고 당기말에 평가이익 ₩100,000을 인식하였다. 당기말 단기매매증권의 장부가액은 얼마인가?

① ₩1,650,000
② ₩1,750,000
③ ₩2,000,000
④ ₩2,100,000

🏵️**TIP** ㉠ 전기말장부가액 : 2,000,000(취득원가) − 350,000(전기말평가손실) = 1,650,000
　　　㉡ 당기말장부가액 : 1,650,000(전기말장부가액) + 100,000(당기말평가이익) = 1,750,000

⭐ **ANSWER** 　5.③ 　6.②

7 다음 거래를 분개한 것으로 옳은 것은?

> 마포상사는 장기차입금 ₩2,000,000과 그 이자 ₩150,000을 지급하기 위하여 단기보유목적으로 매입하여 소유하고 있던 사채 500좌(액면 @₩10,000, 취득원가 @₩9,500, 장부가액 @₩9,200)를 @₩9,500에 양도하고 차액은 현금으로 받다.

① 〈차〉 장 기 차 입 금　　2,000,000　　〈대〉 단 기 매 매 증 권　　4,600,000
　　　이 자 비 용　　　 150,000
　　　현　　　　금　　2,450,000

② 〈차〉 장 기 차 입 금　　2,000,000　　〈대〉 단 기 매 매 증 권　　4,600,000
　　　이 자 비 용　　　 150,000　　　　　　단기매매증권처분이익　　 150,000
　　　현　　　　금　　2,600,000

③ 〈차〉 장 기 차 입 금　　2,000,000　　〈대〉 단 기 매 매 증 권　　4,750,000
　　　이 자 비 용　　　 150,000
　　　현　　　　금　　2,600,000

④ 〈차〉 장 기 차 입 금　　2,000,000　　〈대〉 단 기 매 매 증 권　　4,750,000
　　　단기매매증권　　　 150,000
　　　현　　　　금　　2,600,00

TIP ㉠ 현금수취액 : (500좌 × @₩9,500) − 2,000,000 − 150,000 = 2,600,000
　　　　　　　　　　(양도가액)　　　　　　 (장기차입금)　(이자비용)

㉡ 단기매매증권처분손익 : (500좌 × @₩9,500) − (500좌 × @₩9,200) = 150,000
　　　　　　　　　　　　(양도가액)　　　　　　 (장부가액)　　　 (처분이익)

8 ㈜서원의 2015년도 단기매매증권에 대한 내역은 다음과 같다. ㈜서원은 2016년초에 C사 사채 300좌를 좌당 @₩13,000에 처분하였다. 동 사채의 처분으로 인한 단기매매증권처분손익은 얼마인가?

종목	수량	취득원가	기말시가
A사 주식	500주	@₩4,000	@₩5,500
B사 주식	300주	@₩4,200	@₩3,200
C사 사채	400좌	@₩13,200	@₩12,000
D사 사채	100좌	@₩11,000	@₩12,800

① 처분손실 ₩360,000
② 처분이익 ₩360,000
③ 처분손실 ₩300,000
④ 처분이익 ₩300,000

ANSWER　7.②　8.④

TIP 처분손익 : $(13{,}000 - 12{,}000) \times 300$좌 $=$ ₩$300{,}000$(처분이익)
　　　　　(처분가액) (장부가액)

9 서원상사는 여유자금을 단기간 운용하기 위하여 2016년 7월 15일에 시장성 있는 상장회사 주식과 사채를 다음과 같이 매입하였다. 결산일인 2016년 12월 31일에 이 유가증권과 관련한 분개로 옳은 것은?

종목	수량	액면가액	매입단가	기말시가
㈜A 주식	500주	@₩5,000	@₩8,500	@₩8,000
㈜B 주식	300주	@₩5,000	@₩7,000	@₩8,200
㈜C 사채	200좌	@₩10,000	@₩11,000	@₩11,500

① 〈차〉 단 기 매 매 증 권　210,000　〈대〉 단기매매증권평가이익　　460,000
　　 단기매매증권평가손실　250,000
② 〈차〉 단 기 매 매 증 권 2,550,000　〈대〉 단 기 매 매 증 권　2,550,000
③ 〈차〉 장 기 차 입 금 2,760,000　〈대〉 단 기 매 매 증 권　2,760,000
④ 〈차〉 단 기 매 매 증 권　210,000　〈대〉 단기매매증권평가이익　　210,000

TIP 단기매매증권의 평가는 포트폴리오 전체를 평가하는 과정이므로 종목별로 평가손익을 각각 인식하지 않고 포트폴리오 전체의 평가이익이나 평가손실을 일괄하여 인식한다.
　㉠ **기말공정가액**(시가) : 500주 × 8,000 + 300주 × 8,200 + 200좌 × 11,500 = 　8,760,000
　㉡ **평가전장부가액**(취득가액) : 500주 × 8,500 + 300주 × 7,000 + 200좌 × 11,000 = 8,550,000
　㉢ **차액**(단기매매증권평가손익) : 　　　　　　　　　　　　　(이익)　210,000
　㉣ **분개** : 〈차〉 단기매매증권 210,000　〈대〉 단기매매증권평가이익(영업외수익) 210,000

10 동교은행과 당좌차월계약을 맺고 일시소유목적의 주식 1,000주(액면 @₩5,000, 장부가액 @₩6,500)를 근저당으로 제공하다. 이에 대한 분개로 옳은 것은?

① 〈차〉 예치유가증권 5,000,000   〈대〉 단기매매증권 5,000,000
② 〈차〉 보관유가증권 5,000,000   〈대〉 단기매매증권 5,000,000
③ 〈차〉 예치유가증권 6,500,000   〈대〉 단기매매증권 6,500,000
④ 〈차〉 보관유가증권 6,500,000   〈대〉 단기매매증권 6,500,000

🌸 **TIP** 단기매매증권을 담보로 제공하면 장부가액을 예치유가증권으로 대체하여야 한다.

11 유가증권에 대한 기준서의 내용으로 옳지 않은 것은?

① 유가증권은 통제할 수 있을 때에 재무상태표에 자산으로 인식한다.
② 유가증권의 소유권이 결제일에 이전되더라도 매매일에 거래를 인식한다.
③ 단기매매증권은 주로 매매차익으로 취득하며 매수와 매도가 적극적이고 빈번하게 이루어지는 것을 말한다.
④ 유가증권의 취득원가는 취득시점의 유가증권의 공정가치와 취득부대비용을 초과할 수 있다.

🌸 **TIP** ④ 유가증권의 취득원가는 취득시점의 유가증권 공정가치와 취득부대비용의 합계금액을 초과할 수가 없다.

12 나잘난 여사는 ㈜묻지마가 발행한 사채 1,000좌를 1좌당 ₩10,000에 단기보유목적으로 구입하고 대금은 부실은행앞수표를 발행하여 지급하였다. 나잘난 여사는 부실은행과 당좌차월 계약을 맺고 있으며 현재 당좌예금잔액은 ₩8,000,000이며 사채구입과정에서 발생한 수수료 ₩500,000은 현금으로 지급한다. 위 내용의 분개로 옳은 것은?

① 〈차〉 단기매매증권   10,000,000   〈대〉 당 좌 예 금   10,000,000
② 〈차〉 단기매매증권   10,500,000   〈대〉 당 좌 예 금   8,000,000
　　　　　　　　　　　　　　　　　　　　　 단기차입금   2,000,000
　　　　　　　　　　　　　　　　　　　　　 현　　　금   500,000
③ 〈차〉 단기매매증권   10,000,000   〈대〉 당 좌 예 금   8,000,000
　　　　　　　　　　　　　　　　　　　　　 미 지 급 금   2,000,000
④ 〈차〉 단기매매증권   10,500,000   〈대〉 당 좌 예 금   10,500,000

🌸 **TIP** 단기매매증권의 취득원가는 매입가액에 부대비용 등을 가산한 금액으로 한다. 당좌차월계약이 맺어진 경우 당좌예금잔액이 부족하면 그 부족액은 단기차입금(당좌차월)으로 처리한다.

⭐ **ANSWER**　10.③　11.④　12.②

13 ㈜서원은 2016년 1월 1일 ㈜마포의 보통주 40%를 취득하여 중대한 영향력을 확보하였다. 양회사의 결산일은 매년 12월 31일이다. ㈜마포는 2016년말에 보통주에 대하여 ₩1,000,000의 현금배당금을 지급하였다. 이 때 ㈜서원의 회계처리로 옳은 것은?

① 〈차〉현금   400,000   〈대〉지분법적용투자주식   400,000
② 〈차〉현금   400,000   〈대〉배 당 금 수 익   400,000
③ 〈차〉현금   400,000   〈대〉지 분 법 이 익   400,000
④ 〈차〉현금   400,000   〈대〉투 자 주 식   400,000

TIP 투자회사가 중대한 영향력을 행사할 수 있는 지분율은 20% 이상이므로 원가법 대신에 지분법을 적용해야 한다. 만약 원가법이였다면 ②번이 답이 된다.

14 2016년초 영업을 개시한 ㈜미래는 지난 2년 동안의 회계처리에 대하여 외부감사를 받고 있다. 단기매매증권으로 분류되는 유가증권은 모두 취득원가로 계상하고 있으며 2016년 중 유가증권의 처분은 없었다. 한국채택국제회계기준에 따라 회계처리할 때 2017년도 포괄손익계산서에 계상될 단기매매증권평가손익은?

	취득원가	공정가액
2011. 12. 31	₩250,000	₩300,000
2012. 12. 31	320,000	310,000

① ₩60,000(손실)   ② ₩60,000(이익)
③ ₩10,000(이익)   ④ ₩10,000(손실)

TIP 2016년말의 유가증권장부가액은 공정가액(시가)인 ₩300,000이 되고 2012년도에는 유가증권을 ₩70,000 (₩320,000 − 250,000) 취득한 것과 같다. 따라서 장부가액은 ₩370,000이지만 기말공정가액(시가)은 ₩310,000이므로 평가손실이 ₩60,000 발생했다.

ANSWER   13.①   14.①

15 2016년말 A회사가 보유하고 있는 유가증권은 다음과 같다. 유가증권평가는 저가법으로 하고 있는데 총계
기준과 종목별 기준으로 평가하였을 때, 두 방법 간 평가손익의 차이는?

	취득원가	시가
B회사 주식	₩1,000,000	₩1,200,000
C회사 주식	₩2,000,000	₩1,800,000
D회사 주식	₩1,000,000	₩900,000

① ₩0

② ₩100,000

③ ₩150,000

④ ₩200,000

🏅 **TIP** 유가증권의 평가

종류	취득원가	시가	총계기준	종목별 기준
B회사	₩1,000,000	₩1,200,000	−	−
C회사	₩2,000,000	₩1,800,000	−	(₩200,000)
D회사	₩1,000,000	₩900,000	−	(₩100,000)
합계	₩4,000,000	₩3,900,000	(₩100,000)	(₩300,000)

㉠ 총계기준에 의할 때 : 유가증권평가손실 ₩100,000

㉡ 종목별 기준에 의할 때 : 유가증권평가손실 ₩300,000

∴ 평가손익 차이 : ₩200,000

16 ㈜서원은 액면가액 ₩5,000의 주식 500주를 주당 ₩4,700에 매입하고 대금은 수표발행하여 지급하고
매입수수료 ₩40,000은 현금지급하다. 옳은 회계처리는?

① 〈차〉유 가 증 권　　 2,500,000　 〈대〉당 좌 예 금　　 2,500,000
　　지급수수료　　　　　 40,000　　　 현　　　금　　　　 40,000
② 〈차〉유 가 증 권　　 2,500,000　 〈대〉현　　　금　　　 2,390,000
　　지급수수료　　　　　 40,000　　　 유가증권매매이익　　 150,000
③ 〈차〉유 가 증 권　　 2,390,000　 〈대〉현　　　금　　　 2,390,000
④ 〈차〉유 가 증 권　　 2,390,000　 〈대〉당 좌 예 금　　 2,350,000
　　　　　　　　　　　　　　　　　　　 현　　　금　　　　 40,000

🏅 **TIP** 매입부대비용은 유가증권 취득원가에 가산시킨다.

⭐ **ANSWER**　 15.④　 16.④

PART 01. 회계원리(재무회계)

부채

기출문제 ▶

SECTION
1 ## 부채의 개요

(1) 정의

부채란 과거의 거래나 사건의 결과로 현재 기업실체가 부담하고 있고 그 이행에 자원의 유출이 예상되는 현재의 의무이다. 이러한 부채는 다음의 요건이 모두 충족될 때 인식(계상)한다.

① 기업이 부담하는 현재의 의무가 부채의 정의에 합당하고,

② 미래 그 의무를 이행할 때 경제적 효익(자원)이 유출할 가능성이 매우 높으며,

③ 그 금액을 신뢰성 있게 측정할 수 있어야 한다.

(2) 특성

① 부채는 관련의무가 현재시점에 존재하고 있음을 나타낸다. 그러므로 미이행계약은 회계상의 부채로 인정하지 않는다.

② 일반적인 기업관행에 따라 발생하는 적극적인 의미의 인정의무까지도 부채에 포함된다.

③ 미래 희생에 대한 개연성이 존재하는 한 부채인식 당시에 지급금액, 지급시기가 반드시 확정되어 있을 필요는 없다.

④ 인식시점에서 부채의 채권자가 반드시 확정되어 있어야 할 필요는 없다.

(3) 분류

부채는 1년 기준에 따라 유동부채와 비유동부채로 분류할 수 있다.

① 유동부채

　㉠ 매입채무 : 기업의 주요 영업활동 결과로 발생한 채무로서 외상매입금과 지급어음이 있다.

　㉡ 단기차입금 : 재무상태표일로부터 1년 이내에 상환할 차입금을 말한다. 여기에는 당좌차월계약에 의하여 당좌예금잔액을 초과하여 인출할 당좌차월도 포함된다.

　㉢ 미지급금 : 기업의 주요 영업활동 이외의 거래에서 발생한 채무이다.

　㉣ 선수금 : 일반적 상거래에서 미래에 상품이나 용역을 제공하기로 하고 그 대금을 미리 수령한 것을 말한다.

　㉤ 예수금 : 일반적 상거래 이외에서 발생한 예수액을 말하며, 종업원으로부터 원천징수한 근로소득세나 거래처로부터 징수한 부가가치세 등이 이에 속한다.

ⓑ **미지급비용** : 결산일 현재 이미 발생된 비용으로서 지급기일이 도래하지 아니한 것을 말하며, 미지급급료, 미지급이자, 미지급임차료, 미지급보험료 등이 이에 속한다.

ⓢ **미지급법인세** : 법인세비용 등의 미지급액을 말한다.

ⓞ **유동성장기부채** : 사채, 장기차입금 등의 비유동부채 중에서 결산일로부터 1년 이내에 지급시기가 도래하는 것을 말한다.

ⓩ **선수수익** : 기업이 일정기간 계속적으로 용역을 제공하기로 약정하고 받은 수익 중 차기 이후에 속하는 부분을 말한다.

ⓧ **충당부채** : 과거의 거래나 사건의 결과에 의한 현재의 의무로서, 지출의 시기 또는 금액이 불확실하지만 그 의무를 이행하기 위하여 자원이 유출될 가능성이 매우 높고 또한 당해 금액을 신뢰성있게 추정할 수 있는 경우를 말한다.

② **비유동부채**

ㄱ **사채** : 일반대중으로부터 장기자금을 조달할 목적으로 대량적으로 사채증서를 발행하여 지정된 만기일에 액면가액을 지급하고, 액면가액에 일정한 이자율을 곱한 이자를 정기적으로 지급할 것을 약속한 채무를 말한다.

ㄴ **장기차입금** : 결산일로부터 1년 이후에 상환기일이 도래하는 차입금을 말한다.

ㄷ **장기성매입채무** : 유동부채에 속하지 아니하는, 일반적 상거래에서 발생한 장기의 외상매입금 및 지급어음을 말한다.

기출문제 ▶

문. 계정과목에 대한 설명으로 옳지 않은 것은?
▶ 2012. 5. 12 상반기 지방직

① 대여금 : 타인에게 현금을 대여했을 때 사용하는 계정으로, 자산계정이다.
② 대손충당금 : 기말 매출채권으로부터의 현금유입액의 현재가치를 나타내기 위해 사용하는 매출채권 총액의 차감계정으로, 자산의 차감계정이다.
③ 선급비용 : 비용으로 인식하기 전에 미리 대금을 지급한 경우에 사용하는 계정으로, 부채계정이다.
④ 선수수익 : 수익으로 인식하기 전에 미리 대금을 수취한 경우에 사용하는 계정으로, 부채계정이다.

답 ③

SECTION 2 | **사채**

(1) 사채의 발행가액

사채의 발행가액은 시장에서 형성된 가격, 즉 사채의 원금(만기상환액)과 액면이자를 시장이자율로 할인한 현재가치로 결정된다. 다만, 사채를 발행하는 과정에서 수수료, 인쇄비, 광고비 등 사채발행비가 발생할 경우에는 이를 사채발행대금에서 직접 차감한 금액을 사채의 발행가액으로 한다.

(2) 사채관련 이자율

① **표시이자율**(액면이자율) … 사채권면에 표시된 이자율로 사채발행자는 사채의 액면가액에 표시이자율을 곱한 금액을 사채의 투자자에게 지급한다.

② **시장이자율** … 채권시장에서 형성되는 유통수익률로 채권의 수요와 공급에 의해서 결정된다. 시장이자율은 사채의 시장가격을 결정하는 요소이다.

③ **유효이자율** … 사채의 현재가치와 사채의 발행가액을 일치시키는 할인율이다. 따라서 사채발행비가 발생하지 않은 경우에는 취득 당시의 시장이자율과 동일하다. 그러나 사채발행비가 발생하면 사채의 발행가액은 시장이자율로 할인한 사채의 현재가치에서 사채발행비를 차감하여 결정되므로 유효

이자율은 시장이자율과 다르게(높게) 된다. 그리고 사채발행회사는 유효이자율법에 따라 사채의 장부가액(사채의 액면가액 ± 사채발행차금)에 유효이자율을 적용하여 이자비용을 인식하고 액면이자와의 차액을 사채발행차금상각으로 처리한다.

(3) 사채의 액면발행

사채발행비가 없는 경우에는 발행당시의 시장이자율(사채의 현재가치계산에 이용)과 유효이자율(사채의 발행가액결정과 매기 이자비용계산에 이용)이 동일하다. 또한, 액면이자율과 시장이자율(유효이자율)이 같으면 사채발행차금이 발생하지 않으며 액면이자와 유효이자(이자비용인식액)가 일치하여 매기 액면이자(현금이자)에 따라 이자비용에 대한 회계처리를 한다.

㈜서원은 2014년 1월 1일에 다음의 사채를 발행하였다.

• 액면가액 : ₩100,000	• 액면이자율 : 10%
• 이자지급일 : 매년 12월 31일	• 시장이자율 : 10%
• 상환기일 : 2016년 12월 31일	• 사채발행비 : ₩0

① 사채발행일의 회계처리

㉠ 사채의 현금흐름

```
2014년 초      2014년 말      2015년 말      2016년 말
  ├─────────────┼─────────────┼─────────────┤
                  10,000         10,000        10,000 : 이자지급액
                                             100,000 : 원금상환액
```

㉡ 사채의 현재가치 계산
• 이자지급액의 현재가치 : 10,000 × 2.48685(3년, 10% 연금현가) = ₩24,869
• 원금상환액의 현재가치 : 100,000 × 0.75131(3년, 10% 현가) = ₩75,131
• 사채의 현재가치(사채의 발행가액) : ₩100,000

㉢ 2014년 1월 1일(사채발행일)의 회계처리
〈차〉 현　　금 100,000　　〈대〉 사　채 100,000

② 2014년 12월 31일(이자지급일)의 회계처리

㉠ 사채할인발행차금 상각액
• 유효이자(장부가액 × 유효이자율) : 100,000 × 10% = ₩10,000
• 액면이자(액면가액 × 액면이자율) : 100,000 × 10% = ₩10,000
• 이자차액(사채할인발행차금상각액) : ₩0

㉡ 2014년 12월 31일(이자지급일)의 회계처리
〈차〉 이자비용　10,000　　〈대〉 현　금　10,000

③ 2016년 12월 31일(이자지급, 만기액면상환)의 회계처리

㉠ 이자지급의 회계처리
〈차〉 이자비용　10,000　　〈대〉 현　금　10,000

㉡ 만기액면상환의 회계처리
〈차〉 사　　채 100,000　　〈대〉 현　금 100,000

기출문제 ▶

문. ㈜대한은 2011년 1월 1일에 표시이자율 10%, 액면가액 ₩10,000, 이자지급은 매년 12월 31일 후불조건, 만기 3년의 사채를 발행하였다. 발행시점에서 동 사채에 적용된 유효이자율이 15%일 경우 사채의 발행금액은? (단, 사채발행금액 계산에는 다음 자료를 이용하시오)

▶ 2011. 4. 9 행정안전부

• 단일금액 ₩1의 현재가치요소 (10%, 3년) = 0.75
• 단일금액 ₩1의 현재가치요소 (15%, 3년) = 0.66
• 정상연금 ₩1의 현재가치요소 (10%, 3년) = 2.49
• 정상연금 ₩1의 현재가치요소 (15%, 3년) = 2.28

① ₩8,880　　② ₩9,090
③ ₩9,780　　④ ₩10,000

☞ ①

(4) 사채의 할인발행

사채발행비가 없는 경우에는 발행당시의 시장이자율(사채의 현재가치계산에 이용)과 유효이자율(사채의 발행가액결정과 매기 이자비용계산에 이용)이 동일하다. 그러나 시장이자율(유효이자율)이 액면이자율보다 높으면 사채는 액면가액보다 낮은 가액으로 발행되고 사채할인발행차금이 발생한다. 매기 액면이자와 유효이자(이자비용인식액)의 차이가 발생하며 이 차이는 사채할인발행차금상각액으로 조정한다.

㈜서원은 2014년 1월 1일에 다음의 사채를 발행하였다.

• 액면가액 : ₩100,000	• 액면이자율 : 10%
• 이자지급일 : 매년 12월 31일	• 시장이자율 : 12%
• 상환기일 : 2016년 12월 31일	• 사채발행비 : ₩0

① 사채발행일의 회계처리

　㉠ 사채의 현금흐름

```
2014년 초    2014년 말    2015년 말    2016년 말
  |-----------|-----------|-----------|
            10,000      10,000      10,000 : 이자지급액
                                   100,000 : 액면상환액
```

　㉡ 사채의 현재가치 계산

　　• 이자의 현재가치 : 10,000 × 2.40183(3년, 12% 연금현가) = ₩24,018
　　• 액면의 현재가치 : 100,000 × 0.71178(3년, 12% 현가)　=　₩71,178
　　• 사채의 현재가치(사채의 발행가액) :　　　　　　　　　　₩95,196
　　• 사채할인발행차금 : 100,000(액면가액) − 95,196(발행가액) = ₩4,804

　㉢ 2014년 1월 1일(사채발행일)의 회계처리

　〈차〉현　　　　　금 95,196　　〈대〉사　채 100,000
　　　사채할인발행차금　4,804

② 2014년 12월 31일(이자지급일)의 회계처리

　㉠ 사채할인발행차금상각액

　　• 유효이자(장부가액 × 유효이자율) : 95,196 × 12% = ₩11,424
　　• 액면이자(액면가액 × 액면이자율) : 100,000 × 10% = ₩10,000
　　• 이자차액(사채할인발행차금상각액) :　　　　　　　　₩1,424

　㉡ 회계처리

　〈차〉이자비용 11,424　　　　〈대〉현　　　　　금 10,000
　　　　　　　　　　　　　　　　사채할인발행차금　1,424

③ 2015년 12월 31일(2차년도 이자지급일)의 회계처리

　㉠ 사채할인발행차금상각액

　　• 유효이자(장부가액 × 유효이자율) : (95,196 + 1,424) × 12% = ₩11,594
　　• 액면이자(액면가액 × 액면이자율) : 100,000 × 10%　　　 = ₩10,000
　　• 이자차액(사채할인발행차금상각액) :　　　　　　　　　　₩1,594

기출문제 ▶

문. ㈜한라는 2008년 1월 1일에 표시이자율은 8%, 액면금액은 ₩100,000인 3년 만기 사채를 ₩95,030에 발행하였다. 이자는 매년 12월 31일에 지급되며, 발생이자와 관련된 회계처리는 유효이자율법에 따르고 있다. 유효이자율이 10%일 때, 2009년 12월 31일 이 사채의 장부금액은? (단, 소수점 이하는 반올림함)

▶ 2010. 4. 10 행정안전부

① ₩85,527　　② ₩93,527
③ ₩96,533　　④ ₩98,186

☞ ④

ⓒ 회계처리

〈차〉 이자비용 11,594　　　　　　〈대〉 현　　　　　　금 10,000
　　　　　　　　　　　　　　　　　　　사채할인발행차금　1,594

④ 2016년 12월 31일(이자지급, 만기상환)의 회계처리

　　㉠ 이자지급의 회계처리

　　　• 사채할인발행차금상각액

　　　　－유효이자(장부가액 × 유효이자율) : (96,620 + 1,594) × 12% = ₩11,786
　　　　－액면이자(액면가액 × 액면이자율) : 100,000 × 10%　　　　= ₩10,000
　　　　－이자차액(사채할인발행차금상각액) :　　　　　　　　　　　　₩1,786

　　　• 회계처리

　　　　〈차〉 이자비용 11,786　　　　　　〈대〉 현　　　　　　금 10,000
　　　　　　　　　　　　　　　　　　　　사채할인발행차금　1,786

　　㉡ 만기상환의 회계처리

　　　• 사채의 장부가액 : (95,196 + 1,424 + 1,594 + 1,786) = 100,000
　　　• 사채할인발행차금미상각잔액 : 100,000(액면가액) − 100,000(만기의 장부
　　　　가액) = 0

　　　• 회계처리

　　　　〈차〉 사　　채 100,000　　　　　　〈대〉 현　금 100,000

(5) 사채의 할인발행, 사채발행비 존재

사채발행비는 사채를 발행하는데 직접 소요된 사채권인쇄비, 사채모집광고비
등의 비용으로 사채발행으로 인한 현금유입액에서 직접차감(사채할인발행차금에
가산)한 순현금유입액으로 사채의 발행가액(발행시의 장부가액)을 결정한다.
이 때의 이자비용은 시장이자율이 아닌 유효이자율(사채발행비를 차감하여 사
채의 발행가액을 결정하는데 적용된 이자율)을 사용하여 인식한다.

　㈜서원은 2014년 1월 1일에 다음의 사채를 발행하였다.

• 액면가액 : ₩100,000	• 액면이자율 : 10%
• 이자지급일 : 매년 12월 31일	• 시장이자율 : 12%
• 상환기일 : 2016년 12월 31일	
• 사채발행비 : ₩5,000(유효이자율 14%)	

① 사채발행일의 회계처리

　㉠ 사채의 현금흐름(사채발행비가 없을 경우)

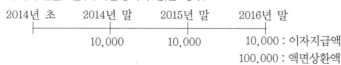

문. ㈜한국은 20x1년 1월 1일 액면
가액 ₩1,000,000 (표시이자
율 연 10%, 이자지급일 매년
말 후급, 만기일 20x3년 12월
31일)의 사채를 발행하였으며
발행당시 유효이자율은 12%였
다. 이 사채를 20x2년 1월 1일
에 ₩1,000,000에 상환하였
다. 상환당시의 분개는?

▶ 2011. 7. 23 행정안전부 7급

① 〈차〉 사채　　　　　　XXX
　　　　사채상환손실　　XXX
　　〈대〉 현금　　　　　　XXX
　　　　사채할증발행차금　XXX
② 〈차〉 사채　　　　　　XXX
　　　　사채할증발행차금　XXX
　　〈대〉 현금　　　　　　XXX
　　　　사채상환이익　　XXX
③ 〈차〉 사채　　　　　　XXX
　　　　사채상환손실　　XXX
　　〈대〉 현금　　　　　　XXX
　　　　사채할인발행차금　XXX
④ 〈차〉 사채　　　　　　XXX
　　　　사채할인발행차금　XXX
　　〈대〉 현금　　　　　　XXX
　　　　사채상환이익　　XXX

☞ ③

ⓛ 사채의 현재가치 계산(시장이자율 적용)

- 이자의 현재가치 : 10,000 × 2.40183(3년, 12% 연금현가) = ₩24,018
- 액면의 현재가치 : 100,000 × 0.71178(3년, 12% 현가) = ₩71,178
- 사채의 현재가치(사채의 발행가액) : ₩95,196
- 사채의 발행가액 : 95,196(현재가치) − 5,000(사채발행비) = ₩90,196
- 사채할인발행차금 : 100,000(액면가액) − 90,196(발행가액) = ₩9,804

ⓒ 2014년 1월 1일(사채발행일)의 회계처리

- 사채발행의 회계처리

  〈차〉 현 금 95,196 〈대〉 사 채 100,000
  　　 사채할인발행차금 4,804

- 사채발행비의 회계처리

  〈차〉 사채할인발행차금 5,000 〈대〉 현 금 5,000

- 위 합산하면

  〈차〉 현 금 90,196 〈대〉 사 채 100,000
  　　 사채할인발행차금 9,804

② 2014년 12월 31일(이자지급일)의 회계처리

ⓐ 사채할인발행자금상각액

- 유효이자(장부가액 × 유효이자율) : 90,196 × 14% = ₩12,627
- 액면이자(액면가액 × 액면이자율) : 100,000 × 10% = ₩10,000
- 이자차액(사채할인발행차금상각액) : ₩2,627

ⓑ 회계처리

  〈차〉 이자비용 12,627 〈대〉 현 금 10,000
  　　　　　　　　　　　　　 사채할인발행차금 2,627

(6) 사채의 할증발행

사채의 액면이자율(현금지급이자율)이 시장이자율(유효이자율)보다 높으면 사채발행회사는 시장에서 형성되는 공정한 이자액보다 많은 현금이자를 지급하게 된다. 이 경우 시장의 거래가 공정하게 되려면 사채발행회사는 사채발행으로 인한 현금유입액이 많아야(만기액면상환가액초과) 한다. 즉, 사채발행시 초과현금유입액을 매기 현금이자지급시 추가로 지급하는 상황이다. 따라서 액면이자율이 시장이자율(유효이자율)보다 높으면 사채는 액면가액보다 높게 할증발행되며, 액면가액과 할증발행된 가액과의 차액은 사채할증발행차금으로 계상되어 유효이자율법에 따라 상각하여 조정한다.

(7) 사채의 조기상환

사채를 약정된 만기에 상환하는 경우에는 액면가액으로 상환하고 관련 사채발행차금의 조정은 완료가 되었으므로 사채상환손익은 발생하지 않는다. 그러나 만기일 이전에 사채를 조기상환할 경우에는 상환시점의 사채장부가액과 상환가액과의 차이로 인하여 사채상환손익(영업외손익)이 발생할 수 있다. 사채의

기출문제 ▶ ··············

문. ㈜한국은 2015년 1월 1일에 액면금액 ₩1,000,000, 표시이자율 연 10%, 3년 만기의 사채를 유효이자율이 6개월간 8%가 되도록 발행하였다. ㈜한국은 사채발행차금을 유효이자율법에 의하여 상각하며 이자지급시기는 6월 30일과 12월 31일이다. 현재가치표는 다음과 같다.

▶ 2015. 6. 13 서울특별시

	₩1의 현재가치		연금 ₩1의 현재가치	
	3기간	6기간	3기간	6기간
5%	0.864	0.746	2.723	5.076
8%	0.794	0.630	2.577	4.623
10%	0.751	0.565	2.487	4.355
16%	0.641	0.410	2.246	3.685

㈜한국이 2015년 7월 1일 상기 사채 전부를 ₩900,000에 상환하였다고 할 때 사채상환손익은 얼마인가?

① 상환손실 ₩15,152
② 상환이익 ₩15,152
③ 상환손실 ₩19,958
④ 상환이익 ₩19,958

☞ ③

장부가액은 유효이자율법(발행시의 시장이자율)에 의해 결정되는 반면 조기 상환가액은 상환시점의 시장이자율에 따라 결정되기 때문이다.

㈜서원은 2014년 1월 1일에 다음의 사채를 액면발행하였다.

> • 액면가액 : ₩100,000   • 표시이자율 : 10%
> • 이자지급일 : 매년 12월 31일   • 시장이자율 : 10%
> • 만기 : 2017년 12월 31일(3년)

㈜서원은 2015년 3월 31일에 위 사채를 ₩105,000에 조기 상환하였다.

① 3월 31일까지 발생이자

    ㉠ 이자비용(유효이자)과 미지급이자(액면이자)의 계산

      • 유효이자(장부가액 × 유효이자율) : $100,000 \times 10\% \times \frac{3}{12} = ₩2,500$

      • 액면이자(액면가액 × 액면이자율) : $100,000 \times 10\% \times \frac{3}{12} = ₩2,500$

      • 이자차액(사채할인발행차금상각액) :   ₩0

    ㉡ 회계처리

      〈차〉 이자비용 2,500   〈대〉 미지급이자 2,500

② 사채상환의 회계처리

    ㉠ 사채상환손익의 계산

      105,000(상환가액) − 100,000(기초장부가액) + 2,500(미지급이자) + 0(사채할인발행차금상각액) = (−)2,500(손실)

    ㉡ 회계처리

      〈차〉 사   채 100,000   〈대〉 현 금 105,000
            미 지 급 이 자   2,500
            사채상환손실   2,500

SECTION 3 충당부채

(1) 충당부채의 인식

충당부채란 과거의 거래나 사건의 결과로 인한 현재의 의무로서 그 지출의 시기 또는 금액이 불확실하지만 다음의 요건을 모두 충족하면 재무상태표에 부채로 계상하고 관련 비용 또는 손실을 인식하여 그 성격에 따라 매출원가, 물류원가, 관리비 또는 기타비용 등으로 처리한다.

① 과거의 거래나 사건의 결과 때문에 현재에 의무가 존재한다.

② 당해 의무를 이행하기 위하여 자원이 유출될 가능성이 매우 높다.

③ 그 의무의 이행에 소요되는 금액을 신뢰성 있게 측정할 수 있다.

기출문제

문. ㈜한국은 액면 ₩1,000,000의 사채를 2015년 초에 ₩950,260으로 발행하였다. 발행 당시 사채의 유효이자율은 10%, 표시이자율은 8%, 이자는 매년 말 후급, 만기일은 2017년 말이다. ㈜한국이 해당 사채 전액을 2016년 초에 ₩960,000의 현금을 지급하고 상환할 경우 사채상환이익(손실)은?

▶ 2015. 6. 27 제1회 지방직

① ₩5,286 손실
② ₩5,286 이익
③ ₩6,436 손실
④ ₩6,436 이익

답 ②

(2) 충당부채의 회계처리

① 판매보증충당부채
　㉠ 결산시
　　〈차〉 판 매 보 증 비 20,000　〈대〉 판매보증충당부채 20,000
　㉡ 판매보증비 지출시
　　〈차〉 판매보증충당부채 15,000　〈대〉 현　　　　금 15,000
② 퇴직급여충당부채
　㉠ 결산시
　　〈차〉 퇴 직 급 여 30,000　〈대〉 퇴직급여충당부채 30,000
　㉡ 퇴직금지급시
　　〈차〉 퇴직급여충당부채 20,000　〈대〉 현　　　　금 20,000

SECTION
4
우발부채

(1) 우발부채의 인식

우발부채란 과거사건은 발생했으나 기업이 전적으로 통제할 수 없는 하나 또는 그 이상의 불확실한 미래사건의 발생 여부에 의해서만 그 존재여부가 확인되는 잠재적인 의무와, 과거의 거래나 사건의 결과로 발생한 현재의 의무지만 그 의무를 이행하기 위해 자원이 유출될 가능성이 매우 높지 않거나 또는 그 가능성은 매우 높으나 당해 의무를 이행하여야 할 금액을 신뢰성 있게 추정할 수 없는 경우에 해당하는 잠재적인 부채를 말한다.

(2) 우발부채의 회계처리

① 우발부채는 충당부채와 달리 그 금액의 신뢰성 있는 측정이 불가능하고 현재 의무여부가 확실치 않은 잠재적 의무인 경우와 자원의 유출 가능성이 높지 않은 경우이므로 다음의 내용을 주석으로 공시한다.
　• 우발부채의 추정금액
　• 자원의 유출금액 및 시기와 관련된 불확실성 정도
　• 제3자에 의한 변제 가능성
② 과거에 우발부채로 처리하였더라도 이후 충당부채의 인식조건을 충족하였다면 재무상태표에 충당부채를 인식한다.

SECTION
5
우발자산

우발자산이란 과거의 거래나 사건의 결과로 발생할 가능성이 있으며, 기업이 전적으로 통제할 수 없는 하나 또는 그 이상의 불확실한 미래사건의 발생 여부에 의해서만 그 존재여부가 확인되는 잠재적 자산을 말한다. 따라서 우발자산은 미래 실현가능성이 상당해지지 않는 이상 인식하지 않고, 경제효익의 유입 가능성이 높은 경우에 우발자산을 주석으로 공시한다.

기출문제

문. ㈜한국은 20x1년에 새로 출시된 건강음료의 판매를 촉진하기 위하여 제품 상자당 1장의 쿠폰을 인쇄하여 판매하고 있다. 고객은 쿠폰 10장과 원가 ₩2,500인 운동기구를 교환할 수 있으며, 회사는 쿠폰의 회수율이 40%일 것으로 추정하고 있다. 20x1년 동안 회사가 판매한 건강음료는 총 4,200상자이고, 교환이 청구된 쿠폰 수는 1,080장이다. ㈜한국이 20x1년 결산시 계상하여야 할 경품충당부채는?
　　　　　▶ 2011. 7. 23 행정안전부 7급

① ₩ 0　　　　② ₩ 130,000
③ ₩ 140,000　④ ₩ 150,000

☞ ④

---

1 ㈜서원은 다음과 같은 사채를 발행하였다. 이 사채와 관련하여 ㈜서원이 3년간 인식할 총이자비용은 얼마인가?

• 액면가액 : ₩100,000	• 발행가액 : ₩85,000
• 연이율 : 10%	• 이자지급 : 연 1회(매년 12월 31일)
• 발행일 : 2014년 1월 1일	• 상환일 : 2016년 12월 31일

① ₩15,000   ② ₩30,000
③ ₩45,000   ④ ₩60,000

TIP 사채의 만기까지 인식할 총이자비용
100,000 × 10% × 3년(총액면이자) + 15,000(사채할인발행차금) = ₩45,000

2 다음 사채에 대한 설명 중 옳지 않은 것은?

① 시장이자율이 액면이자율보다 높은 경우에는 할인발행된다.
② 사채발행차금은 사채발행비를 차감한 후의 발행가액과 액면가액과의 차액이다.
③ 유효이자율법하에서 사채할인발행차금상각액은 매기 증가한다.
④ 사채할인발행차금은 발행가액에서 차감하는 형식으로 표시한다.

TIP ④ 액면가액에서 사채할인발행차금을 차감하면 발행가액이 되며, 사채할인발행차금은 액면가액에서 차감하는 형식으로 표시한다.

⭐ ANSWER 1.③ 2.④

3 ㈜동교는 2016년 1월 1일 다음과 같은 조건의 사채를 발행하였다. 다음 중 발행일의 분개로 옳은 것은?

- 액면 : 2,000좌, @₩10,000/좌
- 연이율 : 10%
- 사채발행비 : ₩500,000

- 발행대금 : @₩9,500/좌
- 이자지급 : 연 1회(매년 12월 31일)
- 상환조건 : 2016년 12월 31일 일시상환

---

① 〈차〉 현   금   19,000,000   〈대〉 사   채   20,000,000
      사채할인발행차금   1,500,000   현   금   500,000

② 〈차〉 현   금   18,500,000   〈대〉 사   채   19,000,000
      사 채 발 행 비   500,000

③ 〈차〉 현   금   18,500,000   〈대〉 사   채   20,000,000
      사채할인발행차금   1,500,000

④ 〈차〉 현   금   18,500,000   〈대〉 사   채   20,000,000
      사채할인발행차금   1,500,000

TIP 사채발행비는 사채의 발행가액(현금유입액)에서 직접 차감하므로 할인발행시 사채할인발행차금을 증가시키게 된다.
  ⊙ **사채발행**
    〈차〉 현   금 19,000,000   〈대〉 사   채 20,000,000
        사채할인발행차금   1,000,000
  ⓛ **사채발행비**
    〈차〉 사채할인발행차금   500,000   〈대〉 현   금   500,000
  ⓒ (⊙+ⓛ)
    〈차〉 현   금 18,500,000   〈대〉 사   채 20,000,000
        사채할인발행차금   1,500,000

4 다음 중 사채를 할인발행하였을 경우 재무상태표상 비유동부채의 금액은?

① 사채의 발행일부터 원금상환일까지 액면가액으로 일정하다.
② 사채의 발행일부터 원금상환일까지 발행가액으로 일정하다.
③ 사채의 원금상환일까지 매년 증가한다.
④ 사채의 원금상환일까지 매년 감소한다.

TIP ⊙ **할인발행** : 사채의 장부가액은 매년 증가한다.
  ⓛ **할증발행** : 사채의 장부가액은 매년 감소한다.
  ⓒ **만기액면상환일** : 할인발행이나 할증발행이나 장부가액은 액면가액과 같아진다.

⭐ **ANSWER**   3.④   4.③

5 다음과 같은 사채를 발행할 때 발행일의 분개로 옳은 것은?

> 사채액면총액 ₩10,000,000을 액면 @₩10,000에 대하여 @₩9,000으로 발행하고 납입금 중 사채발행비 ₩200,000을 차감한 잔액은 당좌예금하다.

① 〈차〉당 좌 예 금   9,000,000   〈대〉사   채   10,000,000
　　　사채할인발행차금   1,200,000   　　　현   금   200,000
② 〈차〉당 좌 예 금   8,800,000   〈대〉사   채   10,000,000
　　　사채할인발행차금   1,200,000
③ 〈차〉당 좌 예 금   9,000,000   〈대〉사   채   10,200,000
　　　사채할인발행차금   1,200,000
④ 〈차〉현   금   9,000,000   〈대〉사   채   10,000,000
　　　사 채 발 행 비   200,000   　　　현   금   200,000
　　　사채할인발행차금   1,000,000

🏅 **TIP** 사채발행비는 사채의 발행가액(현금유입액)에서 직접 차감한다.
　　⊙ **발행가액** : $10,000,000 \times \dfrac{9,000}{10,000} - 200,000 = 8,800,000$
　　⊙ **사채할인발행차금** : $10,000,000$(액면가액) $- 8,800,000$(발행가액) $= 1,200,000$

6 다음 자료에 의하면 2015년 12월 31일 사채할인발행차금상각액은 얼마인가?

> • 액면가액 : ₩20,000,000　　　　• 발행가액 : ₩18,000,000
> • 액면이자율 : 4%　　　　　　　• 유효이자율 : 6%
> • 이자지급 : 연 1회(매년 12월 31일)　• 발행일 : 2015년 1월 1일
> • 만기일 : 2019년 12월 31일　　　• 상환조건 : 만기일시상환

① ₩220,000　　　　　　　　　② ₩240,000
③ ₩260,000　　　　　　　　　④ ₩280,000

🏅 **TIP** ⊙ **유효이자**(장부가액 × 유효이자율) : $18,000,000 \times 6\% = 1,080,000$
　　⊙ **액면이자**(액면가액 × 액면이자율) : $20,000,000 \times 4\% = 800,000$
　　⊙ **사채할인발행차금상각액**(이자차액) : $1,080,000 - 800,000 = 280,000$

⭐ **ANSWER** 5.② 6.④

7 ㈜마포는 다음과 같은 사채를 발행하였다. 이 사채와 관련하여 ㈜마포의 2015년 12월 31일 분개로 옳은 것은?

• 액면가액 : ₩1,000,000	• 발행가액 : ₩850,000
• 액면이자율 : 6%	• 유효이자율 : 10%
• 사채발행비 : ₩50,000	• 발행일 : 2015년 7월 1일
• 이자지급일 : 연 1회(매년 6월 30일)	• 만기일 : 2018년 6월 30일

① 〈차〉 이자비용   50,000   〈대〉 미 지 급 이 자   30,000
                                         사채할인발행차금   20,000
② 〈차〉 이자비용   50,000   〈대〉 사   채   30,000
                                         사채할인발행차금   20,000
③ 〈차〉 이자비용   40,000   〈대〉 미 지 급 이 자   30,000
                                         사채할인발행차금   10,000
④ 〈차〉 이자비용   40,000   〈대〉 사   채   30,000
                                         사채할인발행차금   10,000

TIP ㉠ 이자비용 : 발행가액 × 유효이자율 × 월수/12
$(850,000 - 50,000) \times 10\% \times 6/12 = 40,000$
㉡ 액면이자 : 액면가액 × 액면이자율 × 월수/12
$1,000,000 \times 6\% \times 6/12 = 30,000$
㉢ 사채할인발행차금상각액(이자차액) : $40,000 - 30,000 = 10,000$

8 ㈜서원은 2015년 7월 1일에 사채(액면 ₩100,000, 액면이자율 8%, 유효이자율 10%)를 ₩90,000에 할인발행하였다. 이 사채의 만기는 5년이고 이자지급일은 매년 6월 30일이다. ㈜서원이 2015년 12월 31일 인식해야 할 사채할인발행차금상각액은 얼마인가?

① ₩400   ② ₩500
③ ₩700   ④ ₩1,000

TIP ㉠ 유효이자(장부가액 × 유효이자율) : $90,000 \times 10\% \times 6/12 = 4,500$
㉡ 액면이자(액면가액 × 액면이자율) : $100,000 \times 8\% \times 6/12 = 4,000$
㉢ 사채할인발행차금상각액(이자차액) : $4,500 - 4,000 = 500$

ANSWER 7.③ 8.②

9 ㈜마포는 2015년 10월 1일 다음 조건의 사채를 발행하였다. ㈜마포의 결산일인 2015년 12월 31일의 분개로 옳은 것은?

- 액면가액 : ₩1,000,000
- 사채발행비 : ₩40,000
- 유효이자율 : 10%
- 액면이자율 : 8%
- 발행대금 : ₩980,000
- 이자지급방법 : 연 1회(매년 9월 30일)
- 상환조건 : 2018년 9월 30일 일시상환

---

① 〈차〉 이자비용   24,500   〈대〉 미 지 급 이 자   30,000
                                        사채할인발행차금   4,500
② 〈차〉 이자비용   20,000   〈대〉 미 지 급 이 자   20,000
③ 〈차〉 이자비용   23,500   〈대〉 미 지 급 이 자   20,000
                                        사채할인발행차금   3,500
④ 〈차〉 이자비용   23,500   〈대〉 미 지 급 이 자   23,500

TIP ㉠ **유효이자**(장부가액 × 유효이자율 × 월수/12) : (980,000 − 40,000) × 10% × 3/12 = 23,500
㉡ **액면이자**(액면가액 × 액면이자율 × 월수/12) : 1,000,000 × 8% × 3/12 = 20,000
㉢ **사채할인발행차금상각액**(이자차액) : 23,500 − 20,000 = 3,500

10 ㈜동교는 2015년 9월 30일에 다음과 같이 사채를 조기상환하였다. 사채의 조기상환으로 인한 손익은 얼마인가?

- 액면가액 : ₩20,000,000
- 액면이자율 : 연 10%
- 발행일 : 2014년 1월 1일
- 결산일 : 매년 12월 31일
- 현금상환액 : ₩9,000,000
- 미상각사채할인발행차금잔액 : ₩1,200,000
- 만기일 : 2016년 12월 31일
- 상환비율 : 액면가액의 50%

---

① 상환손실 ₩900,000   ② 상환이익 ₩900,000
③ 상환손실 ₩1,150,000   ④ 상환이익 ₩1,150,000

TIP ㉠ **상환시장부가액** : (액면가액 − 미상각사채할인발행차금잔액) × 상환비율
(20,000,000 − 1,200,000) × 50% = 9,400,000
㉡ **상환분에 대한 미지급이자발생액** : 액면가액 × 액면이자율 × 월수/12 ×상환비율
20,000,000 × 10% × 9/12 × 50% = 750,000
㉢ **상환가액** : (현금상환액 − 미지급이자)
9,000,000 − 750,000 = 8,250,000
㉣ **상환손익** : (장부가액 − 상환가액)
9,400,000 − 8,250,000 = 1,150,000(이익)

⭐ **ANSWER**   9.③ 10.④

11 ㈜서원은 액면가액 ₩15,000,000, 미상각사채할인발행차금잔액 ₩1,300,000인 사채를 2015년 3월 5일 ₩15,000,000에 조기상환하였다. 상환당시 미지급이자발생액이 ₩300,000일 경우 사채의 조기상환으로 인한 손익은 얼마인가?

① ₩0   ② 상환손실 ₩1,000,000

③ 상환이익 ₩1,000,000   ④ 상환이익 ₩300,000

TIP ㉠ **상환시장부가액**(액면가액 − 미상각사채할인발행차금잔액) : 15,000,000 − 1,300,000 = 13,700,000
㉡ **상환가액**(현금지급액 − 미지급이자발생액) : 15,000,000 − 300,000 = 14,700,000
㉢ **사채조기상환손익**(장부가액 − 상환가액) : 13,700,000 − 14,700,000 = (−)1,000,000(손실)

12 ㈜서원은 감채적립금이 ₩15,000,000 있는 상황에서 사채의 만기일에 수표를 발행하여 액면총액 ₩10,000,000의 사채를 상환하였다. 이에 대한 분개로 옳은 것은?

① 〈차〉 사   채   10,000,000   〈대〉 당 좌 예 금   10,000,000
　　　감채적립금   15,000,000   별도적립금   15,000,000
② 〈차〉 사   채   10,000,000   〈대〉 당 좌 예 금   10,000,000
　　　감채적립금   10,000,000   별도적립금   10,000,000
③ 〈차〉 사   채   10,000,000   〈대〉 별도적립금   10,000,000
④ 〈차〉 사   채   10,000,000   〈대〉 당 좌 예 금   10,000,000

TIP 감채적립금은 임의적립금 중 적극적 적립금이므로 사채상환이라는 목적이 달성되면 별도적립금으로 대체한다. 단, 앞으로도 상환해야 할 사채가 더 있을 것이므로 상환분(목적달성분)에 대한 감채적립금만 별도적립금으로 대체한다.

13 SH㈜는 다음과 같은 방법으로 사채를 발행하였다. 이 회사가 관련 사채발행으로 상환기간 동안 인식할 총 이자비용은 얼마인가?

• 액면가액 : ₩500,000	• 발행가액 ₩480,000
• 시장이자율 : 10%	• 액면이자율 : 8%
• 발행일 : 2015년 4월 1일	• 상환일 : 2018년 3월 31일

① ₩140,000   ② ₩150,000

③ ₩160,000   ④ ₩170,000

TIP 위 사채는 할인발행하였으며, 만기가 3년인 사채이다. 3년간 총이자비용은 액면가액 × 액면이자율 × 기간 + 할인발행차금이다.
∴ **총이자비용** : 500,000 × 8% × 3년 + (500,000 − 480,000) = ₩140,000

★ ANSWER　11.②　12.②　13.①

14 ㈜민국은 2015년 1월 1일 액면 ₩5,000,000인 사채를 ₩4,750,000에 발행하였다. 2015년 12월 31일 다음과 같이 이자비용을 인식한 후 사채전액을 ₩4,800,000에 상환하였다. 사채상환에 관한 분개로 옳은 것은?

2015년 12월 31일

〈차〉 이자비용 560,000   〈대〉 현   금 500,000

                                    사채할인발행차금 60,000

---

① 〈차〉 사   채   4,750,000   〈대〉 현   금   4,800,000
      사채상환손실   50,000

② 〈차〉 사   채   4,810,000   〈대〉 현   금   4,800,000
                                                사 채 상 환 이 익   10,000

③ 〈차〉 사   채   5,000,000   〈대〉 현   금   4,800,000
      미 지 급 이 자   500,000   사채할인발행차금   190,000
                                                사 채 상 환 이 익   510,000

④ 〈차〉 사   채   5,000,000   〈대〉 현   금   4,800,000
                                               사채할인발행차금   190,000
                                                사 채 상 환 이 익   10,000

TIP 결산일에 이자비용에 대한 회계처리를 하였으므로 미지급사채이자는 발생하지 않는다.
    ㉠ 미상각사채할인발행차금잔액
      5,000,000(액면가액) − 4,750,000(발행가액) − 60,000(사채할인발행차금상각액)
      = 190,000
    ㉡ 상환시장부가액
      5,000,000(액면가액) − 190,000(미상각사채할인발행차금) = 4,810,000
    ㉢ 상환손익
      4,810,000(장부가액) − 4,800,000(상환가액) = 10,000(상환이익)

15 한국채택국제회계기준에 의한 충당부채 인식요건에 대한 설명으로 옳지 않은 것은?

① 당해 의무를 이행하기 위하여는 자원의 유출가능성이 크다.
② 과거의 사건이나 거래의 결과로 인하여 현재의 의무가 있다.
③ 인식요건인 현재 의무는 법적인 의무만을 말하고 의제의무는 제외한다.
④ 자원의 유출가능성이 크다는 것은 발생가능성이 50% 이상임을 의미한다.

TIP ③ 충당부채를 인식하기 위한 요건인 현재의 의무는 재무상태표일 현재 의무이행을 회피할 수 없는 법적 의무와 의제의무를 말한다.

ANSWER 14.④ 15.③

16 ㈜명지는 다음과 같이 시장에서 사채를 발행하였다. 2015년도에 회사가 인식할 차금상각액은 얼마인가?

- 액면가액 : ₩10,000,000
- 액면이자율 : 8%
- 발행일 : 2015년 7월 1일
- 상환조건 : 만기일시상환

- 발행가액 : ₩8,000,000
- 시장이자율 : 12%
- 만기일 : 2018년 6월 30일
- 이자지급 : 매년 1회

---

① ₩60,000

② ₩80,000

③ ₩100,000

④ ₩120,000

TIP ㉠ 유효이자(발행가액 × 시장이자율) : $8,000,000 \times 12\% \times \frac{6}{12} = 480,000$

㉡ 액면이자(액면가액 × 액면이자율) : $10,000,000 \times 8\% \times \frac{6}{12} = 400,000$

㉢ 사채할인발행차금상각액(㉠ - ㉡) : 80,000

17 다음 중 부채의 분류에 대한 설명으로 옳지 않은 것은?

① 단기차입금 – 재무상태표일로부터 1년 이내에 상환할 차입금을 말하며 여기에는 당좌차월 계약에 의한 금액을 포함한다.

② 선수수익 – 기업이 일정기간 계속적으로 용역을 제공하기로 약정하고 받은 수익 중 차기 이후에 속하는 부분을 말한다.

③ 예수금 – 미래에 상품이나 용역을 제공하기로 하고 그 대금을 미리 수령한 금액을 말한다.

④ 유동성장기부채 – 사채·장기차입금 등의 비유동부채 중에서 결산일로부터 1년 이내에 지급시기가 도래하는 부분을 말한다.

TIP ③ 예수금은 일반적인 상거래 이외에서 발생한 예수액을 말하며 종업원으로부터 원천징수한 근로소득세나 거래처로부터 징수한 부가가치세 등이 이에 속한다.

ANSWER 16.② 17.③

18 2015년 중 D회사는 2년 동안 제품에 하자가 있는 경우 보증을 하여 주는 신제품을 판매하기로 하였다. 추정보증비용은 판매 후 1년에 판매가의 2%이며, 그 다음해 1년에는 판매가의 4%이다. 2015년 12월 31일과 2016년 12월 31일자로 종료되는 회계연도의 매출액과 실제보증비용지출액은 다음과 같다. 2016년 12월 31일 D회사의 재무상태표에 보고되어야 하는 제품보증충당부채는 얼마인가?

	매출액	실제보증비용지출액
2015년	₩300,000	₩5,500
2016년	500,000	17,500
	₩800,000	₩23,000

① ₩23,000
② ₩25,000
③ ₩30,000
④ ₩48,000

🎓**TIP** 제품보증충당부채 : (300,000 + 500,000) × (2%+4%) − (5,500+17,500) = ₩25,000

19 다음 부채에 관한 설명 중 옳은 것은?
① 부채는 타인자본으로 기업이 외부에 지급해야 할 채무를 말한다.
② 부채는 외부에서 획득한 재화와 용역의 총칭이다.
③ 부채는 '1년 기준'을 적용하여 관계회사차입금은 유동부채로, 미지급금, 선수금 등은 비유동부채로 구별한다.
④ 부채는 외부에 대한 채권을 말하며 유동부채와 비유동부채로 구분된다.

🎓**TIP** ① 부채는 타인자본이라 할 수 있다.

20 사채를 할인발행하였을 경우 재무상태표상 장기부채의 금액은?
① 사채의 원금상환시까지 매년 증가한다.
② 사채의 원금상환시까지 매년 감소한다.
③ 사채의 발행부터 원금상환시까지 액면가액으로 변함이 없이 평가된다.
④ 사채발행부터 원금상환시까지 당초에 할인발행가액대로 계상된다.

🎓**TIP** 사채를 할인발행한 경우 발행시 '재무상태표상 사채의 장부가액 = 액면가액 − 사채할인발행차금'이다. 그런데 사채원금상환시까지 점차로 유효이자율법 등을 통해 사채할인발행차금을 상각(감소)해주므로 재무상태표상 사채장부가액은 점차 증가한다. 결국 발행시에 발행가액으로 표시된 사채의 장부가액을 상각의 과정을 통해 만기에는 사채액면가액으로 일치시켜주게 되는 것이다.

⭐**ANSWER** 18.② 19.① 20.①

21 사채총액 ₩5,000,000(액면 @₩100, 50,000주)을 연이율 12%(연 2회 지급), 상환기한 5년의 조건으로 @₩110씩 발행하고, 사채발행비 ₩120,000을 제외한 잔액은 은행에 당좌예입한다. 이 경우 옳은 분개는?

① 〈차〉 당 좌 예 금　　5,000,000　　〈대〉 사　　　　채　　5,000,000
　　　사채발행비　　　　120,000　　　　　당 좌 예 금　　　120,000
② 〈차〉 당 좌 예 금　　5,380,000　　〈대〉 사　　　　채　　5,500,000
　　　사채발행비　　　　120,000
③ 〈차〉 당 좌 예 금　　5,380,000　　〈대〉 사　　　　채　　5,000,000
　　　사채발행비　　　　120,000　　　　　사채할인발행차금　　500,000
④ 〈차〉 당 좌 예 금　　5,380,000　　〈대〉 사　　　　채　　5,000,000
　　　　　　　　　　　　　　　　　　　　　사채할증발행차금　　380,000

TIP 사채발행을 위하여 직접 발생한 기타의 비용은 할증발행차금에서 차감한다. 이 문제는 할증발행(사채액면 가액 < 발행가액)된 경우이다. 할증발행의 경우 사채발행시 회계처리는 할증발행차금을 사채에 가산하는 형식으로 계상하고, 사채발행비는 할증발행차금에서 차감한다.
할증발행차금 : 발행가액 − 액면가액
50,000주 × @110 − 5,000,000 = ₩500,000 − 120,000 = ₩380,000

09

자본

자본은 기업의 소유자가 가지는 청구권 즉, 소유자지분을 말한다. 주식회사에서는 이를 주주지분이라고도 한다. 소유자가 기업에 대하여 갖는 지분인 자본은 자산에서 부채를 차감한 잔여액으로 자산, 부채와 분리하여 독립적으로 측정할 수는 없다. 따라서 자본은 소유자지분, 주주지분, 순자산, 잔여지분 등으로 부르기도 한다. 이러한 자본을 경제적인 관점에서 보면 자본거래에 의한 납입자본(자본금과 자본잉여금), 손익거래에 의해서 발생한 이익잉여금, 자본거래와 손익거래로 구분하기 어려운 자본조정, 자본변동에 따른 기타포괄손익누계액으로 구분된다.

SECTION 1 자본의 분류

(1) 주주지분(자본)

① 자본금

② 자본잉여금
   ㉠ 주식발행초과금
   ㉡ 감자차익
   ㉢ 자기주식처분이익

③ 이익잉여금
   ㉠ 기처분이익잉여금
   • 법정적립금
   −이익준비금
   −기타법정적립금 : 재무구조개선적립금
   • 임의적립금
   −적극적 적립금 : 사업확장적립금, 신축적립금, 감채적립금 등
   −소극적 적립금 : 결손보전적립금, 배당평균적립금, 재해손실적립금 등
   ㉡ 미처분이익잉여금(처분전이익잉여금) : 전기이월이익잉여금(전기이월결손금) ± 회계정책의 변경으로 인한 누적효과 ± 중대한 전기오류수정손익 − 중간배당액 ± 당기순손익

④ 자본조정
   ㉠ 주식할인발행차금
   ㉡ 감자차손
   ㉢ 자기주식
   ㉣ 자기주식처분손실

⑤ 기타포괄손익누계액
   ㉠ 매도가능증권평가손익
   ㉡ 해외사업환산손익

기출문제

문. 자본에 관한 다음 설명으로 옳은 것을 모두 고르면?
▶ 2014. 4. 19 안전행정부

ㄱ. 이익잉여금은 당기순이익의 발생으로 증가하고 다른 요인으로는 증가하지 않는다.
ㄴ. 주식배당을 실시하면 자본금은 증가하지만 이익잉여금은 감소한다.
ㄷ. 무상증자를 실시하면 발행주식수는 증가하지만 자본총액은 변동하지 않는다.
ㄹ. 주식분할을 실시하면 발행주식수는 증가하지만 이익잉여금과 자본금은 변동하지 않는다.

① ㄱ, ㄴ, ㄷ　② ㄱ, ㄴ, ㄹ
③ ㄱ, ㄷ, ㄹ　④ ㄴ, ㄷ, ㄹ
☞ ④

문. 자본을 구성하는 다음의 항목들을 기초로 자본잉여금을 구하면 얼마인가?
▶ 2015. 6. 13 서울특별시

이익준비금 ₩5억, 자기주식 ₩2억, 주식발행초과금 ₩5억, 보통주자본금 ₩5억, 우선주자본금 ₩5억, 미처분이익잉여금 ₩1억, 사업확장적립금 ₩2억, 감자차익 ₩3억, 자기주식처분이익 ₩3억, 토지재평가잉여금 ₩2억

① ₩3억
② ₩5억
③ ₩8억
④ ₩11억
☞ ④

ⓒ 현금흐름위험회피 파생상품평가손익

(2) 자본등식

- 자산 − 부채 = 순자산(자본)
- 자본 = 자본금 + 자본잉여금 + 자본조정 + 기타포괄손익누계액 + 이익잉여금

(3) 자본금

자본금은 주주가 불입한 자본 중 주식의 액면총액을 말한다. 따라서 액면총액을 초과하는 금액은 주식발행초과금과목으로 하여 자본잉여금으로 분류한다.

자본금 = 주식의 액면가액 × 발행주식총수

이러한 자본금은 보통주자본금과 우선주자본금의 합으로 이루어진다.

자본금 = 보통주자본금 + 우선주자본금
= (보통주액면가액 × 보통주주식수) + (우선주액면가액 × 우선주주식수)

자본금은 주식의 발행(증자)로 인하여 증가하고 주식의 소각(감자)로 인하여 감소한다.

(4) 자본잉여금

자본잉여금은 주식발행에 의한 주금액의 납입 중 액면을 초과하는 금액과 주주와의 자본거래에서 발생한 잉여금으로 이루어진다.

① **주식발행초과금** … 주식발행시 액면가액을 초과하는 부분은 주식발행초과금으로 하여 자본잉여금으로 분류한다. 주식발행과 관련하여 증권인쇄비, 주주모집을 위한 광고비, 증권회사수수료 등의 주식발행비가 발생하면 이는 주식의 발행과 관련하여 직접적으로 발생한 비용이므로 주식의 발행가액에서 차감한다. 따라서 주식이 할증발행된 경우에는 신주발행비를 주식발행초과금에서 차감하고 액면발행이나 할인발행된 경우에는 주식할인발행차금으로 하여 자본조정으로 처리한다.

② **감자차익** … 감자시 지급한 대가가 감자한 주식의 액면가액에 미달하는 경우에는 그 미달액을 자본거래로 인한 이익으로 보아 감자차익으로 하여 자본잉여금으로 분류한다. 반면에 감자대가가 감자한 주식의 액면가액을 초과하는 경우에는 그 초과액을 자본거래로 인한 손실로 보아 감자차손으로 하여 자본조정으로 분류한다.

③ **자기주식처분이익** … 회사가 취득한 자기주식은 자본의 차감항목으로 자본조정에 계상한다. 이후 자기주식을 매각할 때 자기주식의 처분가액이 자기주식의 취득원가를 초과하면 그 초과액을 자기주식거래로 인한 이익으로 보아 자기주식처분이익으로 하여 자본잉여금에 분류한다. 반면에 자기주식의 처분가액이 자기주식의 취득원가에 미달하면 그 미달액을 자기주식거래로 인한 손실로 보아 자기주식처분손실로 하여 자본조정으로 분류한다.

기출문제

문. 다음은 ㈜한국의 2009년 12월 31일 현재의 자본 항목들이다. 이 자료를 이용하여 2009년 12월 31일 현재 자본잉여금을 계산하면?
▶ 2010. 4. 10 행정안전부

- 자본금 ₩50,000
- 자기주식 ₩20,000
- 감자차익 ₩10,000
- 해외사업환산이익 ₩10,000
- 미교부주식배당금 ₩20,000
- 감채적립금 ₩20,000
- 결손보전적립금 ₩5,000
- 주식발행초과금 ₩30,000
- 이익준비금 ₩5,000
- 자기주식처분손실 ₩10,000

① ₩60,000 ② ₩50,000
③ ₩40,000 ④ ₩30,000

답 ③

문. ㈜한국은 액면금액 ₩500인 주식 10주를 주당 ₩600에 발행하였는데, 주식발행비로 ₩500이 지출되었다. 위의 주식발행이 ㈜한국의 재무제표에 미치는 영향에 대한 설명으로 옳은 것은? (단, 법인세 효과는 무시한다)
▶ 2014. 4. 19 안전행정부

① 순이익이 ₩500 감소한다.
② 이익잉여금이 ₩500 감소한다.
③ 자산총액이 ₩6,000 증가한다.
④ 자본총액이 ₩5,500 증가한다.

답 ④

(5) 이익잉여금

이익잉여금이란 기업의 이익창출활동에 의해 축적된 이익으로, 배당 등으로 사외에 유출되거나 불입자본으로 대체되지 않고 사내에 유보된 부분을 말한다. 이익잉여금 중 일부에 대해서는 배당을 제한하기 위하여 적립금으로 대체한다. 이 중 법적으로 적립이 강제되어 있는 것은 법정적립금, 기업이 배당을 제한하기 위하여 임의적으로 적립한 것은 임의적립금이라 한다.

① 기처분이익잉여금
  ㉠ 법정적립금
   • 이익준비금 : 채권자를 보호하고 회사의 재무적 기초를 견고히 하고자 상법의 규정에 의해 강제적으로 적립
   • 기타법정적립금 : 조세특례제한법과 유가증권의 발행 및 공시 등에 관한 규정에 의하여 적립하는 이익처분액, 재무구조개선적립금 등
  ㉡ 임의적립금
   • 적극적 적립금 : 사업확장적립금, 신축적립금, 감채적립금 등
   • 소극적 적립금 : 결손보전적립금, 배당평균적립금, 재해손실적립금 등
② 처분전이익잉여금(미처리결손금) … 전기이월이익잉여금(전기이월결손금) ± 회계정책의 변경으로 인한 누적효과 ± 중대한 전기오류수정손익 - 중간배당액 ± 당기순손익
  ㉠ 전기이월이익잉여금 : 전기의 미처분이익잉여금 중 주주총회에서 이익잉여금 처분결의를 하고 남은 이익잉여금이다.
  ㉡ 회계정책의 변경으로 인한 누적효과 : 변경된 새로운 회계정책을 자산이나 부채의 해당 계정과목에 소급적용하여 계산된 손익의 누적효과를 미처분이익잉여금에 반영한다.
  ㉢ 전기오류수정손익 : 전전기 이전에 발생한 오류사항을 비교목적으로 작성하는 전기재무제표에 반영하는 경우에 한한다.
  ㉣ 중간배당액 : 상법 규정에 의해 연 1회의 결산기를 정한 회사는 영업연도 중 1회에 한하여 이사회의 결의로 일정한 날을 정하여 그날의 주주에 대하여 금전으로 배당을 할 수 있는데 이를 중간배당이라고 하며, 기중에 중간배당을 할 경우 이익잉여금과 상계하고 미처분이익잉여금 계산 시에는 중간배당액만큼 차감한다.
  ㉤ 당기순손익 : 당기 포괄손익계산서 상의 당기순손익과 동일한 금액이다.

(6) 자본조정

① 성격 … K-IFRS에서는 이익잉여금, 납입자본으로 구분하기 어려운 항목들을 자본조정으로 처리하도록 요구한다.
② 종류
  ㉠ 주식할인발행차금
  ㉡ 감자차손
  ㉢ 자기주식처분손실
  ㉣ 자기주식
  ㉤ 배당건설이자
  ㉥ 주식매수선택권
  ㉦ 지분법평가손익

기출문제

문. ㈜한국은 취득원가 ₩100,000의 토지를 2010년 5월 3일에 처음으로 재평가하였다. 이 토지가 ₩150,000으로 재평가된 경우, 2010년 말 ㈜한국의 재무제표에 미치는 영향으로 옳은 것은?
▶ 2011. 5. 14 상반기 지방직

① 재평가이익 ₩50,000만큼의 이익잉여금이 증가한다.
② 재평가이익 ₩50,000은 포괄손익계산서에 보고되지 않는다.
③ 재평가이익 ₩50,000만큼의 당기순이익이 증가한다.
④ 재평가이익 ₩50,000만큼의 자본이 증가한다.

☞ ④

문. ㈜한국의 20x1년초의 재무상태표의 자본부분이 다음과 같을 때, 자기주식 취득과 처분 후의 재무상태표상 자본 총계는?
▶ 2011. 7. 23 행정안전부 7급

보통주자본금 (액면가 1주당 ₩5,000)	₩100,000,000
주식발행초과금	₩10,000,000
이익잉여금	₩30,000,000
자본총계	₩140,000,000

20x1년중의 자본거래는 다음과 같다.
• 7월 1일 자기주식 1,000주를 주당 ₩8,000에 취득하였다.
• 10월 1일 위의 자기주식 중에서 200주를 주당 ₩9,000에 처분하였다.

① ₩132,000,000
② ₩133,600,000
③ ₩133,800,000
④ ₩140,000,000

☞ ③

(7) 기타포괄손익누계액

① 매도가능증권평가손익

② 해외사업환산손익

③ 현금흐름위험회피 파생상품평가손익

④ 재평가잉여금

SECTION 2 자기주식

(1) 자기주식의 의의

자기주식이란 자기회사가 발행한 주식을 유상 또는 무상으로 재취득하여 보유하는 것을 말한다. K-IFRS에 의한 자기주식의 본질은 미발행주식설이므로 그 자산성을 인정하지 않고 자기주식의 취득가액을 자본조정으로 하여 자본에서 차감하는 형식으로 기재한다. 단, 무상으로 수증받은 자기주식은 취득시에 회계처리를 하지 않으므로 취득원가도 0(Zero)이다.

(2) K-IFRS에 의한 자기주식의 회계처리

① 취득시 … 취득원가를 자기주식으로 계상한다. 그러나 자기주식을 대주주 등으로부터 무상으로 수증받는 경우에는 취득원가가 없으므로 취득시의 회계처리는 하지 아니한다.

〈차〉자 기 주 식 50,000 〈대〉현 금 50,000

② 처분시 … 자기주식의 처분가액과 취득원가를 비교하여 처분이익이 발생하면 자기주식처분이익으로 하여 자본잉여금으로 처리하고, 처분손실이 발생하면 자기주식처분이익과 상계하고 남은 잔액은 자기주식처분손실로 하여 자본조정으로 처리한다.

㉠ 처분이익 발생시

〈차〉현 금 65,000 〈대〉자 기 주 식 50,000
　　　　　　　　　　　　　　　자기주식처분이익 15,000
　　　　　　　　　　　　　　　(자 본 잉 여 금)

㉡ 처분손실 발생시

〈차〉현 금 40,000 〈대〉자 기 주 식 50,000
　　　자기주식처분손실 10,000
　　　(자 본 조 정)

SECTION 3 이익잉여금

(1) 이익잉여금처분계산서의 구조

이익잉여금처분계산서는 일정한 기간 동안에 발생한 이익잉여금의 총변동사항을 요약하여 보고하는 재무보고서이다.

이익잉여금처분계산서

(2×15년 1월 1일부터 2×15년 12월 31일까지)

처분예정일 : 2×16. 2. 10

Ⅰ. 처분전이익잉여금(미처분이익잉여금)		×××
1. 전 기 이 월 이 익 잉 여 금	×××	
2. 회계정책변경의 누적효과	×××	
3. 중대한 전기오류수정이익 (또는 중대한전기오류수정손실)	×××	
4. 중 간 배 당 액	×××	
5. 당 기 순 이 익	×××	
Ⅱ. 임의적립금이입액		×××
1. 사업확장적립금이입액	×××	
2. 배당평균적립금이입액	×××	
합　　　계(처분가능이익잉여금)		×××
Ⅲ. 이익잉여금처분액		×××
1. 이 익 준 비 금	×××	
2. 기 타 법 정 적 립 금	×××	
3. 기타의 이익잉여금처분액 (자본조정항목의 상각 등)	×××	
4. 배　　　　　당　　　　　금	×××	
가. 현 금 배 당	×××	
나. 주 식 배 당	×××	
5. 임 의 적 립 금	×××	
Ⅳ. 차기이월미처분이익잉여금		×××

(2) 결손금처리계산서의 구조

결손금처리계산서

(2×15년 1월 1일부터 2×15년 12월 31일까지

처분예정일 : 2×16. 2. 10

Ⅰ. 처 리 전 결 손 금(미처리결손금)		×××
1. 전 기 이 월 결 손 금	×××	
2. 회계정책변경의 누적효과	×××	
3. 중대한 전기오류수정이익 (또는 중대한 전기오류수정손실)	×××	
4. 중 간 배 당 액	×××	
5. 당 기 순 손 실 (또는 당기순이익)	×××	
Ⅱ. 결 손 금 처 리 액		×××
1. 임 의 적 립 금 이 입 액	×××	
2. 기타법정적립금이입액	×××	
3. 이 익 준 비 금 이 입 액	×××	
4. 자 본 잉 여 금 이 입 액	×××	
Ⅲ. 차기이월미처리결손금		×××

기출문제

문. 주당 액면가액이 ₩500인 보통주 500,000주를 발행하고 있고, 이익잉여금 잔액이 ₩100,000,000인 ㈜한국은 20x1년 2월에 5%의 주식배당과 주당 ₩15의 현금배당을 선언하였다. 이러한 배당선언이 회사의 자본에 미치는 영향으로 옳지 않은 것은?

▶ 2011. 7. 23 행정안전부 7급

① 이익잉여금 ₩20,000,000이 배당의 재원으로 사용되었다.

② 현금배당액은 ₩7,500,000이 될 예정이다.

③ 주식배당액은 ₩7,500,000이 될 예정이다.

④ 배당선언으로 부채 ₩7,500,000이 증가한다.

☞ ③

(3) 처분가능한 이익잉여금

① **처분전이익잉여금**(미처분이익잉여금) ··· 처분전이익잉여금이란 전기이월이익 잉여금(전기이월결손금)에 회계정책의 변경으로 인한 누적효과, 중대한 전 기오류수정이익(중대한 전기오류수정손실), 중간배당액 및 당기순이익(당기 순손실)을 가감한 금액을 말한다.

② **임의적립금이입액** ··· 처분전이익잉여금이 부족하여 적절한 배당을 할 수 없 는 경우 또는 임의적립금이 더 이상 필요하지 않은 경우에 주주총회결의에 의하여 과거에 적립해 두었던 임의적립금을 다시 처분가능한 이익잉여금으 로 환원시키게 된다. 이를 임의적립금이입이라 하고, 임의적립금이입액과 처분전이익잉여금의 합계가 당기에 처분가능한 이월이익잉여금이 된다.
　　㉠ 임의적립금 적립시
　　　〈차〉이익잉여금 200,000　　〈대〉감채적립금 200,000
　　㉡ 임의적립금 이입시
　　　〈차〉감채적립금 100,000　　〈대〉이익잉여금 100,000

(4) 이익잉여금의 처분

① 배당금지급
　　㉠ 현금배당
　　㉡ 주식배당

② **이익준비금 적립** ··· 이익준비금은 상법에 의한 법정적립금으로 매 결산기마 다 현금배당액의 십분의 일 이상에 해당하는 금액을 자본금의 이분의 일에 달할 때까지 적립하여야 한다. 이익준비금은 결손보전이나 자본전입 이외 에는 사용할 수 없다.
　　〈차〉이익잉여금 100,000　〈대〉이익준비금 100,000

③ 기타법정적립금 적립

④ 임의적립금 적립

⑤ **자본조정 상각** ··· 주식할인발행차금, 감자차손, 자기주식처분손실은 이익잉 여금처분과정을 통해 상각된다.

(5) 결손금 보전순서

처리전결손금은 다음 순서에 따라 보전되는데 이는 구속력이 낮은 순서, 즉 자본항목배열순서의 역순이다.

① 임의적립금이입액

② 기타법정적립금이입액

③ 이익준비금이입액

④ 자본잉여금이입액

SECTION 4   개인기업과 조합기업

(1) 기업의 유형

기업은 크게 자연인기업과 법인기업으로 분류되지만 회계처리관점에서는 개인기업, 조합기업, 주식회사 등으로 구분할 수 있다. 기업의 유형에 따라 자본의 회계처리는 달라지나 자산과 부채의 회계처리는 동일하다.

① 자연인기업
  ㉠ 개인기업 – 개인기업회계
  ㉡ 조합기업 ┐
② 법인기업
  ㉠ 합명회사 ┬ 조합회계
  ㉡ 합자회사 ┤
  ㉢ 유한회사 ┘
  ㉣ 주식회사 – 주식회사회계

(2) 개인기업

① 성격 … 개인기업은 기업과 기업주가 동일하므로 자본과 관련된 모든 회계처리는 자본금계정 하나로 회계처리한다. 따라서 설립시 소유주의 투자액을 자본금계정 대변에 기록하고 각 회계기간에 산출된 이익도 이익잉여금계정을 설정하여 처리하지 않고 자본금계정으로 대체시킨다. 그리고 소유주가 기업으로부터 현금을 인출할 때에는 자본금계정의 차변에 기록한다.

② 개인기업의 회계처리예시

◆1월 3일 기업주가 현금 ₩2,000,000과 건물 ₩3,000,000을 출자하여 영업을 시작하다.
  〈차〉현 금   2,000,000 〈대〉자본금 5,000,000
      건 물   3,000,000

◆5월 15일 기업주가 현금 ₩2,000,000을 추가출자하다.
  〈차〉현 금   2,000,000 〈대〉자본금 2,000,000

◆6월 10일 기업주가 개인용도로 현금 ₩500,000을 인출하다.
  〈차〉자본금(또는 인출금) 500,000 〈대〉현 금   500,000

◆7월 29일 상공회의소 일반회비(공과금) ₩100,000을 현금으로 납부하다.
  〈차〉자본금(또는 인출금) 100,000 〈대〉현 금   100,000

◆9월 10일 기업주가 살고 있는 아파트의 재산세 ₩150,000을 현금으로 납부하다.
  〈차〉자본금(또는 인출금) 150,000 〈대〉현 금   150,000

◆12월 31 당기순이익 ₩1,300,000을 보고하다.
  〈차〉집합손익   1,300,000 〈대〉자본금 1,300,000

이상의 예제에서 자본금계정잔액은 ₩7,550,000으로 소유주에 의한 누적출자액과 기업이익의 합계액에서 자본금인출액을 차감한 금액이다.

(3) 주식회사와 개인기업의 비교

① 자본의 출자

　ⓒ 주식회사 : 주식회사의 자본은 자본금, 자본잉여금, 이익잉여금, 자본조정, 기타포괄손익누계액으로 구성된다. 주식회사는 주주가 회사에 출자하면 회사는 출자증서인 주식을 발행하여 교부한다.

　　예를 들어 회사가 주주들로부터 1주당 액면 @₩5,000인 주식 1,000주를 발행하고 현금 ₩8,000,000을 출자받았다면 회계처리는 다음과 같다.

　　〈차〉 현　금 8,000,000　　　　〈대〉 자　　본　　금 5,000,000
　　　　　　　　　　　　　　　　　　주식발행초과금 3,000,000

　ⓛ 개인기업 : 개인기업은 자본을 세분하지 않고 자본금계정 하나만 사용한다. 또한 개인기업은 기업주가 출자해도 주식을 발행하지 않는다.

　　예를 들어, 회사가 기업주로부터 현금 ₩8,000,000을 출자받았다면 회계처리는 다음과 같다.

　　〈차〉 현　금 8,000,000　　　　〈대〉 자　　본　　금 8,000,000

② 당기순이익과 배당(분개상의 금액은 임의의 숫자임)

　ⓒ 주식회사

◆주식회사의 경우 당기순이익은 집합손익계정을 이용하여 이월이익잉여금계정으로 대체한다.

　　〈차〉 집　합　손　익 1,000,000　　〈대〉 이월이익잉여금 1,000,000

◆당기순손실은 다음과 같이 처리한다.

　　〈차〉 이월이익잉여금　300,000　〈대〉 집　합　손　익　300,000

◆주주총회에서 주주들에게 배당금을 지급하기로 확정한 분개는 다음과 같다.

　　〈차〉 이월이익잉여금　500,000　〈대〉 미지급배당금　500,000

◆확정된 배당금을 현금으로 지급하는 분개는 다음과 같다.

　　〈차〉 미지급배당금　500,000　〈대〉 현　　　　금　500,000

　ⓛ 개인기업

◆개인기업의 경우에는 이익잉여금계정이 없기 때문에 당기순이익은 집합손익계정을 이용하여 자본금계정으로 대체한다.

　　〈차〉 집　합　손　익 1,000,000　　〈대〉 자　　본　　금 1,000,000

◆당기순손실은 다음과 같이 처리한다.

　　〈차〉 자　　본　　금　300,000　〈대〉 집　합　손　익　300,000

◆개인기업은 모든 자본이 기업주 개인의 소유이므로 배당이라는 개념 대신에 인출이라는 개념을 사용한다. 개인기업의 경우 기업주가 자본을 인출하면 다음과 같이 분개한다.

　　〈차〉 자　　본　　금　500,000　〈대〉 현　　　　금　500,000

◆회계기간중에 자본금을 인출할 경우 인출금계정을 별도로 설정하여 기록하기도 한다. 인출금계정은 자본금의 차감계정이며 기말결산일에 인출금계정 잔액을 자본금계정에 대체한다. 인출금계정을 별도로 사용할 경우 회계처리는 다음과 같다.

자본금인출시

〈차〉인출금 500,000　　　　　　〈대〉현　금 500,000

추가출자시

〈차〉현　금 200,000　　　　　　〈대〉인출금 200,000

자본금계정에 대체시(기말)

〈차〉자본금 300,000　　　　　　〈대〉인출금 300,000

◆따라서 개인기업은 기업주의 출자액과 당기순이익은 자본금계정 대변에 기입하고, 기업주의 인출액과 당기순손실은 자본금계정 차변에 기입한다.

자본금	
인 출 액	출 자 액
당기순손실	당기순이익

③ 세금관련사항

　㉠ 주식회사 : 주식회사는 법인세비용차감전순이익(법인소득)에 대한 법인세를 납부하여야 한다. 법인세비용은 법인세비용차감전순이익에서 차감하는 형식으로 표시한다. 또한, 일반 세금과공과는 관리비에 속하며 사업용 토지 및 건물에 대한 재산세, 자동차세, 도시계획세, 상공회의소회비, 조합비 등이 있다.

◆법인세 확정시

〈차〉법 인 세 비 용 250,000　　　　〈대〉미지급법인세 250,000

◆법인세 납부시

〈차〉미지급법인세 250,000　　　　〈대〉현　　　　금 250,000

◆일반 세금과공과 납부시

〈차〉세 금 과 공 과 100,000　　　　〈대〉현　　　　금 100,000

　㉡ 개인기업 : 개인기업은 법인세 대신에 기업주가 소득세를 납부하여야 한다. 소득세란 개인기업에서 이익이 발생하면 그 이익에 대하여 일정부분을 세금으로 납부하는 것을 말한다. 그러나 개인기업에서는 일반적인 세금과공과와는 달리 소득세를 납부할 때 자본금에서 차감한다.

◆사업소득세납부시

〈차〉인 출 금 250,000　　　　〈대〉현 금 250,000

◆일반 세금과공과 납부시

〈차〉세금과공과 100,000　　　　〈대〉현 금 100,000

(4) 기타 회사와 조합기업

① **개요** … 합명회사, 합자회사, 유한회사 및 조합기업에서는 두명 이상의 사원 또는 조합원이 출자하며, 그 출자방법, 금액 및 손익의 분배비율은 계약에 따라 결정하게 된다. 사원 또는 조합원이 신규가입하거나 탈퇴하는 경우는 기존 구성원의 동의를 필요로 하며, 출자액 및 손익분배비율을 새로이 결정하게 된다. 이러한 기업들은 자본금과 이익잉여금을 상호 구분할 필요가 없다는 점은 개인기업과 같으나, 자본금계정을 사원 혹은 조합원별로 구분하여 그 기록을 별도로 분리·표시하여야 한다는 점이 다르다.

② **설립조합기업**

◆A, B, C 세 사람이 각각 ₩5,000,000, ₩3,000,000, ₩2,000,000을 출자하여 합명회사를 설립하였다. A, B, C 세 사람의 손익분배비율은 5 : 3 : 2로 하기로 하였다.

〈차〉 현 금 10,000,000   〈대〉 자본금(A) 5,000,000
                              자본금(B) 3,000,000
                              자본금(C) 2,000,000

◆회계기말에 결산결과 순이익이 ₩3,000,000 발생하다.

〈차〉 집합손익 3,000,000   〈대〉 자본금(A) 1,500,000
                              자본금(B)   900,000
                              자본금(C)   600,000

◆다음연도 3월 2일에 ₩2,000,000을 현금으로 배당하다.

〈차〉 현 금 2,000,000   〈대〉 자본금(A) 1,000,000
                              자본금(B)   600,000
                              자본금(C)   400,000

③ **사원의 퇴사** … 갑, 을, 병 세 사람이 설립한 합명회사는 을 사원이 퇴사하게 되어 임시결산을 한 결과 다음과 같은 재정상태의 재무상태표를 작성하였다. 영업권을 ₩700,000으로 평가하여 을 사원의 지분만 계산하여 현금으로 환급하였다. 이 때 을사원에게 환급할 금액은 다음과 같다.

재무상태표

제 자 산	₩11,600,000	제 부 채	2,124,000
		갑 자 본 금	4,000,000
		을 자 본 금	2,400,000
		병 자 본 금	1,600,000
		적 립 금	1,080,000
		당기순이익	396,000
	₩11,600,000		₩11,600,000

퇴사사원(을)의 지분환급액

= 퇴사사원의 출자금 + (영업권 + 적립금 + 당기순이익) × 지분비율
= 2,400,000 + (700,000 + 1,080,000 + 396,000) × 2,400,000 /
    (4,000,000 + 2,400,000 + 1,600,000) = ₩3,052,800

자본

1 자본에 대한 설명으로 옳지 않은 것은?

① 무상증자는 자본총계를 증가시킨다.

② 주식분할은 총발행주식수를 증가시킨다.

③ 주식병합으로 자본총계는 변하지 않는다.

④ 주식배당은 자본금을 증가시킨다.

🏅 **TIP** ① 무상증자는 자본에 영향을 미치지 않는다.

2 ㈜서원은 발행주식 중 1,000주(주당액면 @₩5,000, 주당발행가액 @₩7,500)를 주당 @₩4,300에 매입하여 소각하였다. 이에 대한 분개로 옳은 것은?

① 〈차〉 자 본 금   4,300,000   〈대〉 현 금   4,300,000

② 〈차〉 자 본 금   5,000,000   〈대〉 현 금   4,300,000
                                   감자차익   700,000

③ 〈차〉 자 본 금   5,000,000   〈대〉 현 금   4,300,000
     주식발행초과금   2,500,000   감자차익   3,200,000

④ 〈차〉 자 본 금   7,500,000   〈대〉 현 금   4,300,000
                                   감자차익   3,200,000

🏅 **TIP** 주식을 소각하는 경우에는 액면가액(자본금)을 제거하고 감자시 지급한 대가와의 차액을 감자차익(자본잉여금) 또는 감자차손(자본조정)으로 처리한다.

⭐ **ANSWER**   1.①   2.②

3 다음 자료에 의하면 이익잉여금과 자본잉여금은 각각 얼마인가?

• 당 기 순 이 익 ₩860,000	• 감채적립금 ₩1,500,000
• 재무구조개선적립금 500,000	• 이익준비금 800,000
• 주 식 발 행 초 과 금 4,500,000	• 감 자 차 익 350,000
• 자기주식처분이익 400,000	

      <u>이익잉여금</u>   <u>자본잉여금</u>

① ₩4,060,000   ₩4,850,000

② ₩3,660,000   ₩5,250,000

③ ₩2,800,000   ₩5,250,000

④ ₩3,660,000   ₩4,850,000

TIP ㉠ 이익잉여금 : 860,000(당기순이익) + 1,500,000(감채적립금) + 500,000(재무구조개선적립금) + 800,000 (이익준비금) = 3,660,000

㉡ 자본잉여금 : 4,500,000(주식발행초과금) + 350,000(감자차익) + 400,000(자기주식처분이익) = 5,250,000

4 주주총회에서 ₩10,000,000의 이익을 배당하기로 하고 이 중 ₩3,000,000은 주당액면가액이 @₩5,000 인 보통주 600주를 발행하고 나머지는 현금으로 배당하기로 하였다. 이 경우 회사는 최소한 얼마의 이익준비 금을 적립하여야 하는가? (단, 자본금에 대한 이익준비금적립한도는 충분하다)

① ₩300,000   ② ₩500,000

③ ₩700,000   ④ ₩1,000,000

TIP 이익준비금은 매 결산기마다 현금배당액의 십분의 일 이상에 해당하는 금액을 자본금의 이분의 일에 달할 때까지 적립하여야 한다. 당기이익준비금적립한도는 $(10,000,000 - 3,000,000) \times \frac{1}{10} = 700,000$이다.

5 이익잉여금의 종류 중 그 구분이 다른 것은?

① 감채적립금   ② 재무구조개선적립금

③ 사업확장적립금   ④ 결손보전적립금

TIP ①③④ 임의적립금 ② 법정적립금

ANSWER   3.② 4.③ 5.②

6 이익잉여금 중 적립목적이 달성되면 별도적립금으로 대체되는 것은?

① 자기주식처분이익
② 결손보전적립금
③ 배당평균적립금
④ 사업확장적립금

TIP 임의적립금 중 적극적 적립금(사업확장적립금, 감채적립금, 신축적립금)은 적립목적이 달성되면 별도적립금으로 대체하여야 한다.

7 ㈜서교는 발행주식 중 10,000주(주당액면 @₩5,000, 주당발행가액 @₩4,500)를 주당 @₩5,500에 매입하여 소각하였다. 이에 대한 분개로 옳은 것은?

① 〈차〉 자 본 금　50,000,000　　〈대〉현　　　금　55,000,000
　　　감자차손　 5,000,000
② 〈차〉 자 본 금　50,000,000　　〈대〉현　　　금　55,000,000
　　　감자차손　10,000,000　　　　　주식할인발행차금　5,000,000
③ 〈차〉 자 본 금　55,000,000　　〈대〉현　　　금　55,000,000
④ 〈차〉 자 본 금　45,000,000　　〈대〉현　　　금　55,000,000
　　　감자차손　10,000,000

TIP 감자대가가 감자한 주식의 액면가액(자본금)을 초과하는 경우에는 그 초과액을 자본거래로 인한 손실로 보아 감자차손으로 하여 자본조정으로 처리한다.

8 수해로 인한 손실 ₩20,000,000을 결손보전적립금 ₩50,000,000 중에서 충당하다. 이를 분개한 것으로 옳은 것은?

① 〈차〉 결손보전적립금 50,000,000　　〈대〉특 별 손 실 20,000,000
　　　　　　　　　　　　　　　　　　별 도 적 립 금 30,000,000
② 〈차〉 결손보전적립금 20,000,000　　〈대〉재 해 손 실 20,000,000
③ 〈차〉 결손보전적립금 20,000,000　　〈대〉이월이익잉여금 20,000,000
④ 〈차〉 결손보전적립금 30,000,000　　〈대〉별 도 적 립 금 30,000,000

TIP 결손보전적립금은 소극적 적립금으로 결손이 발생하면 이월이익잉여금으로 이입하여 결손금과 상계하며 별도적립금으로 대체하지 않는다.
　　㉠ 이월이익잉여금으로 이입
　　　〈차〉 결손보전적립금 20,000,000　　〈대〉이월이익잉여금 20,000,000
　　㉡ 결손금과 상계
　　　〈차〉 이월이익잉여금 20,000,000　　〈대〉재 해 손 실 20,000,000
　　㉢ (㉠ + ㉡)
　　　〈차〉 결손보전적립금 20,000,000　　〈대〉재 해 손 실 20,000,000

ANSWER　6.④　7.①　8.②

9 3년간 적립한 신축적립금잔액이 ₩50,000,000이다. 회사는 사업확장을 위하여 공장용 건물을 신축하고 그 대금 ₩40,000,000을 수표를 발행하여 지급하다. 회사는 앞으로 건물의 추가신축계획은 없다. 이 거래를 분개한 것으로 옳은 것은?

① 〈차〉건　　　　물　40,000,000　〈대〉당 좌 예 금　40,000,000
　　　신 축 적 립 금　50,000,000　　　별도적립금　50,000,000
② 〈차〉건　　　　물　40,000,000　〈대〉당 좌 예 금　40,000,000
　　　이월이익잉여금　40,000,000　　　주식할인발행차금　40,000,000
③ 〈차〉건　　　　물　40,000,000　〈대〉당 좌 예 금　40,000,000
　　　신 축 적 립 금　40,000,000　　　별도적립금　40,000,000
④ 〈차〉건　　　　물　40,000,000　〈대〉당 좌 예 금　40,000,000
　　　이월이익잉여금　50,000,000　　　별도적립금　50,000,000

🏵**TIP** 신축적립금은 적극적 적립금으로 추가신축계획이 없으므로 잔액을 모두 별도적립금으로 대체한다.

10 다음 중 이익잉여금항목에 해당하는 것은?

① 자기주식처분이익　　　　　　② 감자차익
③ 매도가능증권평가이익　　　　④ 재무구조개선적립금

🏵**TIP** 이익잉여금의 분류
　㉠ 기처분이익잉여금
　　• 법정적립금
　　－이익준비금
　　－기타법정적립금 : 재무구조개선적립금
　　• 임의적립금
　　－적극적 적립금 : 사업확장적립금, 신축적립금, 감채적립금 등
　　－소극적 적립금 : 결손보전적립금, 배당평균적립금, 퇴직급여적립금 등
　㉡ 처분전이익잉여금 : 전기이월이익잉여금, 당기순이익 등

11 결산기말 자본의 구성내용은 자본금 ₩20,000,000, 자본잉여금 ₩3,200,000, 이익준비금 ₩2,500,000, 자본조정 ₩750,000, 당기순이익 ₩5,000,000이다. 이때 주주총회의 결의에 의하여 ₩2,000,000을 현금배당으로 선언했다. 회사가 추가로 설정해야 할 최소한의 이익준비금은 얼마인가?

① ₩200,000　　　　　　　　　② ₩250,000
③ ₩320,000　　　　　　　　　④ ₩500,000

🏵**TIP** 이익준비금은 자본금의 이분의 일에 달할 때까지 매기 현금배당액의 십분의 일 이상을 적립하여야 한다.
　∴ 이익준비금 최소적립액 : 2,000,000 × 1/10 = ₩200,000

⭐**ANSWER**　9.①　10.④　11.①

12 다음 중 자본조정의 과목이 아닌 것은?

① 주식할인발행차금   ② 주식발행초과금

③ 감자차손   ④ 자기주식처분손실

     TIP 자본조정의 과목으로는 주식할인발행차금, 감자차손, 자기주식처분손실, 자기주식, 매도가능증권평가이익 (손실)등이 있으며 주식발행초과금은 자본잉여금에 해당한다.

13 다음 중 자본잉여금에 해당하지 않는 것은?

① 자기주식처분손실   ② 자기주식처분이익

③ 주식발행초과금   ④ 감자차익

     TIP 자본잉여금에는 주식발행초과금, 감자차익, 자기주식처분이익 등이 있다.

14 주식발행초과금 ₩15,000,000과 이익준비금 ₩10,000,000을 자본에 전입하기로 하고 신주 5,000주(주당액면 @₩5,000, 주당시가 @₩12,000)를 발행하여 기존주주에게 무상으로 교부하다. 이를 분개한 것으로 옳은 것은?

① 〈차〉 주식발행초과금   15,000,000   〈대〉 자　본　금   25,000,000
　　 이 익 준 비 금   10,000,000   주식발행초과금   35,000,000
　　 자 본 전 입 이 익   35,000,000

② 〈차〉 주식발행초과금   15,000,000   〈대〉 자　본　금   25,000,000
　　 이 익 준 비 금   10,000,000   주식발행초과금   35,000,000
　　 영 업 이 익   35,000,000

③ 〈차〉 주식발행초과금   15,000,000   〈대〉 자　본　금   25,000,000
　　 이 익 준 비 금   10,000,000   주식발행초과금   35,000,000
　　 자 본 조 정   35,000,000

④ 〈차〉 주식발행초과금   15,000,000   〈대〉 자　본　금   25,000,000
　　 이 익 준 비 금   10,000,000

     TIP 잉여금의 자본전입으로 인한 무상증자는 액면가액으로 발행한다.

ANSWER   12.②   13.①   14.④

15 마포상사는 전기이월결손금이 ₩3,000,000이었다. 전기부터 구조조정과 경영혁신을 한 결과 올해는 당기순이익이 ₩7,500,000이 발생하였다. 이에 대한 분개로 옳은 것은?

① 〈차〉 이월결손금 3,000,000 　〈대〉 이월이익잉여금 7,500,000
　　　 손　　익 4,500,000

② 〈차〉 손　　익 7,500,000 　〈대〉 이 월 결 손 금 3,000,000
　　　　　　　　　　　　　　　　　 이월이익잉여금 4,500,000

③ 〈차〉 손　　익 7,500,000 　〈대〉 이월이익잉여금 7,500,000

④ 〈차〉 손　　익 4,500,000 　〈대〉 이월이익잉여금 4,500,000

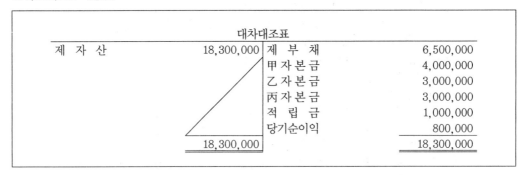

🏆 **TIP** ㉠ 당기순이익의 집계
　　〈차〉 (집합)손　　익 7,500,000 　〈대〉 이월이익잉여금 7,500,000
　　㉡ 결손금의 보전
　　〈차〉 이월이익잉여금 3,000,000 　〈대〉 이 월 결 손 금 3,000,000
　　㉢ (㉠＋㉡)
　　〈차〉 (집합)손　　익 7,500,000 　〈대〉 이월이익잉여금 4,500,000
　　　　　　　　　　　　　　　　　　 이 월 결 손 금 3,000,000

16 다음과 같은 재무상태의 조합회사에서 丙이 퇴사할 경우 丙의 지분은? (단, 丙의 퇴사에 의하여 영업권을 ₩2,000,000 계상함)

대차대조표			
제 자 산	18,300,000	제 부 채	6,500,000
		甲 자 본 금	4,000,000
		乙 자 본 금	3,000,000
		丙 자 본 금	3,000,000
		적 립 금	1,000,000
		당기순이익	800,000
	18,300,000		18,300,000

① ₩3,760,000　　　　　　　② ₩3,940,000
③ ₩4,040,000　　　　　　　④ ₩4,140,000

🏆 **TIP** 퇴사사원(丙)의 지분환급액 = 퇴사사원의 출자금 + (영업권 + 적립금 + 당기순이익) × 지분비율
∴ 3,000,000 + (2,000,000 + 1,000,000 + 800,000) × 3,000,000 / (4,000,000 + 3,000,000 + 3,000,000) = ₩4,140,000

⭐ **ANSWER** 15.② 16.④

17 다음 중 이익잉여금처분계산서를 통해서 알 수 있는 정보가 아닌 것은?

① 당기순이익 또는 당기순손실　　　② 차기이월이익잉여금의 변동상황
③ 이익의 질　　　　　　　　　　　④ 주주배당금

🌸**TIP** ③ 이익의 질이란 당기순이익 중 현금 또는 현금등가물로 이루어진 금액과 비율이 어느 정도인가 하는 것으로 현금흐름표를 통하여 평가할 수 있다.

18 A, B, C 세사람이 설립한 합명회사에서 사원 A가 퇴사하게 되어 영업권을 ₩1,500,000으로 평가할 경우 A에게 지급하여야 할 지분환금액은 얼마인가?

• 제　자　산　₩18,000,000	• 제　부　채　₩3,900,000
• A　자본금　　6,000,000	• B　자본금　　3,600,000
• C　자본금　　2,400,000	• 적　립　금　　900,000
• 당기순이익　1,200,000	

① ₩6,800,000　　　　　　　　　　② ₩7,600,000
③ ₩7,800,000　　　　　　　　　　④ ₩8,200,000

🌸**TIP** 퇴사사원(A)의 지분환급액 = 퇴사사원의 출자금 + (영업권 + 적립금 + 당기순이익) × 지분비율
∴ 6,000,000 + (1,500,000 + 900,000 + 1,200,000) × 6,000,000 / (6,000,000 + 3,600,000 + 2,400,000)
= ₩7,800,000

19 인출금계정 차변잔액이 ₩320,000일 때 기말정리분개로 옳은 것은?

① 〈차〉 자본금 320,000　　　　　　〈대〉 인출금 320,000
② 〈차〉 자본금 320,000　　　　　　〈대〉 현　금 320,000
③ 〈차〉 인출금 320,000　　　　　　〈대〉 현　금 320,000
④ 〈차〉 인출금 320,000　　　　　　〈대〉 자본금 320,000

🌸**TIP** 회계기간 중에 인출금계정을 사용하는 경우 인출금계정은 회계기말에 자본금계정으로 대체한다.

⭐**ANSWER** 17.③　18.③　19.①

20 법인이 아닌 개인사업자가 소득세를 납부하고 기장할 때 기입하는 계정과목은 무엇인가?

① 제세공과금 ② 인출금
③ 소득세 ④ 세금과공과

TIP 법인이 아닌 개인사업자가 소득세를 납부하면 다음과 같이 분개한다.
〈차〉 자본금(또는 인출금) 100,000 〈대〉 현 금 100,000

21 다음 설명으로 옳지 않은 것은?

① 주식발행초과금은 주식발행가액이 액면가액을 초과한 금액으로 자본잉여금 항목이다.
② 주식발행가액이란 주식발행대금에서 신주발행비를 차감한 순현금 유입액을 의미한다.
③ 감자차익은 감자시의 주금반환액(상환가액)이 액면가액(자본금감소액)에 부족한 경우의 그 부족액을 말한다.
④ 자본잉여금은 주주에 대한 배당재원이 부족한 경우 배당재원으로 사용할 수 있다.

TIP ④ 자본잉여금은 자본금으로 전입(무상증자)하거나 결손보전 이외의 목적으로는 사용할 수 없다. 즉 자본잉여금은 어느 경우이든 배당의 재원으로 사용할 수는 없다.

22 다음 중 자본조정 항목에 해당하지 않는 것은?

① 주식할인발행차금 ② 감자차익
③ 자기주식처분손실 ④ 자기주식

TIP 자본조정항목은 주식할인발행차금, 감자차손, 자기주식처분손실, 자기주식 등이고 감자차익은 자본잉여금 계정에 분류된다.

23 결산정기총회에서 ₩15,000,000의 이익을 현금으로 배당하기로 하였다. 하지만 현금이 부족하여 주당액면이 ₩10,000인 보통주 500주를 배당하기로 하였다면 회사는 최소한 얼마의 이익준비금을 적립해야 하는가?

① ₩500,000 ② ₩1,000,000
③ ₩700,000 ④ ₩1,500,000

TIP 상법상 회사가 이익배당금을 현금으로 배당할 경우 1/10 이상에 해당하는 금액을 자본금의 1/2에 달할 때까지 적립해야 한다.

$$\therefore (15,000,000 - 10,000 \times 500주) \times \frac{1}{10} = ₩1,000,000$$

ANSWER 20.② 21.④ 22.② 23.②

24 노력상사의 누적된 이월결손금은 ₩5,000,000이었다. 2016년도에는 부단한 노력과 구조조정을 통하여 순이익이 ₩8,000,000 발생하였다. 이를 분개로 나타내면?

① 〈차〉 손   익   8,000,000   〈대〉 이월이익잉여금   3,000,000
                                         이 월 결 손 금   5,000,000
② 〈차〉 손   익   8,000,000   〈대〉 이월이익잉여금   8,000,000
③ 〈차〉 손   익   3,000,000   〈대〉 이월이익잉여금   3,000,000
④ 〈차〉 손   익   5,000,000   〈대〉 이 월 결 손 금   5,000,000

TIP ㉠ 당기순이익을 집계한다.
　　〈차〉(집합)손   익 8,000,000   〈대〉 이월이익잉여금 8,000,000
　㉡ 결손금을 보전한다.
　　〈차〉 이월이익잉여금 5,000,000 〈대〉 이 월 결 손 금 5,000,000
　㉢ ㉠＋㉡
　　〈차〉(집합)손   익 8,000,000   〈대〉 이월이익잉여금 3,000,000
　　　　　　　　　　　　　　　　　　　　　 이 월 결 손 금 5,000,000

25 손오공, 저팔계, 사오정 세사람은 합명회사를 설립하였다. 이때 저팔계가 퇴사를 하고자 할 때 지급하여야 할 지분환급액은 얼마인가? (단, 저팔계의 퇴사로 인한 영업권을 ₩3,000,000으로 계상한다)

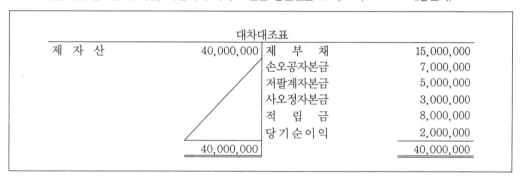

	대차대조표		
제 자 산	40,000,000	제 부 채	15,000,000
		손오공자본금	7,000,000
		저팔계자본금	5,000,000
		사오정자본금	3,000,000
		적 립 금	8,000,000
		당기순이익	2,000,000
	40,000,000		40,000,000

① ₩4,000,000   ② ₩5,000,000
③ ₩9,333,333   ④ ₩7,000,000

TIP 퇴사사원지분환급액 : 퇴사사원출자금 ＋ (영업권 ＋ 적립금 ＋ 당기순이익) × 지분비율
∴ 5,000,000 ＋ (3,000,000 ＋ 8,000,000 ＋ 2,000,000) × 5,000,000 / (7,000,000 ＋ 5,000,000 ＋ 3,000,000) ＝ ₩9,333,333

ANSWER　24.①　25.③

26 개인사업을 영위하는 마봉달씨가 2016년 사업소득세를 납부하고 기장할 때의 계정과목으로 옳은 것은?

① 사업소득세   ② 제세공과금

③ 인출금   ④ 관리비

> **TIP** 개인사업자의 사업소득세는 자본의 인출로 한다.
> 예를 들어 사업소득세가 ₩500,000인 경우 분개는 다음과 같다.
> 〈차〉 자본금(또는 인출금) 500,000   〈대〉 현금 500,000

27 회사는 시장에서 단기매매차익 보유목적으로 상장주식을 ₩1,000,000에 구입하였다. 이 주식의 기말 현재 공정가액이 ₩970,000이라고 할 때 가장 옳은 분개사항은?

① 〈차〉 단기매매증권평가손실 10,000   〈대〉 단기매매증권 10,000
② 〈차〉 단기매매증권평가손실 30,000   〈대〉 단기매매증권 30,000
③ 〈차〉 매도가능증권평가손실 30,000   〈대〉 매도가능증권 30,000
④ 〈차〉 만기보유증권평가손실 30,000   〈대〉 만기보유증권 30,000

> **TIP** 취득원가와 공정가액의 차액을 단기매매증권평가손실로 하여 당기손실로 하고 장부가액은 평가후 금액으로 한다.

28 다음 중 주식회사의 자본에 대한 설명으로 옳지 않은 것은?

① 자본금은 주주가 납입한 자본 중 상법의 규정에 따라 자본금으로 계상한 부분을 말한다.
② 자본금은 주식의 발행으로 인하여 증가하고 주식의 소각으로 감소한다.
③ 자본잉여금은 소유자 원천의 자본거래에서 발행한 잉여금을 말한다.
④ 이익잉여금은 배당금이 지급 또는 손실의 발생 등에 의해서만 감소한다.

> **TIP** ④ 이익잉여금의 처분내용은 이익잉여금처분계산서에 기재하여 재무상태표일 이후 주주총회의 승인을 받아야 확정되며 이후에 여러 사항으로 처분된다. 배당금지급, 손실발생, 자본전입 등 많은 이익잉여금 처분사항이 있다.

⭐ **ANSWER**   26.③   27.②   28.④

29 乙회사는 주식배당을 위하여 액면가액 ₩100의 보통주 2,000주를 주당 ₩120에 발행하였다. 주식배당을 하기 전에 소유주 지분은 다음과 같다. 이 경우 주식배당 후의 이익잉여금잔액은 얼마인가?

- 주식발행초과금 : ₩300,000
- 이익잉여금 : ₩540,000
- 보통주(액면가액 ₩100, 수권주식 20,000주, 발생주식 12,000주) : ₩1,200,000

① ₩200,000   ② ₩240,000

③ ₩300,000   ④ ₩540,000

TIP 주식배당시 회계처리

〈차〉 이익잉여금 240,000   〈대〉 자 본 금 200,000
                                     주식발행초과금 40,000

∴ 이익잉여금잔액 : 540,000 − 240,000 = ₩300,000

30 ㈜ 서원은 자본준비금 ₩1,000,000과 이익준비금 ₩500,000을 자본에 전입하기로 하고 신주 1,500주(@₩1,000)를 발행하여 구주주에게 1대 1의 비율로 무상교부하였다. 이 때의 회계처리로 옳은 것은?

① 〈차〉 자 본 금   500,000   〈대〉 자 본 금   1,500,000
      이익준비금   1,000,000
② 〈차〉 이익준비금   1,500,000   〈대〉 자 본 금   1,500,000
③ 〈차〉 자 본 금   1,500,000   〈대〉 자본준비금   1,000,000
                                     이익준비금   500,000
④ 〈차〉 자본준비금   1,000,000   〈대〉 자 본 금   1,500,000
      이익준비금   500,000

TIP 원칙적으로 자본준비금과 이익준비금은 대변 항목이지만, 문제에서 자본에 전입한다고 제시했으므로 차변에 그 금액을 넣어 그 금액만큼 자본금이 증가하였다.

※ **무상교부** … 주식을 발행할 때, 납입금을 받지 않아 순자산이 증가하지 않는 것으로 형식적 증자라고도 한다.

본·지점회계

기출문제

SECTION 1 본·지점회계의 의의

회사는 본점 이외에 각 지역에 지점을 설치하여 운영할 수 있다. 이 때 발생하는 본점과 지점간의 거래 또는 지점이 여러개 있을 경우 지점 상호간의 거래는 회사전체의 관점에서 보면 내부거래에 해당한다. 본·지점회계는 회사가 본점과 지점을 각각 독립된 회계단위로 하여 독자적인 회계처리를 하는 본·지점독립회계시스템을 채택하고 있는 경우 본점과 지점 또는 지점 상호간의 거래에 대한 회계처리방법을 규정하고, 기말에 외부보고용 재무제표를 작성할 때 하나의 기업실체인 본점과 지점의 재무제표를 합산하여 회사전체의 재무제표를 작성하는 과정을 규정하고 있다.

SECTION 2 본점과 지점간의 거래

본점에서는 지점이라는 계정을 설정하고 지점에서는 본점이라는 계정을 설정하여 사용하는데, 차변잔액은 상대방에 대한 채권을 의미하고 대변잔액은 상대방에 대한 채무를 나타낸다. 이때 본점에서 사용하는 '지점'계정을 '지점자산'이라는 뜻으로 하여 본점의 지점에 대한 채권(본점의 지점에 대한 자산), 지점이 사용하는 '본점'계정을 '본점부채'라는 뜻으로 하여 지점의 본점에 대한 채무(지점의 본점에 대한 부채)라고 생각하면 이해를 쉽게 할 수 있다. 따라서 본서에서의 회계처리상에서는 '지점'을 '지점(자산)', '본점'을 '본점(부채)'으로 표현하기로 한다.

구체적인 회계처리는 다음과 같다.

◆본점에서 지점으로 현금 ₩1,000,000원을 송금하다.

    본점 : 〈차〉 지 점(자산) 1,000,000 〈대〉 현   금 1,000,000
    지점 : 〈차〉 현   금 1,000,000 〈대〉 본 점(부채) 1,000,000

◆지점의 매출채권 ₩500,000을 본점이 대신 회수하다.

    본점 : 〈차〉 현   금 500,000 〈대〉 지 점(자산) 500,000
                                        (자산감소)
    지점 : 〈차〉 본 점(부채) 500,000 〈대〉 현   금 500,000
                                        (부채감소)

◆본점의 매입채무 ₩400,000을 지점이 대신 지급하다.

    본점 : 〈차〉 매 입 채 무 400,000 〈대〉 지 점(자산) 400,000
    지점 : 〈차〉 본 점(부채) 400,000 〈대〉 현   금 400,000

◆본점에서 지점으로 상품 ₩600,000을 판매하다.

본점 : 〈차〉 지 점(자산)　　600,000　〈대〉 지 점 매 출　600,000

지점 : 〈차〉 본 점 매 입　600,000　〈대〉 본점(부채)　600,000

◆본점의 광고선전비 ₩300,000을 지점이 대신 지급하다.

본점 : 〈차〉 광고선전비　300,000　〈대〉 지 점(자산)　300,000

지점 : 〈차〉 본점(부채)　300,000　〈대〉 현　　　금　300,000

◆지점의 당기순이익 ₩500,000을 본점에 통지하다.

본점 : 〈차〉 지 점(자산)　500,000　〈대〉 집 합 손 익　500,000

지점 : 〈차〉 집 합 손 익　500,000　〈대〉 본점(부채)　500,000

SECTION 3 지점 상호간의 거래

지점 상호간의 내부거래에 대한 회계처리방법은 독립분산회계제도와 본점집중회계제도가 있다. 독립분산회계제도는 각 지점마다 상대방의 지점(자산)계정을 설정하여 회계처리하는 방법이고, 본점집중회계제도는 상대지점과의 거래를 본점과 거래한 것으로 간주하여 회계처리하는 방법이다.

예를 들어, 광주지점이 대구지점의 외상매입금 ₩200,000을 대신 지급하였다면 각 제도에서 각각의 회계처리는 다음과 같다.

(1) 독립분산회계제도

① 광주지점

〈차〉 대구지점(자산) 200,000　　　〈대〉 현　　　금　　200,000
　　　(자산감소)

② 대구지점

〈차〉 매입채무　　200,000　　　〈대〉 광주지점(자산) 200,000
　　　(자산감소)

③ 본점

－회계처리 없음－

(2) 본점집중회계제도

① 광주지점

〈차〉 본　　점(부채) 200,000　　　〈대〉 현　　　금　　200,000
　　　(부채감소)

② 대구지점

〈차〉 매입채무　　200,000　　　〈대〉 본　　점(부채) 200,000
　　　(부채증가)

③ 본점

〈차〉 대구지점(자산) 200,000　　　〈대〉 광주지점(자산) 200,000
　　　(자산감소)　　　　　　　　　　　(자산감소)

SECTION
4 **본 · 지점 결합재무제표의 작성**

(1) 본 · 지점 결합재무제표의 작성절차

본점과 지점이 각각 독립된 회계단위로서 독자적인 회계처리를 하는 본지점 독립회계시스템을 채택하고 있다 하더라도, 본점과 지점은 하나의 경제적 실체이므로 외부보고용 재무제표를 작성할 때에는 본점과 지점의 재무제표를 합산하여 회사전체의 재무제표를 작성하여야 한다.

본 · 지점 결합재무제표의 작성절차는 다음과 같다.

① **미달거래의 분개** … 본 · 지점 상호간에 기말결산시까지 장부에 기록되지 않은 미달거래가 있으면 이를 기록한다.

② **본점과 지점의 개별재무제표 작성** … 본점과 지점이 각각 기말수정분개를 하여 각각의 재무제표를 작성한다.

③ **내부거래 및 내부미실현이익 제거**

　㉠ 본점의 지점에 대한 채권잔액[지점(자산)계정]과 지점의 본점에 대한 채무잔액[본점(부채)계정]은 회사전체의 관점에서는 채권과 채무가 아니므로 상계제거한다.

　㉡ 본점의 지점에 대한 매출액인 지점매출계정과 지점의 본점에 대한 매입액을 나타내는 본점매입계정도 회사전체의 관점에서는 매출액과 매입액이 아니라 단순한 장소의 이동에 불과하므로 본지점 결합재무제표를 작성할 때에는 상계제거되어야 한다.

　㉢ 본 · 지점간에 상품 등을 판매할 때 원가에 일정율의 이익을 가산하여 판매한 경우에 기초 및 기말재고자산에 포함된 부분은 실현되지 않은 내부미실현이익이므로 제거되어야 회사전체로 볼 때 올바른 재고자산과 순이익이 계상될 수 있다.

　㉣ 내부거래에 대한 제거분개는 본점과 지점의 개별 회계장부에는 반영되지 않으며, 본지점 결합재무제표작성을 위한 정산표에서만 행해진다. 즉, 본점과 지점의 개별 회계장부는 이러한 내부거래제거분개에 의해서 전혀 영향을 받지 않는다.

④ 본지점 결합재무제표의 작성

(2) 미달거래의 분개

◆본점에서 지점에 발송한 상품 ₩100,000이 지점에 미달되었다.
　지점 : 〈차〉 미달상품(본점매입) 100,000 〈대〉 본　　점(부채) 100,000

◆지점에서 본점에 송금한 현금 ₩200,000이 본점에 미달되었다.
　본점 : 〈차〉 미달현금(현금)　　200,000 〈대〉 지　　점(자산) 200,000

◆본점에서 지점발생 약속어음 ₩50,000을 대신 지급하였으나 지점에 통지가 미달되었다.
　지점 : 〈차〉 매입채무　　　　　50,000 〈대〉 본　　점(부채)　50,000

◆본점이 지점의 외상매출금 ₩100,000을 대신 받았으나 그 통지가 지점에 미달되었다.

　지점 : 〈차〉본　　　점(부채)　　100,000　〈대〉매출채권　　　　100,000

(3) 내부미실현이익의 제거

① 의의… 본점이 지점에 상품을 판매하면서 원가에 일정율의 이익을 가산하여 발송한 경우, 이 상품 중 일부가 지점의 기말재고로 남아 있을 때에는 그 부분에 해당하는 내부이익은 회사전체의 관점에서 보면 제거하여야 할 내부미실현이익이다.

② 방법… 내부미실현이익의 제거방법은 직접차감법과 간접차감법이 있다.

예를 들어, 본점에서 지점에 발송한 상품 중 ₩120,000이 기말현재 지점의 재고로 남아있다. 본점은 지점에 상품을 발송할 때 원가의 20%의 이익을 가산하여 발송한다.

　　㉠ 직접차감법

◆본점

　〈차〉지 점 매 출　　　20,000　〈대〉지　　　　　　점(자산) 20,000

◆지점

　〈차〉본　　　　　점(부채) 20,000　〈대〉본 점 매 입　　　　20,000

　〈차〉집 합 손 익　　　20,000　〈대〉상　　　　　품　　　20,000

　　㉡ 간접차감법

◆본점

　〈차〉내부미실현이익　　20,000　〈대〉내부이익충당금　　　20,000

　　　　(매출원가가산항목)　　　　　　　(재고자산차감항목)

◆지점

　　　　　　　　　　　－회계처리 없음－

1 다음 중 본 · 지점결합재무제표의 작성절차가 아닌 것은?

① 미달거래의 정리   ② 자본계정의 제거

③ 내부미실현이익 제거   ④ 본점계정과 지점계정의 상계제거

> **TIP** 본 · 지점결합재무제표의 작성절차
> ㉠ 미달거래의 분개
> ㉡ 본점과 지점의 개별재무제표 작성
> ㉢ 내부거래 및 내부미실현이익 제거
> ㉣ 본 · 지점결합재무제표 작성

2 지점은 본점의 거래처로부터 매출채권 ₩1,700,000을 동점발행 당좌수표로 받다. 이에 대한 본점과 지점의 분개는?

① 본점 : 〈차〉당좌예금 1,700,000   〈대〉매출채권 1,700,000
    지점 : 〈차〉현   금 1,700,000   〈대〉본   점 1,700,000

② 본점 : 〈차〉지   점 1,700,000   〈대〉매출채권 1,700,000
    지점 : 〈차〉현   금 1,700,000   〈대〉본   점 1,700,000

③ 본점 : 〈차〉매출채권 1,700,000   〈대〉지   점 1,700,000
    지점 : 〈차〉당좌예금 1,700,000   〈대〉본   점 1,700,000

④ 본점 : 〈차〉매출채권 1,700,000   〈대〉지   점 1,700,000
    지점 : 〈차〉현   금 1,700,000   〈대〉매출채권 1,700,000

> **TIP** 본점에서는 매출채권을 감소시키고 지점에서는 현금을 증가시키는 분개를 한다.
> ㉠ **본점**
>   〈차〉지   점(자산) 1,700,000   〈대〉매출채권   1,700,000
> ㉡ **지점**
>   〈차〉현 금   1,700,000   〈대〉본   점(부채) 1,700,000

⭐ **ANSWER**   1.②   2.②

3 본점이 외상매입금을 지급하기 위하여 지점앞 환어음 ₩1,580,000을 발행하여 지급하였으나 그 통지가 지점에 미달되었다면 지점에서 행할 분개는?

① 〈차〉 본   점 1,580,000   〈대〉 외상매입금 1,580,000
② 〈차〉 지 급 어 음 1,580,000   〈대〉 본   점 1,580,000
③ 〈차〉 외상매입금 1,580,000   〈대〉 본   점 1,580,000
④ 〈차〉 본   점 1,580,000   〈대〉 지 급 어 음 1,580,000

TIP ㉠ 본점
　　〈차〉 외상매입금   1,580,000   〈대〉 지   점(자산) 1,580,000
㉡ 지점
　　〈차〉 본   점(부채) 1,580,000   〈대〉 지급어음   1,580,000

4 지점분산회계제도를 채택하고 있는 마포상회의 다음과 같은 지점 상호간의 거래를 각각의 입장에서 분개한 것 중 옳은 것은?

> 동교지점은 서교지점의 매출처인 종로상사에서 외상매출금 ₩3,500,000을 동점발행수표로 대신 회수하고, 서교지점은 이 통지를 받다.

① 본   점 : 분개없음
　동교지점 : 〈차〉 현   금 3,500,000   〈대〉 서교지점 3,500,000
　서교지점 : 〈차〉 동교지점 3,500,000   〈대〉 매출채권 3,500,000
② 본   점 : 〈차〉 동교지점 3,500,000   〈대〉 서교지점 3,500,000
　동교지점 : 〈차〉 현   금 3,500,000   〈대〉 본   점 3,500,000
　서교지점 : 〈차〉 본   점 3,500,000   〈대〉 매출채권 3,500,000
③ 본   점 : 분개없음
　동교지점 : 〈차〉 당좌예금 3,500,000   〈대〉 매출채권 3,500,000
　서교지점 : 〈차〉 본   점 3,500,000   〈대〉 종로상사 3,500,000
④ 본   점 : 〈차〉 서교지점 3,500,000   〈대〉 동교지점 3,500,000
　동교지점 : 〈차〉 현   금 3,500,000   〈대〉 본   점 3,500,000
　서교지점 : 〈차〉 본   점 3,500,000   〈대〉 매출채권 3,500,000

TIP 타인발행수표는 현금에 해당하며, 지점 상호간의 내부거래를 지점분산회계제도(독립분산회계제도)를 이용할 경우 각 지점마다 상대방의 지점(자산)계정을 설정하여 분개한다.
㉠ **본점**(마포상회) : 분개없음
㉡ **동교지점** : 〈차〉 현   금   3,500,000 〈대〉 서교지점(자산) 3,500,000
㉢ **서교지점** : 〈차〉 동교지점(자산) 3,500,000 〈대〉 매출채권   3,500,000

⭐ **ANSWER**　　3.④　4.①

5 본점집중회계제도를 채택하고 있는 경우 부산지점이 광주지점에 상품 ₩1,500,000(원가)을 발송했을 경우 본점의 분개로 옳은 것은?

① 〈차〉 광주지점 1,500,000 〈대〉 부산지점 1,500,000
② 〈차〉 광주지점 1,500,000 〈대〉 매 입 1,500,000
③ 〈차〉 부산지점 1,500,000 〈대〉 광주지점 1,500,000
④ 〈차〉 부산지점 1,500,000 〈대〉 매 입 1,500,000

🏆 **TIP** 본점집중회계제도는 지점간의 거래를 각 지점마다 본점을 거쳐서 거래한 것으로 간주하여 회계처리하는 방법이다.
　　⊙ **본점**
　　　　〈차〉 광주지점(자산) 1,500,000 〈대〉 부산지점(자산) 1,500,000
　　　　　　(자산증가) 　　　　　　　　　(자산감소)
　　ⓛ **부산지점**
　　　　〈차〉 본 점(부채) 1,500,000 〈대〉 매 입 1,500,000
　　ⓒ **광주지점**
　　　　〈차〉 매 입 1,500,000 〈대〉 본 점(부채) 1,500,000

6 본점집중회계제도를 채택하고 있는 경우 부산지점의 분개는?

> 부산지점은 광주지점의 외상매출금 ₩800,000을 매출처발행 당좌수표로 받고 이를 본점에 보고 하다.

① 〈차〉 당좌예금 800,000 〈대〉 매출채권 800,000
② 〈차〉 현 금 800,000 〈대〉 본 점 800,000
③ 〈차〉 현 금 800,000 〈대〉 광주지점 800,000
④ 〈차〉 당좌예금 800,000 〈대〉 본 점 800,000

🏆 **TIP** 타인발행당좌수표는 현금에 해당한다.
　　⊙ **본점**
　　　　〈차〉 부산지점(자산) 800,000 〈대〉 광주지점(자산) 800,000
　　ⓛ **부산지점**
　　　　〈차〉 현 금 800,000 〈대〉 본 점(부채) 800,000
　　ⓒ **광주지점**
　　　　〈차〉 본 점(부채) 800,000 〈대〉 매출채권 800,000

⭐ **ANSWER** 5.① 6.②

7 지점계정의 차변잔액이 ₩1,750,000이고 본점계정의 대변잔액이 ₩1,200,000일 때 다음의 미달사항을 정리하면 지점계정과 본점계정의 잔액은 얼마로 일치하는가?

> ㉠ 본점에서 지점에 상품 ₩300,000을 발송하였으나 지점에 통지 미달
> ㉡ 지점에서 본점에 현금 ₩500,000을 송금하였으나 본점에 통지 미달
> ㉢ 지점에서 본점의 외상매출금 ₩250,000을 회수하였으나 본점에 통지 미달

① ₩1,000,000   ② ₩1,300,000
③ ₩1,500,000   ④ ₩1,800,000

TIP ① 미달사항의 정리분개
　　㉠ **지점**
　　　〈차〉미달상품　　　　300,000　　〈대〉본　　점(부채) 300,000
　　㉡ **본점**
　　　〈차〉현　　금　　　　500,000　　〈대〉지　　점(자산) 500,000
　　㉢ **본점**
　　　〈차〉지　　점(자산) 250,000　　〈대〉매출채권　　　　250,000
② 정리후 계정잔액

지점(자산)계정		본점(부채)계정	
정리전잔액 1,750,000	㉡ 현　　금　500,000		정리전잔액 1,200,000
㉢ 매출채권　250,000			㉠ 미달상품　300,000

　∴ **지점**(자산)**계정차변잔액** : 1,750,000 − 500,000 + 250,000 = ₩1,500,000
　　본점(부채)**계정대변잔액** : 1,200,000 + 300,000 = ₩1,500,000

8 본점의 지점계정 차변잔액이 ₩1,450,000이고 지점의 본점계정 대변잔액이 ₩1,240,000일 때 다음의 미달사항을 정리한 후의 지점계정과 본점계정의 잔액은 얼마인가?

> ㉠ 본점에서 지점으로 발송한 상품 ₩760,000이 지점에 미달
> ㉡ 지점의 외상매입금 ₩300,000을 본점이 대신지급하였으나 지점에 미달
> ㉢ 지점에서 회수한 본점의 받을어음 ₩850,000이 본점에 미달

① ₩2,000,000   ② ₩2,300,000

③ ₩2,500,000   ④ ₩2,700,000

TIP ① 미달사항의 정리분개

  ㉠ 지점

    〈차〉 미달상품　760,000　　〈대〉본　　점(부채) 760,000

  ㉡ 지점

    〈차〉 매입채무　300,000　　〈대〉본　　점(부채) 300,000

  ㉢ 본점

    〈차〉 지　　점(자산) 850,000　　〈대〉 매출채권　　850,000

② 정리후 계정잔액

지점(자산)계정		본점(부채)계정	
정리전잔액 1,450,000			정리전잔액 1,240,000
㉢ 매출채권　850,000			㉠ 미달상품　760,000
			㉡ 매입채무　300,000

∴ 지점(자산)계정차변잔액 : 1,450,000 + 850,000 = ₩2,300,000

　본점(부채)계정대변잔액 : 1,240,000 + 760,000 + 300,000 = ₩2,300,000

9 본점의 지점계정 차변잔액은 ₩3,500,000이고 지점의 본점계정 대변잔액은 ₩2,000,000이다. 본점과 지점 간에 다음의 미달사항이 있을 때 이를 정리한 후의 정확한 계정잔액은 얼마로 일치하는가?

> ㉠ 본점에서 지점으로 발송한 상품 ₩500,000이 지점에 통지 미달
> ㉡ 지점에서 송금한 현금 ₩500,000이 본점에 통지 미달
> ㉢ 본점에서 지점의 외상매입금 ₩500,000을 대신 지급하였으나 지점에 통지 미달

① ₩2,000,000   ② ₩2,500,000

③ ₩3,000,000   ④ ₩3,500,000

ANSWER 8.② 9.③

TIP ① 미달사항의 정리분개
　㉠ 지점
　　〈차〉 미달상품 500,000　　　　　〈대〉 본점(부채) 500,000
　㉡ 본점
　　〈차〉 현　　금 500,000　　　　　〈대〉 지점(자산) 500,000
　㉢ 지점
　　〈차〉 매입채무 500,000　　　　　〈대〉 본점(부채) 500,000
② 정리후 계정잔액
　지점(자산)계정차변잔액 : 3,500,000(정리전잔액) − 500,000(지점(자산)감소) = ₩3,000,000
　본점(부채)계정대변잔액 : 2,000,000(정리전잔액) + 500,000(본점(부채)증가) + 500,000(본점(부채)증가) = ₩3,000,000

10 본점원장의 지점계정 차변잔액이 ₩1,650,000이고, 지점원장의 본점계정 대변잔액이 ₩1,400,000일 때, 지점계정과 본점계정의 잔액을 일치시킬 수 있는 미달거래로 옳은 것은?

① 지점에서 본점의 지급어음 ₩250,000을 지급하였으나, 본점에 통지가 미달되었다.

② 본점이 외상매입금을 지급하기 위하여 지점앞 환어음 ₩250,000을 발행하였으나, 지점에 통지가 미달되었다.

③ 지점의 매입채무 ₩250,000을 본점이 대신 지급하였으나, 지점에 통지가 미달되었다.

④ 지점에서 본점에 현금 ₩250,000을 송금하였으나, 본점에 통지가 미달되었다.

TIP 미달사항의 정리분개
　㉠ 본점
　　〈차〉 지급어음　　　250,000　　　　　〈대〉 지　　　점(자산) 250,000
　㉡ 지점
　　〈차〉 본　　점(부채) 250,000　　　　　〈대〉 지급어음　　　250,000
　㉢ 지점
　　〈차〉 매입채무　　　250,000　　　　　〈대〉 본　　　점(부채) 250,000
　㉣ 본점
　　〈차〉 현　　금　　　250,000　　　　　〈대〉 지　　　점(자산) 250,000
※ 정리 후 계정잔액

지점(자산)계정		본점(부채)계정	
정리전잔액 1,650,000			정리전잔액 1,400,000
			㉢ 매입채무　250,000

11 다음 자료에 의하면 내부미실현이익은 얼마인가?

> 지점의 기말상품재고액은 ₩1,350,000(이 중 본점매입분 ₩1,000,000)이며 본점에서 발송한 미달상품 ₩200,000은 포함되지 않았다. 본점은 지점에 상품을 발송할 때 원가에 20%의 이익을 가산한다.

① ₩200,000　　　　　　　　　② ₩250,000
③ ₩300,000　　　　　　　　　④ ₩350,000

🏅**TIP** 내부미실현이익 : $\dfrac{(지점의기말상품재고액중본점매입분+미달상품)\times원가에대한이익률}{(1+원가에대한이익률)}$

$\therefore \dfrac{(1,000,000+200,000)\times0.2}{(1+0.2)}=₩200,000$

12 다음 자료에 의한 내부미실현이익은 얼마인가?

> • 지점의 기말상품재고액은 ₩3,870,000(이 중 본점매입분 ₩2,750,000)이다.
> • 본점에서 지점에 발송한 상품 ₩550,000이 지점에 미달되었으며, 이는 지점의 기말재고에도 포함되지 않았다.
> • 본점이 지점에 상품을 발송할 때는 원가에 10%의 이익을 가산한다.

① ₩55,000　　　　　　　　　② ₩220,000
③ ₩275,000　　　　　　　　　④ ₩300,000

🏅**TIP** 내부미실현이익 : $\dfrac{(2,750,000+550,000)\times0.1}{(1+0.1)}=₩300,000$

13 본점에서 지점에 상품 ₩800,000을 발송하였으나 지점에 미달하였고 지점의 기말상품재고 중 ₩1,700,000은 본점에서 매입한 것이다. 지점의 기말상품재고는 ₩3,500,000이나 여기에는 미달상품이 포함되지 않은 것이다. 본점에서는 지점에 상품을 발송할 때 원가의 25%를 이익으로 가산한다. 이상의 내용에 의할 때 내부미실현이익은 얼마인가?

① ₩160,000　　　　　　　　　② ₩340,000
③ ₩500,000　　　　　　　　　④ ₩700,000

🏅**TIP** 내부미실현이익 : $\dfrac{(1,700,000+800,000)\times0.25}{(1+0.25)}=₩500,000$

⚙ **ANSWER**　11.①　12.④　13.③

14 직접차감법에 의할 경우 내부이익차감에 관한 거래의 분개로 옳은 것은?

> • 결산일 현재 지점의 기말상품재고액은 ₩5,000,000이며, 이 중 ₩3,600,000이 본점매입분이다.
> • 본점에서 지점에 발송한 미달상품이 ₩1,200,000있다. 이는 지점의 기말상품재고액에 포함되지 않았다.
> • 본점은 지점에 상품을 발송할 때 원가의 20%를 이익으로 가산하고 있다.

① 본점 : 〈차〉 지점매출 3,600,000 　　〈대〉 지　　점 3,600,000
　　지점 : 〈차〉 본　　점 3,600,000 　　〈대〉 본점매입 3,600,000

② 본점 : 〈차〉 지점매출 4,800,000 　　〈대〉 지　　점 4,800,000
　　지점 : 〈차〉 본　　점 4,800,000 　　〈대〉 본점매입 3,600,000
　　　　　　　　　　　　　　　　　　　　　미달상품 1,200,000

③ 본점 : 〈차〉 지점매출　 600,000 　　〈대〉 지　　점　 600,000
　　지점 : 〈차〉 본　　점　 600,000 　　〈대〉 본점매입　 400,000
　　　　　　　　　　　　　　　　　　　　　미달상품　 200,000

④ 본점 : 〈차〉 지점매출　 800,000 　　〈대〉 지　　점　 800,000
　　지점 : 〈차〉 본　　점　 800,000 　　〈대〉 본점매입　 600,000
　　　　　　　　　　　　　　　　　　　　　미달상품　 200,000
　　　　　 〈차〉 손　　익　 800,000 　　〈대〉 이월상품　 600,000
　　　　　　　　　　　　　　　　　　　　　미달상품　 200,000

TIP ㉠ 직접차감법에 의한 내부미실현이익 제거
　• 본점 : 본점의 개별장부상에는 내부미실현이익만큼 매출이 과다계상되어 있으므로 지점매출과 지점(자산)계정을 제거한다.
　• 지점 : 지점의 개별장부에는 내부미실현이익만큼 본점매입과 본점(부채)계정이 과대계상되어 있으므로 이를 제거하고, 기말상품재고액이 과대계상된 만큼 매출원가가 과소계상되고, 순이익이 과대계상되므로 이를 함께 제거한다.
　㉡ 내부미실현이익 : $\dfrac{(3,600,000+1,200,000)\times 0.2}{(1+0.2)} = ₩800,000$

⭐ **ANSWER**　14.④

15 본점에서 지점에 발송한 상품 중 기말재고액으로 ₩55,0000과 아직 미달한 상품 ₩77,000이 있으며 이들 중 10%의 이익률이 본점에서 가산되었다. 간접차감법에 의한 내부이익 계산과정의 분개로 옳은 것은?

① 〈차〉 내부미실현이익 12,000 　　　〈대〉 내부이익충당금 12,000

② 〈차〉 내부미실현이익   5,000 　　　〈대〉 내부이익충당금   5,000

③ 〈차〉 내부미실현이익   7,000 　　　〈대〉 내부이익충당금   7,000

④ 〈차〉 내부미실현이익   2,000 　　　〈대〉 내부이익충당금   2,000

> 🏅**TIP** 내부미실현이익 : (지점의 기말상품재고액 중 본점매입분 + 지점의 미달상품) $\times \dfrac{\text{내부이익률}}{1+\text{내부이익률}}$
>
> $\therefore (55,000 + 77,000) \times \dfrac{0.1}{1.1} = ₩12,000$

16 본점의 지점계정의 차변잔액이 ₩3,000,000이고 지점의 본점계정 대변잔액은 ₩1,100,000이다. 본점과 지점간에 미달사항이 있는 경우 이를 정리한 후의 정확한 계정잔액은 얼마로 일치하는가?

> ㉠ 본점에서 지점으로 발송한 상품 ₩800,000이 지점에 통지 미달
> ㉡ 지점에서 송금한 현금 ₩600,000이 본점에 통지 미달
> ㉢ 본점에서 지점의 외상매입금 ₩500,000을 대신 지급하였으나 지점에 통지 미달

① ₩1,700,000 　　　　　　　　② ₩1,900,000

③ ₩2,200,000 　　　　　　　　④ ₩2,400,000

> 🏅**TIP** ㉠ **지점**:〈차〉미 달 상 품 800,000 〈대〉본점 800,000
> 　　 ㉡ **본점**:〈차〉현　　　금 600,000 〈대〉지점 600,000
> 　　 ㉢ **지점**:〈차〉외상매입금 500,000 〈대〉본점 500,000
> 　　 ㉣ **본점의 차변 계정잔액**: 3,000,000 − 600,000 = ₩2,400,000
> 　　 ㉤ **지점의 대변 계정잔액**: 1,100,000 + 800,000 + 500,000 = ₩2,400,000

17 다음 중 본·지점 상호간의 미달거래로 볼 수 없는 것은?

① 본점에서 지점발행 약속어음 ₩50,000을 대신 지급하였으나 지점에 통지가 미달되었다.

② 지점에서 본점에 송금한 현금 ₩150,000이 본점에 미달되었다.

③ 본점이 지점의 외상매출금 ₩200,000을 대신 받았으나 그 통지서가 지점에 미달되었다.

④ 지점의 출장사원에 대하여 본점이 여비를 지급하고 그 결과를 본점에 보고하지 않았다.

> 🏅**TIP** ④ 본점이 지점사원의 여비 등을 대신 지급했다면 그 사실을 지점에 통지하여야 한다.

⭐ **ANSWER**　15.① 16.④ 17.④

18 다음 중 본점에서 지점에 발송한 상품 ₩200,000이 지점에 아직 도착하지 아니한 경우 지점의 분개로 옳은 것은?

① 〈차〉 본   점 200,000   〈대〉 매   입 200,000
② 〈차〉 지   점 200,000   〈대〉 적 송 품 200,000
③ 〈차〉 미달상품 200,000   〈대〉 본   점 200,000
④ 〈차〉 지   점 200,000   〈대〉 매   입 200,000

🏵 **TIP** 〈차〉 미달상품 200,000   〈대〉 본점(부채) 200,000

19 본점이 외상매입대금을 지급하기 위하여 지점앞환어음 ₩7,800,000을 발행하여 지급하였지만 그 내용에 대한 통지가 지점에 아직 도착하지 않았다면 지점에서 행할 분개로 옳은 것은?

① 〈차〉 본   점 7,800,000   〈대〉 지 급 어 음 7,800,000
② 〈차〉 지 급 어 음 7,800,000   〈대〉 외상매입금 7,800,000
③ 〈차〉 외상매입금 7,800,000   〈대〉 지 급 어 음 7,800,000
④ 〈차〉 지 급 어 음 7,800,000   〈대〉 본   점 7,800,000

🏵 **TIP** ㉠ 본점의 회계처리
　　　〈차〉 외상매입금 7,800,000   〈대〉 지   점 7,800,000
　　㉡ 지점의 회계처리
　　　〈차〉 본   점 7,800,000   〈대〉 지급어음 7,800,000

⭐ **ANSWER**　18.③　19.①

합격에 한 걸음 더 가까이!

원가회계의 정의와 배분을 바탕으로 다양한 원가계산에 대한 내용 및 방법을 습득하는 것이 필요합니다. 주어진 원가자료를 이용하여 재고액 또는 이익 등을 산출하는데 어려움이 없도록 많은 문제를 풀어보는 것이 중요합니다.

P·A·R·T

제2편

원가회계

PART 02. 원가회계

원가의 정의와 배분

정해진 목적을 달성하기 위해서는 그 목적달성에 투입되는 요소들의 희생을 수반하는데 이러한 희생요소를 원가라고 한다. 원가는 정해진 목적과 관련이 있는 희생만을 의미하므로 관련이 없다면 원가가 될 수 없다. 또한 일정한 목적을 위한 수단이므로 과거의 희생뿐만 아니라 현재·미래에 희생되는 것도 포함된다. 원가를 측정할 때에는 화폐단위로 측정한다.

 원가의 흐름과정

(1) 의의

원가의 흐름은 각 업종마다 서로 다르게 나타난다. 서비스업과 판매업은 비교적 간단하여 쉽게 원가흐름을 추적할 수 있는데 반해, 제조업은 상당히 복잡한 양상을 띄게 된다. 원가흐름과정은 '발생 → 변형 → 소멸'되는 과정을 보이는데 이들은 관련되는 재고자산 계정에 분류된다.

(2) 원가의 분류

① **제조원가** … 생산과정에서 투입되는 원가요소의 형태를 기준으로 분류하는데 직접재료비·직접노무비·제조간접비로 구성된다. 흔히 이를 제조원가의 3요소라 한다.

> **POINT 팁** 제조간접비의 3요소는 발생형태에 따라 간접재료비, 간접노무비, 제조경비로 분류되며 제조경비는 직접제조경비와 간접제조경비로 분류된다.

ⓐ **직접재료비** : 제품생산에 투입된 재료원가 중 특정제품에 추적이 가능한 원가를 말하며 추적이 불가능한 원가는 간접재료비라 하여 제조간접비를 구성한다.

ⓑ **직접노무비** : 제품생산에 투입된 원가 중 종업원 등에게 지급되는 급여로서 특정제품에 추적이 가능한 원가를 말하며 추적이 불가능한 원가는 간접노무비라 하여 제조간접비를 구성한다.

ⓒ **제조간접비** : 직접재료비와 직접노무비 이외의 모든 제조원가를 말하며 간접재료비와 간접노무비 및 제조경비를 포함한다. 또한 제조간접비는 직접제조경비와 간접제조경비로 나누어지나 직접제조경비의 발생이 미미하여 구별실익이 없다.

② **기초원가와 전환원가**

```
                   ┌ 직접재료비
기초원가(기본원가) ┤ 직접노무비
                   └ 제조간접비 ┐ 전환원가(가공비)
                                 ┘
```

기출문제

문. ㈜한국은 단일 제품을 생산 판매하고 있다. ㈜한국의 1월 중 생산활동과 관련된 정보가 다음과 같을 때, 1월의 직접재료원가는?

▶ 2014. 4. 19 안전행정부

- 당월총제조원가는 ₩2,000,000이고 당월제품제조원가는 ₩1,940,000이다.
- 1월 초 재공품은 1월 말 재공품원가의 80%이다.
- 직접노무원가는 1월 말 재공품원가의 60%이며, 제조간접원가는 직접재료원가의 40%이다.

① ₩1,000,000   ② ₩1,100,000
③ ₩1,200,000   ④ ₩1,300,000

☞ ④

문. 다음은 ㈜한국의 2014년 중에 발생한 원가 및 비용에 관한 자료이다. 이 자료를 이용하여 기초원가와 전환원가를 계산하면?

▶ 2015. 4. 18 인사혁신처

직접 재료원가	60,000	간접 재료원가	15,000
직접 노무원가	15,000	간접 노무원가	7,500
공장건물 감가상각비	10,000	영업 사원급여	12,000
공장 수도 광열비	7,000	본사비품 감가상각비	10,500
공장 소모품비	5,000	본사임차료	15,000

기초원가	전환원가
① ₩75,000	₩59,500
② ₩75,000	₩97,000
③ ₩97,500	₩44,500
④ ₩97,500	₩82,000

☞ ①

③ 원가의 행태에 따른 분류 … 원가행태란 조업도수준의 변동에 따른 원가의 변동양상을 의미하며 이 분류에 따라 원가를 변동원가와 고정원가를 구분하는 것을 말한다.

제조원가	변동원가	고정원가
직접재료비	직접재료비	−
직접노무비	직접노무비	−
제조간접비	변동제조간접비	고정제조간접비

POINT 팁 ㉠ 변동원가의 총원가와 단위원가

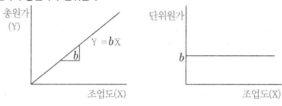

Y : 총원가 X : 조업도 b : 조업도단위당 변동원가

㉡ 고정원가의 총원가와 단위원가

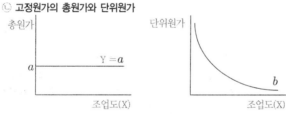

Y : 총원가 a : 고정원가 총액 b : 조업도단위당 고정원가

(3) 원가의 계산

① 직접재료비 … 기초원재료재고액 + 당기원재료매입액 − 기말원재료재고액

② 직접노무비 … 현금지급한 노무비 + 미지급노무비

③ 제조간접비 … 현금지급제조간접비 + 미지급제조간접비

④ 당기총제조원가 … 직접재료비 + 직접노무비 + 제조간접비

⑤ 당기제품제조원가 … 기초재공품재고액 + 당기총제조원가 − 기말재공품재고액

⑥ 매출원가 … 기초제품재고액 + 당기제품제조원가 − 기말제품재고액

⑦ 원가의 흐름을 계정을 통해서 살펴보면 다음과 같다(계정상의 금액은 임의의 것임).

기출문제

문. 원가행태에 대한 설명으로 옳지 않은 것은?
▶ 2014. 4. 19 안전행정부

① 고정원가는 조업도가 증감하더라도 전체 범위에서는 고정적이기 때문에, 다른 조건이 동일하다면 제품단위당 고정원가는 조업도의 증가에 따라 감소한다.

② 관련범위 내에서 조업도 수준과 관계없이 고정원가 발생총액은 일정하다.

③ 관련범위 내에서 조업도가 증가하면 변동원가 발생총액은 비례적으로 증가한다.

④ 변동원가는 조업도의 증감에 따라 관련범위 내에서 일정하게 변동하기 때문에 다른 조건이 동일하다면 제품단위당 변동원가는 조업도의 증감에 관계없이 일정하다.

☞ ①

문. ㈜대한의 2010년 12월 31일로 종료되는 회계연도의 제조원가와 관련된 자료가 다음과 같을 때, 당기의 매출원가는?
▶ 2011. 5. 14 상반기 지방직

• 직접재료비 ₩30,000
• 직접노무비 ₩15,000
• 제조간접비 ₩25,000
• 재공품 기초재고 ₩10,000
　　　　　　기말재고 ₩15,000
• 제 품 기초재고 ₩40,000
　　　　　　기말재고 ₩35,000

① ₩40,000　　② ₩60,000
③ ₩65,000　　④ ₩70,000

☞ ④

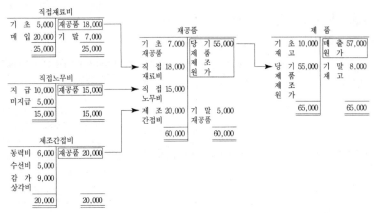

직접재료비	
기 초 5,000	재공품 18,000
매 입 20,000	기 말 7,000
25,000	25,000

직접노무비	
지 급 10,000	재공품 15,000
미지급 5,000	
15,000	15,000

제조간접비	
동력비 6,000	재공품 20,000
수선비 5,000	
감 가 9,000 상각비	
20,000	20,000

재공품	
기 초 7,000 재공품	당기 55,000 제품 제조 원가
직 접 18,000 재료비	
직 접 15,000 노무비	
제 조 20,000 간접비	기 말 5,000 재공품
60,000	60,000

제 품	
기 초 10,000 재고	매 출 57,000 원 가
당 기 55,000 제품 제조 원 가	기 말 8,000 재고
65,000	65,000

예 ㈜ 현웅의 2016년도 회계자료는 다음과 같다. 다음 자료를 이용하여 ㈜현웅의 2016년도 당기총제조원가, 당기제품제조원가, 매출원가를 각각 구하라.

	기초재고	기말재고
• 원재료	₩100,000	₩150,000
• 재공품	180,000	120,000
• 제 품	90,000	70,000
• 원재료매입액	₩750,000	
• 직 접 노 무 비	340,000	
• 동 력 비	50,000	
• 수 선 비	80,000	
• 감 가 상 각 비	50,000	

원재료	
기 초 100,000	재공품 700,000
매 입 750,000	기 말 150,000
850,000	850,000

제조간접비	
동력비 50,000	재공품 180,000
수선비 80,000	
감 가 50,000 상각비	
180,000	180,000

재공품	
기 초 180,000 재공품	당 기 1,280,000 제품 제조 원 가
직 접 700,000 재료비	
직 접 340,000 노무비	
제 조 180,000 간접비	기 말 120,000 재공품
1,400,000	1,400,000

제 품	
기 초 90,000	매 출 1,300,000 원 가
당 기 1,280,000 제품 제조 원 가	기 말 70,000
1,370,000	1,370,000

ㄱ 당기총제조원가 : 직접재료비 + 직접노무비 + 제조간접비
700,000 + 340,000 + 180,000 = ₩1,220,000

ㄴ 당기제품제조원가 : 기초재공품재고액 + 당기총제조원가 − 기말재공품재고액
180,000 + 1,220,000 − 120,000 = ₩1,280,000

ㄷ 매출원가 : 기초제품재고액 + 당기제품제조원가 − 기말제품재고액
90,000 + 1,280,000 − 70,000 = ₩1,300,000

⑧ **제조원가명세서** … 제조기업의 당기제품제조원가 계산과정을 나타내는 명세서표로 당기 재공품계정의 변동사항이 모두 표시되며, 재무제표를 위한 필수적 부속명세서이다.

기출문제

문. ㈜대한의 2010회계연도 중 재료구입액은 ₩200,0000이고, 직접노무원가와 제조간접원가 발생액이 각각 ₩150,000과 ₩155,000일 경우 다음 자료를 이용하여 당기제품제조원가와 매출원가를 계산하면?

▶ 2011. 4. 9 행정안전부

	2010.1.1	2010.12.31
재료	₩100,000	₩80,000
재공품	₩120,000	₩150,000
제품	₩150,000	₩200,000

	제품제조원가	매출원가
①	₩495,000	₩445,000
②	₩495,000	₩475,000
③	₩505,000	₩445,000
④	₩505,000	₩475,000

답 ①

문. 다음은 ㈜한국의 제품제조 및 판매와 관련된 계정과목들이다. ㄱ~ㄹ 중 옳지 않은 것은?

▶ 2015. 4. 18 인사혁신처

직접 재료원가	900	당기 제품 제조원가	13,000
직접 노무원가	700	기초 제품 재고액	8,000
제조 간접원가	(ㄱ)	기말 제품 재고액	(ㄷ)
당기총 제조원가	2,000	매출 원가	(ㄹ)
기초 재공품 재고액	14,000	매출액	25,000
기말 재공품 재고액	(ㄴ)	매출 총이익	8,000

① ㄱ : ₩400 ② ㄴ : ₩3,000
③ ㄷ : ₩5,000 ④ ㄹ : ₩17,000

답 ③

제조원가명세서

Ⅰ. 직 접 재 료 비		
1. 기초원재료재고액	100,000	
2. 당기원재료매입액	750,000	
3. 계	850,000	
4. 기말원재료재고액	(150,000)	700,000
Ⅱ. 직 접 노 무 비		340,000
Ⅲ. 제 조 간 접 비		180,000
Ⅳ. 당 기 총 제 조 원 가		1,220,000
Ⅴ. 기 초 재 공 품 원 가		180,000
Ⅵ. 계		1,400,000
Ⅶ. 기 말 재 공 품 원 가		(120,000)
Ⅷ. 당 기 제 품 제 조 원 가		1,280,000

⑨ **매출원가명세서** … 매출원가의 계산과정을 나타내는 명세서이다. 이에는 제품계정의 변동사항이 모두 표시된다.

매출원가명세서

Ⅰ. 기초제품재고액	90,000
Ⅱ. 당기제품제조원가	1,280,000
Ⅲ. 계	1,370,000
Ⅳ. 기말제품재고액	(70,000)
Ⅴ. 매출원가	1,300,000

⑩ **원가흐름에 대한 분개**

  ㉠ **원재료 구입시**

  〈차〉원 재 료 750,000 〈대〉현금 또는 매입채무 750,000

  ㉡ **원재료 투입시**

  〈차〉재 공 품 700,000 〈대〉원   재   료 700,000

  ㉢ **노무비 발생시**

  〈차〉노 무 비 340,000 〈대〉현금 또는 미지급임금 340,000

  ㉣ **노무비 투입시**

  〈차〉재 공 품 340,000 〈대〉노   무   비 340,000

  ㉤ **제조간접비 발생시**

  〈차〉감가상각비 50,000 〈대〉감 가 상 각 누 계 액 50,000

       수 선 비 80,000   미 지 급 비 용 80,000

       동 력 비 50,000   현   금 50,000

       보 험 료 70,000   선 급 보 험 료 70,000

           :   :

기출문제

문. ㈜태양은 주문에 의한 제품생산을 하고 있는 조선업체이다. 2010년 중에 자동차운반선(갑)과 LNG운반선(을)을 완성하여 주문자에게 인도하였고, 2010년 말 미완성된 컨테이너선(병)이 있다. 갑, 을, 병 이외의 제품주문은 없었다고 가정한다. 다음은 2010년의 실제 원가자료이다. 2010년에 발생한 총제조간접원가는 ₩1,000이다. ㈜태양은 제조간접원가를 직접노무시간에 따라 배부한다고 할 때, ㈜태양의 2010년 기말재공품원가는?

▶ 2010. 5. 22 상반기 지방직

	갑	을	병	합계
기초 재공품	300	400	100	800
직접 재료 원가	150	200	160	510
직접 노무 원가	60	80	40	180
직접 노무 시간	200	500	300	1,000

① ₩300   ② ₩600
③ ₩800   ④ ₩1,000

☞ ②

ⓑ 제조간접비 집계시

〈차〉제조간접비　250,000　〈대〉감　가　상　각　비　50,000
　　　　　　　　　　　　　　　　수　　　선　　　비　80,000
　　　　　　　　　　　　　　　　동　　　력　　　비　50,000
　　　　　　　　　　　　　　　　보　　　험　　　료　70,000
　　　　　　　　　　　　　　　　　　　　：

ⓢ 제조간접비 대체시

〈차〉재　공　품　250,000　〈대〉제　조　간　접　비　250,000

ⓞ 제품의 완성

〈차〉제　　　품 1,280,000　〈대〉재　　　공　　　품 1,280,000

ⓩ 제품의 판매

〈차〉매　출　원　가 1,300,000　〈대〉제　　　　　품 1,300,000

⑪ 원가의 구성관계

			판매이익	판매가격
		물류원가와 관리비		
	제조간접비			
직접재료비 직접노무비 직접제조경비	직접원가	제조원가	판매원가	

SECTION 2 원가의 배분

(1) 의의

원가배분이란 여러 가지 원가대상에 공통적으로 발생한 간접원가를 집합하여 합리적인 배부기준을 정한 후 이 기준에 의해 원가대상에 배분하는 과정을 말한다. 광의로는 직접원가의 부과까지 포함하나 일반적으로는 간접원가를 대응시키는 과정만을 의미한다. 원가배분의 일반절차는 원가집합을 설정하고 원가대상을 설정하여 배분방법과 기준을 설정하는 순서로 이루어진다. 배분기준은 원칙적으로 인과관계가 큰 것을 선택하되 수혜기준, 부담능력기준, 공정성과 공평성을 고려하여 정해야 한다.

① 인과관계기준 … 원가를 발생하게 한 원인이 무엇인가? 즉 원인과 결과에 따라 원가를 배분하는 것이 가장 합리적이라는 원가배분기준이다. 예를 들면 휴대 전화비용(결과)의 발생원인은 휴대 전화의 사용시간(원인)이므로 원가대상에서 사용한 사용시간을 기준으로 휴대 전화비용을 원가대상에 배분한다.

② 수혜기준 … 원가를 발생하게 함으로 인하여 원가대상이 경제적 효익을 제공받은 경우 제공받은 효익의 크기에 비례하여 원가를 배분하는 방법을 말한다.

③ **부담능력기준**… 원가대상이 원가를 부담할 수 있는 능력에 비례하여 원가를 배분하는 방법을 말한다. 하지만 부담능력에 따라서 원가를 배분하게 된다면 열심히 하고 많은 생산성 향상에 노력을 기울인 사업부의 매출이 그렇지 않은 다른 사업부보다 훨씬 높아지는데 매출액이 높은 사업부에 매출액에 따라서 많은 원가를 배분한다면 해당사업부 경영자의 사기를 저하시키고 원가통제에 대한 도덕적 해이를 불러일으킬 수 있으며 성과평가를 왜곡하게 된다.

④ **공정성과 공평성기준**… 많은 원가대상에 집합된 원가를 배분할 때 그 원가배분은 공정하고 공평하게 이루어져야 한다는 기준이다. 그러나 이 기준은 포괄적이고 애매하여 적용하는 데는 어려움이 많다.

> **POINT 팁** **원가배부**… 집계된 원가(원가집합)를 최종원가대상에 배분하는 것을 원가배부라고 한다.

(2) 원가배분절차

① **원가집합설정**… 제품제조를 위한 경제적 효익의 희생을 화폐가치로 측정한 것

② **원가대상설정**… 원가를 따로 측정하고자 하는 활동 또는 항목

> **POINT 팁** 부문, 활동, 프로젝트, 제품 등

③ **배분방법과 기준**… 배분기준은 원칙적으로 인과관계가 큰 것을 선택한다.

④ **배분율**… 원가집합 ÷ 배부기준총계

⑤ **원가대상별 배분액**… 원가대상별 배부기준 × 배분율

(3) 제조간접비의 배분

제조간접비는 여러 종류의 제품생산에서 공통적으로 발생된 원가로서, 특정제품에 직접적으로 추적하기가 어렵기 때문에 합리적인 배부기준을 선택하여 각 제품에 배분하여야 한다.

① 제조간접비는 아래 방법으로 배부율을 산정하여 원가 대상인 제품에 각각 배분한다.

> • 제조간접비 배부율 $= \dfrac{\text{제조간접비총액(실제원가)}}{\text{총 배부기준}}$
> • 각 제품별 제조간접비 배부액 = 각 제품의 배부기준 × 배부율

② 어느 한 부문에서만 발생하는 원가의 배부율은 다음과 같다.

> • 부문별 제조간접비 배부율 $= \dfrac{\text{부문별 제조간접비}}{\text{부문별 배부기준 총계}}$
> • 제품의 부문별 제조간접비 배부액 = 제품의 부문별 배부기준 × 부문별 배부율

POINT 팁 예정배부차이의 처리
　　　㉠ **실제발생액 > 예정배부** : 부족배부, 불리한차이 → 재공품, 제품, 매출원가에 가산
　　　㉡ **실제발생액 < 예정배부** : 초과배부, 유리한차이 → 재공품, 제품, 매출원가에서 차감

(4) 보조부문원가

제조부문은 제품생산에 직접 참여하는 부문을 말한다. 따라서 작업별로 추적 가능한 직접재료비, 직접노무비는 당연히 제조부문에서 발생하며 또한 제조간접비도 발생한다. 반면에 보조부문은 제조활동에는 직접 참여하지 않고 다른 부문의 활동에 필요한 서비스나 용역을 제공하는 부문으로서, 여기서는 제조활동이 직접 이루어지지 않으므로 직접재료비, 직접노무비는 발생할 수 없고 오직 제조간접비만 발생한다.

① **직접배분법** ··· 직접배분법이란 보조부문의 상호간 용역수수를 완전히 무시하는 방법으로 배분방법은 간편하지만 보조부문 상호간에 용역제공이 무시된다는 단점이 있다.

② **단계배분법** ··· 단계배분법이란 직접배분법 사용이 부적절한 경우 사용하는 방법으로 보조부문의 상호간 용역 수수를 일부만 고려한다. 단계배분법의 적용시 보조부문 상호간의 배분에 있어 우선순위를 정해야 하는데 일반적으로 다음과 같이 정한다.
　　㉠ 타 보조부문에 용역제공비율이 큰 보조부문
　　㉡ 자기의 용역을 제공받는 다른 보조부문수가 많은 보조부문
　　㉢ 총원가가 큰 보조부문

③ **상호배분법** ··· 상호배분법이란 보조부문의 용역 수수를 완전히 고려하는 방법이다. 이는 가장 정확한 방법이지만 계산과정이 복잡하고 시간 및 비용이 많이 드는 단점이 있다. 각 보조부문 상호간의 용역제공비율을 이용하여 연립방정식을 수립한다.

> 배부대상원가 = 자기부문발생원가 + (다른보조부문발생원가 × 다른 보조부문
> 　　　　　　　　　　　　　　　　으로부터 자기부문으로의 용역 제공비율)

④ **단일배분율과 이중배분율**
　　㉠ 단일배분율 : 보조부문의 원가를 변동비와 고정비로 구분하지 않고 하나의 배부기준을 사용한다.
　　㉡ 이중배분율 : 보조부문비 중 변동원가는 실제(예정)용역제공량 기준으로 고정원가는 최대 용역제공량 기준으로 배분하는 것이다.

⑤ **보조부문원가의 배분**

㈜현웅은 보조부문 A(동력부), B(식당부)와 제조부문 X, Y가 있다. 각 부문의 용역수수와 발생원가(제조간접비)는 다음과 같다.

① 상호배부법은 연립방정식을 이용하여 보조부문 간의 용역제공비율을 정확하게 고려해서 배부하는 방법이다.

② 단계배부법은 보조부문원가의 배부순서를 적절하게 결정할 경우 직접배부법보다 정확하게 원가를 배부할 수 있다.

③ 단계배부법은 우선순위가 높은 보조부문의 원가를 우선순위가 낮은 보조부문에 먼저 배부하고, 배부를 끝낸 보조부문에는 다른 보조부문원가를 재배부하지 않는 방법이다.

④ 직접배부법은 보조부문 간의 용역수수관계를 정확하게 고려하면서 적용이 간편하다는 장점이 있어 실무에서 가장 많이 이용되는 방법이다.

☞ ④

사용 제공	보조부문		제조부문		합계
	A(동력부)	B(식당부)	X	Y	
A(동력부)	1,000	2,000	1,000	2,000	6,000kW
B(식당부)	20	20	30	50	120명
발생원가	₩ 60,000	₩ 80,000	₩ 100,000	₩ 360,000	₩ 360,000

동력부가 생산해서 동력부에서 소비한 1,000kW, 식당부가 생산해서 식당부가 소비한 20명이 바로 자기부문소비용역이다.

이것을 자기부문소비용역을 무시하고 표를 만들면 다음과 같다.

사용 제공	보조부문		제조부문		합계
	A(동력부)	B(식당부)	X	Y	
A(동력부)	0	2,000	1,000(20%)	2,000(40%)	5,000kW
B(식당부)	20(20%)	0	30(30#)	50(50%)	100명
발생원가	₩ 60,000	₩ 80,000	₩ 100,000	₩ 360,000	₩ 360,000

자기부문소비용역을 무시한다고 하더라도 배부하여야 할 발생원가총액은 ₩ 360,000으로 변함이 없다는 사실에 주의하여야 한다.

ㄱ 직접배부법

	보조부문		제조부문		합계
	A	B	X	Y	
배부전원가	60,000	80,000	100,000	120,000	360,000
A*	(60,000)		20,000	40,000	
B**		(80,000)	30,000	50,000	
배부후원가	0	0	150,000	210,000	360,000***

* 20% : 40% 또는 $\dfrac{1,000}{5,000\text{kW}} : \dfrac{2,000}{5,000\text{kW}}$

** 30% : 50% 또는 $\dfrac{30}{100\text{명}} : \dfrac{50}{100\text{명}}$

*** 배부전이나 배부후 제조간접비 총액 ₩ 360,000은 변함이 없다.

ㄴ 단계배부법

	보조부문		제조부문		합계
	A	B	X	Y	
배부전원가	₩ 60,000	₩ 80,000	₩ 100,000	₩ 120,000	₩ 360,000
A*	(60,000)	24,000	12,000	24,000	0
B**	—	(104,000)	39,000	65,000	0
배부후원가	0	0	₩ 151,000	₩ 209,000	₩ 360,000

* B : X : Y = 40% : 20% : 40%

** X : Y = $\dfrac{30\%}{80\%} : \dfrac{50\%}{80\%}$

기출문제

문. 휴대폰 부품을 생산하는 ㈜대한은 두 제조부문(가), (나)와 두 보조부문(A), (B)로 나누어 부문원가를 계산하고 있다. 단계배부법을 이용하여 보조부문원가를 배부할 때 두 제조부문에 최종적으로 집계되는 원가는? (단, 보조부문원가의 배부순서는 다른 보조부문에 제공한 서비스 제공비율이 큰 부문을 먼저 배부한다)

▶ 2011. 4. 9 행정안전부

(단위 : 천원)

구분	(가) 제조 부문	(나) 제조 부문	(A) 보조 부문	(B) 보조 부문
1차 집계 원가	120	130	50	60

보조부문의
각 부문별 서비스 제공비율

(A) 보조 부문	40%	40%	—	20%
(B) 보조 부문	40%	30%	30%	—

	(가) 제조부문	(나) 제조부문
①	₩ 171,200	₩ 175,200
②	₩ 178,000	₩ 182,000
③	₩ 180,000	₩ 180,000
④	₩ 182,000	₩ 178,000

☞ ②

ⓒ **상호배부법** : 보조부문간의 용역수수관계를 완전히 고려하여 모든 보조
부문에 대하여 방정식을 세운 다음, 방정식을 풀어서 각 보조부문에 배
부할 총원가를 계산한 후 이 총원가를 용역수수관계를 완전히 고려하여
모든 보조부문과 제조부문에 배부한다.

	보조부문		제조부문		합계
	A	B	X	Y	
배부전원가	₩60,000	₩80,000	₩100,000	₩120,000	₩360,000
A*	82,609	33,044	16,521	33,044	0
B**	22,609	113,044	33,913	56,522	0
배부후원가	0	0	₩150,434	₩209,566	₩360,000

*   82,609 = B : X : Y에 40% : 20% : 40%

** 113,044 = A : X : Y에 20% : 30% : 50%

보조부문 A에서 B로의 비율은 40%이고 B에서 A로의 비율은 20%이다. 그러
므로 방정식을 세우면,

A = 60,000 + 0.2B

B = 80,000 + 0.4A 이다.

이 방정식을 풀면 배부대상원가가 A = ₩82,609, B = ₩113,044이 된다.

01

단/원/평/가

원가의 정의와 배분

1 원가회계에서는 제품 단위별로 원가를 추적해야한다. 추적가능성에 따라 분류했을 때 다른 하나는?

① 간접재료비
② 직접재료비
③ 간접노무비
④ 간접경비

TIP ㉠ **직접원가** : 직접재료비, 직접노무비, 직접경비
㉡ **간접원가** : 간접재료비, 간접노무비, 간접경비

2 다음 중 제조원가명세서에 포함되는 항목으로 옳지 않는 것은?

① 직접재료비
② 당기제품제조원가
③ 매출원가
④ 당기총제조원가

TIP 매출원가는 포괄손익계산서에 포함되는 항목이다.

3 기본원가와 가공원가에 공통적으로 해당하는 항목은?

① 제품제조원가
② 제조간접원가
③ 직접재료원가
④ 직접노무원가

TIP [기본원가]=[직접재료원가]+[직접노무원가]
[가공원가]=[제조간접원가]+[직접노무원가]

ANSWER 1.② 2.③ 3.④

※ 다음 자료를 이용하여 각 물음에 답하시오. 【4~6】

	기초	기말
• 원 재 료	₩ 5,500	₩ 4,200
• 재 공 품	3,800	2,700
• 제 품	4,300	2,800

당기말 결산 마감 후 제조원가 관련 각 계정은 다음과 같다.
- 원재료매입액 ₩ 35,000
- 직접노무비   27,000
- 제조간접비   30,000

4 ㈜현웅의 직접재료비 사용액을 구하면?

① ₩ 33,300   ② ₩ 36,300

③ ₩ 37,300   ④ ₩ 39,600

🐝**TIP** 직접재료비 : 기초원재료 + 당기원재료매입액 − 기말원재료재고액
∴ 5,500 + 35,000 − 4,200 = ₩ 36,300

5 ㈜현웅의 당기총제조원가는 얼마인가?

① ₩ 90,600   ② ₩ 93,300

③ ₩ 96,700   ④ ₩ 97,100

🐝**TIP** 당기총제조원가 : 직접재료비 + 직접노무비 + 제조간접비
∴ 36,300 + 27,000 + 30,000 = ₩ 93,300

6 ㈜현웅의 매출원가를 구하면?

① ₩ 94,400   ② ₩ 94,900

③ ₩ 95,900   ④ ₩ 99,900

🐝**TIP** 당기제품제조원가 : 기초재공품 + 당기총제조원가 − 기말재공품
∴ 3,800 + 93,300 − 2,700 = ₩ 94,400
매출원가 : 기초재고 + 당기제품제조원가 − 기말재고
∴ 4,300 + 94,400 − 2,800 = ₩ 95,900

⭐ **ANSWER**   4.② 5.② 6.③

7 다음 설명 중 옳지 않은 것은?

① 직접재료비는 제품 생산에 투입된 재료원가 중 추적 가능한 원가를 말한다.

② 기초원가 혹은 기본원가는 직접재료비와 직접노무비로 구성된다.

③ 원가의 행태란 원가를 변동원가와 고정원가로 구분하는 것을 말한다.

④ 당기총제조원가는 기초재공품에 직접재료비, 직접노무비, 제조간접비를 더한 것을 말한다.

🐝 **TIP** ④ 당기총제조원가는 당기 중에 발생한 직접재료비, 직접노무비, 제조간접비의 총 합계액을 말한다.

8 기초와 비교했을 때 기초재공품 금액보다 기말재공품 금액이 증가하였다면 그 결과는?

① 당기총제조원가 당기제품제조원가보다 작다.

② 매출원가가 당기제품제조원가보다 크다.

③ 당기제품제조원가가 매출원가보다 크다.

④ 당기총제조원가가 당기제품제조원가보다 크다.

🐝 **TIP** 재공품계정에서 기말재공품이 커지면 당기제품제조원가가 작아진다.

재공품

기초재공품	당기제품제조원가
당기총제조원가 • 직접재료비 • 직접노무비 • 제조간접비	
	기말재공품

9 다음의 재료원장을 보고 5월의 재료소비액을 구하면? (단, 재료소비량의 계산은 계속기록법에 의하고 재료의 소비단가결정은 후입선출법에 따른다)

5/1	전기이월(기초재료)	: 갑재료 200개	@100	₩20,000
5/9	입　고	: 갑재료 400	110	44,000
5/15	출　고	: 갑재료 500		
5/22	입　고	: 갑재료 300	120	36,000
5/30	출　고	: 갑재료 200		

① ₩54,000 　　　　　② ₩78,000

③ ₩80,000 　　　　　④ ₩82,000

🐝 **TIP** ₩44,000 + 100개 × @100 = ₩54,000(5/15일 출고분)
　　　　200개 × @120 　　　= 　24,000(5/30일 출고분)
　　　　　　계 　　　　　　₩78,000

⭐ **ANSWER** 7.④　8.④　9.②

01. 원가의 정의와 배분 | **249**

10 ㈜현웅의 당기제조원가 내역은 재료비 ₩250,000, 노무비 ₩500,000, 경비 ₩400,000이다. 기초재공품재고액이 ₩250,000이고 완성품 제조원가가 ₩850,000이라면 기말재공품재고액은 얼마인가?

① ₩200,000   ② ₩300,000
③ ₩500,000   ④ ₩550,000

🏵 **TIP** 당기총제조원가 : 직접재료비 + 직접노무비 + 제조간접비
∴ 250,000 + 500,000 + 400,000 = ₩1,150,000
당기제품제조원가 : 기초재공품재고액 + 당기총제조원가 − 기말재공품재고액(x)
₩850,000 = 250,000 + 1,150,000 − x
∴ x = ₩550,000

11 보조부문원가의 배분방법인 직접배분법, 단계배분법 및 상호배분법의 세가지를 서로 비교하는 설명으로 옳지 않은 것은?

① 직접배분법은 보조부문 상호간의 용역수수를 완전히 무시하는 방법이다.
② 단계배분법은 보조부문 상호간의 용역수수를 일부만 고려한다.
③ 상호배분법은 보조부문 상호간의 용역수수를 완전히 고려하는 방법이다.
④ 상호배분법은 계산과정도 복잡하고 가장 부정확한 방법이다.

🏵 **TIP** ④ 상호배분법은 번거롭지만 가장 정확한 방법이다.

12 배부기준을 결정하려고 할 때 가장 먼저 고려 대상이 되는 것은?

① 부담능력   ② 수혜기준
③ 인과관계   ④ 공정성과 공평성

🏵 **TIP** ③ 제조간접비를 배분할 때 우선 고려대상이 되는 것은 인과관계가 큰 것을 선택한다.

13 ㈜혜빈은 궁중 한복을 제조하여 문화재 관리청에 납품한다. 회사는 개별원가계산제도를 채택하고 있으며, 2016년 9월의 거래자료는 다음과 같다. 제조간접비를 실제배부율에 따라 배부하는 경우 기말재공품은?

- 기초재공품 재고는 ₩80,000이다.
- 생산부에서 사용한 직접재료비는 ₩150,000이다.
- 직접노무비는 ₩65,000이다.
- 제조간접비는 기계시간을 기준으로 배부하며, 9월 한달동안의 실제기계시간은 3,000시간이었다.
- 실제로 발생한 제조간접비는 ₩96,000이다.
- 원가자료가 다음과 같은 제조지시서가 완성되었다.
  - 직접재료비 : ₩200,000
  - 직접노무비 :   80,000
  - 실제기계시간 : 2,500 시간

---

① ₩31,000
② ₩33,000
③ ₩91,000
④ ₩93,000

TIP 제조간접비 실제배부율 $= \dfrac{₩96,000}{3,000 \, 시간} = ₩32/시간$

완성된 제품의 제조간접비배부액 2,500시간 × 32 = ₩80,000

※ 완성된 제품의 원가

직접재료비	₩200,000
직접노무비	80,000
제조간접비	80,000
	₩360,000

재공품

기 초	80,000	제 품	360,000
직접재료비	150,000		
직접노무비	65,000		
제조간접비	96,000	기말재공품	31,000
	391,000		391,000

구분	보조부문		제조부분		합계
	A	B	X	Y	
A	–	40%	20%	40%	100%
B	20%	–	30%	50%	100%
변동비	₩30,000	₩60,000	₩60,000	₩100,000	₩250,000
고정비	₩30,000	₩20,000	₩40,000	₩20,000	₩110,000
계	₩60,000	₩80,000	₩100,000	₩120,000	₩360,000

14 직접배분법을 사용하여 배부했을 때 제조부문 X와 Y에 대한 배부후원가를 구하면?

① X = ₩150,000   Y = ₩200,000
② X = ₩150,000   Y = ₩210,000
③ X = ₩180,000   Y = ₩200,000
④ X = ₩180,000   Y = ₩210,000

TIP

구분	보조부문		제조부문		합계
	A	B	X	Y	
배부전원가	₩60,000	₩80,000	₩100,000	₩120,000	₩360,000
A	(60,000)	–	20,000	40,000	0
B	–	(80,000)	30,000	50,000	0
배부후원가	₩0	₩0	₩150,000	₩210,000	₩360,000

15 단계배분법을 사용하여 보조부문원가를 제조부문에 배부했을 때 제조부문 X와 Y의 배부후원가를 구하면? (단, 보조부문 A부터 배부한다)

① X = ₩150,000   Y = ₩209,000
② X = ₩150,000   Y = ₩210,000
③ X = ₩151,000   Y = ₩209,000
④ X = ₩151,000   Y = ₩210,000

TIP

구분	보조부문		제조부문		합계
	A	B	X	Y	
배부전원가	₩60,000	₩80,000	₩100,000	₩120,000	₩360,000
A	(60,000)	24,000	12,000	24,000	0
B	–	(104,000)	39,000	65,000	0
배부후원가	₩0	₩0	₩151,000	₩209,000	₩360,000

A(60,000) → B(40%), X(20%), Y(40%)
B(80,000 + 24,000) → X(30%/30% + 50%), Y(50%/30% + 50%)

⭐ **ANSWER**   14.②   15.③

16 상호배분법을 이용하여 보조부문원가를 제조부문에 배부한다고 했을 때 제조부문 X와 Y의 배부후원가는?

① X = ₩150,000   Y = ₩209,000

② X = ₩150,000   Y = ₩209,566

③ X = ₩150,434   Y = ₩209,000

④ X = ₩150,434   Y = ₩209,566

구분	보조부문		제조부문		합계
	A	B	X	Y	
배부전원가	₩60,000	₩80,000	₩100,000	₩120,000	₩360,000
A	(82,609)	33,044	16,521	33,044	0
B	22,609	(113,044)	33,913	56,522	0
배부후원가	₩0	₩0	₩150,434	₩209,566	₩360,000

배부대상 보조부문원가를 연립방정식으로 정리하면 다음과 같다.

A = 60,000 + 0.2B, B = 80,000 + 0.4A

A(82,609) → B(40%), X(20%), Y(40%)

B(113,044) → A(20%), X(30%), Y(50%)

∴ A = 82,609, B = 113,044

17 ㈜헤빈의 원가자료는 다음과 같다. 제조지시서 #9의 제조원가는 얼마인가? (단, 제조간접비는 직접노동시간 배부기준에 의한다)

- 직접재료비총액 : ₩2,780,000   • 직접노무비총액 : ₩1,250,000
- 제조간접비총액 : ₩160,000   • 직접노동시간 : 5,000시간
- 제조지시서 #9의 자료
  - 직접재료비 : ₩85,000
  - 직접노무비 : ₩35,000
  - 직접노동시간 : 500시간

① ₩120,000   ② ₩130,000

③ ₩136,000   ④ ₩140,000

TIP 제조간접비배부율 $= \dfrac{₩160,000}{5,000} = $ @32/시간

직접재료비 ₩85,000

직접노무비   35,000

제조간접비   16,000 (500시간 × @32)

₩136,000

ANSWER   16.④ 17.③

18 ㈜현웅은 보조부문비를 상호배부법을 사용하여 제조부문에 배부하고 있다. A제조부문의 원가합계액은?

구분	A제조	B제조	동력부문	수선부문
동력부문	40%	40%	–	20%
수선부문	50%	30%	20%	–
원가발생액	₩140,000	₩80,000	₩100,000	₩40,000

① ₩220,000

② ₩216,250

③ ₩215,000

④ ₩236,500

🏵 **TIP** 동력부문을 X, 수선부문을 Y라 하고 연립방정식을 세운 후 식을 이용하여 X와 Y를 구한다.

X = ₩100,000 + 0.2Y

Y = ₩ 40,000 + 0.2X

∴ X = 112,500, Y = 62,500

실제발생원가 :	₩140,000
X에서 배부액 :	45,000 (112,500 × 40%)
Y에서 배부액 :	31,250 (62,500 × 50%)
A제조부문 원가합계	₩216,250

19 다음 중 원가배부에 대한 설명으로 옳지 않은 것은?

① 보조부문비의 배부에 있어서 단계법이 직접법보다 항상 더 합리적인 배부결과를 가져오는 것은 아니다.

② 원가통제의 목적을 위해서는 원가를 반드시 실제발생원가를 기준으로 배부하여야 한다.

③ 원가배부의 기준은 일반적으로 인과관계를 반영하는 것이 좋다.

④ 결합원가의 배부는 경영계획의 수립이나 원가통제의 목적에 도움을 주지 못한다.

🏵 **TIP** ② 원가통제의 목적으로 경영자는 기중에도 원가에 대한 정보를 필요로 한다. 따라서 실제발생원가를 기준으로 하지 않고, 예정배부나 표준원가를 이용하여 배부한 원가로 의사결정에 필요한 정보를 수집한다.

⭐ **ANSWER** 18.② 19.②

20 백두회사의 2016년도 재고자산관련 자료와 당기 비용사용내역이 아래와 같을 때 백두회사의 2016년도 당기제품제조원가와 매출원가는?

	1월 1일	12월 31일
원재료	₩ 80,000	₩ 40,000
재공품	70,000	60,000
제 품	90,000	50,000
원재료구입액	₩ 250,000	
공 장 임 차 료	150,000	
본 사 임 차 료	190,000	
공장감가상각비	250,000	
공 장 인 건 비	350,000	
영 업 사 원 급 료	220,000	

	당기제품제조원가	매출원가		당기제품제조원가	매출원가
①	₩ 1,050,000	₩ 1,090,000	②	₩ 1,200,000	₩ 1,090,000
③	₩ 1,050,000	₩ 1,200,000	④	₩ 1,050,000	₩ 980,000

TIP

원재료		
기 초 원재료	80,000	원재료 사용액 290,000
원재료 구 입	250,000	기 말 원재료 40,000
	330,000	330,000

재공품		
기 초 재공품	70,000	당 기 제 품 제 조 원 가 1,050,000
원재료 사용액	290,000	기 말 재공품 60,000
직 접 노무비	350,000	
제 조 간접비	400,000	
	1,110,000	1,110,000

제 품		
기 초 제 품	90,000	매 출 원 가 1,090,000
당 기 제 품 제 조 원 가	1,050,000	기 말 제 품 50,000
	1,140,000	1,140,000

21 녹두회사의 2016년도 당기총제조원가가 ₩12,000,000이었다. 기초재공품은 없었고, 기말재공품은 ₩700,000이다. 녹두회사의 2016년도 제품제조원가는?

① ₩ 10,300,000   ② ₩ 10,700,000

③ ₩ 10,900,000   ④ ₩ 11,300,000

TIP

재공품계정		
기 초 재 공 품	0	당기제품제조원가 11,300,000
당기총제조원가	12,000,000	기 말 재 공 품 700,000
	₩ 12,000,000	₩ 12,000,000

당기총제조원가 = 직접재료비 + 직접노무비 + 제조간접비

⭐ **ANSWER**   20.①   21.④

22 다음 설명 중 옳지 않은 것은?

① 기본원가 또는 기초원가는 직접재료비와 직접노무비로 구성된다.

② 변동원가와 고정원가로 분류되는 것은 행태에 의한 것이다.

③ 재공품계정 차변합계에서 기말재공품을 차감하면 당기총제조원가가 산출된다.

④ 직접노무비는 기초원가와 가공원가에 공통적으로 포함된다.

🏅 **TIP** ③ 당기총제조원가는 직접재료비 + 직접노무비 + 제조간접비의 합계이고 기초재공품에 당기총제조원가를 합하고 기말재공품을 차감하면 당기제품제조원가가 산출된다.

23 다음 주어진 자료를 이용하여 매출액을 계산하면?

	기초재고	기말재고
재공품	₩550,000	₩600,000
제 품	900,000	1,200,000
매 출 총 이 익	600,000	
당기제품제조원가	₩7,000,000	

① ₩6,700,000   ② ₩7,300,000

③ ₩7,500,000   ④ ₩7,800,000

🏅 **TIP**

제 품

900,000	6,700,000 (매출원가)
7,000,000	1,200,000
7,900,000	7,900,000

매출액 − 매출원가 = 매출총이익

$x - 6,700,000 = 600,000$

$\therefore x = 7,300,000$

24 ㈜경상은 제조간접원가를 직접노무시간으로 배부하고 있다. 지난 3월의 제조간접원가 실제액은 ₩2,340,000이고 실제사용 직접노무시간은 4,800시간이다. 제조간접비 추정총액은 ₩2,500,000이고 추정직접노무시간은 5,000시간이라면 지난 3월의 제조간접원가 과소(대) 배부는?

① ₩30,000 과대배부   ② ₩30,000 과대배부

③ ₩60,000 과대배부   ④ ₩60,000 과소배부

⭐ **ANSWER**   22.③   23.②   24.③

🌸 TIP $\dfrac{₩2,500,000}{5,000시간}$ = @500 × 4,800시간 = ₩2,400,000(예정배부액)

ㄱ 실 제 액   ₩2,340,000
ㄴ 배 부 액   2,400,000
ㄷ 과대배부   ₩60,000

25 제조간접비 배부액을 직접노동시간으로 하고, 자료가 아래와 같을 경우 제조지시서 #108의 제조원가를 구하면?

• #108의 직접재료비 ₩4,200,000, 직접노무비 ₩3,800,000, 직접노동시간 250시간
• 당 기간의 직접노동시간 300시간, 제조간접비총액 ₩2,700,000

---

① ₩9,950,000

② ₩9,800,000

③ ₩10,250,000

④ ₩10,750,000

🌸 TIP ㄱ 부문별 제조간접비배부율 : $\dfrac{부문별\ 제조간접비}{부문별\ 배부기준\ 총계}$

$\dfrac{₩2,700,000}{300시간}$ = @9,000

ㄴ 제품의 부문별 제조간접비배부액 : 제품의 부문별 배부기준 × 부문별 배부율
  250시간 × @9,000 = 2,250,000
ㄷ 제조원가 : 직접재료비 + 직접노무비 + 제조간접비
  4,200,000 + 3,800,000 + 2,250,000 = 10,250,000

26 ㈜서라벌은 개별원가계산제도를 운영하고 있다. 회사는 모형금관을 제작하여 판매하고 있는데 아래 자료에 의하여 모형금관의 직접재료원가를 구하면?

• 당기총제조원가 : ₩9,000,000
• 당기제품제조원가 : 7,000,000
• 제조간접원가는 직접노무원가의 50%가 배부되었으며 이것은 당기총제조원가의 30%에 해당한다.

---

① ₩600,000

② ₩700,000

③ ₩800,000

④ ₩900,000

🌸 TIP ㄱ 당기총제조원가 : 직접재료비 + 직접노무비 + 제조간접비
  $9,000,000 = x + y + 0.5y$
ㄴ $0.5y = 9,000,000 × 30\% = y = 5,400,000$

ㄷ $9,000,000 = x + 5,400,000 + 5,400,000 × 0.5$
  $\therefore x = ₩900,000$

⭐ ANSWER 25.③ 26.④

※ 아래 자료를 참조하여 각 항목에 대한 물음에 답하시오. 【27 ~ 28】

용역사용 용역제공	보조부문		제조부문	
	S₁	S₂	A	B
S₁	-	0.2	0.4	0.4
S₂	0.2	-	0.4	0.4
변동비	₩30,000	₩70,000	₩80,000	₩100,000
고정비	40,000	30,000	50,000	70,000
계	₩70,000	₩100,000	₩130,000	₩170,000

27 직접배부법을 사용하여 제조부문 A의 배부후원가를 구하면?

① ₩189,000 ② ₩192,000
③ ₩215,000 ④ ₩223,000

🏅**TIP** $S_1 = 70,000 \times 0.4/(0.4 + 0.4) = 35,000$
$S_2 = 100,000 \times 0.4/(0.4 + 0.4) = 50,000$
A(원래의 원가)   130,000
                    ₩215,000

28 단계배부법을 사용하여 제조부문 B의 배부후원가를 구하면? (단, 배부순서는 S₁부터)

① ₩215,000 ② ₩235,000
③ ₩245,000 ④ ₩255,000

🏅**TIP**

용역사용 용역제공	보조부문		제조부문	
	S1	S2	A	B
배부전원가	₩70,000	₩100,000	₩130,000	₩170,000
A	(70,000)	₩14,000	₩28,000	₩28,000
B		(114,000)	₩57,000	₩57,000
배부후원가	0	0	₩215,000	₩255,000

29 원가배분이란 여러 가지 원가대상에 공통적으로 발생한 원가를 집합하여 합리적인 배부기준에 따라 원가대상에 배분하는 과정을 말하는데 배분기준에 해당하지 않는 사항은?

① 인과관계기준 ② 제조시간기준
③ 수혜기준 ④ 부담능력기준

🏅**TIP** 배분기준은 원칙적으로 인과관계를 고려하여 큰 것을 선택하여야 하며, 수혜기준과 부담능력기준 그리고 공정성과 공평성을 고려하여 정해야 한다.

⭐**ANSWER** 27.③ 28.④ 29.②

개별원가계산과 종합원가계산

기출문제

 개별원가계산

(1) 개별원가계산의 특징

개별원가계산은 생산하는 제품의 규격이 다르고 각 제품이나 또는 개별작업별로 투입한 원가요소가 다르기 때문에 개별작업 단위별로 원가를 구분하여 집계하는 방법을 말한다. 이 계산 방법은 여러 종류의 다른 제품 또는 작업을 주문 생산 형태로 제조하는 업종에 적합하다.

(2) 작업원가표(Job cost sheets)

주문생산은 고객의 주문에 따라서 제품의 형태나 수량을 결정하고 제조방법이 확정된다. 생산부문은 판매부서가 보내온 판매계약서를 기초로 작업지시서를 작성하여 생산현장에 통보하고 이를 근거로 생산 현장에서는 원재료와 노동력 등을 투입하여 제품을 생산한다. 개별작업에 대한 원가의 추적가능성 여부에 따라 원가를 분류하여 직접원가(직접재료비, 직접노무비)는 직접 부과하고 간접원가(제조간접비)는 합리적인 배부기준에 따라 배부한다. 직접원가를 부과하는데는 문제가 없으나 개별원가계산의 핵심과제는 제조간접비의 배부이다.

(3) 제조간접비의 배부

① **배부기준** … 제조간접비의 발생과 높은 인과관계가 있어야 한다. 직접노동시간, 직접노무비, 기계시간, 면적 등이 이용된다.

② **제조간접비 배부**

- 제조간접비배부율 = $\dfrac{\text{제조간접비합계}}{\text{배부기준(조업도)}}$
- 제품별 제조간접비 배부액 = 제조간접비 배부율 × 조업도

③ **조업도** … 원가대상의 총원가변동에 가장 큰 영향을 주는 가장 대표적인 원가동인을 의미한다. 예를 들면 전화요금고지서상 원가를 결정하는 원가동인으로는 통화시간, 게임시간, 발송한 문자의 수 등 중에서 통화시간 때문에 대부분의 전화요금이 나왔다면 통화시간이 바로 대표적인 원가동인, 즉 조업도이다.

(4) 개별원가계산의 분류

① **실제개별원가계산** … 실제개별원가계산은 작업을 수행하면서 실제 발생된 직접재료비, 직접노무비는 개별작업에 직접추적하여 집계하고, 개별작업과 직접 관련이 없는 제조간접비는 기말까지 발생된 제조간접비를 집계(실제제조간접비)하여 기말에 합리적인 배부기준에 따라 각 개별작업에 배부하

여 제품원가를 계산하는 원가계산방법이다. 제조간접비를 배부하기 위해서는 먼저 제조간접비 배부율을 계산하여야 하는데 실제원가계산에서는 기말에 실제 발생한 제조간접비를 실제 배부기준합계(실제조업도)로 나누어 제조간접비 실제배부율을 계산하고, 이를 이용하여 개별작업에 제조간접비를 배부하게 된다.

- 실제제조간접비배부율 = $\dfrac{\text{실제제조간접비 합계}}{\text{실제배부기준 합계(실제조업도)}}$
- 제조간접비 실제배부액 = 배부기준의 실제생산량(실제조업도) × 제조간접비 실제배부율

POINT 팁 실제개별원가계산의 문제점
　⑦ 실제제조간접비합계는 기말이 되어서야 파악되므로 제조간접비를 기말전에는 개별작업에 배부할 수 없어 제품원가계산이 기말까지 지연된다. 따라서 기중에는 원가정보를 이용하여 제품의 수익성을 분석하거나 가격결정을 할 수 없어 원가정보의 적시성이 감소하게 된다.
　ⓛ 실제로 발생되는 제조간접비와 배부기준합계(실제조업도)가 월별·계절별로 차이가 발생하게 되어 월별·계절별로 제품의 단위원가가 변동하게 된다.

② **정상(예정)개별원가계산**… 정상개별원가계산은 실제개별원가계산의 문제점을 제조간접비 예정배부를 통하여 극복하고자 하는 원가계산방법으로서, 직접재료비와 직접노무비는 실제개별원가계산과 마찬가지로 실제 발생액을 개별작업에 직접 추적하여 집계하나, 개별작업과 직접관련이 없는 제조간접비는 회계연도가 미리 시작되기전에 미리 결정한 제조간접비 예정배부율을 이용하여 각 개별작업에 배부한다. 제조간접비를 배부하기 위해서는 먼저 제조간접비 배부율을 계산해야 하는데 정상원가계산에서는 기초에 미리 예측한 제조간접비(예정제조간접비, 제조간접비예산)를 기초에 미리 예측한 예정배부기준 합계(예정조업도)로 나누어 제조간접비 예정배부율을 계산한다.

- 제조간접비 예정배부율 = $\dfrac{\text{예정제조간접비(제조간접비예산)}}{\text{예정배부기준 합계(예정조업도)}}$
- 제조간접비 예정배부액 = 배부기준의 실제발생량(실제조업도) × 제조간접비 예정배부율

⭐ **실제원가계산과 정상원가계산의 비교**

원가항목	실제원가계산	정상원가계산
직접재료비	실제발생액	실제발생액
직접노무비	실제발생액	실제발생액
제조간접비	실제배부액(배부기준의 실제발생량 × 실제배부율)	예정배부액(배부기준의 실제발생량 × 예정배부율)

POINT 팁 실제원가계산과 정상원가계산의 차이는 '제조간접비를 기말에 계산되는 실제배부율을 이용하여 배부할 것인가?, 아니면 기초에 미리 결정한 예정배부율을 이용하여 배부할 것인가?'에 있다.

(5) 제조간접비 배부차이

제조간접비 예정배부율을 이용하여 제조간접비를 예정배부하는 경우, 제조간접비 실제발생액과 배부액(예정배부액)사이에는 차이가 발생하는데 이를 제조간접비 배부차이라고 한다.

$$제조간접비 \ 배부차이 \ = \ 실제발생액 \ - \ 예정배부액$$

배부차이는 과소배부(부족배부)와 과대배부(초과배부)로 구분할 수 있는데 이를 그림으로 표현하면 다음과 같다.

① **과소배부가 발생하는 경우** … 실제발생액이 예정배부액보다 많다.

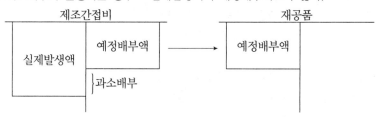

② **과대배부가 발생하는 경우** … 실제발생액보다 예정배부액이 많다.

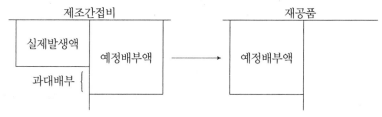

　　다음은 ㈜현웅과 ㈜혜빈의 당기자료이다.

㉠ 당기의 예산자료		
	㈜현웅	㈜혜빈
제조간접비배부기준	기계시간	직접노무비
제조간접비예산	₩40,000	₩15,000
추 정 기 계 시 간	200시간	50시간
직접노무비예산	₩1,000	₩3,000
㉡ 당기의 실제자료		
	㈜현웅	㈜혜빈
실제제조간접비	₩28,000	₩20,000
실 제 기 계 시 간	150시간	55시간
실제직접노무비	₩1,400	₩2,900

　1. ㈜현웅과 ㈜혜빈의 당기제조간접비 예정배부율을 계산하시오.

　㉠ ㈜현웅의 제조간접비 예정배부율 $= \dfrac{₩40,000}{200시간} = ₩200/기계시간$

　㉡ ㈜혜빈의 제조간접비 예정배부율 $= \dfrac{₩15,000}{₩3,000} = ₩5/직접노무비$

기출문제 ▶

문. ㈜한국은 직접노동시간을 기준으로 제조간접비를 예정배부하고 있다. 당기의 제조간접비예산은 ₩500,000이고, 예상되는 직접노동시간은 1,000시간이다. 당기 제조간접비 실제발생액은 ₩530,000이고 실제 직접노동시간은 1,100시간일 때, 제조간접비의 과소 또는 과대배부액은?
　　▶ 2011. 5. 14 상반기 지방직
① ₩20,000 과대배부
② ₩20,000 과소배부
③ ₩30,000 과대배부
④ ₩30,000 과소배부
　　　　　　　정답 ①

2. ㈜현웅과 ㈜혜빈의 제조간접비 배부차이를 계산하시오. (단, 과소 또는 과대 배부인가를 표시할 것)

	㈜현웅	㈜혜빈
실제발생액	₩28,000	₩20,000
예정배부액	30,000 (150시간 × ₩200)	14,500 (₩2,900 × ₩5)
배부차이	2,000 (과대배부)	5,500 (과소배부)

(6) 제조간접비 배부차이 처리방법

정상원가계산에 의하여 원가를 계산하면 재공품, 제품, 매출원가에는 제조간접비가 예정배부액으로 구성된다. 그런데 외부에 공표되는 재무제표는 실제원가계산에 의하여 작성되어야 하므로 기말에 재공품, 제품, 매출원가에 포함될 제조간접비를 실제발생액이나 또는 근사치에 맞는 숫자로 조정하는 절차를 수행하여야 한다.

① **매출원가조정법** … 매출원가조정법은 배부차이를 전액 매출원가에서 가감 조정하는 방법이다. 이때 과소배부액은 매출원가에 가산하고, 과대배부액은 매출원가에서 차감한다. 매출원가조정법은 배부차이가 적거나, 기말재고자산(재공품 · 제품)금액이 매출원가에 비하여 매우 작을 경우에 한하여 적용되어야 한다.

과소배부시 : 〈차〉 매 출 원 가 5,500 〈대〉 제조간접비 5,500
과대배부시 : 〈차〉 제조간접비 2,000 〈대〉 매 출 원 가 2,000

② **비례배분법** … 비례배분법은 제조간접비의 배부차이를 기말재공품, 기말제품, 매출원가 계정에 포함된 원가요소의 비율에 따라서 제조간접비 배부차이를 배부하는 방법으로서 제조간접비 배부차이가 상대적으로 크고 중요한 경우에 사용되며 차이조정 후 기말재공품, 기말제품, 매출원가 계정의 금액은 실제원가계산에 의한 금액과 정확히 일치하거나 유사하게 된다.

과소배부시 : 〈차〉 재 공 품 1,000 〈대〉 제조간접비 5,500
제 품 500
매 출 원 가 4,000
과대배부시 : 〈차〉 제조간접비 2,000 〈대〉 재 공 품 400
제 품 200
매 출 원 가 1,400

POINT 팁 총원가기준법을 적용하면 유사한 결과를, 원가요소법을 적용하면 동일한 결과를 얻는다.

③ **영업외손익법** … 배부차이가 비경상적인 원인으로 발생하여 원가성을 인정할 수 없는 경우에 사용되는 방법이며, 제조간접비 과소배부액은 영업외비용으로, 과대배부액은 영업외수익으로 처리하는 방법이다.

④ **이연법** … 기말이 되면 제조간접비 과소배부액과 과대배부액이 서로 상계되어 그 결과 배부차이의 순액이 0(Zero)이 될 것이라는 가정하에 제조간접비 배부차이를 재고자산의 조정항목으로 처리하는 방법이다. 그래서 제조

기출문제 ▶

문. ㈜한국은 정상개별원가계산을 채택하고 있으며, 당기에 발생한 제조간접원가의 배부차이는 ₩9,000(과대배부)이다. 다음의 원가 자료를 이용하여 총원가비례법으로 배부차이를 조정하는 경우 조정 후의 매출원가는?

▶ 2015. 6. 27 제1회 지방직

기말재공품	₩20,000
기말제품	₩30,000
매출원가	₩450,000

① ₩441,000
② ₩441,900
③ ₩458,100
④ ₩459,000

답 ②

간접비 과소배부액은 재고자산에 가산하고 과대배부액은 재고자산에서 차감한다.

㈜현웅은 정상개별원가계산을 채택하고 있으며, 제조간접비를 직접노무비기준으로 배부하고 있다. 2016년의 제조간접비배부와 관련된 자료는 다음과 같다.

㉠ 2016년초에 당사가 추정한 제조간접비예산은 ₩2,400,000이며, 예산상의 연간 직접노무비는 ₩4,800,000이다.

㉡ 2016년 중 제조간접비는 ₩2,600,000, 직접노무비는 ₩3,800,000이 발생되었다.

㉢ 2016년말 재고자산가액 및 매출원가는 다음과 같다. (단, 기초재고자산은 없다)

	재공품	제 품	매출원가	합 계
직접재료비	500,000	700,000	800,000	2,000,000
직접노무비	2,000,000	1,200,000	800,000	4,000,000
제조간접비	1,000,000	600,000	400,000	2,000,000
합 계	3,500,000	2,500,000	2,000,000	8,000,000

---

1. 당기의 제조간접비 예정배부율을 계산하시오.

$$제조간접비예정배부율 = \frac{예정제조간접비}{예정직접노무비합계} = \frac{₩2,400,000}{₩4,800,000} = ₩0.5$$

2. 당기의 제조간접비 배부차이를 계산하시오.

실제발생액 ₩2,600,000
예정배부액 1,900,000 (₩3,800,000 × 0.5)
배부차이   700,000 (과소배부)

3. 위에서 계산된 배부차이를 다음의 방법들을 적용하여 처리하고 분개하시오.

㉠ 매출원가조정법 : 배부차이 전액을 매출원가에서 가감조정한다.

〈차〉 매출원가 700,000   〈대〉 제조간접비 700,000

㉡ 총원가기준법

	기준금액	배분액
재 공 품	₩3,500,000	₩306,250 (₩700,000 × $\frac{3,500,000}{8,000,000}$)
제 품	2,500,000	218,750 (₩700,000 × $\frac{2,500,000}{8,000,000}$)
매출원가	2,000,000	175,000 (₩700,000 × $\frac{2,000,000}{8,000,000}$)
	₩8,000,000	₩700,000

〈차〉 재 공 품 306,250   〈대〉 제조간접비 700,000
     제   품 218,750
     매출원가 175,000

ⓒ 원가요소법(제조간접비기준)

	기준금액	배분액
재 공 품	₩1,000,000	₩350,000 $(₩700,000 \times \dfrac{1,000,000}{2,000,000})$
제　　품	600,000	210,000 $(₩700,000 \times \dfrac{600,000}{2,000,000})$
매출원가	400,000	140,000 $(₩700,000 \times \dfrac{400,000}{2,000,000})$
	₩2,000,000	₩700,000

〈차〉 재 공 품 350,000 　〈대〉 제조간접비 700,000
　　　 제　　품 210,000
　　　 매출원가 140,000

SECTION 2 종합원가계산

(1) 의의

동영상가능 휴대폰 10,000대 처럼 크기, 형태, 작업내용, 원가요소의 투입량 등이 동일한 단일 종류의 제품을 연속적으로 대량 생산하는 업종에 사용되는 원가계산제도로서, 제품원가계산 방법으로 평균화과정을 이용하여 제품단위원가를 계산한다. 평균화의 특성 중 가장 중요한 것은 분모의 동질성 확보가 되므로 완성품환산량 계산이 가장 중요한 단계이다. 종합원가계산은 대부분의 경우 공정초기에 직접재료비가 투입되고 여기에다 생산이 진행될수록 직접노무비와 제조간접비가 균등하게 투입되므로 직접노무비와 제조간접비를 별도로 구분하지 않고 가공비로 단일화한다.

(2) 종합원가계산의 5단계

① 선입선출법(fifo) … 기초재공품을 먼저 가공하여 완성품을 만든 다음 당기 착수량을 가공하여 먼저 완성된 부분은 완성품으로 되고 기말현재 가공중에 있는 부분은 기말재공품이 된다고 가정한다. 즉, 기초재공품원가와 당기발생원가를 명확히 구분하여 완성품원가는 기초재공품원가 전액과 당기발생원가 중 일부로 구성되어 있고, 기말재공품원가는 당기발생원가로만 구성되어 있다고 가정한다. 기초재공품원가는 전액이 완성품원가로 흘러가므로 당기발생원가만 완성품원가와 기말재공품원가에 배부하면 된다. 당기발생원가를 당기중에 수행된 작업량, 즉 당기완성품 환산량으로 나누어 완성품 단위당원가를 계산한 다음 완성품과 기말재공품에 배부한다.

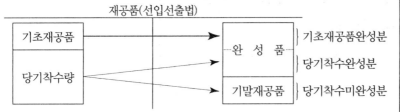

재공품(선입선출법)

ⓗ 1단계 : 물량의 흐름을 파악한다. 이때 기초재공품은 모두가 완성품이 되고 당기투입된 것 중의 일부는 완성품이 되며 나머지는 기말재공품이 되므로 당기완성품을 기초재공품 완성분과 당기착수완성분으로 나눈다.

ⓒ 2단계 : 원가요소별(재료비와 가공비)로 완성품환산량을 계산한다. 완성품환산량은 당기 중에 수행된 작업량만을 뜻하므로 전기에 수행된 작업량(기초재공품환산량)은 고려할 필요가 없다.

ⓒ 3단계 : 원가요소별(재료비와 가공비)로 원가배부대상액을 파악한다. 이때 기초재공품의 원가는 모두 완성품원가로 포함되어야 하므로 총액으로 기록하지만 당기투입원가는 원가요소별(재료비와 관리비)로 완성품과 기말재공품에 배부되어야 하므로 원가요소별(재료비와 가공비)로 기록한다.

ⓒ 4단계 : 완성품환산량 단위원가를 원가요소별(재료비와 가공비)로 계산한다. 3단계의 원가요소별 당기투입원가를 2단계의 완성품환산량으로 나누어 구한다. 따라서 선입선출법에 의한 완성품환산량 단위원가는 당기에 투입된 원가로만 구성된다.

ⓒ 5단계 : 1단계에서 기초재공품은 당기에 모두 완성된 것이므로 기초재공품원가는 완성품원가에 모두 포함시키고, 당기발생원가는 완성품 환산량 단위당 원가에 의하여 완성품원가와 기말재공품원가에 각각 배부한다.

② 평균법(Weighted average method) … 원가계산의 단순화를 위하여 기초재공품이 당기이전에 이미 만들어졌음에도 불구하고 당기에 착수한 것으로 가정한다. 즉 기초재공품의 완성도를 무시하고 당기에 착수된 물량과 동일하게 간주하는 것이다. 따라서 완성품환산량을 계산하는 경우에도 기초재공품물량과 당기투입된 물량을 별도로 구분하지 않고 동일하게 취급하여 서로 합한다. 기초재공품과 당기착수분의 물량이 합해지므로 이와 동일하게 기초재공품원가와 당기발생원가도 합쳐져서 완성품환산량 단위당 원가를 구한다.

재공품(평균법)

| 기초재공품
+
당기착수량 | | 완 성 품 |
| | | 기말재공품 |

ⓗ 1단계 : 물량의 흐름을 파악한다. 선입선출법과는 달리 완성품을 기초재공품완성분과 당기착수완성분으로 나눌 필요가 없다.

ⓒ 2단계 : 원가요소별(재료비와 가공비)로 완성품환산량을 계산한다. 평균법에서는 기초재공품의 완성도를 무시하고 당기에 착수된 물량과 동일하게 간주하므로 전기에 수행된 작업량(기초재공품환산량)은 당기중에 수행된 작업량(선입선출법에 의한 완성품환산량)과 합쳐진다.

ⓒ 3단계 : 원가요소별(재료비와 가공비)로 원가배부대상액을 파악한다. 이때 원가배부대상액은 기초재공품원가와 당기투입원가를 합한 금액이다.

기출문제

문. ㈜한국은 2010년 10월 1일 현재 완성도가 60%인 월초재공품 8,000개를 보유하고 있다. 직접재료원가는 공정 초기에 투입되고, 가공원가는 전 공정을 통해 균등하게 투입된다. 10월 중에 34,000개가 생산에 착수되었고, 36,000개가 완성되었다. 10월 말 현재 월말재공품은 완성도가 80%인 6,000개이다. 10월의 완성품환산량 단위당원가를 계산할 때 가중평균법에 의한 완성품환산량이 선입선출법에 의한 완성품환산량보다 더 많은 개수는?

▶ 2010. 5. 22 상반기 지방직

직접재료원가	가공원가
① 0개	3,200개
② 0개	4,800개
③ 8,000개	3,200개
④ 8,000개	4,800개

☞ ④

문. 다음 중 가중평균법에 의한 종합원가계산에서 완성품환산량 단위당 원가는 어느 원가를 사용하는가?

▶ 2015. 6. 13 서울특별시

① 당기투입원가
② 당기투입원가 + 기초재공품원가
③ 당기투입원가 + 기말재공품원가
④ 당기투입원가 - 기초재공품원가

☞ ②

ㄹ **4단계** : 원가요소별(재료비와 가공비)로 완성품환산량 단위당 원가를 계산한다. 3단계의 원가배부대상액을 2단계의 완성품환산량으로 나누어 구한다. 따라서 평균법에 의한 완성품환산량 단위당 원가는 기초재공품의 원가와 당기투입원가의 합계로 구성된다.

ㅁ **5단계** : 완성품환산량 단위당 원가에 의하여 원가요소별(재료비와 가공비)로 원가배부 대상액을 완성품원가와 기말재공품원가에 배부한다.

(3) 선입선출법과 평균법의 비교

구분	선입선출법	평균법
환산량 단위 원가의 구성	당기투입원가로만 구성	전기원가와 당기투입원가의 합으로 구성
강조측면	투입(능률)측면 강조	산출측면 강조
장점	물량흐름과 가치흐름 일치함	• 계산이 쉬움 • 실무상 적용의 간편
단점	계산이 복잡함	당기업적에 대한 능률평가가 부정확함
완성품과 기말재공품 원가	• 완성품 : 기초재공품 원가 + 당기투입원가 중 일부 • 기말재공품 : 당기투입원가 중 일부	기초재공품원가 + 당기투입원가의 합계 중 일부가 각각 완성품과 기말재공품 원가를 구성함

(4) 용어의 정리

① **공손품** ··· 불합격품이면서 폐기 또는 처분 이외의 용도가 없으며 보수할 수도 없다. 공손품은 인위적인 검사시점(IP)에서 강제로 탈락한다.

② **감손** ··· 증발 · 누수 등으로 제품화되지 못한 원재료 등을 말한다.

③ **재작업품** ··· 공손품과 유사하나 보수가능성이 있는 불합격품으로 이는 인위적인 검사시점(IP)에서는 강제로 탈락되지만 보수를 통해 양품이 된다.

④ **작업폐물** ··· 약간의 처분가치를 가진 제조과정에서 발생한 찌꺼기를 말한다.

기출문제

문. ㈜한국은 평균법에 의한 종합원가계산을 채택하고 있다. 기초재공품이 75,000단위이고 당기착수량이 225,000단위이다. 기말재공품이 50,000단위이며 직접재료는 전량 투입되었고, 가공원가완성도는 70%이다. 기초재공품에 포함된 가공원가가 ₩14,000이고 당기발생 가공원가가 ₩100,000인 경우 기말재공품에 배부되는 가공원가는?

▶ 2015. 6. 27 제1회 지방직

① ₩12,000
② ₩14,000
③ ₩18,000
④ ₩20,000

☞ ②

(5) 정상공손과 비정상공손 그리고 감손

① **정상공손** … 제품을 제조하는 과정에서 양질의 제품을 얻기 위하여 어쩔 수 없이 발생되는 공손으로 통제가 불가능하고 정해진 허용률 범위 내이며 회계처리는 양품의 원가로 한다.

② **비정상공손** … 능률적인 작업조건에서는 발생하지 않는 공손으로 회피가능하고 통제할 수 있는 공손이다. 정해진 허용률을 벗어나며 비정상공손은 기타비용(원가외 손실)으로 처리한다.

③ **감손** … 제조과정에서 증발 · 누수 · 가스화 등으로 소실되거나 제품화되지 못한 투입원재료의 일부이다. 감손발생시점까지의 감손원가를 계산하여 정상감손원가는 제품원가에 가산하고 비정상 감손원가는 기타비용으로 처리한다.

(6) 개별원가계산과 종합원가계산의 차이

구분	개별원가계산	종합원가계산
생산형태 및 업종	• 고객의 주문에 따른 다품종 소량생산 방식 • 건설업, 조선업, 법무법인 등	• 표준규격 동종제품의 대량연속생산방식 • 전자제품제조업, 정유업, 섬유업 등
원가계산방법	제조원가는 각 작업별로 집계되며 기말에 완성품은 제품으로 미완성품은 재공품으로 원가를 배부한다.	제조원가는 각 공정별로 집계되며 그 공정을 마친 제품단위에 원가를 배부한다.
핵심과제	제조간접비의 배부	완성품환산량의 계산
용어의 분류	개별작업에 대한 추적가능성 중시(직접재료비, 직접노무비, 제조간접비)	원가의 투입형태를 중시(재료비, 가공비)
관리노력 및 관리비용	작업원가표에 상세한 기록이 필요하므로 관리노력 및 관리비용이 크다.	상대적으로 덜 복잡하므로 관리노력 및 관리비용이 적다.
원가집계서류	개별작업별로 작업원가표를 작성한다.	제조공정별로 제조 · 원가보고서를 작성한다.

(7) 활동기준원가계산

① **활동기준원가계산의 의의** … 산업의 고도화와 생산설비의 자동화로 인해 고정설비의 비중이 증가하여 제조원가 총액에서 생산설비의 감가상각비나 유지, 보수비 등 제조간접비의 비중이 증가하고 직접노무비의 비중은 점차 감소하고 있다. 따라서 제조간접비배부기준은 보다 세분하여 정확하게 배부하여야 제품원가계산이 보다 정확해질 수 있다는 필요하에 등장한 것이 활동기준원가계산이다.

기출문제

문. 활동기준원가계산(ABC)에 대한 다음의 설명 중 가장 옳지 않은 것은?

▶ 2015. 6. 13 서울특별시

① 공정의 자동화로 인한 제조간접원가의 비중이 커지고 합리적인 원가배부기준을 마련하기 위한 필요에 의해 도입되었다.

② 발생하는 원가의 대부분이 하나의 원가동인에 의해 설명이 되는 경우에는 ABC의 도입효과가 크게 나타날 수 없다.

③ 활동별로 원가를 계산하는 ABC를 활용함으로써 재무제표정보의 정확성과 신속한 작성이 가능해지게 되었다.

④ ABC의 원가정보를 활용함으로써 보다 적정한 가격결정을 할 수 있다.

☞ ③

② **활동의 분류**

　㉠ **제품단위수준활동** : 제품을 한 단위 생산할 때마다 수행되는 활동으로 기계활동, 조립활동, 도장활동, 전수검사에 의한 품질검사활동 등으로 생산량에 비례하여 원가가 발생한다.

　㉡ **묶음수준활동** : 묶음단위의 작업을 수행할 때마다 이에 비례하여 발생하는 원가로 구매주문활동, 재료처리활동, 기계가동준비활동, 자재이동활동, 작업준비활동, 표본검사에 의한 품질관리활동 등이 이에 해당한다.

　㉢ **제품유지활동** : 특정종류의 제품을 생산하기 위하여 수행되는 활동으로 제품개발활동, 제품설계활동, 제품개량활동, 제조기술변경활동 등 제품종류의 수에 비례하여 원가가 발생한다.

　㉣ **설비유지활동** : 공장의 제조설비전체를 유지·관리하기 위하여 수행되는 활동으로 공장설비관리활동, 공장건물관리활동, 공장냉·난방활동, 공장안전유지활동 등으로 공장의 설비나 제조공정 전체와 관련하여 원가가 발생한다.

③ **활동기준원가계산의 절차**

　㉠ **활동분석과 활동별 원가집계** : 제조간접비의 발생원인을 조립활동, 재료처리활동, 제품설계활동, 공장설비관리활동 등 각 활동별로 세분화하고 제조간접비를 각 활동별로 집계한다.

　㉡ **활동별 원가동인의 결정** : 각 활동별 제조간접비의 발생원인을 파악한다. 즉, 조립활동 – 작업시간, 재료처리활동 – 재료처리횟수, 제품설계활동 – 제품설계시간, 공장설비관리활동 – 기계작업시간으로 나누어 각 활동별 제조간접비의 배부기준을 결정한다.

　㉢ **제조간접비 배부**

$$\text{각 활동별 제조간접비 배부율} = \frac{\text{각 활동별 제조간접비 합계}}{\text{각 활동별 원가동인수}}$$

$$\text{제품별 제조간접비 배부액} = \Sigma(\text{제품별 원가동인의 종류} \times \text{각 활동별 배부율})$$

④ **활동기준원가계산의 장점**

　㉠ 제품원가계산이 보다 정확해진다.

　㉡ 정확한 제품원가를 바탕으로 한 다양한 의사결정이 바르게 이루어질 수 있다.

　㉢ 각 활동별 원가를 분석하여 효율적인 원가관리와 원가절감이 가능하다.

⑤ **활동기준원가계산의 단점**

　㉠ 다양한 활동을 분석할 때 비용이 과다하게 발생하여 효익보다 비용이 더 커질 수 있다.

　㉡ 활동을 명확하게 정의하고 구분하는 기준이 불확실하다.

　㉢ 활동별 원가가 원가동인에 따라 비례적으로 발생하지 않을 수 있다.

1 ㈜한국은 선입선출법을 이용하여 종합원가계산을 실시한다. 다음 자료에 의한 재료원가와 가공원가의 완성품 환산량은? (단, 재료는 공정 개시시점에서 전량 투입되고 가공원가는 공정 전체를 통해 균등하게 발생한다.)

기초재공품수량	300개(완성도 30%)
당기착수량	3,500개
당기완성량	3,300개
기말재공품수량	500개(완성도 40%)

재료원가 완성품환산량(개)　　　가공원가 완성품환산량(개)

① 3,510　　　　　　　　　　3,300
② 3,600　　　　　　　　　　3,200
③ 3,800　　　　　　　　　　3,010
④ 3,500　　　　　　　　　　3,410

TIP

재공품(물량)					환산량	
					재료원가(개)	가공원가(개)
월초재공품	300	완성품	월초분	300	0(0%)	210(70%)
			당월분	3,000	3,000	3,000
당기투입량	3,500	미완성분		500	500(100%)	200(40%)
합계	3,800	합계		3,800	3,500	3,410

2 다음 중 종합원가계산에서 선입선출법에 대한 설명으로 옳지 않은 것은?

① 환산량 단위원가를 구할 때 선입선출법은 당기투입원가로만 구성된다.
② 선입선출법에서 완성품원가는 기초재공품 전액과 당기투입원가 중 일부로 구성되어 있다.
③ 선입선출법에서 장점은 물량흐름과 일치한다는 것이다.
④ 선입선출법에서는 산출측면을 강조한다.

TIP ④ 선입선출법에서는 투입(능률)측면을 강조하고, 평균법에서는 산출측면을 강조한다.

ANSWER 1.④ 2.④

3 다음 중 종합원가계산에서 평균법에 대한 설명으로 옳지 않은 것은?

① 환산량 단위원가에는 전기의 원가와 당기투입원가가 포함된다.

② 산출측면을 강조한다.

③ 당기업적에 대한 능률평가가 부정확하다는 단점이 있다.

④ 완성품과 기말재공품원가에는 당기투입원가로만 구성된다.

🌸**TIP** ④ 평균법에서 완성품과 기말재공품의 원가는 기초재공품원가와 당기투입원가의 합계로 구성되어 있다.

4 ㈜서원은 2월부터 영업을 개시하였다. 선입선출법과 평균법에 의한 가공비 완성품 환산량은 몇 개인가?

> • 2월중에 1,200단위를 착수하여 800단위를 완성하고 400단위는 2월말 현재 미완성 상태이다.
> • 가공비는 공정전반에 걸쳐 균등하게 발생한다.
> • 기말재공품의 완성도는 80%이다.

	선입선출법	평균법			선입선출법	평균법
①	1,120개	1,120개		②	1,120개	1,200개
③	1,200개	1,120개		④	1,200개	1,200개

🌸**TIP** 기초재공품이 없으므로 원가흐름의 가정이 필요 없다(선입선출법 = 평균법).

물량흐름				완성품환산량 가공비
기 초	0	완 성 품	800	800
당기착수	1,200	기말재공품	400 (0.8)	320
계	1,200	계	1,200	1,120

5 평균법과 선입선출법에 의한 종합원가계산의 차이에 대한 설명으로 옳지 않은 것은?

① 완성품환산량계산시 선입선출법에서는 기초재공품과 당기투입량을 명확히 구분한다.

② 평균법에서의 완성품환산량은 전기의 작업량과 순수한 당기의 작업량의 합계이다.

③ 평균법에서 원가배부대상액은 기초재공품원가와 당기투입원가의 합계액이다.

④ 선입선출법에서 완성품환산량계산시 기초재공품은 마치 당기에 착수된 것처럼 취급한다.

🌸**TIP** ④ 평균법에 대한 설명이다. 선입선출법에서는 완성품환산량계산시 기초재공품과 당기투입량을 명확히 구분한다.

⭐**ANSWER** 3.④ 4.① 5.④

6 가중평균법을 적용한 종합원가계산에 대한 설명으로 가장 옳지 않은 것은?

① 선입선출법에 비하여 가중평균법은 당기의 성과를 이전의 기간과 독립적으로 평가할 수 있는 보다 적절한 기회를 제공한다.

② 흐름생산의 경우 선입선출법이 가중평균법에 비해 실제물량흐름에 보다 충실한 원가흐름가정이라 볼 수 있다.

③ 가중평균법은 기초재공품 모두를 당기에 착수·완성한 것으로 가정한다.

④ 가중평균법은 착수 및 원가발생시점에 관계없이 당기완성량의 평균적 원가를 계산한다.

TIP ① 가중평균법은 전기에 투입되어 이월된 원가와 당기에 투입된 원가를 평균하는 방법이므로 당기의 성과와 이전기간의 성과를 독립적으로 평가하기에는 부적절하다.

7 ㈜현웅의 월초 현재 재공품은 1,000개이고 가공정도는 70%이며 월말 재공품 500개에 대한 가공정도는 60%인 상태이다. 완성된 것은 700개이며 다음 공정으로 대체되었다. ㈜현웅이 평균법을 이용하고 있을 때 아래 자료를 이용하여 제품 1단위당 총원가를 구하면 얼마인가? (단, 재료는 공정초기에 투입되며 가공비는 공정전반에 걸쳐 발생한다)

	직접재료비	가공비
• 기 초	₩9,000	₩7,000
• 당기원가발생액	27,000	13,000

① ₩40　　　　　　　　　　② ₩50

③ ₩60　　　　　　　　　　④ ₩70

TIP

	물량흐름	완성품환산량	
		재료비	가공비
완 성 품 700		700	700
기말재공품 500(60%)		500	300
		1,200	1,000 →①
총 원 가 합 계		₩36,000	₩20,000 →②
1 단 위 당 원 가		₩30	₩20 ←②÷①
제품 단위당 원가합계		₩30 + ₩20 = ₩50	

⭐ **ANSWER**　　6.①　7.②

8 선입선출법에 의한 당기완성품환산량 단위당원가에 대한 설명 중 옳은 것은?

① 선입선출법은 당기투입원가에 기초재공품원가를 차감하여 계산한다.
② 선입선출법은 당기투입원가만을 고려하여 계산한다.
③ 선입선출법은 당기투입원가에 기초재공품원가를 가산하여 계산한다.
④ 선입선출법은 당기투입원가에 기말재공품원가를 차감하여 계산한다.

TIP ② 선입선출법에서는 기초재공품원가는 모두 완성품원가에 포함시키며 당기발생한 원가만을 기준으로 완성품 환산량 단위당 원가를 계산하여 완성품과 기말재공품에 배분한다.

9 2016년에 영업을 시작한 ㈜혜빈은 종합원가계산 시스템을 사용하여 제품원가계산을 하고 있다. 2016년 4,000개를 생산에 착수하여 3,000개를 완성하였으며, 기말재공품의 완성도는 65%이다. 당기에 투입한 원가는 다음과 같다. 이때 완성품 원가와 기말재공품 원가를 계산하면?

• 직접재료비 ₩650,000	• 직접노무비 ₩389,000
• 제조간접비 ₩523,500	

	완성품원가	기말재공품		완성품원가	기말재공품
①	₩1,237,500	₩325,000	②	₩1,275,000	₩325,000
③	₩1,237,500	₩345,000	④	₩1,350,000	₩350,000

TIP

물량흐름				완성품환산량	
				재료비	가공비
기초재공품	0	완 성 품	3,000	3,000	3,000
당기착수량	4,000	기말재공품	1,000 (65%)	1,000	650
계	4,000	계	4,000	4,000	3,650 →①
		총 원 가		₩650,000	₩912,500 →②
		1단위당 원가		@₩162.5	@₩250 ←②÷①
		당기완성품원가	3,000 × (162.5 + 250) = ₩1,237,500		
		기말재공품원가	1,000 × ₩162.5 + 650 × ₩250 = ₩325,000		

ANSWER 8.② 9.①

10 ㈜현웅은 종합원가시스템을 이용한다. 아래의 자료를 이용하여 당월분의 작업에 대한 완성품환산량을 계산하면? (단, 회사는 선입선출법을 사용한다고 가정한다)

	단위	완성도 비율	
		재료비	가공비
월초재공품	60,000	60%	30%
월말재공품	30,000	40%	20%
당월착수량	350,000		
당월완성량	380,000		

	재료비	가공비			재료비	가공비
①	330,000개	440,000개		②	356,000개	368,000개
③	356,000개	372,000개		④	350,000개	440,000개

TIP

물량흐름				완성품환산량	
				재료비	가공비
기초재공품	60,000 (0.6, 0.3)	완 성 품			
당기착수량	350,000	기초재공품완성	60,000(0.4, 0.7)	24,000	42,000
		당기 착수완성	320,000	320,000	320,000
		기말재공품	30,000(0.4, 0.2)	12,000	6,000
계	410,000	계	410,000	356,000	368,000

11 다음 자료에 따라 선입선출법으로 종합원가를 계산할 때 월말 재공품의 재료비와 가공비의 합계를 구하면? (재료는 공정초기에 투입되고 가공비는 공정에 따라 균등하게 발생한다)

- 월초재공품 재료비 ₩ 400,000
  가공비   800,000
- 당월발생제조비용 재료비 ₩ 5,600,000
  가공비   2,500,000
- 월초재공품 500개(완성도 60%)
- 당월착수량 2,500
- 완성품수량 2,600개
- 월말재공품 ☐(완성도 50%)

① ₩ 1,096,000	② ₩ 1,080,000
③ ₩ 1,700,000	④ ₩ 1,900,000

TIP

물량흐름				완성품환산량	
				재료비	가공비
월초재공품	500 (60%)	완 성 품			
당월착수량	2,500	월초재공품완성	500 (40%)	0	200
		당월착수완성	2,100	2,100	2,100
		기말재공품	400 (50%)	400	200
계	3,000	계	3,000	2,500	2,500 →①
		당기발생원가		₩5,600,000	₩2,500,000 →②
		환산량단위원가		@₩2,240	@₩1,000 ←②÷①

∴ **월말재공품** : 400개 × @2,240 + 200개 × @1,000 = ₩1,096,000

⭐ ANSWER   10.②   11.①

12 평균법에 의한 종합원가계산식에서 완성품환산량 단위원가를 산출하기 위해 사용해야 하는 원가는?

① 당기투입원가   ② 기초재공품원가 + 당기투입원가
③ 당기투입원가 + 기말재공품원가   ④ 당기투입원가 − 기초재공품원가

🏵 **TIP** ② 가중평균법에서 완성품 환산량 단위원가 = $\dfrac{\text{기초재공품원가} + \text{당기투입원가}}{\text{완성량} + \text{기말재공품환산량}}$

13 기말재공품 평가시 사용되는 선입선출법과 평균법에 대한 설명으로 옳지 않은 것은?

① 선입선출법은 기말재공품의 완성도를 실제보다 높게 평가하면 완성품환산량과 완성품원가가 과대평가된다.
② 선입선출법과 평균법에서 기초재공품이 없는 경우에는 완성품 환산량이 같다.
③ 선입선출법은 평균법에 비하여 실제물량흐름에 거의 일치하는 방법이다.
④ 평균법은 착수시점이나 원가발생시점에 관계없이 당기 완성량의 평균적 원가를 계산한다.

🏵 **TIP** ① 기말재공품의 완성도 과대→기말재공품 환산량과대→완성품 환산량 과대→환산량 단위원가 과소→완성품 원가과소

14 ㈜백두산의 월초재공품은 800개이고 가공정도는 60%이며 월말 600개에 대한 가공정도는 40%인 상태이다. 완성된 것은 800개이고 이는 다음 공정으로 대체되었다. ㈜백두산은 평균법을 이용하여 제품원가를 계산하고 있다. 이 회사의 제품 1단위당 총원가는 얼마인가? (단, 재료는 공정초기에 투입되고 가공비는 공정전반에 걸쳐 발생한다)

	직접재료비	가공비
기 초	₩ 20,000	₩ 6,600
당기발생원가	50,000	35,000
계	₩ 70,000	₩ 41,600

① ₩ 70   ② ₩ 90
③ ₩ 100   ④ ₩ 80

🏵 **TIP**

15 ㈜태흥은 원가계산을 종합원가계산시스템을 이용하여 나타낸다. 다음 자료를 이용하여 당월분의 완성품 환산량을 계산한다면 얼마인가? (다만, 적용방법은 선입선출법을 이용하며, 재료비와 가공비는 공정전반에 걸쳐 균등하게 발생한다)

		완성도	
	단위	재료비	가공비
월초재공품	60,000	60%	30%
월말재공품	40,000	40%	50%
당월착수량	340,000		

	재료비	가공비			재료비	가공비
①	362,000개	340,000개		②	340,000개	362,000개
③	380,000개	376,000개		④	376,000개	380,000개

🏵 **TIP** 종합원가계산식에서는 가급적 'T계정'을 이용하는 것이 계산에 편리하다.

			재료비	가공비
60,000(0.6, 0.3)	360,000		360,000	360,000
340,000	40,000(0.4, 0.5)		40,000 × 0.4	40,000 × 0.5
			376,000개	380,000개
		(−)	60,000 × 0.6	60,000 × 0.3
			340,000개	362,000개

16 20011년에 영업을 개시한 ㈜서울은 평균법에 의한 종합원가 계산방법으로 원가를 계산한다. 아래 자료를 이용하여 당기의 완성품원가와 기말재공품원가를 구하면?

• 기　　　초 0	• 직접재료비 ₩1,600,000	
• 당기투입량 4,000	• 직접노무비 870,000	
• 기　　　말 1,000	• 제조간접비 320,000	
• 완　성　도 40%		

	완성품원가	기말재공품원가			완성품원가	기말재공품원가
①	₩2,250,000	₩640,000		②	₩2,250,000	₩540,000
③	₩1,750,000	₩540,000		④	₩2,050,000	₩640,000

🏵 **TIP**

			재료비	가공비
0	3,000		3,000	3,000
4,000	1,000(40%)		1,000	400
	완성품환산량		4,000	3,400 →①
	총　원　가		₩1,600,000	₩1,190,000 →②
	환산량단위원가		@400	@350 ←② ÷ ①
	완성품원가		3,000 × @400 + 3,000 × @350 = ₩2,250,000	
	기말재공품원가		1,000 × @400 + 400 × @350 = ₩540,000	

⭐ **ANSWER** 　15.② 　16.②

03 결합원가계산

기출문제 ▶

SECTION 1 개념

같은 공정을 거쳐서 동일한 재료로 여러 가지 제품을 생산할 때 이를 연산품이라 하며, 이들 연산품을 생산하는 과정에서 발생한 모든 제조원가를 결합원가라 한다. 이 경우에 연산품이 일정한 생산단계에 도달하면 개별제품으로 식별될 수 있는데, 그 식별될 수 있는 단계를 분리점이라 한다. 이 경우에 분리점에서 분리된 각 제품은 그 단계에서 중간제품으로 판매되기도 하고 추가가공을 거친 후에 완제품으로 판매되기도 하는데, 추가가공여부에 대한 의사결정문제와 공통적으로 발생한 결합원가를 합리적으로 배분하는 것이 결합원가계산의 주요 과제가 된다.

SECTION 2 결합제품(연산품)의 특징

① 일정한 단계(분리점)에 도달할 때까지는 개별적으로 각 제품을 식별할 수 없다.
② 한 제품을 생산하는 과정에서 다른 제품의 생산이 수반된다.
③ 인위적으로 제품배합을 조정할 수는 있으나 그 한계가 있다.

SECTION 3 용어의 정의

(1) 주산품과 부산물

주산품과 부산물은 결합제품을 상대적 판매가치의 중요도에 따라 나눈 것으로 상황이나 환경에 따라 서로 바뀔 수도 있다.

(2) 분리점

분리점이란 결합공정을 거쳐 산출된 각 제품을 개별적으로 식별할 수 있는 제조과정 중의 일정시점을 말하며 분리점은 다수가 존재할 수 있다.

(3) 결합원가

결합원가란 분리점에 이르기까지 결합제품을 생산하는 과정에서 발생한 모든 제조원가를 말한다. 이는 결합제품을 생산하기 위한 공통원가이며, 개별제품에 추적할 수 없고, 인과관계가 큰 배분기준을 발견할 수도 없으므로 인위적인 배분방법을 선택하여 배분하여야 한다.

(4) 분리원가(추가가공원가)

분리원가란 분리점 이후의 가공공정에서 추가적으로 발생하는 원가를 말한다. 이는 특정제품에 추적이 가능한 원가이다. 분리점 이후에는 일반적으로 가공비가 추가된다. 그러나 다수의 분리점이 있는 경우 앞의 분리점에서는 분리원가로 간주되던 것도 그 다음 분리점에서 보면 결합원가가 되므로 이때는 역시 인위적으로 배분한다.

(5) 작업폐물

작업폐물이란 투입된 원재료로부터 발생하는 찌꺼기나 조각을 말하며 부산물에 비하여 판매가치가 더 작다. 또한, 폐기하는 과정에서 판매가치보다 많은 추가비용이 발생되어 부(−)의 가치를 가지는 경우도 있다.

(6) 추가가공원가

분리점 이후에서 각 제품별로 발생하는 원가를 의미한다.

SECTION 4 결합원가 배분목적

결합원가의 배분이 쉽지 않다고 하더라도 재고자산의 평가와 이익결정 등을 위해서는 결합원가를 개별제품에 배분하지 않으면 안된다. 결합원가를 개별제품에 배분하는 목적은 일반적인 원가배분목적과 유사하다.

① 재무보고와 재무보고를 위한 재고자산의 평가와 매출원가의 산정

② 경영자에 대한 보상계약체결을 위한 재고자산 평가와 이익의 결정

③ 원가에 일정한 이익을 가산하여 가격을 결정하는 방식을 적용할 때 가격결정의 기초로 활용

SECTION 5 결합원가의 배분

개별제품의 원가를 계산하여 재고자산을 평가하고 이를 외부에 보고하기 위해서는 분리점 이전에 발생한 결합원가를 결합제품에 배분하여야 한다. 결합원가는 연산품(결합제품)을 생산하는 과정에서 소요된 원가이므로 연산품의 원가에 배부되어야 한다. 그러나 결합원가는 분리점 이전에 발생하여 각각의 연산품에 직접 추적할 수 없다. 이것이 결합원가계산의 본질적인 한계이다. 이러한 점에서 결합원가의 배부는 제조간접원가의 배분과 유사하다. 그러므로 결합원가를 배분하기 위해서는 인위적 배부기준을 설정하여야 하며, 이때 사용하는 방법에는 물량기준법, 분리점에서의 상대적 판매가치법, 순실현가치법 및 균등이익률법 등이 있다.

(1) 물량기준법

연산품의 물리적 단위인 생산량, 중량, 용량, 면적 등을 기준으로 하여 결합원가를 배부하는 방법이다. 이 방법은 여러 가지 연산품 중에서 상대적으로 많이 생산된 제품이 결합원가로부터 더 많은 경제적 효익을 받았다고 보아 그 제품에 보다 많은 결합원가를 배부하자는 사고, 즉 수혜기준에 의한 원가배부 방법이다.

① 장점
  ㉠ 계산이 간단하다.
  ㉡ 제품의 판매가격을 알 수 없거나 매우 유동적일 때도 적용이 가능하다.
  ㉢ 원가에 이익을 가산하여 제품의 판매가격을 정하는 판매가격 결정방식에 이용할 수 있다.

② 단점
  ㉠ 물리적 기준이 판매가치와 밀접한 관계가 없을 경우에는 개별제품의 수익성을 무시하는 결과가 발생한다.
  ㉡ 비교가능한 물리적 측정치가 존재하지 않을 수 있다.

(2) 분리점에서의 상대적 판매가치법

연산품의 분리점에서의 판매가치(분리점에서의 생산량 × 분리점에서의 판매가격)를 기준으로 결합원가를 배분하는 방법이다. 이는 판매가치가 높은 제품에 많은 원가를 배분하고, 낮은 제품에는 적은 원가를 배분해서 수익과 비용이 적절히 대응될 수 있도록 한다는 기본적인 사고를 내포하고 있다.

① 장점
  ㉠ 결합원가 배분시 연산품의 수익성이 고려된다.
  ㉡ 수익과 비용이 적절히 대응된다.

② 단점
  ㉠ 분리점에서 판매가치를 알 수 없는 경우에는 적용될 수 없다.
  ㉡ 판매가격에 근거하여 원가를 배분하므로 원가에 이익을 가산하는 판매가격 결정방식에 이용되기 곤란하다.

(3) 순실현가치법

연산품의 순실현가치를 기준으로 하여 결합원가를 배부하는 방법이다. 연산품 중에는 분리점에서 판매시장이 없어 판매가치를 알 수 없는 경우가 있다. 이 경우에는 판매가치기준법을 적용할 수 없기 때문에 결합원가를 배분하기 위해서 분리점에서의 판매가치를 대신할 수 있는 기준이 필요한데 이것이 순실현가치이다. 이 방법은 분리점에서의 순실현가치를 기준으로 결합원가를 배분하므로 원가를 부담할 능력이 많은, 즉 순실현가치가 큰 제품에 상대적으로 많은 결합원가가 배분된다.

> 분리점에서의 순실현가치 = 개별제품의 최종판매가치(생산량 × 가격) − 추가가공원가 − 판매비용

① 장점
　㉠ 결합원가배분시 연산품의 수익성이 고려된다.
　㉡ 중간제품의 판매가격을 알 수 없는 경우에도 적용이 가능하다.

② 단점
　㉠ 원가에 이익을 가산하는 판매가격 결정방식에 이용되기 곤란하다.
　㉡ 결합원가만이 이익을 창출하고 분리점 이후의 추가원가는 이익창출에
　　공헌하지 못한다고 본다.

(4) 균등이익률법(균등매출총이익률법)

동일한 제조과정에서 생산된 개별제품의 매출총이익률은 같아야 한다는 관점에서 개별제품의 최종판매가치에 대하여 매출총이익률이 같아지도록 결합원가를 배분하는 방법이므로 이 방법을 적용하면 결과적으로 기업전체 매출총이익률과 개별제품의 매출총이익률은 같아진다.

$$\text{기업전체의 매출총이익률} = \frac{\text{기업전체의 매출총이익}^*}{\text{기업전체의 최종판매가격}}$$

* 기업전체의 총판매가격 − (결합원가 + 추가가공원가)

　㈜현웅은 연산품 A와 B의 생산을 시작하였다. 1월 한달동안 원재료 5,000리터를 투입하여 제품 A 4,000리터와 B 1,000리터를 가공하는데 다음과 같은 원가가 발생하였다.

직접재료비	100,000
직접노무비	54,000
제조간접비	46,000
합　계	200,000
리터당 판매가격	A : 90
	B : 40

다음 각 방법에 의하여 결합원가를 배부하고 각 제품의 총원가와 단위당 원가를 구하시오.
결합원가계산에서는 먼저 흐름도를 작성한다.

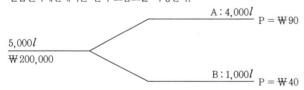

㉠ 물량기준법

제 품	물 량	배부비율	결합원가 배부액	추가 가공원가	총원가
A	4,000리터	80%	160,000	0	160,000
B	1,000	20%	40,000	0	40,000
합 계	5,000리터	100%	200,000	0	200,000

단위당원가 A : ₩160,000 ÷ 4,000리터 = @40
　　　　　　B : ₩40,000 ÷ 1,000리터 = @40

㉡ 분리점에서의 상대적판매가치법

제 품	분리점에서 판매가치	배부비율	결합원가 배부액	추가 가공원가	총원가
A	360,000	90%	180,000	0	180,000
B	40,000	10%	20,000	0	20,000
합 계	400,000	100%	200,000	0	200,000

단위당원가 A : ₩180,000 ÷ 4,000리터 = @45
B : ₩20,000 ÷ 1,000리터 = @20

ⓒ **순실현가치법** : 위 예제에서 제품 A는 분리점에서 l당 ₩90에 판매될 수 있지만, 제품 B는 판매시장이 없어서 회사는 제품 B를 판매가능한 상태로 만들기 위해 추가가공하면 l당 ₩150에 판매할 수 있고 이때 판매비는 l당 ₩10이 발생한다. 중간제품 B 1,000l를 완제품으로 가공하는데 발생한 추가가공원가는 다음과 같다. 이때 결합원가를 최종제품 A, B에 배부하고 단위당원가를 구하시오.

직접노무비	30,000
제조간접비	20,000
합 계	50,000

제 품	최종 판매가치	추가비용	순실현 가치	배부비율	결합원가 배부액	추가 가공원가	총원가
A	360,000	0	360,000	80%	160,000	–	160,000
B	150,000	60,000*	90,000	20%	40,000	50,000	90,000
합 계	510,000	60,000	450,000	100%	200,000	50,000	250,000

* 1,000 l × @10 + ₩50,000 = ₩60,000

단위당원가 A : ₩160,000 ÷ 4,000리터 = @40
B : ₩90,000 ÷ 1,000리터 = @90

ⓔ **균등이익률법**(단, 계산의 편의를 위해 B의 판매가격은 ₩140원으로 한다)

제 품	① 최종 판매가치	총원가 (① × 50%)*	추가가공원가	결합원가 배분액
A	₩360,000	₩180,000	–	₩180,000
B	140,000	70,000	50,000	20,000
합 계	₩500,000	₩250,000	₩50,000	₩200,000

단위당원가 A : ₩180,000 ÷ 4,000리터 = @45
B : ₩70,000 ÷ 1,000리터 = @70

$$\text{* 총원가율} = \frac{\text{총원가}}{\text{총매출액}} = \frac{\text{추가가공원가} + \text{결합원가}}{\text{최종판매가치의 합계}} = \frac{200,000 + 50,000}{500,000}$$
$$= 50\%$$

※ 공정흐름도예시

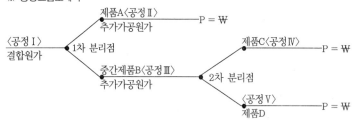

결합제품(연산품)과 특수한 의사결정

결합제품을 분리점에서 판매할 것인가? 아니면 추가가공하여 판매할 것인가? 만약 분리점에서 판매시장이 존재할 경우에는 연산품을 즉시판매할 수도 있고, 추가가공하여 판매할 수도 있다. 어느 경우든 결합원가는 이미 과거에 발생된 원가이기 때문에 고려 대상이 아니다. 따라서 의사결정기준은 추가가공에 따른 증분수익과 증분비용을 파악하여 증분수익이 증분비용보다 크면 추가 가공하고 작으면 분리점에서 판매하는 것이다.

- 증분수익 − 증분비용 > 0 : 추가가공한다.
- 증분수익 − 증분비용 < 0 : 추가가공하지 않는다.

기출문제 ▶

SECTION 7 　부산물 회계

(1) 부산물의 특성

① 주산품에 비하여 판매가치가 상대적으로 현저히 낮다.

② 주산품을 생산하는 과정에서 부수적으로 생산되며, 부산물만을 목적으로 생산하지는 않는다.

③ 부산물은 판매가능하게 하기 위하여 추가가공 할 수도 있다. 반면 작업폐물은 찌꺼기로서 그대로 처분한다.

④ 부산물은 정(+)의 가치를 가지는데 비해, 작업폐물이나 감손은 가치가 거의 없거나 폐기과정에서 추가비용이 발생하여 부(−)의 가치를 가진다.

(2) 부산물 회계처리

① **생산기준법** ⋯ 생산시점에서 부산물의 원가를 결합원가 중 부산물의 순실현가치만큼 기록하며, 이 부산물의 순실현가치를 제외한 금액을 주산물에 배분하는 방법이다. 이 방법은 부산물의 순실현가치가 재고자산이나 이익에 상당한 영향을 미치는 경우에 적당한 방법이다.
- 분리점에서의 분개 : 〈차〉 제품(A) 48,000 　〈대〉 재공품 100,000
　　　　　　　　　　　　 제품(B) 45,000
　　　　　　　　　　　　 부산물　 7,000

② **판매기준법** ⋯ 판매시점에서 판매된 부산물의 순수익을 잡이익으로 처리하는 방법으로 부산물을 판매시점에서 인식하게 된다. 즉, 생산시점에서는 부산물에 결합원가를 배부하지 않는다. 부산물의 총원가는 부산물의 추가 가공원가만으로 이루어지며 판매시점에 부산물의 판매가치에서 부산물의 개별원가(추가가공원가 + 추가판매비용)를 차감한 금액을 잡이익으로 처리한다. 이 방법은 부산물의 가치가 불확실하거나 너무 작아 재고자산이나 이익에 별로 영향을 미치지 않는 경우에 적절하다. 결합원가는 제조시에 부산물을 인식하지 않기 때문에 모두 주산물에만 배분되게 된다.
- 분리점에서의 분개 : 〈차〉 제품(A) 51,000 　〈대〉 재공품 100,000
　　　　　　　　　　　　 제품(B) 49,000

> 예 ㈜혜빈의 원가관련자료는 다음과 같다. 배부해야 할 결합원가는 ₩300,000이며 회사는 결합원가를 순실현가치법에 의하여 배부하고 있다.

기출문제

		생산수량	단위당판매가격	단위당추가가공원가
주산물	A	400개	@200	–
	B	500개	240	–
부산물	C	100개	45	@5

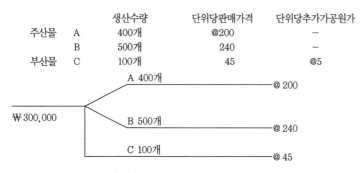

⊙ 생산기준법 결합원가의 배부

제 품	최종 판매가치	추가비용	순실현가치	배부비율	결합원가 배부액
A	400개×@200	0	80,000	40%	118,400
B	500개×@240	0	120,000	60%	177,600
합 계	200,000	0	200,000	100%	296,000*

* C의 순실현가치 = 100개 × @(45−5) = ₩4,000
　결합원가 ₩300,000 − ₩4,000 = ₩296,000

분리점에서의 분개
〈차〉 제품(A) 118,400　〈대〉 재공품 300,000
　　　제품(B) 177,600
　　　부 산 물　　4,000

ⓛ 판매기준법 결합원가의 배부

제 품	최종 판매가치	추가비용	순실현가치	배부비율	결합원가 배부액
A	400개×@200	0	80,000	40%	120,000
B	500개×@240	0	120,000	60%	180,000
합 계	200,000	0	200,000	100%	300,000

분리점에서의 분개
〈차〉 제품(A) 120,000　〈대〉 재공품 300,000
　　　제품(B) 180,000

(3) 부산물회계처리의 요약

① 생산기준법

　㉠ 부산물 인식시점 : 생산시

　㉡ 부산물에 결합원가 배부여부 : 결합원가를 배부함(부산물의 순실현가치만
　　큼)

　㉢ 부산물의 총원가 : 부산물의 순실현가치 + 추가가공원가

　㉣ 연산품에 배부되는 결합원가 : 최초결합원가 − 부산물의 순실현가치

　㉤ 부산물이익 : 인식하지 않음

　㉥ 분개

　• 생산시점

　　〈차〉 부　산　물 10,000　　〈대〉 재 공 품 10,000

　• 추가가공시

　　〈차〉 부　산　물 5,000　　〈대〉 제 계 정　　5,000

- 판매시

  〈차〉 매 출 채 권 15,000 　　〈대〉 부산물매출 15,000

  〈차〉 부산물매출원가 15,000 　　〈대〉 부 산 물 15,000

  ⊗ **적용상황** : 부산물의 중요성이 높은 경우

② **판매기준법**

　ⓐ **부산물 인식시점** : 판매시

　ⓑ **부산물에 결합원가 배부여부** : 결합원가를 배부하지 않음

　ⓒ **부산물의 총원가** : 추가가공원가

　ⓓ **연산품에 배부되는 결합원가** : 최초결합원가

　ⓔ **부산물이익** : 판매가치 − 추가가공원가 − 판매비 = 순실현가치

　ⓕ **분개**

　　• 생산시점

　　　−분개없음−

　　• 추가가공시

　　　〈차〉 부 산 물　5,000 　　〈대〉 제계정　5,000

　　• 판매시

　　　〈차〉 매출채권 15,000 　　〈대〉 부산물　5,000

　　　　　　　　　　　　　　　　　　부산물 10,000

　ⓖ **적용상황** : 부산물의 중요성이 낮은 경우

1 ㈜혜빈은 알로에를 가공하여 향수를 추출하는 甲공정에서 2종류의 향수를 생산하며, 각 제품의 원가는 상대적 판매기준에 의하여 결정한다. 이때 甲공정에서 발생한 원가를 무엇이라고 하는가?

① 증분원가 ② 결합원가

③ 매몰원가 ④ 관련원가

TIP ② 동일한 원재료를 투입하여 동일공정을 거쳐서 동시에 생산되는 서로 다른 둘 이상의 제품 생산에 투입된 원가를 결합원가라 한다.

2 다음 중 어떠한 업종에 결합제품(연산품) 종합원가계산이 적합하겠는가?

① 정유업 ② 선박제조업

③ 사업서비스업 ④ 휴대폰제조업

TIP 연산품종합원가계산은 정유업, 낙농업, 정육업 등 동일 재료를 동일공정에서 가공하여 상이한 제품을 생산하는 공정을 보유한 업종에 적합한 원가계산방법이다.

3 다음 중 용어에 대한 설명으로 옳지 않은 것은?

① 주산품과 부산물은 결합제품을 상대적 판매가치의 중요도에 따라 나눈 것으로, 상황이나 환경에 따라 바꾸어질 수도 있다.

② 분리점이란 결합공정을 거쳐 산출된 각 제품을 개별적으로 식별할 수 있는 제조과정 중 일정시점을 말한다.

③ 작업폐물은 생산에 사용된 원재료로부터 남아있는 찌꺼기와 조각을 의미한다.

④ 개별제품의 최종판매가치는 판매량 × 가격으로 구하여진다.

TIP ④ 개별제품의 최종판매가치는 생산량 × 가격이므로 판매량이 아님을 주의하여야 한다.

ANSWER 1.② 2.① 3.④

4 다음 중 결합원가를 배부하는 방법으로 옳지 않은 것은?

① 균등이익률법

② 공정가치법

③ 순실현가치법

④ 상대적판매가치법

TIP ② 결합원가 배부방법 중 공정가치법은 없다.

5 ㈜혜빈은 결합공정을 통해 두 종류의 원재료를 생산한 후 이를 각각 추가 가공하여 제품 甲과 乙을 생산한다. 당기의 결합원가는 ₩30,000이었다. 분리점 이후의 추가가공원가는 제품 甲이 ₩32,000, 乙이 ₩48,000이었으며 각 제품의 판매가격은 제품 甲이 ₩80,000, 제품 乙도 ₩80,000이었다. ㈜혜빈이 결합원가를 순실현가치법에 따라 배분할 때 제품 甲에 배분되는 결합원가는?

① ₩12,000

② ₩16,000

③ ₩18,000

④ ₩24,000

TIP

	판매가치	추가가공원가	순실현가치(NRV)	백분비	결합원가배부액
甲	₩80,000	₩32,000	₩48,000	60%	₩18,000
乙	80,000	48,000	32,000	40%	12,000
			₩80,000		₩30,000

6 서원식품은 3가지 제품 甲 10,000단위, 乙 5,000단위, 丁 1,000단위를 생산한다. 결함공정의 원가는 ₩93,000이며, 주산품 甲과 乙의 최종 판매가격은 각각 ₩4, ₩10원이다. 단위당 추가가공원가는 모두 ₩2원이다. 丁은 부산물이며 분리점에서 단위당 ₩3원에 판매된다. 결합원가는 순실현가치기준(NRV)으로 주산품에만 배분된다. 丁을 생산시점에서 인식하는 경우 甲에 배분되는 결합원가와 판매시점에 인식하는 경우 乙에 배분되는 결합원가는 각각 얼마인가?

	생산시점 – 甲	판매시점 – 乙		생산시점 – 甲	판매시점 – 乙
①	₩30,000	₩60,000	②	₩30,000	₩62,000
③	₩31,000	₩60,000	④	₩31,000	₩62,000

TIP

	순실현가치(NRV)		백분비	판매시점인식 결합원가	생산시점인식 결합원가
甲	$(4-2) \times 10,000$	= ₩20,000	20/60	₩31,000	₩30,000
乙	$(10-2) \times 5,000$	= 40,000	40/60	62,000	60,000
		₩60,000		₩93,000	₩90,000*

* $93,000 - 3 \times 1,000 = 90,000$

7 다음 설명 중에서 부산물의 특성을 잘못 설명하고 있는 항목은?

① 부산물은 결합제품 중 주산품에 비하여 판매가치가 상대적으로 낮다.

② 주산품을 생산하는 과정에서 부수적으로 생산되며 부산물만을 목적으로 생산하지는 않는다.

③ 부산물은 판매가능하게 하기 위하여 추가 가공할 수도 있다.

④ 부산물, 작업폐물, 감손은 가치가 거의 없거나 부(−)의 가치를 가진다.

TIP ④ 부산물은 정(+)의 가치를 가진다.

8 표준원가계산의 유용성으로 옳게 설명되지 않은 것은?

① 원가흐름의 가정이 필요없으므로 원가계산이 신속, 간편하고 회계기록이 단순하다.

② 실제발생원가보다 비효율적으로 발생되는 원가를 파악할 수 있어 원가통제가 쉽다.

③ 조직에 대한 객관적인 목표로 사용되어질 수 있어 생산성이 향상되고 종업원의 성과평가를 객관적으로 할 수 있다.

④ 표준원가는 시간과 비용이 절감된다는 장점이 있다.

TIP ④ 표준원가계산을 할 때 과학적이고 객관적인 표준원가를 설정하는 것이 쉽지 않으며, 표준원가를 설정하는데 시간과 비용이 많이 소요된다.

9 원가차이분석에 대한 설명으로 옳지 않은 것은?

① 유리한 차이는 실제원가 표준원가보다 적게 사용되었음을 의미한다.

② 원재료를 구입시점에서 가격차이를 분리하는 경우 성과평가를 빨리 할 수 있고 구매담당자가 즉시 인식하여 잘못된 부분을 시정할 수 있다.

③ 불리한 차이는 영업이익을 감소시키는 차이이므로 분개시 대변에 기록된다.

④ 원재료 실제 사용량보다 실제생산량에 허용된 표준투입량이 더 많다면 유리한 능률차이가 발생된다.

TIP ③ '유리한 차이'는 실제원가 적게 발생하여 영업이익을 증가시키므로 분개시 대변에 기록되고, '불리한 차이'는 실제원가가 표준원가보다 많이 발생하여 영업이익을 감소시키는 차이이므로 분개시 차변에 기록된다.

⭐**ANSWER** 7.④ 8.④ 9.③

10 ㈜서원의 2016년 1월의 직접노무비에 대한 자료는 다음과 같다. 이 경우 직접노무비 능률차이를 구하면?

- 직접노무비 불리한 임률차이 : ₩10,000
- 실제발생노무비 총액 : ₩250,000
- 실제노동시간 : 60,000시간
- 표준직접노동시간 : 63,000시간

---

① 8,000 유리 ② 12,000 유리
③ 8,000 불리 ④ 12,000 불리

TIP

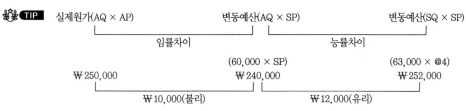

실제원가(AQ × AP) 변동예산(AQ × SP) 변동예산(SQ × SP)

임률차이 능률차이

(60,000 × SP) (63,000 × @4)
₩250,000 ₩240,000 ₩252,000

₩10,000(불리) ₩12,000(유리)

∴ 240,000/60,000 = SP = @4

11 다음 자료에 대한 아래 설명으로 옳지 않은 것은?

- 실제시간 : 1,000노동시간   - 실제임률 : @50
- 표준시간 : 1,100노동시간   - 표준임률 : @55

---

① 임률차이는 ₩5,000 유리한 차이이다.
② 능률차이는 ₩5,500 유리한 차이이다.
③ 실제노무비 발생액은 ₩50,000이다.
④ 변동예산차이는 ₩500 유리한 차이이다.

TIP ④ 변동예산차이(= 직접노무비총차이)는 ₩10,500 유리한 차이이다.

12 스노보드를 생산하는 ㈜신나라는 제조간접비를 기계시간기준으로 제품에 예정배부하고 있다. 당 회사는 제조간접비가 중요성이 없다고 판단되면 매출원가에서 가감한다. 제조간접비 실제발생액은 ₩550,000이고 예정배부액은 ₩500,000이었다. 이 경우 분개로 알맞은 것은?

① 〈차〉 재 공 품 50,000 　　　　　　〈대〉 제조간접비 50,000
② 〈차〉 제조간접비 50,000 　　　　　　〈대〉 재 공 품 50,000
③ 〈차〉 매 출 원 가 50,000 　　　　　　〈대〉 제조간접비 50,000
④ 〈차〉 제조간접비 50,000 　　　　　　〈대〉 매 출 원 가 50,000

🏅 **TIP** 제조간접비 배부차이가 상대적으로 크고 중요한 경우에는 원가요소별 비례배분법을 사용하지만 중요성이 덜하면 매출원가에서 가감시킨다.

13 근로상사는 직접노동시간에 따라 제조간접비를 예정배부하고 있다. 당기의 제조간접비 예산은 ₩10,000,000이었고 예정조업도는 25,000시간이다. 회사의 제조간접비 실제발생액은 ₩5,000,000이고 실제조업도는 13,000시간이었다면 제조간접비 배부차액을 조정하기 위한 분개로 옳은 것은? (배부차액은 매출원가에서 조정함)

① 〈차〉 매 출 원 가 200,000 　　　　　　〈대〉 제조간접비 200,000
② 〈차〉 제조간접비 200,000 　　　　　　〈대〉 매 출 원 가 200,000
③ 〈차〉 매 출 원 가 100,000 　　　　　　〈대〉 제조간접비 100,000
④ 〈차〉 제조간접비 100,000 　　　　　　〈대〉 매 출 원 가 100,000

🏅 **TIP** ㉠ 제조간접비배부액 : $\dfrac{10,000,000}{25,000시간}$ = @400 × 13,000시간 = ₩5,200,000

㉡ 제조간접비 실제발생액 : 　　　　　　　　　　(−)5,000,000

㉢ 배부차이 : 　　　　　　　　　　　　　　　　₩200,000 (과대배부)

정상원가계산과 표준원가계산

기출문제

SECTION 1 정상원가계산

(1) 원가의 비교(원가의 실제성에 따른 분류방식)

① 실제원가계산

- 직접재료비 : 실제발생액(실제수량 × 실제단가)
- 직접노무비 : 실제발생액(실제시간 × 실제임율)
- 제조간접비 : 실제발생액(실제배부기준 × 실제배부율)

② 정상원가계산

- 직접재료비 : 실제발생액(실제수량 × 실제단가)
- 직접노무비 : 실제발생액(실제시간 × 실제임율)
- 제조간접비 : 예정발생액(실제배부기준 × 예정배부율)

③ 표준원가계산

- 직접재료비 : 표준배부액(허용표준수량 × 표준단가)
- 직접노무비 : 표준배부액(허용표준시간 × 표준임율)
- 제조간접비 : 표준배부액(허용표준시간 × 표준배부율)

정상원가계산은 직접재료비·직접노무비는 실제발생액으로, 제조간접비는 실제발생액이 아닌 회계연도가 시작되기 전에 미리 결정된 제조간접비 예정배부율을 이용하여 제품원가를 계산하는 방법이다. 여기서 예정 배부액을 이용하는 것은 제조간접비의 종류가 많아 나중에 한꺼번에 계산하면 너무 복잡하고 부정확해질 염려가 있고, 기간적인 면에서 성수기 수요와 비수기 수요가 다르기 때문에 제품원가가 기간별로 변동하는 문제점이 있기 때문에 이를 보완하고자 정상원가계산이 등장하였다.

(2) 제조간접비 예정배부율

회계연도가 시작되기 전에 예정배부율을 결정하고 이를 각 작업의 실제조업도에 적용하여 계산하면 실제원가와 동일하거나 유사한 결과를 얻게 된다.

① 제조간접비예정배부율 $= \dfrac{\text{제조간접비예산}}{\text{예정 배부기준(예정조업도)}}$

② 제조간접비예정배부액 = 제조간접비예정배부율 × 실제조업도

(3) 정상개별원가계산의 절차

① 절차

　㉠ 직접재료비와 노무비는 개별작업별로 추적이 가능하므로 발생시점에서 실제발생액을 개별작업에 배부한다.

문. ㈜서울은 제조간접원가를 기계 작업시간을 기준으로 예정 배부한다. 다음 자료를 기초로 제조간접원가 실제발생액을 구하면 얼마인가?
▶ 2015. 6. 13 서울특별시

- 제조간접원가 예산 ₩200,000
- 예정조업도 100,000시간
- 실제조업도 80,000시간
- 제조간접원가 배부차이 ₩20,000
　　　　　　　　　　　(과소)

① ₩140,000
② ₩160,000
③ ₩180,000
④ ₩200,000
　　　　　　　　　☞ ③

    ⓛ 제조간접비는 추적이 불가능하므로 각 작업이 종료된 시점에서 개별작업의 실제조업도 × 사전설정예정배부율로 개별작업에 배부한다.

    ⓒ 회계연도말에 제조간접비 실제발생액을 집계하고 각 작업에 배부한 제조간접비 예정배부액과의 차이를 조정하여 실제원가계산과 일치 또는 근접시킨다.

② 제조간접비 배부차이

    ㉠ 제조간접비가 과소 배부된 경우

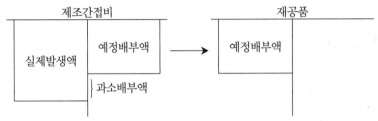

    ㉡ 제조간접비가 초과(과대)배부되는 경우

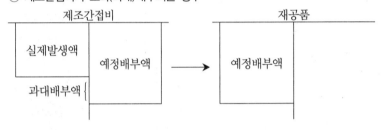

외부보고용 재무제표는 실제원가계산에 의한 것이다. 따라서 제조간접비가 예정배부된 재공품, 제품, 매출원가를 실제원가계산에 의한 것이거나 근접한 수치로 전환하려면 기말에 배부차이를 조정해야 한다. 제조간접비 배부차이의 조정방법은 다음과 같다.

    • 원가요소별 비례배분법 : 제조간접비 배부차이가 상대적으로 크고 중요한 경우에 기말재공품, 기말제품, 매출원가계정에 포함된 원가요소에 비례하여 배분하는 방법으로 차이 조정 후 기말재공품, 기말제품, 매출원가계정의 금액은 실제원가계산에 의한 금액과 정확히 일치하거나 유사하게 된다.

    – 과소배부액조정

      〈차〉제 공 품 1,500   〈대〉제조간접비 10,000
          제   품 2,000
          매 출 원 가 6,500

    – 과대배부액조정

      〈차〉제조간접비 12,000   〈대〉재 공 품 2,000
                         제   품 3,000
                         매 출 원 가 7,000

    • 매출원가조정법 : 제조간접비 배부차이를 전액 매출원가에 가감시키는 방법이다.

- 과소배부액조정
  〈차〉 매 출 원 가 10,000　　　〈대〉 제조간접비 10,000
- 과대배부액조정
  〈차〉 제조간접비 12,000　　　〈대〉 매 출 원 가 12,000
- 총원가비례배부법 : 제조간접비 배부차이를 기말재공품, 기말제품, 매출원가계정의 총원가의 비율에 따라 배부하는 방법으로, 회계처리는 원가요소별 비례배분방법과 같다. 이 외에 영업외손익법과 이연법 등이 있다.

SECTION 2 표준원가계산

(1) 의의

제품원가계산은 원가의 실제성 여부에 따라 실제원가계산, 정상원가계산, 표준원가계산으로 나누어지는데 표준원가계산은 직접재료비, 직접노무비, 제조간접비와 같은 모든 원가요소에 대하여 표준이 되는 원가를 미리 설정하고 이를 실제 발생한 원가와 비교하여 그 차이를 분석함으로써 원가계산과 성과평가를 동시에 할 수 있는 원가계산 방법이다.

(2) 표준원가계산의 유용성

① 실제발생원가와 비교해보면 비효율적인 원가를 파악할 수 있기 때문에 원가통제가 쉽다.
② 조직의 객관적인 목표로 사용될 수 있어서 생산성이 향상되고 종업원의 성과평가를 객관적으로 할 수 있다.
③ 원가흐름의 가정이 필요 없으며 원가계산이 신속·간편해지고 회계기록이 단순해진다.

(3) 표준원가계산의 한계

① 과학적이고 객관적인 표준원가를 설정하는 것이 쉽지 않으며, 표준원가를 설정하는데 시간과 비용이 많이 소요된다.
② 표준원가는 주로 재무적 측정치만을 강조하고, 비재무적 측정치를 무시하는 경향이 있다.
③ 기업회계기준에서 허용하지 않으며 재무제표 작성을 위해서는 원가차이 처리를 통해 실제원가로 전환하여야 한다.
④ K-IFRS에 의하면 표준원가법으로 평가한 결과가 실제 원가와 유사한 경우에만 표준원가법 사용이 가능하다. 또한 정기적인 검토가 필요하며, 필요한 경우에는 상황에 맞게 조정하여야 한다.

(4) 표준원가의 설정

제품 한단위를 완성하기 위해서 달성가능하고 달성되어야 할 목표원가이다.
① **표준직접재료비** … 제품단위당 표준투입량 × 재료단위당 표준가격

② **표준직접노무비** ··· 제품단위당 표준직접노동시간 × 직접 노동시간당 표준임률

③ **표준제조간접비** ··· 제품단위당 표준조업도 × 조업도단위당 표준배부율

(5) 원가차이분석

원가차이는 유리한 차이와 불리한 차이로 나누어진다. 유리한 차이는 실제원가가 표준원가보다 적게 발생하여 영업이익을 증가시키므로 분개시 대변에 기록되고, 불리한 차이는 실제원가가 표준원가보다 많이 발생하여 영업이익을 감소시키는 차이이므로 분개시 차변에 기록된다.

① 직접재료비 차이

    ㉠ 원재료를 구입시점에서 가격차이를 분리하는 경우 : 성과평가를 빨리 할 수 있고 구매담당자가 즉시 인식하여 잘못된 점이 있으면 바로 시정할 수 있다.

    • 구입시점

실제구입액	예산상구입액
$AQ_P \times AP$	$AQ_P \times SP$

가격차이

    • 사용시점

변동예산(투입량기준)	변동예산(산출량기준)
$AQ_u \times SP$	$SQ \times SP$

수량차이

- $AQ_P \times (AP - SP)$: 원재료구입가격차이
- $(AQ_u - SQ) \times SP$: 능률차이(= 수량차이)

AQ_P : 원재료실제구입량 AP : 실제구입단가
AQ_u : 원재료실제사용량 SP : 표준구입단가
SQ : 실제생산량에 허용된 표준투입량

    ㉡ 원재료 사용시점에서 가격차이를 분리하는 경우

실제원가	변동예산(투입량기준)	변동예산(산출량기준)
$AQ_u \times AP$	$AQ_u \times SP$	$SQ \times SP$

가격차이   능률차이

변동예산차이(= 직접재료비총차이)

- $(AP - SP) \times AQu$: 가격차이
- $(AQ - SQ) \times SP$: 능률차이
         직접재료비총차이(= 변동예산차이)

---

② 직접노무비 차이 ··· 직접노무비(지급액과 미지급액을 포함한다) 실제발생액 ($AQ \times AP$)을 실제원가로 기록하고, 재공품계정에 대체할 때에 임률차이와 능률차이로 분리한다.

기출문제 ▶

문. 표준원가계산제도를 도입하고 있는 ㈜대한의 재료원가에 대한 표준과 제품 1,000단위를 생산한 지난 달의 실제재료원가 발생액이 다음과 같다. 재료가격차이와 재료수량차이는?
    ▶ 2011. 4. 9 행정안전부

- 제품 단위당 표준재료원가
  수량 10단위
  재료단위당가격 ₩100
- 실제발생 재료원가
  재료소비량 12,000단위
  재료원가 ₩1,080,000

① 재료가격차이 ₩100,000 불리
  재료수량차이 ₩180,000 유리
② 재료가격차이 ₩100,000 유리
  재료수량차이 ₩180,000 불리
③ 재료가격차이 ₩120,000 불리
  재료수량차이 ₩200,000 유리
④ 재료가격차이 ₩120,000 유리
  재료수량차이 ₩200,000 불리
    ☞ ④

문. 2009년 5월 중 ㈜대한의 노무비와 관련된 다음의 자료를 이용하여 직접노무비 능률차이를 구하면?
    ▶ 2010. 4. 10 행정안전부

- 제품단위당 표준직접노무시간 3시간
- 시간당 표준임률 ₩20
- 시간당 실제임률 ₩22
- 5월 중 제품 생산량 2,100단위
- 5월 중 실제직접노무시간 6,000시간

① ₩6,000 불리
② ₩6,000 유리
③ ₩6,600 불리
④ ₩6,600 유리
    ☞ ②

$$\begin{array}{ccc}
\text{실제원가} & \text{변동예산(투입량기준)} & \text{변동예산(산출량기준)} \\
AQ \times AP & AQ \times SP & SQ \times SP
\end{array}$$

$$\underbrace{\qquad\qquad}_{\text{임률차이}} \quad \underbrace{\qquad\qquad}_{\text{능률차이}}$$

$$\underbrace{\qquad\qquad\qquad\qquad\qquad}_{\text{변동예산차이(= 직접노무비총차이)}}$$

> • $(AP - SP) \times AQ$: 가격차이 ┐
> • $(AQ - SQ) \times SP$: 능률차이 ┘ 직접노무비총차이(= 변동예산차이)
>
> AP : 직접노동시간당 실제임률   AQ : 실제직접노동시간
> SP : 직접노동시간당 표준임률   SQ : 표준직접노동시간

③ **변동제조간접비 차이** … 여러 항목에서 변동제조간접비가 발생하면 각 항목별로 실제발생액을 기록한 후 원가계산기간 동안에 실제발생한 변동제조간접비를 집계한다. 기말까지 실제산출량에 허용된 표준원가($SQ \times SP$)는 재공품계정에 배부하고, 실제원가($AP \times AQ$)와 변동예산($SP \times SQ$)의 차이를 계산하여 소비차이와 능률차이로 분리한다.

$$\begin{array}{ccc}
\text{실제원가} & \text{변동예산(투입량기준)} & \text{변동예산(산출량기준)} \\
AQ \times AP & AQ \times SP & SQ \times SP
\end{array}$$

$$\underbrace{\qquad\qquad}_{\text{소비차이}} \quad \underbrace{\qquad\qquad}_{\text{능률차이}}$$

$$\underbrace{\qquad\qquad\qquad\qquad\qquad}_{\text{변동예산차이(= 변동제조간접비총차이)}}$$

> • $(AP - SP) \times AQ$: 변동제조간접비예산(소비)차이 ┐
> • $(AQ - SQ) \times SP$: 변동제조간접비 능률차이 ┘ 변동예산차이
>
> AP : 실제배부율   AQ : 실제조업도
> SP : 표준배부율   SQ : 표준조업도

④ **고정제조간접비 차이** … 앞에서 설명한 변동제조원가와는 다른 형태를 가진다. 고정제조간접비예산은 조업도 수준과는 관계없이 관련범위 내에서는 동일한 금액을 갖기 때문에 투입과 산출의 비례관계가 존재하지 않고 직접재료, 직접노동시간, 기계시간 등이 제조과정에서 얼마나 효율적으로 사용되었는가를 나타내는 능률차이의 개념은 존재하지 않는다. 때문에 원가통제목적상으로 수행하는 원가차이분석에서는 고정제조간접비 실제발생액과 예산총액을 비교하여 예산차이를 구하게 되는데 능률차이가 존재하지 않으므로 예산차이는 모두 소비차이가 된다. 또한, 제품원가계산목적으로 고정제조간접비를 배부하면 예산총액과 배부액사이에 차이가 발생하는데 이를 고정제조간접비 조업도차이라고 한다. 이에 의하면 고정제조간접비예산 = 기준조업도 × 표준배부율(SP)이 된다.

기출문제

문. ㈜한국은 표준원가계산제도를 사용하여 제품의 원가를 계산한다. 2011년 예산생산량은 110단위였으나, 실제는 120단위를 생산하였다. 기초와 기말 재공품은 없으며, 실제 발생한 고정제조간접원가는 ₩13,000이었다. 단위당 고정제조간접원가 계산을 위해 사용하는 기준조업도는 100단위이며, 제품 단위당 고정제조간접원가 배부율은 ₩100일 때, 고정제조간접원가의 예산차이와 조업도차이는?

▶ 2011. 5. 14 상반기 지방직

예산차이	조업도차이
① ₩3,000 불리	₩2,000 유리
② ₩3,000 유리	₩2,000 불리
③ ₩3,000 불리	₩1,000 유리
④ ₩3,000 유리	₩1,000 불리

답 ①

문. 표준원가계산제도를 채택하고 있는 ㈜한국의 2010년 4월의 기준 생산조업도는 50,000기계작업시간이고, 제조간접원가는 기계작업시간을 기준으로 배부한다. 제품 한 단위당 표준 기계작업시간은 5시간이고, 기계작업시간당 고정제조간접원가는 ₩3으로 제품 단위당 표준고정제조간접원가는 ₩15이다. 2010년 4월 중 제품 9,000개를 생산하였는데 실제 기계작업시간은 44,000시간이었고, 고정제조간접원가 ₩160,0000이 발생하였다. 고정제조간접원가의 생산조업도 차이는?

▶ 2010. 5. 22 상반기 지방직

① ₩10,000 유리
② ₩10,000 불리
③ ₩15,000 유리
④ ₩15,000 불리

답 ④

⑤ 원가요소별 원가차이분석의 종합

$$\underbrace{\text{AP} \times \text{AQ}}_{\text{(실제발생액)}} \quad \underbrace{\text{SP} \times \text{AQ}}_{\text{(실제투입량에대한예산)}} \quad \underbrace{\text{SP} \times \text{SQ}}_{\text{(허용표준투입량에대한예산)}} = \underbrace{\text{SP} \times \text{SQ}}_{\text{(허용표준투입량에대한배부)}}$$

직접재료비	가격차이	능률차이
직접노무비	가격차이(임율차이)	능률차이
변동제조간접비	소비차이	능률차이

$$\underbrace{\text{AP} \times \text{AQ}}_{\text{(실제원가)}} \quad \underbrace{\text{예산}}_{} = \underbrace{\text{예산}}_{} \quad \underbrace{\text{배부}}_{\text{(표준원가배부액)}}$$

고정제조간접비	소비차이	조업도차이

⑥ 제조간접비 차이의 4분법, 3분법, 2분법, 1분법

4분법	3분법	2분법	1분법
변동제조간접비소비차이	→소비차이	(변동)예산차이	
고정제조간접비소비차이			제조간접비 배부차이
변동제조간접비능률차이	→능률차이		
고정제조간접비조업도차이	→조업도차이	→조업도차이	

정상원가계산과 표준원가계산

1 ㈜현웅은 직접노동시간을 기준으로 하여 제조간접원가를 예정배부하고 있다. 당기의 제조간접비 예산은 ₩5,000,000이고, 예정조업도는 1,000,000 직접노동시간이다. 제조간접비 실제발생액은 ₩4,000,000 이고 실제조업도는 1,200,000시간이다. 제조간접비 배부차이를 구하면?

① ₩1,000,000 과소배부

② ₩1,000,000 과대배부

③ ₩2,000,000 과소배부

④ ₩2,000,000 과대배부

TIP 제조간접비예정배부율 $= \dfrac{제조간접비예산}{예정조업도} = \dfrac{5,000,000}{1,000,000시간} =$ @₩5/시간

제조간접비예정배부액 = 실제조업도 × 예정배부율 = 1,200,000시간 × @₩5 = ₩6,000,000

∴ 실제발생액 4,000,000보다 차액 2,000,000을 더 배부했다.

2 ㈜현웅은 직접노동시간에 따라 제조간접비를 예정배부한다. 당기의 제조간접비 예산은 ₩6,000,000이고 예정조업도는 10,000시간이다. 제조간접비 실제발생액은 ₩3,000,000이고 실제조업도는 5,500시간이었다면, 제조간접비 배부차액을 조정하기 위한 분개로 옳은 것은? (배부차액은 매출원가에서 조정한다고 가정한다)

① 〈차〉 제조간접비 400,000   〈대〉 매출원가   400,000

② 〈차〉 매출원가   400,000   〈대〉 제조간접비 400,000

③ 〈차〉 제조간접비 300,000   〈대〉 매출원가   300,000

④ 〈차〉 매출원가   300,000   〈대〉 제조간접비 300,000

TIP 제조간접비배부액 $= \dfrac{₩6,000,000}{10,000시간} × 5,500시간 = ₩3,300,000$

제조간접비실제발생액   (−)   ₩3,000,000

배부차이   ₩300,000 (과대배부)

⭐ **ANSWER**   1.④ 2.③

3 제품 甲을 생산하는 ㈜서원은 제조간접비를 기계시간을 기준으로 제품에 예정배부하고 있다. 이 회사 회계과장인 乙씨는 다음 자료를 검토한 결과 제조간접비 배부차이가 중요성이 없다는 결론을 내리고 이를 매출원가에 가감처리할 것으로 결정했다. 이때의 분개로 옳은 것은?

제조간접비	실제발생액 ₩890,000
	예정배부액 ₩880,000

① 〈차〉 제조간접비 890,000   〈대〉 매출원가   890,000
② 〈차〉 매출원가   880,000   〈대〉 제조간접비 880,000
③ 〈차〉 제조간접비 10,000   〈대〉 매출원가   10,000
④ 〈차〉 매출원가   10,000   〈대〉 제조간접비 10,000

🏅 **TIP** 매출원가조정법을 이용하여 ₩10,000을 과소배부했으므로 과소배부액을 매출원가에 가산한다.

4 '6월중에 제품이 완성되어 절단부문비 ₩50,000과 조립부문비 ₩40,000을 각각 예정배부하였다'의 분개로 옳은 것은?

① 〈차〉 재 공 품 90,000   〈대〉 절단부문비 50,000
                              조립부문비 40,000

② 〈차〉 제조간접비 90,000   〈대〉 절단부문비 50,000
                              조립부문비 40,000

③ 〈차〉 제   품 90,000   〈대〉 절단부문비 50,000
                              조립부문비 40,000

④ 〈차〉 매 출 원 가 90,000   〈대〉 절단부문비 50,000
                              조립부문비 40,000

🏅 **TIP** 제조부문비 예정배부시는 우선 재공품계정에 집계한다.

5 ㈜현웅은 제조간접비를 직접노동시간으로 배부하는 기준을 설정하고 있다. 추정한 제조간접비 총액은 ₩2,550,000이고, 추정한 직접노동시간은 100,000시간이다. 실제발생한 제조간접비는 ₩2,700,000이며, 실제 사용된 노동시간은 105,000시간이다. 이 기간동안 제조간접비의 과소(대) 배부액은 얼마인가?

① ₩22,500 과대배부   ② ₩22,500 과소배부
③ ₩25,500 과대배부   ④ ₩25,500 과소배부

★ **ANSWER** 3.④ 4.① 5.②

TIP 예정배부율 $= \dfrac{\text{₩}2,550,000}{100,000\text{시간}} = @\text{₩}25.5/\text{시간}$

배부액 $= 105,000\text{시간} \times @\text{₩}25.5$ ₩2,677,500
=
실제제조간접비발생액   2,700,000
배부차이   ₩22,500 (과소배부)

---

6 다음 중 표준원가의 유용성에 대한 설명으로 옳지 않은 것은?

① 실제원가에 비하여 원가통제가 쉽다.
② 종업원의 성과평가를 객관적으로 할 수 있다.
③ 원가계산이 복잡하고 시간이 많이 걸리는 단점이 있다.
④ 조직의 객관적인 목표로 사용되어질 수 있다.

TIP ③ 표준원가는 미리 정해진 표준에 따라 원가계산이 이루어지므로 원가계산이 신속·간편하다.

---

7 다음은 원가차이계산식을 설명한 것이다. 옳지 않은 것은?

① 원재료구입가격차이 = 실제구입량 × (실제구입단가 − 표준구입단가)
② 원재료능률차이 = (원재료실제사용량 − 실제생산량에 허용된 표준투입량) × 표준단가
③ 직접재료비총차이 = 가격차이 + 능률차이
④ 직접노무비능률차이 = (실제작업시간 − 표준작업시간) × 실제임률

TIP ④ 직접노무비능률차이는 실제임률이 아니라 직접노동시간당 표준임률이다.

---

8 ㈜혜빈의 원재료실제사용량은 45,000단위이고 완제품을 생산하기 위해 허용된 표준투입량은 40,000단위였다. 원재료의 실제 단위원가는 ₩4이고 표준은 ₩5이었다. 원재료 가격차이와 능률차이는?

	가격차이	능률차이		가격차이	능률차이
①	₩45,000(유리)	₩25,000(불리)	②	₩45,000(불리)	₩25,000(유리)
③	₩25,000(유리)	₩25,000(불리)	④	₩45,000(유리)	₩45,000(불리)

TIP ㉠ 가격차이 : 45,000단위 × (₩4 − ₩5) = (−)₩45,000 표준보다 덜 사용했다.
㉡ 능률차이 : (45,000단위 − 40,000 단위) × ₩5 = ₩25,000 표준보다 더 사용했다.

⭐ **ANSWER**   6.③   7.④   8.①

9 다음은 ㈜현웅의 8월 한달의 직접노무비와 관련된 자료이다. 이 회사의 8월 한달 동안의 노무비 능률차이를 나타내면 얼마인가?

> • 표준직접노동시간 : 60,000시간   • 실제노무비 :   ₩320,000
> • 실제임률 :@₩5   • 임률차이(불리) : ₩64,000

① ₩14,000(불리)   ② ₩16,000(불리)

③ ₩16,000(유리)   ④ ₩18,000(유리)

 TIP

AQ · AP	AQ · SP	SQ · SP
	64,000* × 4	60,000 × 4
₩320,000	= ₩256,000	= ₩240,000

임률차이 64,000(불리)   능률차이 16,000(불리)

$$*AQ = \frac{₩320,000}{@₩5} = 64,000시간(실제노동시간)$$

10 다음 자료에 의하면 직접노무비 가격차이와 능률차이는?

> • 실제노동시간 : 4,500시간   • 표준직접노동시간 : 5,000시간
> • 실제임률 : ₩150   • 시간당표준임률 : ₩100

	가격차이	능률차이
①	₩225,000(유리)	₩50,000(불리)
②	₩50,000(유리)	₩225,000(불리)
③	₩225,000(불리)	₩50,000(유리)
④	₩50,000(불리)	₩225,000(유리)

 TIP ㉠ 가격차이 : 4,500시간 × (₩150 − ₩100) = ₩225,000(불리)

㉡ 능률차이 : (4,500시간 − 5,000시간) × ₩100 = (−)₩50,000(유리)

※ 다음 자료를 보고 각 문항에 답하시오. 【11 ~ 12】

• 실제직접노무비	₩200,000
• 실제노동시간	50,000시간
• 실제산출량에 허용된 표준 노동시간	?
• 직접노무비 임률차이	25,000 유리
• 직접노무비 능률차이	9,000 불리
• 직접노동시간당 실제임률	?
• 직접노동시간당 표준임률	?

11 위 자료를 이용하여 실제산출량에 허용된 표준 노동시간을 구하면?

① 46,000 시간   ② 47,000 시간

③ 48,000 시간   ④ 49,000 시간

 TIP

AQ × AP	AQ × SP	SQ × SP
₩200,000	₩225,000	₩216,000

          <   >

임률차이 ₩25,000(유리)   능률차이 ₩9,000(불리)

AP = 200,000 ÷ 50,000시간 = ₩4/시간
SP = 225,000 ÷ 50,000시간 = ₩4.5/시간
SQ = 216,000 ÷ 4.5/시간 = 48,000시간

12 위 자료를 이용하여 실제임률과 표준임률을 계산할 때 단위당 임률의 합은 얼마인가?

① ₩4.0   ② ₩8.5

③ ₩4.5   ④ ₩9.0

 TIP

AQ × AP	AQ × SP	SQ × SP
₩200,000	₩225,000	₩216,000

          <   >

임률차이 ₩25,000(유리)   능률차이 ₩9,000(불리)

AP = 200,000 ÷ 50,000시간 = ₩4/시간
SP = 225,000 ÷ 50,000시간 = ₩4.5/시간
∴ AP + SP = ₩4 + ₩4.5 = ₩8.5/시간

⭐ **ANSWER**   11.③   12.②

전부원가계산과 변동원가계산

기출문제

 의의

지금까지는 변동제조원가(직접재료비, 직접노무비, 변동제조간접비)뿐만 아니라 고정제조간접비까지도 제품원가에 포함시켜서 제품원가계산을 하였다. 이러한 제품원가계산방법을 전부원가계산이라고 하며 외부보고용 재무제표를 작성할 때는 이 방법을 적용한다. 하지만 내부관리목적, 즉 성과평가 및 의사결정 등을 위해서는 변동제조원가만을 사용하고 고정제조간접비는 제품원가에서 제외하여 기간비용으로 처리하는 변동원가계산방법을 이용한다.

SECTION 2 **전부원가(흡수원가)계산**

전부원가계산은 직접재료비, 직접노무비, 변동제조간접비뿐만 아니라 고정제조간접비 등 모든 제조원가를 제품원가에 포함하여 재고자산을 평가하는 방법으로서 일반적으로 인정된 회계원칙에서 인정하고 있는 방법이다. 제품원가를 구성하는 항목인 고정제조간접비는 생산수준(조업도)과 관계없이 즉, 공장건물에 대한 임차료나 감가상각비 등은 제품의 생산유무에 관계없이 고정적으로 발생한다. 그러나 제품을 생산하기 위해서는 생산설비를 이용하여야 하기 때문에 이에 대한 원가(임차료, 감가상각비 등)도 제품원가의 일부로 간주하여 제품에 배부해야 한다.

(1) 전부원가계산의 유용성

① 기업회계기준에서 인정되고 있다.

② 장기적으로는 고정원가도 회수되어야 할 원가이기 때문에 정상 판매가격 결정 등 장기적인 의사결정에 유용하다.

(2) 전부원가계산의 한계점

① 단기적인 계획과 통제에 있어서 유용한 정보를 제공하지 못한다.

② 일정기간의 손익에 있어서 판매량뿐 아니라 생산량에도 영향을 받기 때문에 일시적인 성과를 조작하기 위해 경영자가 생산량을 증가시킬 경우에 불필요한 재고누적을 유발할 수 있다.

문. ㈜한국은 변동원가계산을 사용하여 ₩100,000의 순이익을 보고하였다. 기초 및 기말 재고자산은 각각 15,000단위와 19,000단위이다. 매 기간 고정제조간접비배부율이 단위당 ₩30이었다면 전부원가계산에 의한 순이익은? (단, 법인세는 무시한다)

▶ 2014. 4. 19 안전행정부

① ₩88,000

② ₩145,000

③ ₩43,000

④ ₩112,000

☞ ④

SECTION 3   변동원가(직접원가)계산

직접재료비, 직접노무비, 변동제조간접비와 같은 변동제조원가만을 제품원가에 포함시키고, 고정제조간접비는 기간비용으로 처리하는 원가계산방법을 변동원가계산 또는 직접원가계산이라 한다.

(1) 유용성

① CVP분석모형에 유용하고 관리자의 의사결정에 유용한 정보를 제공할 수 있다.

② 전부원가계산의 순이익은 생산량과 판매량에 영향을 받지만, 변동원가계산의 순이익은 판매량에만 영향을 받으므로 생산량을 변화시켜 일시적인 성과를 조작할 수 없다.

③ 고정제조간접비를 당기비용으로 처리하기 때문에 원가의 자의적 배분을 방지할 수 있다.

④ 표준원가 및 변동예산과 함께 사용되면 원가통제를 위한 효과적인 수단으로 사용될 수 있다.

(2) 한계점

① 기업회계기준에서 인정되지 않으므로 오로지 관리자의 경영관리목적으로만 사용된다.

② 변동원가만을 고려하여 의사결정을 하면 제품원가를 낮게 평가하는 잘못된 결정을 내릴 수 있다.

③ 모든 비용을 변동비와 고정비로 구분하는 것은 현실적으로 어렵다.

④ 기간의 장단에 따라 단기에서는 고정비이지만 장기에서는 변동비로 바뀌게 되어 신뢰성이 상실된다.

✨ 전부원가계산과 변동원가계산의 비교

구분	전부원가(흡수원가)계산	변동원가(직접원가)계산
목적	외부보고(재무제표작성)목적	내부관리(계획 및 통제)목적
제품원가	직접재료비, 직접노무비, 변동제조간접비	직접재료비, 직접노무비, 변동제조간접비
	고정제조간접비	―
기간비용	―	고정제조간접비
	변동판매비와 관리비	고정판매비와 관리비
	고정판매비와 관리비	변동판매비와 관리비

문. 2010년 1월 1일에 영업을 개시한 ㈜대한은 2010년에 10,000단위의 제품을 생산하여 9,000단위를 판매하였으며, 2010년 12월 31일 현재 기말재공품 및 원재료 재고는 없다. 실제 제품원가는 제품 단위당 직접재료원가 ₩40, 직접노무원가 ₩20, 변동제조간접원가 ₩10이었고, 총고정제조간접원가는 ₩200,000이었다. ㈜대한이 실제원가계산을 하는 경우, 2010년도 전부원가계산에 의한 영업이익과 변동원가계산에 의한 영업이익의 차이는?

▶ 2011. 4. 9 행정안전부

① ₩20,000   ② ₩90,000
③ ₩180,000   ④ ₩200,000

☞ ①

포괄손익계산서	기능적손익계산서 (원가의 기능강조)		공헌이익손익계산서(원가의 행태강조)	
		매 출 액		매 출 액
	(−)	매 출 원 가	(−)	변동매출원가
		매출총이익		제조공헌이익
	(−)	판매관리비	(−)	변동판매관리비
		영업이익		공 헌 이 익
			(−)	고 정 비
				영 업 이 익
이익함수	$\pi = f$(판매량 · 생산량)		$\pi = f$(판매량)	

POINT 팁 이익의 크기

  ㉠ **생산량＞판매량** : 전부원가계산하의 영업이익이 더 크다.

  ㉡ **생산량＜판매량** : 변동원가계산하의 영업이익이 더 크다.

  ㉢ **생산량 = 판매량** : 전부원가순이익 = 변동원가순이익

  ㉣ **이익차이조정**

```
        ┌─────── 변동원가계산이익 ───────┐
(−)        기초재고에 포함된 고정제조간접비        (+)
(+)        기말재고에 포함된 고정제조간접비        (−)
        └─────── 전부원가계산이익 ───────┘
```

SECTION 4 전부원가계산과 변동원가계산의 차이

(1) 순이익의 차이원인

전부원가계산의 경우 고정제조간접비는 재고자산(제품과 재공품)에 포함되지만 변동원가계산의 경우에는 재고자산에 포함되지 않고 발생시점에서 전액 기간비용으로 처리된다. 즉 전자의 경우에는 모든 제조원가를 제품에 부과한 후 제품을 판매하는 시점에서 비용으로 처리하나 후자의 경우에는 고정제조간접비는 발생시 모두 기간비용으로 처리한다. 이와 같이 고정제조간접비에 대한 회계처리가 상이하기 때문에 각 회계기간의 재고량의 변화에 따라 두 방법하에서 순이익이 다르게 산출된다.

(2) 포괄손익계산서의 차이

변동원가계산에 의한 포괄손익계산서는 매출액에서 변동비를 차감하여 공헌이익을 산출하고 이 금액에서 고정비를 차감하여 영업이익을 계산하는 구조로 되어 있으며, 공헌이익이 표시되기 때문에 공헌이익손익계산서라고도 한다. 반면에 전부원가계산에 의한 포괄손익계산서는 원가를 기능별로 분류하여 작성하기 때문에 기능적 손익계산서라고도 하며, 전통적으로 사용되어 왔으므로 전통적 손익계산서라 불리기도 한다.

(3) 순이익의 차이조정

① 전기와 당기의 단위당 고정제조간접비가 동일한 경우
  ㉠ 생산량과 판매량이 동일한 경우(또는 기말수량 = 기초수량) : 순이익 동일
  ㉡ 생산량이 판매량을 초과하는 경우(또는 기말수량 > 기초수량) : (생산량 − 판매량) × 단위당 고정제조간접비 또는 (기말수량 − 기초수량) × 단위당 고정제조간접비만큼 전부원가순이익이 변동원가순이익보다 크다.
  ㉢ 판매량이 생산량을 초과하는 경우(또는 기말수량 < 기초수량) : (판매량 − 생산량) × 단위당 고정제조간접비 또는 (기초수량 − 기말수량) × 단위당 고정제조간접비만큼 변동원가순이익이 전부원가순이익보다 크다.

② 전기와 당기의 단위당 고정제조간접비가 다른 경우 … 전기와 당기의 단위당 고정제조간접비가 다른 경우에는 일률적으로 설명할 수 없으며, 다음과 같은 일반식으로 순이익의 차이를 조정할 수 있다.

SECTION 5 정상원가계산과 표준원가계산에서의 비교

지금까지 전부원가계산과 변동원가계산의 비교는 실제원가계산하에서의 비교이다(실제전부원가계산 VS 실제변동원가계산). 이제는 정상원가계산과 표준원가계산에서의 차이를 알아본다.

(1) 정상원가계산에서의 비교

정상원가계산에서는 직접재료비, 직접노무비는 실제발생액으로, 제조간접비는 연초에 미리 결정된 제조간접비 예정배부율로 배부하여 제품원가계산을 한다. 따라서 정상원가계산에서 전부원가계산(정상전부원가계산)을 이용할 때는 제조간접비 예정배부율을 먼저 계산하여야 한다.

$$
\begin{aligned}
&\text{제조간접비 예정배부율}\\
&= \frac{\text{제조간접비예산}}{\text{기준조업도}}\\
&= \frac{\text{변동제조간접비예산} + \text{고정제조간접비예산}}{\text{기준조업도}}\\
&= \frac{\text{조업도단위당변동제조간접비예산} \times \text{기준조업도} + \text{고정제조간접비예산}}{\text{기준조업도}}\\
&= \text{조업도단위당 변동제조간접비예산} + \frac{\text{고정제조간접비예산}}{\text{기준조업도}}\\
&= \text{변동제조간접비 예정배부율} + \text{고정제조간접비 예정배부율}
\end{aligned}
$$

정상전부원가계산에서는 위에서 보듯이 제조간접비 예정배부율을 변동제조간접비 예정배부율과 고정제조간접비 예정배부율로 나누어 적용할 수도 있으므로 변동제조간접비 배부차이와 고정제조간접비 배부차이가 발생될 수 있다. 반면에 정상원가계산하에서 변동원가계산(정상변동원가계산)을 할 때에는 변동제조간접비 예정배부율을 이용하여 변동제조간접비만을 제품에 배부하고 고정제조간접비는 기간비용으로 처리하므로 변동제조간접비 배부차이만 발생될 수 있고 고정제조간접비 배부차이는 존재하지 않게 된다.

(2) 표준원가계산에서의 비교

표준원가계산에서는 직접재료비, 직접노무비, 제조간접비 모두 연초에 설정된 표준원가를 이용하여 제품원가계산을 한다. 표준원가계산하에서 전부원가계산(표준전부원가계산)을 할 때에는 모든 제조원가를 제품원가에 포함시키므로 변동제조원가차이뿐만 아니라 고정제조간접비 배부차이나 조업도차이가 발생될 수 있다. 반면에 표준원가계산하에서 변동원가계산(표준변동원가계산)을 할 때에는 변동제조원가만을 제품원가에 포함시키므로 변동제조원가차이는 발생될 수 있으나 고정제조간접비 배부차이나 조업도차이는 존재하지 않게 된다.

(3) 정상원가계산과 표준원가계산에서 이익차이의 조정

정상원가계산이나 표준원가계산을 적용하더라도 당기에 비용처리되는 직접재료비, 직접노무비, 변동제조간접비는 전부원가계산과 변동원가계산간에 차이가 없다. 따라서 정상원가계산이나 표준원가계산을 적용할 경우에도 이익차이에 영향을 미치는 것은 고정제조간접비가 되므로 기초재고자산과 기말재고자산에 포함된 고정제조간접비를 고려하여 이익차이를 조정하면 된다. 단, 정상(또는 표준)전부원가계산을 적용할 경우에는 고정제조간접비 배부차이가 발생하므로 배부차이를 처리한 후 종국적으로 기초재고자산과 기말재고자산에 포함되는 고정제조간접비를 조정해야 한다.

제품단위당 고정제조간접비와 원가차이 발생항목

구분	제품단위당 고정제조간접비 (전부원가계산적용시)	원가차이가 발생하는 원가항목	
		전부원가계산	변동원가계산
실제 원가계산	$\dfrac{실제고정제조간접비}{실제생산량}$	원가차이 발생하지 않음	
정상 원가계산	$\dfrac{고정제조간접비예산}{기준조업도(생산량기준)}$	변동제조간접비	변동제조간접비
		고정제조간접비	–
표준 원가계산	$\dfrac{고정제조간접비예산}{기준조업도(생산량기준)}$	직접재료비	직접재료비
		직접노무비	직접노무비
		변동제조간접비	변동제조간접비
		고정제조간접비	–

SECTION 6 초변동원가계산(= 스루풋원가계산, 재료처리량원가계산)

(1) 의의

전부원가계산에서는 생산량이 순이익에 영향을 미치므로 과잉생산으로 인하여 재고누적을 초래할 가능성이 있는데 이를 해결하기 위하여 고안된 것이 변동원가계산이다. 그러나 직접노무비나 제조간접비가 고정비적인 성격을 지니는 상황에서는 변동원가계산의 경우에도 재고누적을 초래할 가능성이 여전히 존재하므로 이러한 가능성을 제거하기 위하여 단기적으로 직접재료비만을 진정한 변동원가로 보아 직접재료비만을 제품원가에 포함시키고 나머지 원가(직접노무비, 변동제조간접비, 고정제조간접비)는 모두 기간비용으로 처리하는 초변동원가계산이 등장하게 되었다.

(2) 장점

① 오로지 직접재료비만을 기간비용으로 처리하기 때문에 제조간접비를 변동비와 고정비로 구분할 필요가 없어 적용이 간단하다.

② 판매량이 동일하다는 가정에서 생산량이 증가할수록 초변동원가계산의 순이익은 감소한다. 그러므로 불필요한 재고누적을 방지하는 효과가 크다.

(3) 단점

① 외부보고목적이나 법인세를 신고하기 위한 목적으로는 사용할 수 없다.

② 재고원가가 낮게 평가되어 저가에 많은 판매를 할 수 있지만 장기적인 측면에서는 바람직하지 못하다.

⭐ 각 원가계산의 제품원가와 기간비용에 대한 비교

구분		전부원가계산	변동원가계산	초변동원가계산
제품원가		직접재료비	직접재료비	직접재료비
		직접노무비	직접노무비	–
		변동제조간접비	변동제조간접비	–
		고정제조간접비	–	–
기간비용		–	–	직접노무비
		–	–	변동제조간접비
		–	고정제조간접비	고정제조간접비
		변동판매관리비	변동판매관리비	변동판매관리비
		고정판매관리비	고정판매관리비	고정판매관리비

1 다음 중 전부원가계산과 변동원가계산에 대한 비교설명으로 옳지 않은 것은?

① 전부원가계산은 외부보고목적이며, 변동원가계산은 내부관리목적이다.

② 변동원가계산은 원가회피개념이고, 전부원가계산은 원가부착개념을 그 근거로 한다.

③ 고정제조간접비를 변동원가계산은 발생시점에, 전부원가계산은 판매시점에 비용화한다.

④ 전부원가계산은 변동제조원가만을 제품원가에 포함하는 방법이다.

TIP ④ 전부원가계산은 고정제조간접비를 모두 포함하는 개념이다.

2 ㈜현웅은 2011년에 250,000단위를 생산하였으며, 예산 역시 같다. 기초재고는 없다고 가정하며 변동제조원가와 변동판매관리비 합은 단위당 ₩40이고, 예산 및 실제고정제조간접비는 ₩700,000이었으며 고정판매관리비는 ₩300,000이다. 2011년 판매량은 200,000단위이고 판매가격은 ₩50이다. 전부원가계산에 의한 영업이익은 얼마인가?

① ₩1,040,000
② ₩1,140,000
③ ₩1,240,000
④ ₩1,340,000

TIP CVP분석에 의한 변동원가 이익을 구하면,

200,000개 × (50 − 40) − (700,000 + 300,000) = ₩1,000,000

고정제조간접비 배부율을 구하면

₩700,000 ÷ 250,000개 = 2.8원/개

전부원가이익 = 변동원가이익 + 기말재고에 포함된 고정제조간접비 − 기초재고에 포함된고정제조간접비

∴ 영업이익 : 1,000,000 + 50,000 × 2.8 − 0 = ₩1,140,000

3 당기의 원가요소를 살펴보면 고정비의 비중이 유례없이 증가되었을 경우에 포괄손익계산서상의 당기순이익을 가장 적게 하는 원가계산방법은?

① 전부원가계산방법
② 직접원가계산방법
③ 예정원가계산방법
④ 표준원가계산방법

TIP ② 직접원가(변동원가)계산은 고정비를 전액 기간비용으로 처리하므로 순이익을 가장 적게 한다.

ANSWER 1.④ 2.② 3.②

4 ㈜현웅은 2016년 1월 1일에 영업을 개시하였다. 이 회사는 단일 제품을 생산·판매하고 있으며 2016년 한해동안 10,000단위를 생산하였으며, 단위당 판매가격은 ₩3,000이다. 2016년 한해동안 발생한 원가 자료가 다음과 같고 2016년 동안 총판매량이 8,000단위라면 변동원가계산하에서의 순이익은 얼마인가?

	단위당변동비	고정비
• 직접재료비	₩700	–
• 직접노무비	600	–
• 제조간접비	300	₩2,800,000
• 물류원가와관리비	400	1,600,000

① ₩3,200,000   ② ₩3,400,000
③ ₩3,600,000   ④ ₩3,800,000

🌸 **TIP** P = 3,000
v = (2,000)
CM = 1,000 × 8,000개   = 8,000,000
고정비 = 2,800,000 + 1,600,000 = (4,400,000)
순이익   3,600,000

5 생산량 7,000개 중에서 5,000개가 1개당 @500씩 판매되었다고 한다면 전부원가계산의 순이익은 변동원가(직접원가)계산의 순이익에 어떻게 변화하겠는가? (다만 당기의 고정제조간접비는 ₩140,000이었고 기초재고는 없었다)

① 전부원가계산이 ₩40,000 크다.
② 변동원가계산이 ₩40,000 크다.
③ 전부원가계산이 ₩80,000 크다.
④ 변동원가계산이 ₩80,000 크다.

🌸 **TIP** 생산량이 판매량보다 많다는 것은 전부원가계산의 순이익이 변동원가계산의 순이익보다 기말재고에 포함된 고정제조간접비만큼 많다는 것을 의미한다.

$$\therefore (7,000개 - 5,000개) \times \frac{₩140,000}{7,000개} = ₩40,000$$

⭐ **ANSWER**   4.③ 5.①

6 2016년 4월에 영업을 시작한 ㈜혜빈은 선입선출법에 의한 실제원가계산제도를 채택하고 있다. 다음의 자료를 보고 2016년 5월 변동원가계산에 의한 영업이익이 ₩1,200,000이라 할 때 전부원가계산에 의한 영업이익을 구하면?

	4월	5월
• 생산량	8,000단위	9,000단위
• 판매량	7,000단위	10,000단위
• 고정제조간접비	₩1,600,000	₩1,620,000
• 고정판매비	₩600,000	₩700,000

① ₩900,000
② ₩1,000,000
③ ₩1,100,000
④ ₩1,200,000

TIP 이익차이조정

```
   ┌── 변동원가계산이익                      ┌── ₩1,200,000
(−) 기초재고에 포함된 고정제조간접비     (−) 1,000 × @200*
(+) 기말재고에 포함된 고정제조간접비     (+) 0 × @180**
   └── 전부원가계산이익                      └── ₩1,000,000
```

* **

4월		5월	
0	7,000	1,000	10,000
8,000	1,000	9,000	0
8,000	8,000	10,000	10,000

㉠ 기초재고에 포함된 고정제조간접비율 : $\dfrac{1,600,000}{8,000}$ = @200

㉡ 기말재고에 포함된 고정제조간접비율 : $\dfrac{1,620,000}{9,000}$ = @180

7 ㈜혜빈은 당기중에 10,000단위의 제품을 생산판매하였으며 당기의 원가자료는 아래와 같다. 기초재고 및 기말재산은 없고, 고정제조간접비는 실제생산량을 기준으로 배부한다. 전부원가와 변동원가계산하에서 제품의 단위당 제조원가는 각각 얼마인가?

• 직 접 재 료 비	₩200,000
• 직 접 노 무 비	100,000
• 변동제조간접비	50,000
• 고정제조간접비	100,000
• 변동판매관리비	25,000
• 고정판매관리비	65,000
합 계	₩540,000

	전부원가	변동원가			전부원가	변동원가
①	₩40	₩30		②	₩50	₩35
③	₩45	₩35		④	₩45	₩30

🌸 TIP

	변동제조원가	전부제조원가
직 접 재 료 비	₩200,000	₩200,000
직 접 노 무 비	100,000	100,000
변동제조간접비	50,000	50,000
고정제조간접비	–	100,000
계	₩350,000	₩450,000
÷ 생산량	÷ 10,000단위	÷ 10,000단위
단위원가	@35	@45

8 솔로상사는 단일제품을 생산하고 있다. 2016년동안 총 5,000단위를 생산하였다. 이 회사는 제품원가에 포함될 전부원가계산에 의한 단위원가와 직접원가계산에 의한 단위원가를 계산해보고자 한다. 각각 얼마씩 계산되겠는가?

	변동비(단위원가)	고정비
직접재료비	@500	
직접노무비	@700	
제조간접비	@400	₩2,000,000
물류원가와 관리비	@350	1,750,000

	전부원가	직접원가			전부원가	직접원가
①	₩1,600	₩1,600		②	₩2,200	₩1,800
③	₩2,000	₩1,600		④	₩2,000	₩1,950

🌸 TIP 전부원가계산방법 아래에서는 고정제조간접비가 제품원가에 포함되므로 그 금액만큼 직접원가계산에 비하여 높게 나타난다.

ⓐ **직접원가계산** : @500 + @700 + @400 = @1,600

ⓑ **전부원가계산** : @500 + @700 + @400 + $\dfrac{₩2,000,000}{5,000단위}$ = @2,000

⭐ ANSWER　7.③　8.③

9 2011년 1월 1일 영업을 개시한 남도공업사는 단일제품을 생산·판매하고 있다. 당기에 10,000단위를 생산하고 8,000단위를 단위당 ₩5,000에 판매하였으며 원가자료가 아래와 같을 경우 변동원가계산에서의 순이익과 전부원가계산에서의 기말재고액을 구하면?

	고정비	단위당변동비
• 직접재료비	–	₩700
• 직접노무비	–	400
• 제조간접비	₩5,000,000	800
• 물류원가와관리비	2,500,000	900

	변동원가순이익	전부원가기말재고		변동원가순이익	전부원가기말재고
①	₩9,800,000	₩4,800,000	②	₩11,200,000	₩3,600,000
③	₩10,100,000	₩4,800,000	④	₩10,800,000	₩3,600,000

TIP

변동원가순이익
P : 5,000
V : 2,800
UCM : 2,200 × 8,000단위

　　= ₩17,600,000
고정비(−) 　7,500,000
순이익 ₩10,100,000

전부원가기말재고
재고가능원가 : 　　　₩700
　　　　　　　　　　　400
　　　　　　　　　　　800
고정제조간접비 : $\dfrac{₩5,000,000}{10,000}$ = 500
　　　　　　　　　　　₩2,400
재고 : 2,000개 × 2,400 = ₩4,800,000

10 ㈜서원은 선입선출법에 의해 실제원가계산제도를 사용하고 있으며, 2월 중 전부원가제도를 이용한 영업이익이 ₩1,000,000이라면 변동원가계산에 의한 영업이익은 얼마인가? (1월 기초재고는 없음)

구분	1월	2월
생산량	8,000단위	9,000단위
판매량	7,000단위	10,000단위
고정제조원가	₩1,600,000	₩1,620,000
고정판매비용	₩800,000	₩900,000

① ₩680,000　　　　　　　　② ₩800,000
③ ₩980,000　　　　　　　　④ ₩1,200,000

TIP 2월 기말재고수량 0, 2월 기초재고수량 1,000개이므로 변동원가의 순이익이 크다.
전부원가계산하의 순이익 　　　₩1,000,000
(₩1,600,000 ÷ 8,000개) × 1,000개 = 　200,000
변동원가계산하의 순이익 　　　₩1,200,000

⭐ **ANSWER** 　9.③　10.④

06 원가 – 조업도 – 이익분석

SECTION 1 CVP분석의 기본개념

(1) CVP분석의 의의

원가 – 조업도 – 이익분석(CVP분석)이란 조업도의 단기적인 변화가 수익 및 원가 그리고 이익에 어떠한 영향을 미치는가를 분석하는 기법으로서 기업의 단기적 의사결정에 이용된다.

(2) CVP분석의 가정

① 조업도가 유일한 원가동인이다.

② 모든 원가의 구성은 고정비와 변동비 중의 하나이다.
  ㉠ 변동비는 관련 범위 내에서 조업도에 비례한다.
  ㉡ 고정비는 관련 범위 내에서 항상 일정하다.

③ 수익과 원가의 행태는 확실히 결정되어 있고 관련 범위 내에서 선형이다.

④ 생산된 것은 모두 판매되며, 수익은 오직 매출에서만 발생한다.

⑤ 현재와 미래의 화폐가치는 일정하다.

⑥ 단일제품을 생산·판매하며, 복수제품을 생산·판매시는 매출배합의 비율이 일정하다.

(3) CVP분석의 유용성

① 이익을 '0'으로 하는(손실이 없는) 조업도를 파악할 수 있다.

② 현금의 유입액과 유출액을 같게 만드는 조업도를 파악할 수 있다.

③ 목표이익을 얻는데 필요한 매출액 또는 판매량을 파악할 수 있다.

④ 판매가격이 원가변화와 이익에 어떠한 영향을 미치는가를 파악할 수 있다.

SECTION 2 손익분기점분석

(1) 의의

손익분기점(BEP)이란 매출액과 총이익이 '0'이 되는 판매량이나 매출액을 말한다. 즉, 손익분기점이란 총공헌이익이 총고정비와 같아지는 판매량이나 매출액이다. 이 경우에 총비용이란 변동제조원가와 변동판매관리비 및 고정제조간접비와 고정판매관리를 합한 금액을 말한다.

문. 김철수씨는 버스정류장 근처에서 조그만 컨테이너 박스를 임대하여 김밥을 판매하고 있다. 김밥은 개당 ₩1,000에 구입하여 ₩2,000에 판매하고, 매월 임대료 등의 고정비용은 ₩600,000이다. 김철수씨는 최근 월임대료 ₩180,000의 인상을 통보받았다. 또한 김밥의 구입단가도 ₩1,200으로 인상되었다. 김철수씨는 종전과 같은 월 손익분기매출수량을 유지하기 위해 김밥의 판매가격 조정을 고려하고 있다. 새로 조정될 김밥 판매가격은?
▶ 2010. 5. 22 상반기 지방직

① ₩1,500 ② ₩2,000
③ ₩2,500 ④ ₩3,000

☞ ③

(2) 공헌이익(CM)

공헌이익이란 순이익의 증가에 공헌할 수 있는 금액으로 총매출액에서 총변동비를 차감한 금액이다.

> 공헌이익$(P - V) × Q$ = 매출액$(P × Q)$ − 변동비$(V × Q)$ = $(P - V) × Q$ = 고정비(F) + 영업이익(NI)

단위당공헌이익이란 단위당 판매가격에서 단위당 변동비를 차감한 금액을 말하며 이는 제품 한 단위를 추가로 판매할 경우 이익의 증가분을 의미한다. 즉 단위당공헌이익은 판매되는 한 단위의 제품이 고정비를 회수하고 이익을 창출하는데 얼마만큼 공헌하는지를 나타낸다.

> 단위당공헌이익$(UCM) = P - V$

(3) 변동비율

매출액에 대한 변동비의 비율로서 매출액 중에서 몇 %가 변동비인가를 나타낸다.

$$변동비율 = \frac{총변동비(V × Q)}{매출액(P × Q)} = \frac{단위당변동비(V)}{단위당판매가격(P)}$$

(4) 공헌이익률

매출액에 대한 공헌이익의 비율로서 매출액 중 몇 %가 공헌이익인가를 나타낸다.

> • 공헌이익률 $= \dfrac{총공헌이익(P - V) × Q}{매출액(P × Q)}$
>
> $= \dfrac{단위당공헌이익(P - V)}{단위당판매가격(P)}$
>
> $= 1 - \dfrac{V}{P}(변동비율)$
>
> • 공헌이익률 + 변동비율 = 1

(5) 손익분기점(BEP)

손익분기점이란 총수익과 총비용이 일치하여 이익도 손실도 없는 판매량 또는 매출액을 말한다. 손익분기점에서는 '총수익 = 총비용'이므로 이익이 0이되며, 손익분기점보다 적은 판매량에서는 총수익 < 총비용이므로 손실이 발생하고 손익분기점보다 많은 판매량에서는 총수익 > 총비용이므로 이익이 발생한다.

① 손익분기점 판매수량을 구할 때 손익분기점에서 영업이익은 0이므로 법인세는 발생하지 않는다. 따라서 법인세를 고려하나 고려하지 않으나 손익분기점은 동일하다. 즉 법인세는 손익분기점에 영향을 주지 않는다.

기출문제

문. ㈜한국은 개당 ₩100에 호빵을 팔고 있으며, 사업 첫 달의 매출액은 ₩10,000, 총변동비는 ₩6,000, 총고정비는 ₩2,000이다. 이에 대한 설명으로 옳지 않은 것은? (단, 기초재고와 기말재고는 동일하다)
▶ 2011. 5. 14 상반기 지방직

① 공헌이익률은 60%이다.
② 단위당 공헌이익은 ₩40이다.
③ 손익분기점 매출액은 ₩5,000이다.
④ 매출이 ₩8,000이라면 이익은 ₩1,200이다.

☞ ①

문. ㈜한강전자는 한 종류의 휴대전화기를 제조·판매한다. 휴대전화기의 단위당 판매가격은 ₩80이고, 단위당 변동원가는 ₩60, 고정원가는 ₩240,0000이며, 관련범위는 18,000 단위이다. 다음 중 옳지 않은 것은? (단, 세금은 고려하지 않음)
▶ 2010. 4. 10 행정안전부

① 휴대전화기의 단위당 공헌이익률은 25%이다.
② 매출수량이 12,000 단위이면 안전한계는 0이다.
③ 제품 단위당 변동원가가 ₩10 감소하면 손익분기점 판매량은 4,000 단위가 감소한다.
④ 고정원가가 ₩192,000으로 감소하면 공헌이익률은 20% 증가한다.

☞ ④

$$\text{매출액}(P \times Q) - \text{변동비}(V \times Q) - \text{고정비}(F) = 0$$
$$(P - V) \times Q = F$$
$$\therefore \text{BEP}_Q = \frac{F}{P - V} = \frac{\text{고정비}}{\text{단위당공헌이익}}$$

② **손익분기점 매출액** … 손익분기점 판매수량(BEPQ) × 가격(P)으로 구할 수 있으며 고정비를 공헌이익률로 나누면 영업이익이 0이되는 손익분기점 매출액(BEPs)을 구할 수 있다.

$$\text{BEP}_S = \text{BEP}_Q \times P = \frac{F}{\text{공헌이익률}}$$

(6) 목표이익분석

① 세전목표이익을 달성하기 위한 판매수량(Q)을 구할 때

$$\text{매출액}(P \times Q) - \text{변동비}(V \times Q) - \text{고정비}(F) = \text{세전목표이익}$$
$$(P - V) \times Q = TP + F$$
$$\therefore \text{목표}Q = \frac{\text{세전목표이익} + \text{고정비}}{P - V} = \frac{\text{세전목표이익} + \text{고정비}}{\text{단위당공헌이익}}$$

② 세전목표이익 달성을 위한 매출액(S)을 구할 때는 ①식의 Q에다 가격(P)를 곱해도 되나, 다음과 같이 구할 수 있다.

$$\text{목표}S = \frac{\text{세전목표이익} + \text{고정비}}{\text{공헌이익률}}$$

(7) 법인세를 고려한 CVP 분석

① **손익분기점분석** … 순이익이 없으므로 법인세도 없다. 즉, 법인세를 고려하더라도 손익분기점에는 전혀 영향이 없다.

② **세후목표이익을 고려한 CVP 분석** … 세후목표이익을 세전목표이익으로 전환하여 CVP분석을 한다.

$$\text{목표}Q = \frac{\text{고정비} + \dfrac{\text{세후목표이익}}{(1 - \text{법인세율})}}{\text{단위당공헌이익}} = \frac{\text{고정비} + \text{세전목표이익}}{\text{단위당공헌이익}}$$

$$\text{목표}S = \frac{\text{고정비} + \dfrac{\text{세후목표이익}}{(1 - \text{법인세율})}}{\text{공헌이익률}} = \frac{\text{고정비} + \text{세전목표이익}}{\text{단위당공헌이익률}}$$

(8) 안전한계 및 안전한계율

실제(예산)매출액이 손익분기점 매출액을 초과하는 부분은 손실을 발생시키지 않으면서 허용할 수 있는 매출액의 최대감소가능액을 나타내기 때문에 기업의 안전성을 측정하는 지표로 사용된다. 즉, 안전한계란 기업이 얼마의 매출감소를 감당할 수 있는가 하는 지표이다.

기출문제

문. 다음은 단일제품인 곰인형을 생산하고 있는 ㈜한국의 판매가격 및 원가와 관련된 자료이다. 법인세율이 20%인 경우, 세후 목표 이익 ₩200,000을 달성하기 위한 곰인형의 판매수량은? (단, 생산설비는 충분히 크며, 생산량과 판매량은 같다고 가정한다)

▶ 2015. 6. 27 제1회 지방직

단위당 판매가격	₩1,000
단위당 직접재료원가	₩450
단위당 직접노무원가	₩200
단위당 변동제조간접원가	₩100
단위당 변동판매원가	₩50
고정원가 총액	₩300,000

① 2,250단위
② 2,500단위
③ 2,750단위
④ 3,000단위

☞ ③

문. ㈜한국의 손익분기점매출액이 ₩100,000,000, 고정비는 ₩40,000,000, 단위당 변동비는 ₩1,200일 때, 단위당 판매가격은?

▶ 2015. 4. 18 인사혁신처

① ₩1,500
② ₩1,600
③ ₩1,800
④ ₩2,000

☞ ④

① 안전한계매출액(M/S) = (실제 또는 예산) 매출액 − 손익분기점매출액

② 안전한계율(M/S율) = $\dfrac{\text{안전한계매출액}}{\text{매출액}}$

$= \dfrac{\text{매출액} - \text{손익분기점매출액}}{\text{매출액}}$

CVP분석

㈜현웅의 올해 예상판매량은 7,000단위이며 원가자료는 다음과 같다.

• 단위당 판매가격(P) : ₩100
• 단위당 변동비(V)
－직 접 재 료 비　₩20
－직 접 노 무 비　　20
－변동제조간접비　　 5
－변동판매관리비　　15
• 연간고정비
－고정제조간접비　₩100,000
－고정판매관리비　　100,000

㉠ 단위당공헌이익(P − V) = 단위당판매가격(P) − 단위당변동비(V)
= ₩100 − ₩60 = ₩40

㉡ 공헌이익률$\left(\dfrac{P-V}{P}\right)$ = $\dfrac{\text{단위당공헌이익}}{\text{단위당 판매가격}}$

$= \dfrac{₩40}{₩100} = 40\%$

㉢ 손익분기점판매량(BEPQ) = $\dfrac{\text{고정비}}{\text{단위당공헌이익}}$ = $\dfrac{F}{P-V}$

$= \dfrac{₩200,000}{₩100-₩60} = 5,000$개

㉣ 손익분기점매출액(BEPS) = $\dfrac{\text{고정비}}{\text{공헌이익률}}$ = $\dfrac{F}{1-\left(\dfrac{V}{P}\right)}$

$= \dfrac{₩200,000}{40\%} = ₩500,000$

㉤ 안전한계판매수량 = (예상) 판매량 − 손익분기점 판매수량
= 7,000개 − 5,000개
= 2,000개

㉥ 안전한계매출액 = (예상) 매출액 − 손익분기점 매출액
= 7,000개 × ₩100 − 5,000개 × ₩100
= ₩200,000

㉦ 안전한계율 = $\dfrac{\text{안전한계매출액}}{\text{매출액}}$

$= \dfrac{₩200,000}{₩700,000} = 28.6\%$

(9) 매출배합이 있는 경우

여러 가지 제품을 생산하여 판매하는 경우에 복수제품을 묶어서 판매하는 경우의 손익분기점을 말한다.

① 매출수량 배합비율이 주어지는 경우

㉠ 가중평균 공헌이익법

• Q_{BEP} = $\dfrac{\text{고정비}}{\text{가중평균공헌이익}^*}$

* 가중평균공헌이익 = Σ(각 제품의 단위당 공헌이익 × 각제품의 수량배합 비율)
• 각 제품별 손익분기점 = Q_{BEP} × 각 제품별 수량배합비율

문. A제품의 매출액이 ₩500,000 이고, 제품 단위당 변동원가가 ₩6, 판매가격이 ₩8이다. 고정원가가 ₩100,000일 경우 안전한계는?

▶ 2011. 4. 9 행정안전부

① ₩ 25,000　　② ₩100,000
③ ₩125,000　　④ ₩275,000

☞ ②

ⓛ 꾸러미법
- 주어진 매출수량배합을 한 꾸러미로 상정한다.
- 꾸러미당 총공헌이익을 구한다.
- 손익분기점 꾸러미 판매수량을 구한다.
- 손익분기점 꾸러미 판매수량에 한 꾸러미에 있는 각 제품별 수량을 곱하여 각 제품당 손익분기점 판매수량을 구한다.

② 매출액 배합비율이 주어지는 경우
  ㉠ 가중평균 공헌이익률법

- 손익분기점 총매출액 $= \dfrac{\text{총고정비}}{\text{가중평균공헌이익률}^*}$

  * 가중평균공헌이익률 $= \Sigma$(각 제품의 공헌이익률 × 각제품의 매출액 배합비율)

- 각 제품별 손익분기점 매출액 = 손익분기점 총매출액 × 각 제품의 매출액 배합비율

  ㉡ 매출액 배합비율을 매출수량 배합으로 전환하는 방법
- 각 제품의 매출액 배합비율을 각 제품의 판매가격으로 나누어서 매출수량 배합비율로 전환한다.
- 매출수량 배합비율로 꾸러미법 등을 적용하여 손익분기점 판매수량을 구한다.

SECTION 3 원가구조와 영업레버리지

(1) 원가구조

고정비와 변동비의 상대적인 비율을 말한다. 일반적으로 직접노무비의 비중이 큰 노동집약적인 산업은 총원가 중 고정비보다 변동비가 차지하는 비중이 상대적으로 크므로 변동비율이 크고 공헌이익률이 작게 된다. 반면에 막대한 설비투자를 필요로 하는 자본집약적인 산업의 경우에는 총원가 중 고정비가 차지하는 비중이 변동비보다 상대적으로 크게 되어 변동비율이 작고 공헌이익률이 크게 된다. 그러나 공헌이익률이 크다고 하여 그 기업에 항상 유리하다고는 할 수 없다. 원가구조는 기업의 이익에 상당히 중요한 영향을 미친다. 그 이유는 자본집약적인 산업의 경우 호황으로 매출액과 판매수량이 증가하게 되면 순이익이 크게 증가하게 되지만, 반대로 불황일 때는 적은 공헌이익으로 인하여 막대한 고정비의 극히 일부분만을 회수하게 되어 커다란 손실이 발생하게 되기 때문이다. 그러므로 어떤 원가구조가 최적인가 하는 것은 일률적으로 말할 수 없으며, 경영자의 위험에 대한 태도, 매출액의 증감추세 등에 따라 달라질 수 있다.

(2) 영업레버리지(운영레버리지)

총비용 중에서 고정비가 차지하는 정도를 의미한다. 기업이 제품을 생산할 때 변동비 대신 고정비를 많이 사용하는 경우에는 높은 레버리지를 갖는다고 한다. 영업레버리지가 높은 경우 매출액이 변할 때 영업이익은 매출액이 변하는 비율보다 높은 비율로 변하게 되는데 이를 레버리지효과라고 한다. 기업의 영업레버리지도는 손익분기점 부근에서 가장 크고 손익분기점을 초과하여 매출액이 증가함에 따라 점점 작아지게 되는데 손익분기점 부근에서 영업이익이 가장 작고 매출액이 손익분기점을 초과하여 증가함에 따라 변동비는 증가하는 반면 고정비는 일정하므로 고정비의 비중이 점점 작아지기 때문이다.

> 예 K·S회사의 포괄손익계산서는 다음과 같다.
>
> | 매 출 액 | ₩300,000 |
> |---|---|
> | 변 동 비 | (60,000) |
> | 공헌이익 | ₩240,000 |
> | 고 정 비 | (200,000) |
> | 영업이익 | ₩40,000 |
>
> 레버리지도(DOL)를 계산하면
>
> $$DOL = \frac{공헌이익}{영업이익}$$
>
> $$= \frac{₩240,000}{₩40,000} = 6$$
>
> 레버리지도가 6이라는 것은 매출액이 20%만큼 변화한다면 영업이익은 20%의 6배인 120%만큼 변화한다는 뜻이다. 따라서 K·S사의 매출액이 20% 증가하여 ₩360,000이 된다면, 영업이익은 ₩40,000 × 120%인 ₩48,000이 된다는 것을 예상할 수 있다.

원가 – 조업도 – 이익분석

1 다음 중 CVP분석의 기본가정에 대한 설명으로 옳지 않은 것은?

① 조업도가 유일한 원가동인이다.

② 모든 원가의 구성은 고정비와 변동비 중 하나로 분류된다.

③ 수익과 원가의 행태는 확실히 결정되어 있고 관련범위 내에서 선형이다.

④ 화폐의 시간가치를 고려해야 한다.

TIP ④ CVP분석은 단기분석이므로 화폐의 시간가치를 고려하지 않는다.

2 다음 중 원가 – 조업도 – 이익분석의 기본가정과 일치하지 않는 것은?

① 조업도의 변동에 따라 매출배합도 달라진다.

② 제품의 판매가격은 변동하지 않는다.

③ 비용과 수익의 행태는 확실히 결정되어 있고 관련범위 내에서 선형으로 표시된다.

④ 수익과 원가는 매출수량 등 단일기준에 따라 비교된다.

TIP ① 제품의 종류는 하나이거나 복수제품인 경우라면 매출배합이 일정하다고 가정한다.

3 ㈜혜빈은 개량형 한복을 판매할 계획으로 시장조사를 실시한다. 2017년도에는 이 제품을 6,000벌 판매할 것으로 예상하고 있다. 판매가격은 한 벌당 ₩3,000이고 변동비는 판매가격의 45%로 추정되고 고정비가 ₩8,250,000이라면 손익분기점 판매량은?

① 4,500벌

② 5,000벌

③ 5,500벌

④ 6,000벌

TIP $BEP_Q = \dfrac{8,250,000}{3,000 \times (1 - 0.45)} = 5,000$벌

ANSWER 1.④ 2.① 3.②

4 한복을 생산하는 ㈜혜빈은 사업 다각화의 일환으로 생활한복을 생산하기로 하였다. 다음 자료에서 단위당 판매가격을 얼마로 해야 적당한가?

- 연간총고정비 : ₩8,000,000
- 예상판매량 : 100,000단위
- 변동비 : 매출액의 50%
- 예상목표순이익 : ₩2,000,000

---

① ₩150
② ₩200
③ ₩250
④ ₩300

TIP 목표이익판매수량

$$\frac{8,000,000 + 2,000,000}{P \times (1 - 0.5)} = 100,000단위$$

$$\therefore P = ₩200$$

5 매출액이 ₩400,000인 경우에 직접재료비, 직접노무비, 변동제조간접비, 고정제조간접비, 변동판매관리비, 고정판매관리비가 모두 ₩50,000씩 이라면 이때의 공헌이익과 이 제품의 손익분기점매출액은 얼마인가?

	공헌이익	손익분기점매출액		공헌이익	손익분기점매출액
①	₩200,000	₩200,000	②	₩250,000	₩200,000
③	₩200,000	₩250,000	④	₩150,000	₩350,000

TIP

매 출 액	₩400,000
변동원가 (−)	200,000
공헌이익	₩200,000

$$손익분기점매출액 : \frac{고정비}{공헌이익률} = \frac{100,000}{0.5} = ₩200,000$$

※ ㈜현웅의 올해 예상판매량이 8,000 단위이며 원가 자료는 아래와 같다. 【6~8】

- 단위당 판매가격(P) ₩200
- 단위당변동비(V)   120
 -직 접 재 료 비 40
 -직 접 노 무 비 40
 -변동제조간접비 10
 -변동판매관리비 30
- 연간고정비
 -고정제조간접비 200,000
 -고정판매관리비 100,000

---

6 단위당 공헌이익과 공헌이익률은?

	단위당공헌이익	공헌이익률			단위당공헌이익	공헌이익률
①	₩80	40%		②	₩60	30%
③	₩80	30%		④	₩60	40%

 TIP

$P =$	200	(100%)
$V =$	120	(60%)
UCM =	80	(40%)

공헌이익 : ₩80
공헌이익률 : 80/200 = 40%

7 손익분기점 판매량과 손익분기점 매출액은?

	손익분기점판매량	손익분기점매출액			손익분기점판매량	손익분기점매출액
①	3,650개	₩760,000		②	3,650개	₩750,000
③	3,750개	₩760,000		④	3,750개	₩750,000

 TIP $BEP_Q = \dfrac{300,000}{80} = 3,750개$

$BEP_S = \dfrac{300,000}{40\%} = ₩750,000$ 또는 $3,750 \times ₩200 = ₩750,000$

8 안전한계매출액과 안전한계판매수량, 안전한계율은?

	안전한계매출액	안전한계판매수량	안전한계율
①	₩860,000	4,250개	46.9%
②	₩850,000	4,250개	46.9%
③	₩860,000	4,350개	49.6%
④	₩850,000	4,520개	49.6%

TIP ㉠ 안전한계매출액 : 매출액 − 손익분기점매출액
$8,000 \times 200 - 750,000 = ₩850,000$
㉡ 안전한계판매수량 : 판매수량 − 손익분기점판매수량
$8,000 - 3,750 = 4,250개$
㉢ 안전한계율 : $\dfrac{안전한계(매출액\ 또는\ 판매수량)}{매출액\ 또는\ 판매수량}$

$\dfrac{₩850,000}{₩1,600,000} = \dfrac{3,750개}{8,000개} = 46.9\%$

⭐ ANSWER   6.①   7.④   8.②

9 어느 회사의 원가구조를 살펴보니 아래와 같았다. 이 회사의 손익분기점 판매량과 매출액을 구하면?

- 단위당판매가격(P) : ₩3,000
- 단위당변동비(V) : ₩2,400
- 당기회사의 생산량 : 2,500개
- 고정제조간접비 : ₩3,000,000
- 고정판매관리비 : ₩3,000,000
- 당기회사의 판매량 : 2,000개

	손익분기점판매량	손익분기점매출액
①	8,000개	₩28,000,000
②	9,000개	₩27,000,000
③	10,000개	₩30,000,000
④	12,000개	₩36,000,000

TIP

$$P = 3,000 \quad 100\%$$
$$V = 2,400 \quad 80\%$$
$$UCM = 600 \quad 20\%$$

손익분기점판매량 : $\dfrac{\text{고정비합계}}{\text{단위당공헌이익}}$

$$\dfrac{₩6,000,000}{600} = 10,000개$$

손익분기점매출액 : $10,000개 \times 3,000 = ₩30,000,000$

$$= \dfrac{\text{고정비합계}}{\text{공헌이익률}} = \dfrac{6,000,000}{20\%} = ₩30,000,000$$

10 ㈜현웅은 한가지 제품을 생산·판매하고 있으며, 관련된 원가자료는 다음과 같다. 단위당 판매가격은 ₩450 이며 법인세율은 40%이다. 법인세 차감후 목표이익이 ₩600,000이라 할 경우 몇 단위를 판매해야 하는가?

	단위당변동비	총고정비
• 직접재료비	₩50	—
• 직접노무비	80	—
• 제조간접비	35	₩2,500,000
• 판매관리비	35	6,500,000

---

① 35,000 단위
② 38,000 단위
③ 40,000 단위
④ 45,000 단위

TIP 목표Q : $\dfrac{\text{고정비} + \text{세차감후목표이익}/(1-\text{법인세율})}{\text{단위당공헌이익}}$

$$\dfrac{2,500,000 + 6,500,000 + 600,000/(1-0.4)}{₩250} = 40,000단위$$

ANSWER 9.③ 10.③

11 2016사업연도의 ㈜현웅과 ㈜혜빈의 포괄손익계산서는 아래와 같다. 이 자료를 토대로 2016사업연도의 각 회사의 영업레버리지도(DOL)를 구하면?

	㈜현웅	㈜혜빈
매 출 액	₩1,000,000	₩1,000,000
변 동 비	500,000	800,000
공헌이익	₩500,000	₩200,000
고 정 비	400,000	100,000
영업이익	₩100,000	₩100,000

	㈜현웅	㈜혜빈			㈜현웅	㈜혜빈
①	2	3		②	5	2
③	2	5		④	3	5

TIP 영업레버리지도(DOL)

	㈜현웅	㈜혜빈
공헌이익	₩500,000	200,000
영업이익	÷100,000	÷100,000
DOL	5	2

⭐ **ANSWER** 11.②

07 의사결정회계

기출문제

의사결정(Decision making)이란 어떤 목적이나 목표를 가장 효과적으로 달성하기 위하여 여러 가지 선택 가능한 대안들 중에서 최적 대안을 선택하는 것이다.

SECTION 1 의사결정을 위한 원가의 분류

(1) 매몰원가

매몰원가는 의사결정시점 이전에 발생한 과거의 원가로서 현재 또는 미래의 의사결정시 고려할 필요가 없는 원가를 말한다.

(2) 관련원가

관련원가란 여러 대안 사이에 차이가 존재하는 미래원가로서 의사결정을 함에 있어서 직접적으로 관련되어 있기 때문에 의사결정시 고려해야 할 원가이다.

(3) 비관련원가

비관련원가는 여러 대안사이에 차이가 존재하지 않는 원가로서 의사결정을 하는데 있어서 고려할 필요가 없는 원가이다.

SECTION 2 의사결정접근방법

(1) 총액접근법

각 대안별로 관련원가뿐만 아니라 비관련원가도 고려하여 총수익과 총비용을 구한 후, 각 대안 중에서 가장 큰 이익을 나타내는 것을 선택하는 방법이다.

(2) 증분접근법

각 대안간에 차이가 발생하는 증분수익과 증분비용을 분석하여 이들이 순이익에 미치는 영향, 즉 증분이익을 구하고 이것이 0보다 크면 채택하고 적으면 기각하는 방법으로 차액분석법이라고도 한다.

- 증분수익 − 증분비용 > 0 → 채택
- 증분수익 − 증분비용 < 0 → 기각

기출문제 ▶ ·······························

SECTION 3 특별주문의 수락 또는 거절

기업이 다른 거래처나 고객으로부터 예상하지 못한 특별주문을 요청받는 경우가 있다. 이 경우 대부분 정상가격보다 낮은 가격을 요구하는데 관리자는 증분수익과 증분비용을 고려하여 의사결정하여야 한다. '유휴능력이 있는가? 없는가?, 있으면 대체적용도가 있는가? 없는가?, 또 기존거래처의 반응은 어떤가?' 등을 종합적으로 고려해야 한다.

- 증분수익 − (증분비용 + 다른기회비용) > 0 → 수락
- 증분수익 − (증분비용 + 다른기회비용) < 0 → 거절

SECTION 4 부품의 자가제조 또는 외부구입

부품의 자가제조 또는 외부구입의 의사결정시에는 외부구입할 경우 증분수익과 증분비용을 비교하여 증분이익을 구한 후 0보다 크면 외부에서 구입하고 0보다 작으면 자가제조하는 것이 유리하다. 이때 양적 정보뿐만 아니라 질적 정보도 고려해야 한다.

- 자가제조비용 − (외부구입비용 + 다른기회비용) > 0 → 외부구입이 유리
- 자가제조비용 − (외부구입비용 + 다른기회비용) < 0 → 외부제조가 유리

SECTION 5 대체가격결정

기업의 규모가 커지고 복잡해짐에 따라 경영을 분권화하는데 이러한 분권화의 대표적인 것이 사업부이다. 사업부간에 이루어지는 재화나 용역의 이전을 내부거래 또는 대체거래라 하고 이때 이전되는 재화나 용역의 가격을 대체가격 또는 이전가격이라 한다.

(1) 고려할 기준

① **목표일치성기준** … 기업전체의 이익과 자기사업부의 이익이 동시에 극대화되도록 결정한다.

② **성과평가 기준** … 각 사업부의 성과를 공정하게 평가할 수 있도록 결정한다.

③ **자율성 기준** … 자기사업부의 이익을 극대화 시킬 수 있도록 자율적으로 결정한다.

④ **공기관에 대한 재정관리기준** … 공기관에 의한 불리한 영향을 최소화하고, 유리한 영향을 최대화하도록 결정한다.

(2) 대체가격결정

① 공급사업부

　㉠ 유휴생산능력을 보유한 경우

$$\text{대체가격} = \text{단위당변동원가}$$

　㉡ 유휴생산능력을 보유하지 못한 경우

$$\text{대체가격} = \text{단위당변동원가} + (\text{단위당 판매가격} - \text{단위당변동원가})$$
$$= \text{단위당 판매가격}$$

② 구매사업부

　㉠ 외부시장이 없는 경우

$$\text{대체가격} = \text{최종판매가격} - \text{대체후 발생한 단위당원가}$$

　㉡ 외부시장이 있는 경우

$$\text{대체가격} = \text{Min}[①, ②]$$
① 외부구입가격
② 최종판매가격 − 대체후 발생한 단위당원가

団 대체가격결정

㈜현웅은 A사업부에서 생산한 부품 X를 B사업부에서 추가가공하여 최종제품을 생산하고 있다. 최종 제품의 판매가격은 ₩1,000원이며, B사업부에서 부품 X를 추가가공하는 과정에서 ₩500의 변동제조원가가 발생한다.
다음의 경우에 B사업부의 최대대체가격을 계산하시오.

㉠ B사업부가 부품 X를 외부에서 단위당 ₩300에 구입할 수 있는 경우
　최대대체가격 = Min[①, ②]
　① ₩300(외부구입가격)
　② ₩1,000 − ₩500(최종제품의 판매가격 − 추가가공비) = ₩500

㉡ B사업부가 부품 X를 외부에서 단위당 ₩700에 구입할 수 있는 경우
　최대대체가격 = Min[①, ②]
　① ₩700(외부구입가격)
　② ₩1,000 − ₩500(최종제품의 판매가격 − 추가가공비) = ₩500

SECTION 6 **자본예산**

(1) 투자안 선택과정

$$\text{투자대상 선택} \rightarrow \text{기대현금흐름 추정} \rightarrow \text{투자안 선택}$$

(2) 투자안 평가방법

① 회수기간법 … 투자에 소요된 투자액을 회수하는데 소요되는 기간을 구하여 투자안을 결정하는 기법이다.

$$\text{회수기간} = \frac{\text{증분현금유출액(투자금액)}}{\text{매년증분순현금유입액}}$$

ㄱ 장점 : 계산이 간단하고 이해하기가 쉽다.

ㄴ 단점 : 회수기간 이후의 현금흐름을 무시하고 화폐의 시간적 가치를 고려하지 않는다.

② **회계적 이익률법** … 신규투자로 인한 예상 순이익의 연평균 증가액을 최초투자액이나 평균투자액으로 나누어 투자안을 평가하는 기법이다.

$$회계적이익률 = \frac{순이익의\ 연평균증가액^{*}}{최초(또는평균)투자액^{**}}$$

* 순이익의 연평균증가액 = 연평균증분순현금흐름 − 연평균감가상각비

** 평균투자액 = $\dfrac{최초투자액 + 잔존가치}{2}$

ㄱ **장점**

• 수익성을 고려한다.

• 이해하기 쉽다.

• 감가상각비를 고려한다.

ㄴ 단점 : 화폐의 시간가치를 고려하지 않고 현금흐름이 아닌 회계적 이익에 초점이 있으므로 회계적 이익이 과대 계산되면 의사결정을 오도할 가능성이 있다.

예 자본예산

1. ㈜현웅은 ₩60,000의 새로운 기계를 구입하려고 한다. 이 기계의 내용연수는 4년이고 잔존가액은 없다. 이 기계는 매년 ₩50,000의 현금유입과 ₩30,000의 현금유출이 있으리라 예상된다. 이 투자안의 회수기간을 구하고 투자의사 결정시 기준이 되는 회수기간이 4년일 경우 투자여부를 결정하시오.

매년 순현금유입액 ₩50,000 − ₩30,000 = ₩20,000

회수기간 = $\dfrac{투자금액}{매년\ 증분순현금유입액} = \dfrac{₩60,000}{₩20,000} = 3년$

투자안의 회수기간이 회사가 설정한 회수기간인 4년보다 짧으므로 투자한다.

2. ㈜현웅은 ₩100,000원을 투자하면 매년 ₩40,000의 현금흐름이 발생하는 투자안이 있다. 잔존가액은 없고 내용연수는 5년이다. 회계적 이익률을 구하시오.

연평균감가상각비 (₩100,000 − 0) ÷ 5년 = ₩20,000

회계적 이익률 = $\dfrac{₩40,000 - ₩20,000}{₩100,000} = 20\%$

③ **순현재가치법** … 투자안을 순현재가치에 의하여 평가하는 방법

순현재가치 = 현금유입액의 현재가치 − 현금유출액의 현재가치

ㄱ **장점**

• 화폐의 시간가치를 고려하고 있다.

• 현금흐름을 기준으로 하며 가치의 합계원칙이 적용된다.

• 내부수익률법에 비해 계산이 쉽다.

• 자본비용으로 재투자한다는 가정이 내부수익률로 재투자한다고 가정하는 내부수익률법보다 더 현실적이다.

• 할인율의 조정을 통하여 위험에 대한 조정을 쉽게 할 수 있다.

ㄴ 단점 : 자본비용 결정이 어렵다.

④ **내부수익률법** … 현금유출의 현재가치와 현금유입의 현재가치를 일치시켜주는 즉, 투자의 순현재가치를 '0'으로 만드는 할인율을 내부수익률이라고 한다.

㉠ 장점 : 화폐의 시간가치와 수익성을 모두 고려하고 현금흐름을 평가기준으로 한다.

㉡ 단점
- 복수의 내부수익률이 존재할 수도 있고, 계산과정이 복잡하다.
- 투자규모를 고려하지 않으므로 상호배타적 투자안들 중 하나를 선택할 때 잘못된 결정을 할 수 있다.
- 투자로 인한 현금유입액이 투자기간 동안 내부수익률로 재투자되는 가정은 너무 낙관적이다.

✿ 순현재가치법과 내부수익률법의 상호비교

단일투자안을 평가할 때 순현재가치법과 내부수익률법은 동일한 결과를 가져오나, 각 투자안의 투자규모가 현저히 다르거나 투자안의 내용연수가 다른 경우 또는 각 투자안의 현금흐름의 양상이 현저히 다를 경우에는 조건에 따라 상반된 결과를 야기할 수 있다.

구분	순현재가치법	내부수익률법
유사점	현금흐름, 화폐의 시간차이, 수익성을 모두 고려한다.	
차이점	• 주어진 현금흐름과 할인율을 이용하므로 계산이 간단하다. • 투자액이 최저필수수익률(자본비용)로 재투자된다고 가정한다. • 계산결과인 순현재가치는 금액이며 순현재가치가 0보다 크면 투자안을 채택한다. • 합계원칙이 적용된다. NPV(A + B) = NPV(A) + NPV(B)	• 현금흐름이 불규칙할 경우 보간법 등을 이용해야 하므로 계산이 복잡하다. • 투자액이 내부수익률로 재투자된다고 가정한다. • 계산결과인 내부수익률은 비율이며 내부수익률이 자본비용보다 크면 투자안을 채택한다. • 합계원칙이 적용되지 않는다. IRR(A + B) ≠ IRR(A) + IRR(B)

SECTION 7 재고관리

(1) 개요

재고관리의 목표는 적절한 재고를 보유함으로써 재고와 관련된 비용을 최소화하는데 있다.

(2) 재고관련비용

① 재고유지비용 … 재고자산을 일정한 수준으로 유지하고 보관하는데 발생하는 원가로서 평균투자액에 비례하여 발생한다.

② 주문비용 … 필요한 재고를 주문하여 창고에 입고될 때까지 발생한 비용으로서 주문 횟수에 비례하여 발생한다.

기출문제 ▶

문. ㈜한국은 화재로 인하여 100개의 재고자산이 파손되었다. 파손된 재고자산은 ₩40,000에 처분하거나, 혹은 ₩20,000의 수선비를 지출하여 수선을 하면 ₩70,000에 처분할 수 있다. 그러나 ㈜한국의 생산부장은 위의 파손된 재고자산을 생산과정에 재투입하여 재가공하기로 하였다. ㈜한국의 파손된 재고자산의 재가공에 따른 기회비용은?

▶ 2010. 4. 10 행정안전부

① ₩70,000   ② ₩50,000
③ ₩40,000   ④ ₩20,000

☞ ②

③ **재고부족비용** … 충분한 양의 재고를 보유하지 못하는 경우 발생되는 기회비용(즉, 고객이 구매를 원하는 시기에 재고가 없어서 판매하지 못하는데 따른 기회비용), 재고관리비용과 재고량과의 관계를 살펴보면 재고유지비용의 경우 재고량이 증가(감소)할수록 증가(감소)하지만 주문비용이나 재고고갈로 인한 기회비용은 감소(증가)하게 된다. 따라서 재고관리모형에서는 이들 재고관리 비용들의 합계인 총재고관리비용이 가장 낮은 적정재고수준을 유지하는 것이 핵심적인 목표가 된다.

(3) 경제적 주문량(EOQ)

총주문비용과 총유지비용의 합이 최소가 되도록 한 번에 주문해야 하는 주문량을 말한다. EOQ모형을 쉽게 하기 위해서는 다음과 같은 가정이 필요하다.

① 분석기간 동안의 재고에 대한 수요량과 단위당 유지비용, 1회주문비용은 확실히 알 수 있고 일정하다.

② 재고는 주문과 동시에 조달된다. 즉 발주시점과 인도시점의 차이인 조달기간(lead time)이 0이며 재고부족비용은 발생하지 않는다.

③ 재고유지비용은 재고수준에 비례하며 재고자산의 단위당 구입가격은 구매량의 크기와 관계없이 일정하다.

$$EOQ = \sqrt{\frac{2 \cdot D \cdot O}{C}}$$

D : 연간총 수요량
O : 1회 주문비용
C : 재고 1단위당 유지비용
EOQ(Q) : 1회 주문량(경제적 주문량)

(4) 총재고관리원가(TC)

$$TC = 총주문비용\left(\frac{D}{Q}\right) \cdot O + 총재고유지비용\left(\frac{Q}{2}\right) \cdot C$$

(5) 재주문점(ROP)

재주문점이란 재고자산이 소모되어 새로이 주문해야 하는 재고수준을 말한다. 조달기간 동안의 재고사용량과 조달기간이 일정하다고 가정하면, 재주문점의 재고수준은 조달기간 동안의 재고사용량에 안전재고를 더하여 다음과 같이 계산한다.

$$ROP = L \cdot \frac{A}{n} + S$$

L : 조달기간
A : 연간총재고사용량
n : 연간작업일수
S : 안전재고

(6) ABC관리법

ABC관리법이란 재고자산의 품목이 매우 많을 경우 일일이 품목별로 EOQ모형에 의하여 관리한다면 비용이 과도하게 소요된다. 그러므로 재고의 중요도나 특성에 따라 다음과 같이 세 그룹으로 분류한 후 서로 다른 방법으로 재고자산을 관리하는 방법이다. 재고자산들을 위와 같이 분류하고 난 후 A그룹에 속하는 재고자산에 대해서는 매우 높은 주의를 기울여 집중적인 재고관리를 실시하고, B그룹에 속하는 재고자산에 대해서는 중간수준 정도의 주의를 기울여 재고관리를 실시하며, C그룹에 속하는 재고자산은 단순한 방법으로 재고관리를 수행한다.

① A그룹 … 금액적으로는 크지만 사용량이 적은 품목

② B그룹 … 금액적으로나 사용량이 중간에 속하는 품목

③ C그룹 … 금액적으로는 작지만 사용량이 많은 품목

> 예 재고관리
> ㈜혜빈의 재고와 관련된 자료는 다음과 같다. 회사가 매회 주문해야 할 경제적 주문량을 계산하시오.
>
> | | |
> |---|---|
> | • 연간부품수요량 | 5,000단위 |
> | • 부품의 단위당 구입원가 | ₩2,500 |
> | • 1회 주문비용 | ₩4,000 |
> | • 연간 재고유지비용 | 구입원가의 10% |
>
> ㉠ 경제적주문량(EOQ) $= \dfrac{\sqrt{2 \cdot D \cdot O}}{C}$
>
> $\qquad = \sqrt{\dfrac{2 \times 5,000개 \times ₩4,000}{₩2,500 \times 10\%}} = 400$단위
>
> ㉡ 회사의 연간작업일수는 250일, 정상조달기간은 30일이며 원재료 X의 연간사용량은 5,000단위, 안전재고는 200단위이다. 재주문점을 구하시오.
>
> $ROP = L \cdot \underset{\uparrow \text{안전재고}}{\dfrac{A}{n} + S} = 30일 \times \dfrac{5,000개}{250일} + 200개 = 800개$
>
> $\qquad\qquad\quad$ 조달기간
> $\qquad\qquad\quad$ 동안의
> $\qquad\qquad\quad$ 사용량

SECTION 8 적시생산시스템(JIT System)

일본의 토요타자동차회사가 최초로 개발하여 사용하였다. 필요한 부품을 필요한 수량만큼 원하는 시점에서 생산·공급함으로써 재고를 최소한으로 줄이기 위한 일환으로 시작된 생산 또는 재고관리시스템이다.

(1) JIT 시스템의 특징

① **수요에 의한 당기기식접근(pull approach)** ··· 과거의 전통적인 생산시스템에서는 제2공정의 요구량과 관계없이 제1공정에서 제2공정으로 밀어내는식(push approach)으로 생산을 함으로서 과잉재고와 이에 따른 비능률을 야기시켰다. JIT 생산시스템은 먼저 소비자의 수요가 파악되고 여기에 필요한만큼 제2공정이 제품생산계획을 하면 이에 따라 제2공정이 필요한만큼 제1공정이 재공품을 생산하게 된다. 즉, 먼저 수요가 파악되고 제품→재공품→원재료의 구입 순으로 제조활동이 이루어지는 것이다. 바로 이를 수요에 의한 당기기식 접근이라고 한다.

② **신뢰성있는 소수의 공급업자로 제한** ··· JIT 시스템에서는 적시에 적량의 원재료가 공급되어야 하므로 신뢰성있는 소수의 공급업자들과 장기적인 계약을 체결하여 상호협력적인 관계를 유지하는 것이 중요하다.

③ **전사적 품질관리와 소롯트생산** ··· JIT는 소수의 공손품(불량품)이 발생하여도 전공정의 작업이 중단되므로 이를 방지하기 위해서는 원재료, 재공품, 제품에 이르기까지 전혀 불량이 발생하지 않도록 하는 총괄적인 품질관리 체계를 갖추어야 한다.

④ 재고자산의 보유나 공손품의 재작업은 '비부가가치활동'으로 취급하여 불필요한 것으로 본다.

⑤ 작업자의 유연한 적응력(다기능공화)의 향상과 작업준비시간이 감소되었다.

⑥ **칸반시스템(Kanban System)** ··· 칸반시스템은 JIT 시스템에서 핵을 이루는 정보시스템으로 어떤 제품이 언제 얼마가 필요한지를 알려주는 역할을 한다.

(2) JIT 시스템의 장점

① 재고자산의 보유를 최소화함으로써 재고자산에 대한 투자나 진부화위험이 감소되며 재고의 저장공간이 줄어듦에 따라 공장 및 창고의 크기도 작아진다.

② 재료처리와 관련된 비용과 시간이 감소됨에 따라 생산소요시간이 단축되어 고객의 수요에 더 신속하게 대응할 수 있다.

③ 소롯트생산이 가능해진다.

④ 전사적 품질관리를 통하여 불량이나 이로 인한 재작업을 감소시킨다.

(3) JIT 시스템의 업적측정

JIT 시스템에서 사용되는 업적측정치로는 스루풋시간(Thtoughput time)이 있다. 이를 제조사이클시간이라고도 하는데, 원재료가 투입되어 완제품으로 전환되기 까지의 소요되는 시간을 말하다. 이런 스루풋시간에는 가공시간, 검사시간, 이동시간, 대기시간이 있는데 가공시간을 제외한 다른 시간들은 부가가치를 창출하지 않는 비부가가치시간이다.

(4) JIT 시스템이 원가계산제도에 미치는 영향

① 원가흐름의 가정이 불필요하고, 회계처리를 단순화하며, 완성품 환산량의 중요성의 감소 및 재고자산 평가가 단순화된다. 그리고 원재료계정과 재공품계정을 통합하여 재공원료라는 새로운 계정에 기록한다.

② 원가의 추적가능성 향상…JIT 시스템에서는 원재료나 부품의 구매, 처리, 보관 등의 활동이나 생산설비의 배치가 작업장별로 이루어진 후 각각의 제품에 사용되어지므로 이들과 관련된 원가가 각 제품의 직접비로 분류되어진다. 즉 추적가능성이 향상된다.

SECTION 9 책임회계

(1) 의의

관리자 개인을 중심으로 기업의 각 조직별로 권한과 책임을 부여하고 이들 각 책임중심점별로 성과평가를 하는 회계를 말한다. 대부분의 조직들이 판매부문이나 제조 및 생산부문 같은 하위조직으로 구성되어 있고 각 구성원들은 그 예산상의 계획과 목표를 달성하고자 많은 노력을 한다. 이를 위하여 한 사람의 경영관리자가 직접적인 권한이나 통제를 행사할 수 있는 조직단위를 설정하는 것이 필요한데, 이를 책임중심점이라고 하며 책임의 내용에 따라 원가중심점, 수익중심점, 이익중심정, 투자중심점으로 분류된다.

(2) 책임중심점의 종류

① 원가중심점(Cost center) … 원가의 발생에 대하여 책임을 지는 중심점으로 제품의 생산활동을 하는 제조부문이 여기에 해당한다.

② 수익중심점(Revenue center) … 재화 또는 용역의 판매활동 즉 매출액에 대하여 책임을 지는 중심점으로 판매활동을 하는 판매부문이 이에 해당된다. 수익중심점의 성과평가는 일반적으로 고정예산상의 매출액과 실제매출액의 비교로서 평가된다. 그러나 매출액만으로 성과를 평가하는 것은 적절하지 않다. 매출액만을 증가시키는 것은 다른 요소들의 부적합한 결과를 가져오기 때문이다.

③ 이익중심점(Profit center) … 수익(매출액)과 이에 대응되는 원가(변동매출원가) 모두에 대해서 책임을 지는 중심점이다. 수익과 원가 및 비용 모두에 대해서 책임을 지므로 이익중심점의 성과평가는 공헌이익을 기준으로 행하여 진다.

④ **투자중심점**(Investment) ··· 원가 및 비용과 수익뿐만이 아니라 그 책임중심점에 투자된 자산에 대해서도 책임을 지는 중심점이다. 기업의 규모는 커지고 있다. 또한 사회구조가 전문화될수록 가능한 경영을 분권화하여 몇 개의 사업부로 나누게 되는데 이 사업부가 투자중심점에 해당한다. 각각의 사업부는 생산 · 판매 · 관리 등과 같은 경영에 필요한 모든 기능을 독립적인 책임과 권한을 가지고 수행하며 각 사업부에 투자된 자산과 이익에 대해 책임을 지는 것이다. 투자중심점에 대한 성과평가는 그들이 관리하는 자산에서 창출한 투자수익률 또는 잔여이익의 측정을 통하여 이루어진다.

㉠ **투자수익률**(ROI) : 영업이익을 투자액으로 나눈 값으로 매출액이익률과 자산회전율의 곱으로도 나타낼 수 있다.

$$투자수익률 = \frac{영업이익}{투자액(영업자산)}$$
$$= \frac{영업이익}{매출액} \times \frac{매출액}{영업자산}$$
$$= 매출액이익률 \times 자산회전율$$

예 투자수익률

K · S호텔이 투자중심점으로 운영하고 있는 X사업부와 Y사업부의 당기자료는 다음과 같다.

	X 사업부	Y 사업부
영업자산	₩50,000	₩200,000
매출액	200,000	500,000
영업이익	20,000	40,000

1. 영업이익의 절대적 크기만 비교하면 어느 사업부의 성과가 더 높은가?
영업이익의 절대적 크기만을 비교한다면 Y사업부(₩40,000)의 성과가 X사업부(₩20,000)보다 높다.

2. 각 사업부의 투자수익률을 비교한다면 어느 사업부의 성과가 더 높은가?

X 사업부   Y 사업부

투자수익률 $\frac{₩20,000}{₩50,000} = 40\%$ > $\frac{₩40,000}{₩200,000} = 20\%$

㉡ **잔여이익**(RI) : 이익에서 투자액에 대한 자본비용을 차감한 금액이다.

$$잔여이익 = 영업이익 - 투자액(영업자산) \times 최저필수수익률(자본비용)$$

예 위의 예제에서 K · S호텔의 각사업부의 잔여이익을 구하시오. (단, K · S회사의 최저필수수익률은 10%이다)

X 사업부   Y 사업부

잔여이익   ₩20,000 − ₩50,000 × 10%   ₩40,000 − ₩200,000 × 10%
= ₩15,000   <   = ₩20,000

SECTION 10

선형계획법

(1) 의의

선형계획법이란 일차부등식으로 표시되는 여러 가지 제약조건하에서 특정한 목적(이익최대화, 비용최소화)을 달성하기 위해 희소한 자원을 배분하는 기법을 말한다. 일반적으로 제약조건이 없을 때는 단위당 공헌이익이 가장 큰 제품을 생산·판매하면된다. 제약조건이 하나일 때는 제약조건 단위당 공헌이익이 가장 큰 제품을 생산·판매하면 된다. 제약조건이 둘 이상일 때는 선형계획법을 이용하여 공헌이익이 가장 큰 제품의 조합을 생산·판매하면 된다. 선형계획법은 관리회계의 측면에서 보면 다음과 같은 문제를 해결하는데 도움을 준다.

① 2종류 이상의 제품을 생산하는 기업이 이익을 최대화하는 최적매출수량비율의 결정(이익최대화문제)

② 2가지 이상의 원재료를 투입하여 제품을 생산할 경우에 원가를 최소화하는 최적 투입배합의 결정(비용최소화문제)

(2) 도해법을 이용한 분석단계

① 1단계 ··· 목적함수(Z)를 대수식으로 표현한다. 목적함수란 회사가 달성하고자 하는 목표, 즉 이익의 최대화나 비용의 최소화를 수식으로 나타낸 것이다.

② 2단계 ··· 제약조건을 대수식으로 표현한다. 제약조건에는 직접노동시간, 기계시간 등이 있다. 의사결정 결과가 음수가 되면 비음조건이 추가된다.

③ 3단계 ··· 각각의 제약조건과 비음조건을 그래프에 표시한 후 이들을 동시에 만족시키는 실행가능영역을 그래프상에 표시한다.

④ 4단계 ··· 실행가능영역 중 목적함수 값을 최대화 또는 최소화시키는 최적해를 결정한다. 최적해는 반드시 꼭지점에 있다.

㉠ 최대화문제

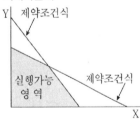

㉡ 최소화문제

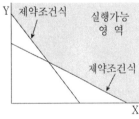

예 ㈜혜빈이 생산·판매하고 있는 제품 A와 B의 단위당 수익 및 원가관련자료는 다음과 같다.

기출문제

문. ㈜한국은 창원공장에서 두 가지 제품(G엔진, H엔진)을 생산하고 있다. 이 제품들에 대한 정보는 다음과 같다. 엔진의 생산은 조립부문과 검사부문을 거쳐서 완성된다. 하루 최대생산능력은 조립부문 600기계시간, 검사부문 120검사시간이고, 단기적으로 추가적인 생산능력의 확장은 불가능하다. 판매는 생산하는 대로 가능하다. G엔진 한 대를 만들기 위해서는 2기계시간과 1검사시간이 소요되고, H엔진은 5기계시간과 0.5검사시간이 소요된다. H엔진은 재료부족으로 인하여 하루에 110대로 생산이 제한된다. ㈜한국이 제한된 생산능력 하에서, 영업이익을 극대화하기 위해 하루에 생산해야 할 각 제품의 수량은?

▶ 2014. 4. 19 안전행정부

• 단위당 판매가격

G엔진	H엔진
₩8,000,000	₩10,000,000

• 단위당 변동원가

G엔진	H엔진
₩5,600,000	₩6,250,000

• 단위당 공헌이익

G엔진	H엔진
₩2,400,000	₩3,750,000

• 공헌이익률

G엔진	H엔진
30%	37.5%

① G엔진 25대, H엔진 110대
② G엔진 75대, H엔진 90대
③ G엔진 90대, H엔진 60대
④ G엔진 90대, H엔진 84대

정답 ②

	제품A	제품B
판 매 가 격	₩40	₩20
직 접 재 료 비	15	5
직 접 노 무 비	10	4
변동제조간접비	5	3
소 요 재 료	1kg	2kg
소 요 기 계 시 간	2시간	1시간

연간 사용가능한 재료는 120kg, 기계시간은 150시간으로 한정되어있다.
생산된 각 제품에 대한 시장수요가 무한하다고 할 때, 회사의 공헌이익을 극대화하기
위한 A와 B의 제품배합과 그때의 공헌이익을 구하라.

	제품A	제품B
단위당판매가격(P)	₩40	₩20
단위당변동비(V)	30	12
단위당공헌이익(UCM)	₩10	₩8

목적함수 : 최대화 $Z = 10A + 8B$
제약조건 $\begin{cases} A + 2B \leqq 120kg \\ 2A + B \leqq 150시간 \end{cases}$

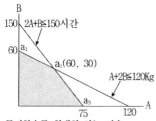

목적함수를 최대화 하는 점은

	제품배합(A, B)	공헌이익
a_1	(0, 60)	480
a_2	(60, 30)	840
a_3	(75, 0)	750

따라서, 회사의 공헌이익을 극대화하기 위한 A, B의 제품배합은 각각 60개, 30개이고
이때의 연간 공헌이익은 ₩840으로 최대이다.

1 다음 설명 중 옳지 않은 것은?

① 매몰원가는 과거의 의사결정으로부터 발생한 역사적 원가를 말한다.

② 관련원가는 여러 대안사이에 차이가 존재하는 미래원가를 말한다.

③ 비관련원가는 여러 대안 사이에 차이가 존재하지 않는 원가를 말한다.

④ 품질원가는 불량품이 현재에 발생할 가능성이 있거나 발생하였기 때문에 발생하는 원가를 말한다.

> **TIP** ④ 품질원가는 미래에 발생 가능성 때문에 발생하는 원가로서 예방원가, 평가원가, 내부실패원가, 외부실패원가로 구분한다.

※ ㈜현웅의 2016년도 경영성과는 다음과 같다. 물음에 답하시오. 【2~3】

매 출 액	200개 × @20 =	₩4,000
(−)변 동 비	200개 × @12 =	2,400
(−)공헌이익		1,600
고 정 비		600
영업이익		1,000

---

2 회사는 지금까지는 국내에만 판매를 했었지만 2017년부터 미국의 거래처로부터 50개를 @18에 구입하겠다는 특별주문을 받았다. 이를 수락하면 발송비가 개당 ₩1씩 추가 발생하고 고정판매관리비도 ₩50만큼 추가 소요된다. 이 특별주문을 수락해야 하거나 혹은 거절해야 한다면 얼마만큼의 이익이 발생하는가? (단, 회사의 연간 최대생산능력은 250개 이다)

① 수락한다, ₩200 이익 ② 거절한다, ₩300 손실

③ 수락한다, ₩100 이익 ④ 거절한다, ₩400 손실

> **TIP**
> 증분수익 : 매출증가   50개 × ₩18   = ₩900
> (−) 증분비용 ⎰ 변동비증가 50개 × (₩12 + ₩1) =   650
>   ⎱ 고정비증가   50
> 증분이익   ₩200 >0 (수락)

---

3 위의 문제와 다른 사항은 모두 동일하고, 특별주문을 수락하지 않을 경우 유휴설비를 ₩300에 임대할 수 있는 기회가 있다면 어떤 결정을 내려야 하나?

① 거절한다, ₩100 손실
② 수락한다, ₩100 이익
③ 거절한다, ₩200 손실
④ 수락한다, ₩200 이익

TIP

증분수익 : 매출증가　50개 × ₩18　　　= ₩900

(−) 증분비용 { 변동비증가 50개 × (₩12 + ₩1) =　650
　　　　　　　고정비증가　　　　　　　　　　　 50
　　　　　　　임대료포기분(기회비용)　　　　　 300

증분이익 (손실)　　　　　　　　　　　(₩100)　<0 (거절)

---

4 정수기를 제조·판매하는 육각수회사의 2016년 7월 중 필터 제조원가 자료는 다음과 같다. 최근에 전문필터제조회사에서 필터단위당 ₩380에 공급하겠다는 제의가 들어왔다. 이를 외부에서 구입할 경우 고정제조간접가 중 감독자 임금 ₩30,000은 회피가능한 원가이다. 만일 외부에서 구입할 경우 기존설비의 대체적 용도가 없다고 가정한다면 다음 중 올바른 의사결정은?

• 직접재료원가	₩50,000	• 변동제조간접원가	₩90,000
• 생산량	1,000개	• 직접노무원가	₩180,000
• 고정제조간접원가	₩150,000		

① 자가제조할 경우 원가가 ₩30,000만큼 증가하므로 외부구입하여야 한다.
② 외부구입할 경우 원가가 ₩30,000만큼 증가하므로 자가제조하여야 한다.
③ 외부구입할 경우 원가가 ₩50,000만큼 감소하므로 외부구입하여야 한다.
④ 자가제조할 경우 원가가 ₩50,000만큼 감소하므로 자가제조하여야 한다.

TIP 부품을 외부에서 구입하는 경우

Ⅰ. 증분수익(제조비용감소)
　직 접 재 료 비　　₩50,000
　직 접 노 무 비　　 180,000
　변동제조간접비　　 90,000
　감 독 자 급 료　　　30,000　₩350,000
Ⅱ. 증분비용
　외부구입비용 1,000개 × @380 =　₩380,000
Ⅲ. 증분이익(손실)　　　　　　　　　(₩30,000)(손실)

⭐ ANSWER　3.①　4.②

5 다음 중 대체가격 결정시 고려할 기준으로 옳지 않은 것은?

① 목표일치성기준　　　　　　　　② 수익우선기준
③ 성과평가기준　　　　　　　　　④ 자율성기준

🏅 **TIP** ② 수익우선기준은 존재하지 않고, 공기관에 대한 재정관리기준이 있다.

6 다음 중 자본예산의 분석기법에 대한 설명으로 옳지 않은 것은?

① 순현재가치가 0이 되게 하는 할인율을 내부수익률이라 한다.
② 회수기간법의 장점은 계산이 간단하고 이해하기 쉽다는데 있다.
③ 회수기간법과 회계적 이익률법은 화폐의 시간가치를 고려한다.
④ 순현재가치법의 장점은 가치의 합계원칙이 적용된다는 것이다.

🏅 **TIP** ③ 회수기간법과 회계적 이익률법은 화폐의 시간가치를 고려하지 않는 비할인모형이고 순현재가치법과 내부수익률법은 화폐의 시간가치를 고려하는 할인모형이다.

7 다음 중 어떤 부품을 자가제조하느냐 아니면 외부에서 구입하느냐 하는 의사결정시에 고려할 사항으로 옳지 않은 것은?

① 직접재료비　　　　　　　　　　② 직접노무비
③ 회피가능한 제조간접비　　　　　④ 고정제조간접비

🏅 **TIP** ④ 고정제조간접비는 자가제조시나 외부구입시 모두 발생하므로 고려 대상이 아니다.

8 ㈜현웅은 취득원가 ₩450,000, 감가상각누계액 ₩200,000인 포장용기계를 보유하고 있다. 만약 이 기계를 중고시장에 판매한다면 ₩250,000을 받을 수 있으며, 같은 성능과 종류의 중고기계를 중고시장에서 ₩310,000에 취득할 수 있다. 계속 이 기계를 사용한다면 기회비용을 측정하는데 적합한 금액은 얼마인가?

① ₩200,000　　　　　　　　　　② ₩250,000
③ ₩310,000　　　　　　　　　　④ ₩450,000

🏅 **TIP** 기회비용이란 재화·용역·생산설비를 특정용도 이외의 다른 대체적인 용도로 사용할 경우에 얻을 수 있는 최대 금액을 말한다. 이 기계를 계속 사용하는 용도 이외에 대체적인 용도는 중고시장에 판매하는 것으로 이때는 ₩250,000을 받을 수 있으므로 이 금액이 기회비용이 된다.

⭐ **ANSWER** 5.② 6.③ 7.④ 8.②

9 다음은 어느 것을 설명하고 있는가?

> 투자안의 내부수익률로 재투자된다고 가정하며 복수의 내부수익률이 존재할 수도 있으며 계산과 정이 복잡하다는 단점을 가진다.

① 회수기간법(PP) ② 내부수익률법(IRR)
③ 순현재가치법(NPV) ④ 회계적 이익률법(ARR)

🏅 **TIP** ② 내부수익률법은 기존투자안의 수익률과 재투자수익률이 동일하다는 가정을 한다.

10 다음은 순현재가치법과 내부수익률법에 대한 설명이다. 옳지 않은 것은?

① 두 방법 모두 현금흐름, 화폐의 시간가치, 수익성을 고려한다.
② 순현재가치법은 투자액이 최저필수수익률(자본비용)로 재투자된다고 가정한다.
③ 내부수익률법은 투자액이 내부수익률로 재투자된다고 가정한다.
④ 순현재가치법은 순현재가치가 자본비용보다 크면 투자안을 채택한다.

🏅 **TIP** ④ NPV법은 순현재가치가 0보다 크면 투자안을 채택한다.

11 재고관리모형 중 적시생산시스템(JIT)의 특징에 대한 설명으로 옳지 않은 것은?

① 수요에 의한 당기기식 접근법
② 전사적 품질관리와 소롯트생산
③ 재고자산의 보유나 공손품의 보수 등은 비부가가치 활동으로 취급
④ 유연화된 노동력과 작업준비시간의 증가

🏅 **TIP** ④ 모든 기계들을 능숙하게 다룰 수 있는 작업자가 필요하고 이에 따라 작업준비시간은 단축된다.

12 ㈜혜빈의 연간재고 사용량은 5,000단위이며, 1회 주문비용은 ₩4,000이고, 연간 재고유지비용은 구입원가의 10%이다. 이때 경제적 주문량(EOQ)과 총재고관리(TC)원가는 얼마인가? (단, 부품의 단위당 구입원가는 ₩2,500이다)

	EOQ	TC		EOQ	TC
①	350개	₩100,000	②	350개	₩120,000
③	400개	₩100,000	④	400개	₩120,000

🏅 **TIP** 경제적주문량(EOQ) : $\sqrt{\dfrac{2 \times 5,000 \times ₩4,000}{₩2,500 \times 10\%}} = 400$개

$$TC : \frac{5,000개}{400개} \times ₩4,000 + \frac{400개}{2} \times (2,500 \times 10\%) = ₩100,000$$

⭐ **ANSWER** 9.② 10.④ 11.④ 12.③

현대원가관리회계

기출문제 ▶

SECTION 1

전략적 원가관리회계

(1) 의의

오늘날 기업의 경쟁은 날로 치열해지고 있으며, 국제화되고 있다. 또한 고객들의 욕구는 다양해지고, 민감하게 반응을 하게 됨에 따라서 기업은 가장 낮은 원가로 혁신적인 제품과 서비스를 신속하게 출시를 해야만 한다. 전략적 관리란 기업이 설정한 목표를 달성하기 위하여 경영전략을 고안하는 과정을 의미한다. 기업의 원가회계시스템 또한 이를 보조하며, 적합한 정보를 제공해야 한다. 전통적인 원가계산제도는 제조과정중심주의를 지나치게 강조하여 제조에 관련된 원가정보만 제공하고 점점 중요성이 강조되고 있는 제조 이전 및 이후 단계에서 발생한 원가는 개별제품에 연결시키지 못하고 모두 기간비용으로 처리하고 있다.

(2) 전략적 원가관리의 기법

전략적 원가관리의 기본이 되는 체계적인 틀은 제품수명주기이며, 전략적 원가관리의 주요기법에는 목표원가계산, 카이젠원가계산, 제품수명주기원가계산 그리고 품질원가계산의 네가지가 있다.

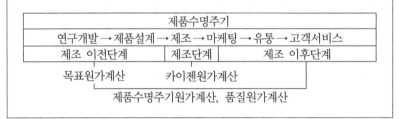

① **목표원가계산** … 연구개발과 설계단계에서의 원가절감에 초점

② **카이젠원가계산** … 제조단계에서의 원가절감에 초점

③ **제품수명주기원가계산** … 모든 단계에서의 원가를 계산하는데 초점

④ **품질원가계산** … 모든 단계에서 품질이 기업에 미치는 원가를 계산

SECTION 2 — 가치사슬

(1) 의의

기업이 제공하는 제품이나 서비스에 대해 가치를 부여하는 모든 기능들은 상호 관련되어 사슬을 형성하는데 이러한 기능들의 사슬을 가치사슬(value chain)이라 하며 특정제품이나 서비스와 관련하여 이러한 가치사슬상의 기능별 원가를 측정보고하는 것을 가치사슬원가계산이라 한다. 가치사슬을 그림으로 나타내면 다음과 같다.

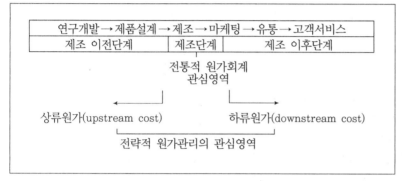

(2) 특징

가치사슬계산은 전략적 원가관리에 중요한 정보를 제공해 준다. 예를 들면, 기업들이 싼 인건비를 찾아 중국이나 동남아 등지로 이전하기로 하였다면 이는 단지 인건비의 저렴함만을 고려한 것이다. 그 밖의 상류원가 및 하류원가를 전혀 고려하지 않았기 때문에 어떤 기업은 외국인 노동자의 교육훈련비, 운송비 그리고 대고객 이미지 실추 등 각종 상·하류원가가 상승하여 인건비 절감보다 더 크게 되어 큰 손해를 볼 수 있다.

SECTION 3 — 제품수명주기 원가계산

(1) 의의

제품의 수명주기(product life cycle)는 제품이 고안된 시점부터 폐기되는 시점까지를 포함하여 제품이 존속하는 기간을 말한다. 제품수명주기 원가계산이란 각 제품의 수명주기동안 실제로 그 제품과 관련하여 발생한 모든 원가를 집계하는 것을 말한다.

(2) 유용성

① 개별제품과 관련된 모든 수익과 원가가 명확하게 가시적으로 나타난다. 경영자는 제품과 관련된 원가를 명확하게 알 수 있어, 분석대상이 되는 제품의 수명주기 단계별로 수익과 비용의 발생정도를 측정하여 제품의 수익성에 대한 합리적 예측이 가능하게 된다.

② 총원가 중에서 수명주기의 초기 단계에서 발생하는 원가가 차지하는 비율이 제품별로 다르다는 것을 잘 보여준다.

③ 원가들간에 상호관련성이 강조된다.

SECTION 4 목표원가계산

(1) 개념

목표원가계산은 제품수명주기가 짧고 불연속적 제조공정을 갖고 있는 제품에서 널리 사용되고 있는 관리회계기법이다. 생산단계에서 더 이상의 원가절감이 곤란해지자 이제는 생산이전단계에서 원가절감을 강조하는 목표원가계산을 사용하게 되었다. 목표원가계산은 단순한 원가만을 통제·관리하는 방법이 아니라 원가 및 이익을 동시에 통제·관리하는 종합적인 관리회계기법이다.

(2) 목표원가계산

목표원가계산이란 기업이 제조판매하는 제품에 대한 시장상황, 즉 시장의 수요나 경쟁자 등을 고려하여 전략적으로 설정하는 판매가격에서 제품단위당 요구되는 목표이익을 차감하여 목표원가를 구하는 절차를 말한다. 전통적인 원가가산가격결정이 수동적, 내부지향적, 회사지향적이라면 목표원가계산은 능동적, 외부지향적, 고객지향적 사고를 담고 있다.

> 전략적(목표)판매가격 − 단위당목표이익 = 목표원가

㈜현웅은 신제품을 개발할 예정이다. 시장조사결과 신제품의 예상판매량은 5,000단위, 목표가격은 ₩2,000으로 결정되었다. 회사의 목표이익률은 20%이다.
단위당 목표원가는 얼마인가? 그리고 목표원가 중 고정비가 ₩5,000,000으로 예상될 경우 단위당 변동비는 얼마인가?

목표가격	₩2,000	
목표이익	(400)	← ₩2,000 × 20%
목표원가	₩1,600	
단위당고정비	(1,000)	← $\dfrac{₩5,000,000}{5,000개}$
단위당변동비	₩600	

SECTION 5 카이젠(改善)원가계산

(1) 개념

카이젠이란 개선(改善)을 뜻하는 일본어로 가치사슬 중 제조과정에서 지속적인 원가절감을 위하여 일본에서 개발된 원가절감방법이다.

(2) 목표원가계산과의 차이 및 특징

카이젠원가계산은 원가절감을 목표로 하고 있다는 점에서 목표원가계산과 유사하지만 다음과 같은 차이가 있다. 목표원가계산은 연구개발, 설계와 같이 제조이전 단계의 원가절감을 강조하여 제품설계의 변경 등에 의한 대폭적이고 혁신적인 원가절감을 목표로 한다. 그러나 카이젠원가계산은 제품수명주기 중 제조단계의 원가절감을 강조하며 제조단계에서의 원가절감을 위해 커다란 변화를 일으킨다는 것은 어렵고도 비용이 많이 드는 일이므로 커다란 혁신을 통해서가 아니라 공정을 조금씩 점차적으로 개선함으로써 원가절감을 해 나가는 것을 목표로 한다.

1 다음 중 여러 가지 신원가개념의 명칭과 설명이 잘못 연결된 것은?

① 벤치마킹 – 세계적인 선도기업의 위치에 있는 기업과 자사를 계속적으로 비교하여 자사의 업무수준, 자사의 제품 및 용역의 수준을 측정하는 과정이다.

② 유연생산시스템(FMS) – 경제적 자원의 소비량이 다름에도 불구하고 최종원가 대상(제품, 서비스, 고객)에 동일한 원가를 배부하는 원가계산방식이다.

③ 그룹테크놀러지(GT) – 그룹으로 불리우는 조직단위가 필요한 생산시설을 갖추고 특정집합의 부품그룹을 책임지고 완성시키는 공장조직화의 한 방식이다.

④ 컴퓨터통합생산방식(CIM) – 물리적 생산활동을 지원하기 위해 필요한 자료, 정보의 처리와 분석, 생산활동의 기획, 통제에 중점을 두는 시스템이다.

TIP ② 유연생산시스템은 특정제품이 다른 제품의 생산으로 쉽게 전환되도록 프로그램될 수 있는 기계들의 집합을 말한다.

2 다음 중 '활동원가계층구조(activity cost hierarchy) 분류 – 해당원가의 예 – 원가동인(cost driver)'의 조합이 적절하지 않은 것은?

① 단위수준 활동원가 – 기계동력원가 – 기계작동시간

② 뱃치수준 활동원가 – 전수(제품전량) 검사원가 – 검사회수

③ 제품유지 활동원가 – 제품설계원가 – 제품의 종류 수

④ 뱃치수준 활동원가 – 기계작업준비원가 – 준비회수

TIP ② 전수(제품전량) 검사원가는 제품의 생산량에 비례하므로 단위수준 활동원가로 분류되어야 한다.

★ ANSWER 1.② 2.②

3 다음 중 활동기준회계(Activity-based Costing)가 추구하는 목적과 가장 거리가 먼 것은?

① 다양한 원가유발요인(cost driver)을 인식하여 적정한 가격결정에 이용한다.
② 제품별 또는 고객별로 보다 정확한 원가분석을 할 수 있다.
③ 직접재료원가 외에는 고정원가로 처리하고자 한다.
④ 제품별 또는 부문별 성과평가를 신뢰성있게 할 수 있다.

TIP ③ 제약이론에 대한 설명이다. 제약이론에서는 직접재료원가를 제외한 모든 운영비(노무비, 제조간접비, 판매관리비 등)를 고정비로 간주한다.

4 활동기준원가회계(Acrivity-based costing)란 각 활동의 대표적인 원가동인을 기준으로 원가를 배부하여 제품원가를 계산하는 시스템이다. 활동기준원가계산의 순서로 가장 적합한 것은?

㉠ 활동별 원가동인의 결정	㉡ 제품별 원가동인의 수 측정
㉢ 발생된 원가의 활동별 집계	㉣ 활동의 구분 및 그 수량의 결정
㉤ 활동별 원가배부율의 계산	㉥ 제품별 제조간접비의 배부

① ㉠ - ㉢ - ㉣ - ㉡ - ㉤ - ㉥
② ㉣ - ㉠ - ㉡ - ㉤ - ㉢ - ㉥
③ ㉣ - ㉢ - ㉠ - ㉤ - ㉡ - ㉥
④ ㉣ - ㉤ - ㉡ - ㉠ - ㉢ - ㉥

TIP 일반적으로 활동기준원가회계는 다음과 같은 절차로 행하여진다.
• 1단계 **활동분석** : 활동의 종류와 수, 활동의 원인과 성과를 규명하기 위하여 각 부문의 활동을 분석한다.
• 2단계 **활동별 원가집계** : 각 활동별로 제조간접원가를 집계한다.
• 3단계 **활동별 원가동인의 결정** : 각 활동을 유발시키는 원인이 되는 원가동인을 결정하는 과정이다.
• 4단계 **활동별 제조간접배부율의 산정** : 2단계에서 집계된 활동별 제조간접원가를 3단계에서 결정한 원가동인을 이용하여 원가동인 1단위당 제조간접원가를 계산한다.
• 5단계 **활동별 제조간접비의 원가대상 배부** : 4단계에서 계산한 활동별 제조간접비배부율을 이용하여 각 원가대상에 활동의 소비량에 해당하는 원가를 배분하여 제조간접원가배부액을 결정하고 활동원가계산을 한다.

⭐ **ANSWER** 3.③ 4.③

합격에 한 걸음 더 가까이!

2018년 9급 공무원 최신 기출 회계학 문제를 자세한 해설과 함께 수록하였습니다. 실전 대비 최종점검과 더불어 출제경향을 파악하도록 합니다.

최근기출문제분석

1 재무제표 표시에 대한 설명으로 옳은 것은?

① 재무상태표에 자산과 부채는 반드시 유동성 순서에 따라 표시하여야 한다.

② 정상적인 영업활동과 구분되는 거래나 사건에서 발생하는 것으로 그 성격이나 미래의 지속성에 차이가 나는 특별손익 항목은 포괄손익계산서에 구분해서 표시하여야 한다.

③ 부적절한 회계정책이라도 공시나 주석 또는 보충 자료를 통해 잘 설명된다면 정당화될 수 있다.

④ 재무제표 항목의 표시와 분류방법의 적절한 변경은 회계정책 변경에 해당된다.

> **TIP** ① 재무상태표에 자산과 부채는 유동성 순서, 유동·비유동 구분 그리고 혼합하여 표시하는 것이 인정된다.
> ② 수익과 비용의 어떤 항목도 특별손익 항목으로 표시할 수 없다.
> ③ 부적절한 회계정책은 공시나 주석 또는 보충자료를 통해서 정당화될 수 없다.

2 재무정보의 질적 특성에 대한 설명으로 옳지 않은 것은?

① 유용한 재무정보의 근본적 질적 특성은 목적적합성과 표현충실성이다.

② 재무정보에 예측가치, 확인가치 또는 이 둘 모두가 있다면 의사결정에 차이가 나도록 할 수 있다.

③ 검증가능성은 정보이용자가 항목 간의 유사점과 차이점을 식별하고 이해할 수 있게 하는 질적 특성이다.

④ 적시성은 의사결정에 영향을 미칠 수 있도록 의사결정자가 정보를 제때에 이용가능하게 하는 것을 의미한다.

> **TIP** ③ 비교가능성은 정보이용자가 항목 간의 유사점과 차이점을 식별하고 이해할 수 있게 하는 질적특성이다. 검증가능성은 정보가 나타내고자 하는 경제적 현상을 충실하게 표현하는지를 정보이용자가 확인하는데 도움을 주는 특성이다.

3 ㈜한국의 20×1년 재무상태 및 영업성과와 관련한 자료가 다음과 같을 때 기말부채는?

• 기초자산	₩500	• 총수익	₩200
• 기초부채	₩400	• 총비용	₩120
• 기말자산	₩700	• 유상증자	₩20
• 기말부채	₩ ?	• 주주에 대한 현금배당	₩50

① ₩500 ② ₩520

③ ₩550 ④ ₩570

TIP 자산 − 부채 = 자본이므로 기초자본은 100이다.

기초자본 + 총수익 − 총비용 + 유상증자 − 현금배당 = 기말자본

기말자본 = 100 + 200 − 120 + 20 − 50 = 150

기말부채 = 700 − 150 = 550

4 ㈜한국은 20×1년 10월 1일에 기계장치를 ₩1,200,000(내용연수 4년, 잔존가치 ₩200,000)에 취득하고 연수합계법을 적용하여 감가상각하고 있다. 20×2년말 포괄손익계산서와 재무상태표에 보고할 감가상각비와 감가상각누계액은? (단, 감가상각비는 월할 계산한다)

① 감가상각비 ₩375,000   감가상각누계액 ₩475,000

② 감가상각비 ₩375,000   감가상각누계액 ₩570,000

③ 감가상각비 ₩450,000   감가상각누계액 ₩475,000

④ 감가상각비 ₩450,000   감가상각누계액 ₩570,000

TIP 연수합계법이므로 1년차에는 $4/(1 + 2 + 3 + 4) = 0.4$, 2년차에는 $3/(1 + 2 + 3 + 4) = 0.3$ 만큼 상각된다.

감가상각비 = $(0.4 \times 9/12 + 0.3 \times 3/12) \times (1,200,000 - 200,000) = 375,000$

감가상각누계액 = $(0.4 + 0.3 \times 3/12) \times (1,200,000 - 200,000) = 475,000$

5 다음은 ㈜한국이 20×1년도 재무제표 작성 시 누락한 거래들이다. 이를 반영할 경우 20×1년도에 증가하는 당기순이익은?

• 토지 최초 재평가로 인한 기말 평가이익	₩30,000
• 사업결합과정에서 발생한 염가매수차익	₩15,000
• 공정가치모형 적용 투자부동산의 기말 평가이익	₩14,000
• 주식 취득 시 발생한 거래원가(단, 주식은 당기손익−공정가치 측정 금융자산으로 분류)	₩10,000

① ₩5,000   ② ₩19,000

③ ₩29,000   ④ ₩49,000

TIP 토지의 재평가로 인한 평가이익은 기타포괄손익 항목이므로 고려하지 않는다.

$15,000 + 14,000 - 10,000 = 19,000$

⭐ **ANSWER**   1.④   2.③   3.③   4.①   5.②

6 ㈜한국은 20×1년 초 기계를 ₩480,000(내용연수 5년, 잔존가치 ₩0, 정액법 상각)에 구입하고 원가모형을 채택하였다. 20×2년 말 그 기계에 손상징후가 있었으며, 이때 기계의 순공정가치는 ₩180,000, 사용가치는 ₩186,000으로 추정되었다. 20×3년 말 회수가능액이 ₩195,000으로 회복되었다면 옳지 않은 것은?

① 20×2년 말 손상차손 인식 전 장부금액은 ₩288,000이다.

② 20×2년 말 손상차손으로 인식할 금액은 ₩102,000이다.

③ 20×3년 말 감가상각비로 인식할 금액은 ₩62,000이다.

④ 20×3년 말 손상차손환입액으로 인식할 금액은 ₩71,000이다.

🎓**TIP** 20x2년 말 기계장치의 손상인식 전 장부금액 = 480,000 − 480,000/5 × 2 = 288,000

20x2년 말 손상 차손으로 인식할 금액 = 288,000 − 186,000 = 102,000

회수가능액 = MAX(사용가치, 순공정가치)

20x3년 말 감가상각비로 인식할 금액 = 102,000/3 = 34,000

20x3년 말 손상차손환입액으로 인식할 금액 = 192,000 − 124,000 = 68,000

손상차손의 환입은 손상이 인식하지 않았을 경우의 장부금액을 한도로만 수행이 가능하다.

7 ㈜한국은 종합원가계산을 사용하며 선입선출법을 적용한다. 제품은 제1공정을 거쳐 제2공정에서 최종 완성되며, 제2공정 관련 자료는 다음과 같다.

	물량단위(개)	가공비완성도
기초재공품	500	30%
전공정대체량	5,500	
당기완성량	?	
기말재공품	200	30%

제2공정에서 직접재료가 가공비완성도 50% 시점에서 투입된다면, 직접재료비와 가공비 당기작업량의 완성품환산량은? (단, 가공비는 공정 전반에 걸쳐서 균일하게 발생하며, 제조공정의 공손·감손은 없다)

	직접재료비 완성품환산량(개)	가공비 완성품환산량(개)
①	5,300	5,300
②	5,800	5,650
③	5,800	5,710
④	5,800	5,800

🎓**TIP** 직접재료비 완성품환산량 = 500 + 5,500 − 200 = 5,800

재료를 50% 시점에서 투입하므로 기초재공품은 500개 모두 인식하고 기말재공품 200개은 모두 인식하지 않는다.

가공비 완성품환산량 = 500 × 0.7 + 5,300 + 200 × 0.3 = 5,710

선입선출법이므로 기초재공품이 먼저 가공된다고 가정하므로 기초재공품은 350개로 인식하고 당기투입분 중 5,300개는 가공이 완료되지만 나머지 200개는 30% 만큼만 완성되므로 5,360개로 인식한다.

8 ㈜한국은 20×1년 초 ₩720,000에 구축물을 취득(내용연수 5년, 잔존가치 ₩20,000, 정액법 상각)하였으며, 내용연수 종료 시점에 이를 해체하여 원상복구해야 할 의무가 있다. 20×1년 초 복구비용의 현재가치는 ₩124,180으로 추정되며 이는 충당부채의 요건을 충족한다. 복구비용의 현재가치 계산에 적용한 할인율이 10%일 때 옳지 않은 것은? (단, 소수점 발생 시 소수점 아래 첫째자리에서 반올림한다)

① 20×1년 초 구축물의 취득원가는 ₩844,180이다.

② 20×1년 말 복구충당부채전입액(또는 이자비용)은 ₩12,418이다.

③ 20×1년 말 복구충당부채는 ₩136,598이다.

④ 20×1년 말 인식할 비용 총액은 ₩156,418이다.

🌸 **TIP** 20x1년말 구축물의 취득원가 = 720,000 + 124,180 = 844,180
20x1년말 복구충당부채전입액 = 124,180 × 10% = 12,418
20x1년말 복구충당부채 = 124,180 + 124,180 × 10% = 136,598
20x1년말 인식할 비용 총액 = 감가상각비 + 이자비용 = 164,836 + 12,418 = 177,254
164,836 = (844,180 − 20,000)/5

9 자본의 변동을 가져오는 거래는? (단, 제시된 거래 이외의 거래는 고려하지 않는다)

① 기계장치를 외상으로 구입하였다.

② 자기주식을 현금으로 구입하였다.

③ 미래에 제공할 용역의 대가를 미리 현금으로 받았다.

④ 외상으로 판매한 대금이 전액 회수되었다.

🌸 **TIP** 자기주식을 현금으로 구입하는 경우 자산이 감소하고 자본이 감소하므로 자본의 변동을 가져온다.
③④의 거래는 자산이 다른 자산으로 대체될 뿐 자본의 변동과는 무관하다.

10 ㈜한국은 표준원가계산을 사용하고 있다. 다음 자료를 근거로 한 직접노무원가의 능률차이는?

• 실제 직접노동시간	7,000시간
• 표준 직접노동시간	8,000시간
• 직접노무원가 임률차이	₩3,500(불리)
• 실제 노무원가 총액	₩24,500

① ₩3,000(유리)　　　　　② ₩3,000(불리)

③ ₩4,000(유리)　　　　　④ ₩4,000(불리)

🌸 **TIP**

$AP \times AQ$	$SP \times AQ$	$SP \times SQ$
24,500	$21,000 = 3 \times 7,000$	$24,000 = 3 \times 8,000$

능률차이 = 24,000 − 21,000 = 3,000(유리한 차이)

⭐ **ANSWER** 　6.④　7.③　8.④　9.②　10.①

11 「국가회계기준에 관한 규칙」에 대한 설명으로 옳은 것은?

① 회계처리와 재무제표 작성을 위한 계정과목과 금액은 그 중요성에 따라 실용적인 방법으로 결정하여야 한다.

② 자산항목과 부채 또는 순자산항목을 상계함으로써 그 전부 또는 일부를 재정상태표에서 제외할 수 있다.

③ 이 규칙에서 정하는 것 외의 사항에 대해서는 일반적으로 인정되는 회계원칙을 따를 수 있으나, 일반적으로 공정하고 타당하다고 인정되는 회계관습은 따르지 않는다.

④ 재무제표는 재정상태표, 재정운영표, 순자산변동표로 구성하되 재무제표에 대한 주석은 제외한다.

TIP ② 자산항목과 부채 또는 순자산항목을 상계함으로써 그 전부 또는 일부를 재정상태표에서 제외해서는 안 된다.
③ 이 규칙에서 정하는 것 외의 사항에 대해서는 일반적으로 인정되는 회계원칙을 따를 수 있으나, 일반적으로 공정하고 타당하다고 인정되는 회계관습을 따른다.
④ 재무제표는 재정상태표, 재정운영표, 순자산변동표 그리고 재무제표에 대한 주석으로 구성된다.

12 신설법인인 ㈜한국의 기말 제품재고는 1,000개, 기말 재공품 재고는 없다. 다음 자료를 근거로 변동원가계산 방법에 의한 공헌이익은?

• 판매량	4,000개
• 단위당 판매가격	₩1,000
• 생산량	5,000개
• 단위당 직접재료원가	₩300
• 단위당 직접노무원가	₩200
• 단위당 변동제조간접원가	₩100
• 총 고정제조간접비	₩1,000,000
• 단위당 변동판매관리비	₩150
• 총 고정판매관리비	₩800,000

① ₩1,000,000
② ₩1,250,000
③ ₩1,600,000
④ ₩2,000,000

TIP 매출액 = 4,000 × 1,000 = 4,000,000
제품 한 단위당 변동원가 = 300 + 200 + 100 + 150 = 750
총변동원가 = 4,000 × 750 = 3,000,000
공헌이익 = 1,000,000

13 ㈜한국은 20×1년 1월 1일 액면금액 ₩100,000, 만기 3년의 사채를 ₩92,410에 발행하였다. 사채의 연간 액면이자는 매년 말 지급되며 20×1년 12월 31일 사채의 장부금액은 ₩94,730이다. 사채의 연간 액면이자율을 추정한 것으로 가장 가까운 것은? (단, 사채발행 시 유효이자율은 9%이다)

① 5%   ② 6%

③ 7%   ④ 8%

🏆 **TIP** 20x1년말 사채의 이자비용 = 92,410 × 9% = 8,317
  94,730 = 92,410 + 8,317 - 액면이자
  액면이자 = 5997 = 6,000
  액면이자율 = 6%

14 신설법인인 ㈜한국의 당기순이익은 ₩805,000이며, 보통주 1주당 ₩200의 현금배당을 실시하였다. 유통 보통주식수는 1,000주(주당 액면금액 ₩500), 우선주식수는 500주(주당 액면금액 ₩100, 배당률 10%)이다. 보통주의 주당 시가를 ₩4,000이라 할 때 옳은 것은? (단, 적립금은 고려하지 않는다)

① 보통주의 기본주당순이익은 ₩805이다.

② 보통주의 주가수익비율은 20%이다.

③ 보통주의 배당수익률은 5%이다.

④ 배당성향은 20%이다.

🏆 **TIP** 보통주의 기본주당순이익 = (805,000 - 500 × 100 × 10%)/1,000주 = 800
  보통주의 주가수익비율(PER) = 4,000/800 = 5%
  보통주의 배당수익률 = 200/4,000 = 5%
  배당성향 = 총배당액/당기순이익 = (1,000 × 200 + 500 × 100 × 10%)/805,000 = 25.47%

15 ㈜한국의 20×1년 제품 단위당 변동원가는 ₩600, 연간 고정원가는 ₩190,000이다. 국내시장에서 단위당 ₩1,000에 300개를 판매할 계획이며, 남은 제품은 해외시장에서 ₩950에 판매가능하다. 20×1년 손익분기점 판매량은? (단, 해외시장에 판매하더라도 제품단위당 변동원가는 동일하며 해외판매는 국내수요에 영향을 주지 않는다)

① 500개   ② 950개

③ 1,050개   ④ 1,100개

🏆 **TIP** 국내시장에서의 제품 한 단위당 공헌이익 = 1,000 - 600 = 400
  해외시장에서의 제품 한 단위당 공헌이익 = 950 - 600 = 350
  국내시장에서 300개를 판매한 경우의 총공헌이익 = 120,000
  해외시장에서 얻어야 되는 공헌이익 = 190,000 - 120,000 = 70,000
  해외시장에서의 손익분기점 판매량 = 70,000/350 = 200개
  손익분기점 판매량 = 300(국내) + 200(해외) = 500개

⭐ **ANSWER**   11.①   12.①   13.②   14.③   15.①

16 지방자치단체 수익에 대한 설명으로 옳지 않은 것은?

① 지방자치단체가 과세권을 바탕으로 징수하는 세금은 자체조달수익으로 분류한다.

② 지방자치단체가 기부채납방식으로 자산을 기부받는 경우 기부시점에 수익으로 인식한다.

③ 회계실체가 국가 또는 다른 지방자치단체로부터 이전받은 수익은 정부간이전수익으로 분류한다.

④ 교환거래로 생긴 수익은 수익창출이 끝나고 그 금액을 합리적으로 측정할 수 있을 때에 인식한다.

TIP ② 지방자치단체가 기부채납방식으로 자산을 기부받는 경우 수익으로 인식하지 않고 재정상태표상의 순자산의 증가로 표시한다.

17 다음 자료를 이용하여 국가회계실체인 A부의 재정상태표에 표시할 자산의 장부가액은?

- 국가회계실체인 B부가 ₩200,000,000으로 계상하고 있던 토지를 관리전환 받아 공정가액 ₩300,000,000을 지급하고 취득함
- 국가 외의 상대방으로부터 공정가액 ₩1,000,000,000인 건물을 무상으로 기부 받고 동시에 건물에 대하여 10년에 걸쳐 사용수익권 ₩500,000,000을 기부자에게 제공하기로 함
- 공정가액 ₩700,000,000인 무주토지를 발굴하여 자산에 등재함

① ₩1,400,000,000

② ₩1,500,000,000

③ ₩2,000,000,000

④ ₩2,500,000,000

TIP
- 관리전환 자산의 취득은 공정가치로 인식한다.
- 기부채납을 받은 경우에는 공정가액에서 기부자에게 제공한 사용수익권의 가치만큼을 차감한 금액을 자산의 장부가액으로 인식한다.
- 무주토지의 발굴은 공정가치로 인식한다.

자산의 장부가액 = 300,000,000 + (1,000,000,000 − 500,000,000) + 700,000,000 = 1,500,000,000

18 ㈜한국은 20×1년 1월 1일 영업을 시작하였으며, 20×2년 말 현재 자본금 계정은 다음과 같다.

• 보통주(주당액면가액 ₩5,000, 발행주식수 80주)	₩400,000
• 우선주A(배당률 10%, 비누적적 · 비참가적 ; 주당액면가액 ₩5,000, 발행주식수 40주)	₩200,000
• 우선주B(배당률 5%, 누적적 · 완전참가적 ; 주당액면가액 ₩5,000, 발행주식수 80주)	₩400,000

모든 주식은 영업개시와 동시에 발행하였으며, 그 이후 아직 배당을 한 적이 없다. 20×3년 초 ₩100,000의 배당을 선언하였다면 배당금 배분과 관련하여 옳은 것은?

① 보통주 소유주에게 배당금 ₩20,000 지급

② 보통주 소유주에게 배당금 우선 지급 후 우선주A 소유주에게 배당금 지급

③ 우선주A 소유주에게 배당금 ₩30,000 지급

④ 우선주B 소유주에게 배당금 ₩50,000 지급

TIP 우선주A가 받을 배당금은 비누적적이고 비참가적이므로 20x2년에 대한 배당금만 고려한다.

$5,000 \times 10\% \times 40주 = 20,000$

우선주B가 받을 배당금은 누적적이고 완전참가적이므로 20x1년에 대한 배당금을 우선적으로 고려하고 완전참가분에 대한 배당금을 고려한다.

20x1년에 대한 배당금 $= 5,000 \times 5\% \times 80주 = 20,000$

20x2년 완전참가분 고려한 배당금 $= (100,000 - 20,000 - 20,000) \times (5,000 \times 80주)/(5,000 \times 80주 + 5,000 \times 80주) = 30,000$

우선주B가 받을 총배당금 $= 30,000 + 20,000 = 50,000$

보통주가 받을 배당금 $= (100,000 - 20,000 - 20,000) \times (5,000 \times 80주)/(5,000 \times 80주 + 5,000 \times 80주) = 30,000$

19 ㈜한국은 원가기준 소매재고법을 사용하고 있으며, 원가흐름은 선입선출법을 가정하고 있다. 다음 자료를 근거로 한 기말 재고자산 원가는?

구분	원가	판매가
기초재고	₩1,200	₩3,000
당기매입액	₩14,900	₩19,900
매출액		₩20,000
인상액		₩270
인상취소액		₩50
인하액		₩180
인하취소액		₩60
종업원할인		₩200

① ₩1,890
② ₩1,960
③ ₩2,086
④ ₩2,235

TIP 선입선출법을 가정하여 소매재고법을 사용하므로 기초재고는 고려할 필요가 없다.

원가기준 당기매입액 $= 14,900$

가격의 인상과 인하는 매입액 계산 시 고려할 항목이고 종업원할인은 매출과 관련된 항목이다.

매가기준 당기매입액 $= 19,900 + 270 - 50 - 180 + 60 = 20,000$

원가율 $= 14,900/20,000 = 0.745$

매가기준 기말재고액 $=$ 기초재고 + 당기매입 - 매출액

$= 3,000 + 19,900 + 270 - 50 - 180 + 60 - (20,000 + 200) = 2,800$

기말재고의 원가 $= 2,800 \times 0.745 = 2,086$

⭐ **ANSWER** 16.② 17.② 18.④ 19.③

20 ㈜한국은 20×1년 10월 1일 ₩100,000의 정부보조금을 받아 ₩1,000,000의 설비자산을 취득(내용연수 5년, 잔존가치 ₩0, 정액법 상각)하였다. 정부보조금은 설비자산을 6개월 이상 사용한다면 정부에 상환할 의무가 없다. 20×3년 4월 1일 동 자산을 ₩620,000에 처분한다면 이때 처분손익은? (단, 원가모형을 적용하며 손상차손은 없는 것으로 가정한다)

① 처분손실 ₩10,000

② 처분이익 ₩10,000

③ 처분손실 ₩80,000

④ 처분이익 ₩80,000

TIP 6개월 이상 사용하고 처분하였기 때문에 상환의무가 없으므로 상환의무가 없는 경우와 동일한 방식으로 문제를 풀이하면 된다.

처분시점의 설비자산의 장부금액 = (1,000,000 − 100,000) − (1,000,000 − 100,000) × 18개월/60개월

= 630,000

처분손익 = 620,000 − 630,000 = − 10,000

처분손실 10,000원 발생

1 ㈜구봉은 20×1년 1월 1일에 생산용 기계 1대를 ₩100,000에 구입하였다. 이 기계의 내용연수는 4년, 잔존가액은 ₩20,000으로 추정되었으며 정액법에 의해 감가상각하고 있었다. ㈜구봉은 20×3년도 초에 동 기계의 성능을 현저히 개선하여 사용할 수 있게 하는 대규모의 수선을 시행하여 ₩16,000을 지출하였다. 동 수선으로 내용연수는 2년이 연장되었으나 잔존가치는 변동이 없을 것으로 추정된다. 이 기계와 관련하여 20×3년도에 인식될 감가상각비는?

① ₩28,000   ② ₩24,000

③ ₩20,000   ④ ₩14,000

TIP 20x2년 말까지 매년 인식할 감가상각비 = (100,000 − 20,000)/4 = 20,000

20x2년 말의 기계장치의 장부가액 = 100,000 − 20,000 × 2 = 60,000

수선비 지출로 인해서 기계의 성능이 개선되고 내용연수가 연장되었으므로 수선비 16,000은 기계장치의 원가에 가산한다.

20x3년에 인식할 기계장치의 감가상각비 = (60,000 + 16,000 − 20,000)/(4 − 2 + 2) = 14,000

2 ㈜한국의 매출채권회전율은 8회이고 재고자산회전율은 10회이다. 다음 자료를 이용한 ㈜한국의 매출총이익은? (단, 재고자산회전율은 매출원가를 기준으로 한다)

과목	기초	기말
매출채권	₩10,000	₩20,000
재고자산	₩8,000	₩12,000

① ₩20,000   ② ₩16,000

③ ₩13,000   ④ ₩12,000

TIP 평균매출채권 = 15,000

매출채권회전율 = 매출액/평균매출채권

매출액 = 15,000 × 8 = 120,000

평균재고자산 = 10,000

재고자산회전율 = 매출원가/평균재고자산

매출원가 = 10,000 × 10 = 100,000

매출총이익 = 120,000 − 100,000 = 20,000

ANSWER 20.① / 1.④ 2.①

3 「지방자치단체 회계기준에 관한 규칙」에 대한 설명으로 옳지 않은 것은?

① 재무제표는 재정상태표, 재정운영표, 현금흐름표, 순자산변동표, 주석으로 구성된다.

② 재무제표는 일반회계, 기타특별회계, 기금회계 및 지방공기업특별회계의 유형별 재무제표를 통합하여 작성한다. 이 경우 내부거래는 상계하지 않는다.

③ 재무제표는 당해 회계연도분과 직전 회계연도분을 비교하는 형식으로 작성한다.

④ 회계실체는 그 활동의 성격에 따라 행정형 회계실체와 사업형 회계실체로 구분할 수 있다.

TIP ② 재무제표는 일반회계, 기타특별회계, 기금회계 및 지방공기업특별회계의 유형별 재무제표를 통합하여 작성하는데 이 경우 내부거래는 상계하여 표시한다.

4 서울상사의 가전 사업부는 투자중심점으로 운영되고 투자수익률에 근거하여 성과를 평가하는데, 목표 투자수익률은 20%이다. 가전 사업부의 연간 생산 및 판매에 대한 예상 자료는 다음과 같다.

구분	금액
고정원가	₩60,000,000
생산 단위당 변동원가	₩3,000
생산 및 판매 대수	40,000대
평균총자산	₩100,000,000

목표 투자수익률을 달성하기 위한 가전 사업부의 제품 단위당 최소판매가격은? (단, 기초재고는 없으며 투자수익률은 평균총자산을 기준으로 한다)

① ₩3,500   ② ₩4,000

③ ₩4,500   ④ ₩5,000

TIP 투자수익률 20%를 달성하기 위한 이익 = 100,000,000 × 20% = 20,000,000
목표공헌이익 = 20,000,000 + 60,000,000 = 80,000,000
변동원가 = 3,000 × 40,000대 = 120,000,000
목표매출액 = 120,000,000 + 80,000,000 = 200,000,000
최소판매가격 = 200,000,000/40,000대 = 5,000

5 ㈜한국은 단일의 생산공장에서 단일 제품을 생산하고 있다. 회계연도말에 원가를 계산하면서 기말재공품에 대한 완성도를 실제보다 30% 낮게 평가하여 계산하였다. 재공품 완성도의 오류가 결산재무제표에 미치는 영향으로 옳지 않은 것은? (단, 당기 생산 제품은 모두 판매되었고, 기말제품재고액은 없다)

① 영업이익의 과소계상

② 매출원가의 과소계상

③ 기말재공품의 과소계상

④ 이익잉여금의 과소계상

TIP 기말재공품이 과소평가 되었기 때문에 당기제품제조원가가 과대평가되었다. 이로 인해서 매출원가는 과대계상되었다.

6 재고자산의 회계처리에 대한 설명으로 옳지 않은 것은?

① 재고자산의 취득 시 구매자가 인수운임, 하역비, 운송기간 동안의 보험료 등을 지불하였다면, 이는 구매자의 재고자산의 취득원가에 포함된다.

② 위탁상품은 수탁기업의 판매시점에서 위탁기업이 수익으로 인식한다.

③ 재고자산의 매입단가가 지속적으로 하락하는 경우, 선입선출법을 적용하였을 경우의 매출총이익이 평균법을 적용하였을 경우의 매출총이익보다 더 높게 보고된다.

④ 재고자산의 매입단가가 지속적으로 상승하는 경우, 계속기록법하에서 선입선출법을 사용할 경우와 실지재고조사법하에서 선입선출법을 사용할 경우의 매출원가는 동일하다.

TIP 재고자산의 매입단가가 지속적으로 하락하는 경우 선입선출법을 적용하는 경우의 기말재고자산 평가액이 평균법적용 시의 평가액보다 크기 때문에 선입선출법 적용 시의 매출원가가 더 크게 된다.
선입선출법 적용 시의 매출총이익이 평균법 적용 시보다 작게 보고된다.

7 ㈜대한은 20×1년 1월 1일 컴퓨터 A를 취득하였다.(취득원가 ₩2,100,000, 잔존가치 ₩100,000, 내용연수 5년, 정액법 상각) 20×3년 1월 1일 ㈜대한은 사용하고 있는 컴퓨터 A를 ㈜민국의 신형 컴퓨터 B와 교환하면서 현금 ₩1,500,000을 추가로 지급하였다. 교환 당시 컴퓨터 A의 공정가치는 ₩1,325,450이며, 이 교환은 상업적 실질이 있다. ㈜대한이 인식할 유형자산처분손익은?

① 처분손실 ₩25,450
② 처분이익 ₩25,450
③ 처분손실 ₩65,450
④ 처분이익 ₩65,450

TIP 해당거래의 분개

(차) 컴퓨터B	2,825,450	(대) 컴퓨터A	2,100,000
컴퓨터A 감가상각누계액	800,000	현금	1,500,000
		처분이익	25,450

8 무형자산에 대한 설명으로 옳은 것은?

① 무형자산은 유형자산과 달리 재평가모형을 사용할 수 없다.

② 라이선스는 특정 기술이나 지식을 일정지역 내에서 이용하기로 한 권리를 말하며, 취득원가로 인식하고 일정기간 동안 상각한다.

③ 내부적으로 창출한 상호, 상표와 같은 브랜드 네임은 그 경제적 가치를 측정하여 재무제표에 자산으로 기록하여 상각한다.

④ 영업권은 내용연수가 비한정이므로 상각하지 않는다.

TIP ① 무형자산은 재평가모형을 사용할 수 있다.
② 라이선스는 특정 기술이나 지식을 특정 기간 동안 이용하기로 한 권리를 말한다.
③ 내부적으로 창출한 상호, 상표와 같은 브랜드 네임은 무형자산으로 인식할 수 없다.

ANSWER 3.② 4.④ 5.② 6.③ 7.② 8.④

9 「국가회계기준에 관한 규칙」상 수익의 인식기준에 대한 설명으로 옳지 않은 것은?

① 신고·납부하는 방식의 국세는 납세의무자가 세액을 자진 신고하는 때 수익으로 인식한다.

② 정부가 부과하는 방식의 국세는 국가가 고지하는 때 수익으로 인식한다.

③ 연부연납(年賦延納) 또는 분납이 가능한 국세는 세금이 징수되는 시점에 분납되는 세액을 수익으로 인식한다.

④ 원천징수하는 국세는 원천징수의무자가 원천징수한 금액을 신고·납부하는 때에 수익으로 인식한다.

TIP 연부연납 또는 분납이 가능한 국세는 징수할 세액이 확정된 때에 그 납부할 세액 전체를 수익으로 인식한다.

10 ㈜한국의 2017년 수정전시산표와 결산수정사항을 근거로 재무상태표에 공시될 자본은?

〈2017년 수정전시산표〉

현금	₩15,000	매입채무	₩3,000
매출채권	₩5,000	미지급금	?
재고자산	₩3,500	단기차입금	₩25,000
토지	₩10,000	감가상각누계액	?
건물	₩50,000	자본금	₩10,000
소모품	₩1,500	이익잉여금	₩21,000
매출원가	₩2,500	매출	₩18,000
보험료	₩500		
급여	₩1,000		
합 계	₩89,000	합 계	₩89,000

〈결산수정사항〉
- 광고선전비 ₩1,000이 발생하였으나 결산일 현재 지급하지 않았다.
- 결산일 현재 소모품 잔액은 ₩500이다.
- 건물은 2016년 7월 1일 취득하였으며 취득가액 ₩50,000, 내용연수 4년, 잔존가치 ₩10,000, 연수합계법을 적용하여 월할 감가상각한다.
- 토지는 2017년 중 취득하였으며 2017년 결산 시 공정가치모형을 적용한다. 2017년 말 공정가치는 ₩7,000이다.
- 단기차입 조건은 무이자 조건이며, 매출채권에 대한 대손충당금은 고려하지 않는다.

① ₩5,000

② ₩22,500

③ ₩26,000

④ ₩29,000

(차) 광고선전비	1,000	(대) 미지급비용	1,000
소모품비	1,000	소모품	1,000
감가상각비	14,000	감가상각누계액	14,000
토지평가손실	3,000	토지	3,000

2017년의 감가상각비 = $(50,000 - 10,000) \times (0.4 \times 6/12 + 0.3 \times 6/12) = 14,000$

기말수정분개를 모두 고려한 경우의 당기순이익 = $18,000 - 2,500 - 500 - 1,000 - 1,000 - 1,000 - 14,000$
$$- 3,000 = -5000$$

기말자본 = 자본금 + 기초이익잉여금 + 당기순이익 = $10,000 + 21,000 - 5,000 = 26,000$

11 다음 A~C의 세 가지 거래는 독립적인 거래이다. ㉠~㉢의 금액을 옳게 짝 지은 것은? (단, 제시된 자료 외의 자본거래는 없다)

거래	기초자산	기초부채	기말부채	기말자본	총수익	총비용	배당금
A	㉠	₩3,000	₩8,000	₩9,000	₩9,000	₩10,000	₩2,000
B	₩15,000	₩9,000	₩10,000	㉡	₩10,000	₩7,000	₩3,000
C	₩20,000	₩15,000	₩9,000	₩7,000	㉢	₩8,000	₩4,000

	㉠	㉡	㉢
①	₩12,000	₩5,000	₩12,000
②	₩12,000	₩6,000	₩12,000
③	₩15,000	₩5,000	₩14,000
④	₩15,000	₩6,000	₩14,000

TIP 기초자본 + 당기순이익 − 배당금 = 기말자본을 이용하여 풀이한다.
거래A : 기초자본 − 1,000 − 2,000 = 9,000이므로 기초자본 = 12,000이다.
그러므로 기초자산은 15,000이다.
거래B : 6,000 + 3,000 − 3,000 = 기말자본이므로 기말자본 = 6,000이다.
거래C : 5,000 + 당기순이익 − 4,000 = 7,000이므로 당기순이익 = 6,000이다.
그러므로 총수익은 14,000이다.

12 재무정보의 질적 특성 중 중요성에 대한 설명으로 옳은 것은?

① 근본적 질적 특성인 표현충실성을 갖추기 위한 요소이다.
② 인식을 위한 최소요건으로 정보이용자가 항목 간의 유사점과 차이점을 식별할 수 있게 한다.
③ 의사결정에 영향을 미칠 수 있도록 정보이용자가 정보를 적시에 이용 가능하게 하는 것을 의미한다.
④ 기업마다 다를 수 있기 때문에 기업 특유의 측면을 고려해야 한다.

TIP ① 근본적 질적 특성인 목적적합성을 갖추기 위한 요소이다.
② 비교가능성에 대한 설명이다.
③ 적시성에 대한 설명이다.

13 제품 100개를 생산할 때 총직접노동시간은 500시간이 걸릴 것으로 추정하고 있으며 표준임률은 시간당 ₩200이다. 당기실제생산량은 120개였고 실제작업시간은 600시간이었다. 당기에 ₩15,000의 불리한 임률차이가 발생하였다면, 실제임률은?

① ₩225   ② ₩205
③ ₩195   ④ ₩175

TIP $AP \times AQ = AP \times 600$ $SP \times AQ = 200 \times 600 = 120,000$
불리한 차이 15,000이 발생하였으므로 $AP \times 600 = 135,000$
실제임률 $= 225$

14 경비용역을 제공하는 ㈜공무는 20×5년에 경비용역수익과 관련하여 현금 ₩1,000,000을 수령하였다. 경비용역 제공과 관련한 계정 잔액이 다음과 같을 때, ㈜공무의 20×5년 포괄손익계산서상 경비용역수익은? (단, 경비용역수익과 관련된 다른 거래는 없다)

	20×5년 1월 1일	20×5년 12월 31일
미수용역수익	₩700,000	₩800,000
선수용역수익	₩500,000	₩400,000

① ₩800,000
② ₩1,000,000
③ ₩1,100,000
④ ₩1,200,000

TIP 현금흐름을 이용하여 풀이
경비용역 관련 현금흐름 = 경비용역 관련 수익 − 자산의 증가액 + 부채증가액
$1,000,000 = 경비용역수익 - (800,000 - 700,000) + (400,000 - 500,000)$
경비용역수익 $= 1,200,000$

15 ㈜한국은 2016년 4월 1일에 ㈜대한의 의결권 있는 주식 25%를 ₩1,000,000에 취득하였다. 취득 당시 ㈜대한의 자산과 부채의 공정가치는 각각 ₩15,000,000, ₩12,000,000이다. ㈜대한은 2016년 당기순이익으로 ₩600,000을 보고하였으며 2017년 3월 1일에 ₩200,000의 현금배당을 지급하였다. 2017년 9월 1일에 ㈜한국은 ㈜대한의 주식 전부를 ₩930,000에 처분하였다. 위의 관계기업투자에 대한 설명으로 옳은 것은?

① ㈜대한의 순자산 공정가치는 ₩3,000,000이므로 ㈜한국은 ㈜대한의 주식 취득 시 ₩250,000의 영업권을 별도로 기록한다.

② ㈜대한의 2016년 당기순이익은 ㈜한국의 관계기업투자 장부금액을 ₩150,000만큼 증가시킨다.

③ ㈜대한의 현금배당은 ㈜한국의 당기순이익을 ₩50,000만큼 증가시킨다.

④ ㈜한국의 관계기업투자 처분손실은 ₩70,000이다.

TIP ① 관계기업투자주식의 취득은 영업권을 별도로 인식하지 않는다.
② ㈜대한의 당기순이익은 관계기업주식을 150,000만큼 증가시킨다.
   600,000 × 25% = 150,000
③ 현금배당과 관련한 분개
   (차) 현금   75,000   (대) 관계기업투자주식   50,000
④ 처분 시의 관계기업주식의 장부금액 = 1,000,000 + 150,000 − 50,000 = 1,100,000
   처분손실 = 1,100,000 − 930,000 = 170,000

16 ㈜한국의 20×6년 12월 31일에 당좌예금 장부상 잔액이 ₩37,500이었고, 당좌예금과 관련된 다음의 사건이 확인되었다면, ㈜한국이 거래은행에서 받은 20×6년 12월 31일자 예금잔액증명서상 당좌예금 잔액은?

> ㉠ ㈜한국의 거래처에서 매출대금 ₩15,000을 은행으로 입금하였으나, ㈜한국은 이 사실을 알지 못했다.
> ㉡ 은행은 당좌거래 관련 수수료 ₩2,000을 ㈜한국의 예금계좌에서 차감하였다.
> ㉢ 은행 측 잔액증명서에는 반영되어 있으나 ㈜한국의 장부에 반영되지 않은 다른 예금에 대한 이자수익이 ₩5,000있다.
> ㉣ 은행 측 잔액증명서에는 반영되어 있으나 ㈜한국의 장부에 반영되지 않은 부도수표가 ₩6,000있다.
> ㉤ ㈜한국은 은행에 ₩47,000을 예금하면서 ₩74,000으로 잘못 기록하였으나, 은행계좌에는 ₩47,000으로 올바로 기록되어 있다.

① ₩22,500   ② ₩24,500
③ ₩34,500   ④ ₩76,500

TIP 수정 전 당좌예금 장부상 잔액 = 37,500

ㄱ 매출대금의 입금   +15,000

ㄴ 수수료비용   -2,000

ㄷ 이자수익 발생   +5,000

ㄹ 부도수표 발생   -6,000

ㅁ 회사의 오류   -27,000

수정 후 당좌예금 장부상 잔액 = 22,500

수정 후 은행의 잔액증명서 상 잔액 = 22,500

은행의 잔액증명서는 당좌예금과 관련된 사건을 이미 올바르게 반영하고 있기 때문에 20x6년 예금잔액 증명서상의 당좌예금잔액은 22,500이다.

17 제품단위당 변동비가 ₩800이며, 연간 고정비 발생액은 ₩3,600,000이다. 공헌이익률은 20%이며 법인세 율이 20%인 경우, 법인세차감후순이익 ₩3,600,000을 달성하기 위해서 연간 몇 단위의 제품을 제조 · 판매해야 하는가? (단, 기초재고는 없다)

① 34,000단위

② 40,500단위

③ 44,500단위

④ 50,625단위

TIP 법인세율이 20%이므로 목표세전이익 = 3,600,000/(1 - 0.2) = 4,500,000

목표공헌이익 = 4,500,000 + 3,600,000 = 8,100,000

공헌이익률이 20%이고 제품 한 단위당 변동비가 800이기 때문에 한 단위당 매출액 = 800/(1 - 0.2) = 1,000이다. 제품 한단위당 공헌이익 = 1,000 - 800 = 200

목표판매량 = 8,100,000/200 = 40,500단위

18 다음 ㈜국제의 회계정보에 대한 설명으로 옳은 것은? (단, 당기 중 유통주식수의 변화는 없었다)

당기매출액	₩1,500,000
당기순이익	₩200,000
총자산순이익률	20%
발행주식수	50,000주
자기주식수	10,000주

① 주당순이익은 ₩5이다.

② 유통주식수는 50,000주이다.

③ 평균총자산은 ₩3,000,000이다.

④ 총자산회전율은 3회이다.

TIP ① 주당 순이익(유통주식수로 계산하여야 한다) = 당기순이익/유통주식수 = 200,000/40,000주 = 5

② 유통주식수 = 50,000 - 10,000 = 40,000주

③ 평균총자산 = 200,000/0.2 = 1,000,000(총자산순이익률 = 당기순이익/평균총자산)

④ 총자산회전율 = 당기매출액/평균총자산 = 1,500,000/1,000,000 = 1.5회

19 금융자산이 손상되었다는 객관적인 증거에 해당하지 않는 것은?

① 금융자산의 발행자나 지급의무자의 유의적인 재무적 어려움
② 이자지급의 지연과 같은 계약 위반
③ 금융자산 관련 무위험이자율이 하락하는 경우
④ 채무자의 파산

🦋 **TIP** 이자율의 하락은 금융자산 가격의 상승을 야기하기 때문에 손상의 객관적인 증거에 해당하지 않는다.

20 20×6년 초에 컴퓨터 매매업을 시작한 ㈜한국에 대한 회계정보이다. 영업활동으로부터 조달된 현금액은?

• 포괄손익계산서 (20×6년 1월 1일부터 12월 31일까지)

매출액	₩700,000
매출원가	₩400,000
매출총이익	₩300,000
이자비용	₩150,000
감가상각비	₩35,000
당기순이익	₩115,000

• 현금을 제외한 유동자산과 유동부채의 20×6년 기말잔액

매출채권	₩20,000
재고자산	₩12,000
매입채무	₩15,000

① ₩103,000
② ₩133,000
③ ₩152,000
④ ₩173,000

🦋 **TIP** 영업활동으로부터 조달된 현금액 = 당기순이익 – 영업활동과 무관한 수익 + 영업활동과 무관한 비용 – 영업활동과 관련된 자산의 증가 + 영업활동과 관련된 자산의 감소 + 영업활동과 관련된 부채의 증가 – 영업활동과 관련된 부채의 감소
영업활동 현금흐름 = 115,000 + 35,000(감가상각비) – 20,000(매출채권증가분) – 12,000(재고자산증가분) + 15,000(매입채무의 증가분) = 133,000
이자비용은 영업활동과 관련된 현금흐름이므로 고려할 필요가 없다.

⭐ **ANSWER**   17.② 18.① 19.③ 20.②

1 자본총액에 영향을 주지 않는 거래는?

① 당기손익인식금융자산에 대하여 평가손실이 발생하다.

② 이익준비금을 자본금으로 전입하다.

③ 주주로부터 자산을 기부받다.

④ 자기주식을 재발행하다.

TIP ① 평가손실의 발생은 자본의 감소를 야기한다.

② 이익준비금의 자본금전입은 자본항목의 변경만 야기하므로 자본의 총액에는 영향을 주지 않는다.

③ 자산을 기부받게 되면 자본이 증가한다.(자산수증이익 발생)

④ 자기주식을 재발행하면 자본이 증가한다.(자기주식의 처분)

2 ㈜서울은 영업부에서 사용하고 있는 차량운반구(장부금액 ₩50,000, 공정가치 ₩60,000)와 ㈜한성의 차량운반구(장부금액 ₩65,000, 공정가치 ₩70,000)를 교환하였다. 교환 시 ㈜서울은 현금 ₩15,000을 ㈜한성에 추가로 지급하였다. 동 자산의 교환 시 ㈜서울이 인식할 자산처분손익은? (단, 동 교환거래는 상업적 실질이 있으며, ㈜서울이 보유하던 차량운반구의 공정가치가 ㈜한성의 차량운반구 공정 가치보다 더 명백하다.)

① 손실 ₩10,000

② 손실 ₩5,000

③ 이익 ₩5,000

④ 이익 ₩10,000

TIP 거래의 분개

(차) 차량운반구(신)	75,000	(대) 차량운반구(구)	50,000
		현금	15,000
		처분이익	10,000

3 ㈜서울이 보고한 2018년도의 당기순이익은 ₩300,000이다. 〈보기〉는 당기 현금흐름표 작성에 필요한 자료이다. ㈜서울의 2018년도 영업활동 현금흐름은?

<table>
<tr><td colspan="4">〈보기〉</td></tr>
<tr><th>항목</th><th>금액</th><th>항목</th><th>금액</th></tr>
<tr><td>금융자산처분이익</td><td>₩30,000</td><td>감각상각비</td><td>₩40,000</td></tr>
<tr><td>매출채권 순증가</td><td>₩20,000</td><td>매입채무 증가</td><td>₩30,000</td></tr>
<tr><td>유형자산처분이익</td><td>₩50,000</td><td>유형자산손상차손</td><td>₩10,000</td></tr>
<tr><td>매출채권손상차손</td><td>₩15,500</td><td>기계장치 취득</td><td>₩50,000</td></tr>
</table>

① ₩220,000

② ₩260,000

③ ₩270,000

④ ₩280,000

🌱 **TIP** 영업활동 현금흐름 = 당기순이익 − 영업활동과 무관한 수익 + 영업활동과 무관한 비용 − 영업활동과 관련된 자산의 증가 + 영업활동과 관련된 자산의 감소 + 영업활동과 관련된 부채의 증가 − 영업활동과 관련된 부채의 감소
영업활동 현금흐름 = 300,000 − 30,000(금융자산 처분이익) + 40,000(감가상각비) − 50,000(유형자산처분이익) + 10,000(유형자산손상차손) − 20,000(매출채권 순증가) + 30,000(매입채무 증가) = 280,000

4 표준원가계산 제도를 사용하고 있는 ㈜서울은 제품 단위당 표준 직접재료원가로 ₩200을 설정하였으며 단위당 표준 직접재료원가의 산정 내역과 2018년 3월 동안 제품을 생산하면서 집계한 자료는 〈보기〉와 같다. ㈜서울의 직접재료원가 변동예산 차이에 대한 설명으로 가장 옳지 않은 것은?

<table>
<tr><td colspan="2">〈보기〉</td></tr>
<tr><th>직접재료 표준원가 산정내역</th><th>실제 제품생산관련 자료</th></tr>
<tr><td>• 제품 단위당 직접재료 표준사용량 : 10kg
• 직접재료의 표준가격 : ₩20/kg</td><td>• 제품 생산량 : 100단위
• 실제 직접재료 사용량 : 1,050kg
• 실제 직접재료원가 : ₩20,600</td></tr>
</table>

① 총변동예산 차이는 ₩600(불리한 차이)이다.

② 가격 차이는 ₩400(유리한 차이)이다.

③ 능률 차이는 ₩1,000(불리한 차이)이다.

④ 총변동예산 차이는 ₩600(유리한 차이)이다.

🌱 **TIP**
AQ × AP	AQ × SP	SQ × SP
20,600	$1,050 \times 20 = 21,000$	$100 \times 10 \times 20 = 20,000$

총변동예산차이 = 20,600 − 20,000 = 600(불리한 차이)
가격차이 = 20,600 − 21,000 = − 400(유리한 차이)
능률차이 = 21,000 − 20,000 = 1,000(불리한 차이)

⭐ **ANSWER** 1.② 2.④ 3.④ 4.④

5 ㈜서울은 2017년 1월 1일에 무형자산인 특허권을 ₩5,000,000에 취득하여 사용하기 시작하였다. 특허권의 잔존가치는 없으며, 내용연수는 5년, 정액법을 사용하여 상각하기로 하였다. 또한 특허권에 대한 활성시장이 존재하여 ㈜서울은 매 회계연도 말에 공정가치로 재평가하기로 하였다. 단, 재평가잉여금의 일부를 이익잉여금으로 대체하는 회계처리는 하지 않기로 하였다. 각 연도별 공정가치는 〈보기〉와 같을 때, 이 특허권과 관련하여 ㈜서울의 2018년 포괄손익계산서에 보고될 당기손익과 재무상태표에 보고될 재평가잉여금은?

〈보기〉	
2017. 12. 31.	2018. 12. 31.
₩3,600,000	₩3,100,000

① 손실 : ₩600,000 재평가잉여금 : ₩0
② 손실 : ₩500,000 재평가잉여금 : ₩0
③ 손실 : ₩900,000 재평가잉여금 : ₩400,000
④ 이익 : ₩300,000 재평가잉여금 : ₩300,000

TIP 2017년말 재평가전 장부금액 = 5,000,000 − 1,000,000 = 4,000,000
2017년 평가손실 = 4,000,000 − 3,600,000 = 400,000
2018년 재평가전 장부금액 = 3,600,000 − 3,600,000/4 = 2,700,000
2018년의 평가이익 = 3,100,000 − 2,700,000 = 400,000(기존에 인식한 평가손실을 한도로 평가이익을 인식할 수 있다. 한도 초과분은 재평가잉여금으로 인식)
2018년의 당기손익 = − 900,000(감가비) + 400,000(평가이익) = − 500,000

6 재무보고를 위한 개념체계에서 규정하고 있는 재무제표 요소의 인식과 측정에 대한 설명으로 가장 옳지 않은 것은?

① 인식이란 재무제표 요소의 정의에 부합하고 인식기준을 충족하는 항목을 재무상태표나 포괄손익계산서에 반영하는 과정을 말한다.
② 자산의 현행원가는 동일하거나 또는 동등한 자산을 현재 시점에서 취득할 경우 그 대가로 지불하여야 할 현금이나 현금성자산의 금액을 말한다.
③ 부채의 이행가치는 정상적인 영업과정에서 부채를 상환하기 위해 지급될 것으로 예상되는 현금이나 현금성자산의 할인하지 아니한 금액을 말한다.
④ 측정이란 재무상태표와 포괄손익계산서에 인식되고 평가되어야 할 재무제표 요소의 화폐금액을 결정하는 과정이며 특정 측정기준의 선택과정을 포함하지는 않는다.

TIP ④ 측정이란 재무상태표와 포괄손익계산서에 인식되고 평가되어야 할 재무제표 요소의 화폐금액을 결정하는 과정이며 특정 측정기준의 선택과정을 포함한다.

7 투자부동산 회계처리 방법에 대한 설명으로 가장 옳은 것은?

① 원칙적으로 공정가치모형과 원가모형 중 하나를 선택할 수 있으므로 투자부동산인 토지는 공정가치모형을 적용하고, 투자부동산인 건물은 원가모형을 적용할 수도 있다.

② 공정가치모형을 선택한 경우에는 공정가치 변동으로 발생하는 손익은 발생한 기간의 기타포괄손익에 반영한다.

③ 자가사용부동산을 공정가치로 평가하는 투자부동산으로 대체하는 경우, 대체하는 시점까지 그 부동산을 감가상각하고, 발생한 손상차손을 인식한다.

④ 공정가치모형을 최초 적용할 경우에는 유형자산의 경우와 같이 예외 규정에 따라 비교 표시되는 과거 기간의 재무제표를 소급하여 재작성하지 않는다.

🌸 **TIP** ① 투자부동산의 회계처리 시 공정가치모형과 원가모형 중 하나를 선택 가능하다. 하지만 이 경우 투자부동산에 해당하는 모든 자산은 동일한 모형을 적용하여 회계처리하여야 한다.

② 공정가치모형을 선택한 경우에는 공정가치 변동으로 발생하는 손익은 발생한 기간의 당기손익에 반영한다.

④ 공정가치모형을 최초 적용 시의 예외 규정은 투자부동산의 경우에는 적용되지 않는다.

8 ㈜서울의 2018년 초와 2018년 말의 총자산은 각각 ₩150,000과 ₩270,000이며, 2018년 초와 2018년 말의 총부채는 각각 ₩80,000과 ₩120,000이다. ㈜서울은 2018년 중 ₩50,000의 유상증자를 실시하고 현금배당 ₩10,000과 주식배당 ₩7,000을 실시하였다. ㈜서울의 2018년 기타포괄손익이 ₩10,000인 경우 2018년 포괄손익계산서의 당기순이익은?

① ₩30,000   ② ₩37,000

③ ₩40,000   ④ ₩47,000

🌸 **TIP** 기말자본 = 기초자본 + 당기순이익 + 기타포괄손익 + 유상증자 − 현금배당

(270,000 − 120,000) = (150,000 − 80,000) + 당기순이익 + 10,000 + 50,000 − 10,000

당기순이익 = 30,000

주식배당은 자본총계의 변동과는 무관한 거래이므로 고려할 필요가 없다.

9 ㈜서울의 기초 매출채권 잔액은 ₩50,000이고 기말 매출채권 잔액은 ₩40,000이다. 기중에 회수한 매출채권은 ₩60,000이고 대손이 확정된 매출채권은 ₩30,000이라면 기중에 발생한 외상판매액은?

① ₩40,000   ② ₩80,000

③ ₩90,000   ④ ₩100,000

🌸 **TIP** 기말 매출채권 = 기초 매출채권 + 외상판매액 − 회수액 − 대손확정액

40,000 = 50,000 + 외상판매액 − 60,000 − 30,000

외상판매액 = 80,000

⭐ **ANSWER**   5.②   6.④   7.③   8.①   9.②

10 〈보기〉는 ㈜서울과 ㈜한성의 매입 및 매출에 관련된 자료이다. ㈎와 ㈏의 금액은? (단, 재고감모손실 및 재고평가손실은 없다고 가정한다.)

〈보기〉				
	기초재고액	당기매입액	기말재고액	매출원가
㈜서울	₩100,000	₩240,000	㈎	₩280,000
㈜한성	㈏	₩220,000	₩180,000	₩280,000

	㈎	㈏
①	₩60,000	₩240,000
②	₩340,000	₩240,000
③	₩60,000	₩320,000
④	₩340,000	₩320,000

TIP 기초재고액 + 당기매입액 = 매출원가 + 기말재고액
㈎ : 100,000 + 240,000 = 280,000 + 기말재고액
　　기말재고액 = 60,000
㈏ : 기초재고액 + 220,000 = 280,000 + 180,000
　　기초재고액 = 240,000

11 ㈜서울은 12월 말 결산법인이며 〈보기〉는 기말수정사항이다. 기말수정분개가 ㈜서울의 재무제표에 미치는 영향으로 가장 옳은 것은? (단, 법인세는 무시한다.)

〈보기〉
• 3월 1일에 1년간 보험료 ₩300,000을 현금으로 지급하면서 전액 보험료로 기록하였다.
• 4월 1일에 소모품 ₩300,000을 현금으로 구입하면서 전액 소모품으로 기록하였다. 기말에 실시한 결과 소모품은 ₩70,000으로 확인되었다.
• 5월 1일에 1년간 건물 임대료로 ₩300,000을 수취하면서 전액 임대료수익으로 기록하였다.

① 자산이 ₩180,000만큼 증가한다.
② 부채가 ₩100,000만큼 감소한다.
③ 비용이 ₩180,000만큼 증가한다.
④ 당기순이익이 ₩80,000만큼 감소한다.

🏅 **TIP** 기말수정분개

보험료

| (차) 선급보험료 | 50,000 | (대) 보험료 | 50,000 |

소모품

| (차) 소모품비용 | 230,000 | (대) 소모품 | 230,000 |

임대료

| (차) 임대료수익 | 100,000 | (대) 선수수익 | 100,000 |

① 기말수정분개 고려 시 자산은 180,000(= 50,000 – 230,000) 감소한다.

② 부채는 100,000 증가한다.

③ 비용은 180,000(= 230,000 – 50,000) 증가한다.

④ 당기순이익은 280,000(= 50,000 – 230,000 – 100,000)감소한다.

12 토지에 대해 재평가모형을 적용하고 있는 ㈜서울은 20X1년 초 영업에 사용할 목적으로 토지를 ₩500,000 에 구입하였다. 20X1년 말 토지의 공정가치는 ₩600,000이었으며, 20X2년 말의 공정가치는 ₩550,000 이었다. 특히 20X2년 말에는 토지의 순공정가치와 사용가치가 각각 ₩450,000과 ₩430,000으로 토지에 손상이 발생하였다고 판단하였다. 이 토지와 관련하여 ㈜서울이 20X2년도에 손상차손(당기손익)으로 인식할 금액은?

① ₩50,000

② ₩100,000

③ ₩150,000

④ ₩200,000

🏅 **TIP** 20x1년 말의 토지 재평가 잉여금 = 600,000 – 500,000 = 100,000

20x2년 말의 토지 회수가능액 = MAX(450,000,430,000) = 450,000

20x2년 말의 토지 손상차손(당기손익) = (600,000 – 450,000) – 100,000 = 50,000

기존에 인식한 재평가 잉여금을 초과한 만큼의 손상을 손상차손(당기손익)으로 인식한다.

13 금융부채에 해당하지 않는 것을 〈보기〉에서 모두 고른 것은?

〈보기〉

㉠ 미지급금   ㉡ 사채

㉢ 미지급법인세   ㉣ 차입금

㉤ 선수금   ㉥ 매입채무

① ㉠, ㉡

② ㉡, ㉣

③ ㉢, ㉤

④ ㉣, ㉥

🏅 **TIP** 미지급법인세와 선수금은 금융부채에 해당하지 않는다. 금융부채는 의제의무나 법률상의 의무가 아닌 계약상의 의무여야 한다.

14 2018년 초에 ㈜서울은 ㈜한성을 흡수합병하였다. 취득일 현재 ㈜한성이 보유한 자산의 장부금액과 공정가치는 각각 ₩100,000과 ₩120,000이고, 부채의 장부금액과 공정가치는 각각 ₩40,000과 ₩70,000이다. 합병 과정에서 ㈜서울은 이전대가로 현금 ₩50,000과 ㈜서울의 주식(액면금액 ₩20,000, 공정가치 ₩30,000)을 지급하였다. 이 합병으로 인해 ㈜서울이 인식할 영업권 금액은?

① ₩0
② ₩10,000
③ ₩20,000
④ ₩30,000

🐝 **TIP** 순자산의 공정가치 = 120,000 − 70,000 = 50,000

흡수합병과 관련된 분개

(차) 순자산	50,000	(대) 현금	50,000
영업권	30,000	주식	30,000

15 ㈜서울은 종합원가계산을 적용하고 있으며, 제품을 생산하기 위해 재료 A와 재료 B를 사용하고 있다. 재료 A는 공정 초기에 전량 투입되며, 재료 B는 공정의 60% 시점에서 일시에 전량 투입되고, 가공원가는 공정 전반에 걸쳐서 균등하게 발생한다. 당기 제품제조활동과 관련한 자료가 〈보기〉와 같을 때, 선입선출법을 적용하여 계산한 완성품환산량은?

〈보기〉	
	물량
기초재공품	300개(완성도 20%)
당기 착수	1,500개
당기 완수	1,300개
기말재공품	500개(완성도 50%)

	재료원가 A	재료원가 B	가공원가
①	1,500개	1,300개	1,490개
②	1,500개	1,550개	1,490개
③	1,800개	1,300개	1,550개
④	1,800개	1,550개	1,550개

🐝 **TIP** 기초재공품 300개는 모두 당기 완성, 당기착수 물량 1500개 중에서 1000개는 당기에 완성하였고 500개는 기말재공품으로 남게 된다.
- **재료원가A** : 재료A는 공정 초기에 전량 투입되기 때문에 당기착수 완성량과 기말재공품의 합계인 1,500개가 완성품환산량이다.
- **재료원가B** : 재료B는 공정 60%시점에서 전량 투입되기 때문에 기초재공품완성량과 당기착수 완성량을 합한 1,300개가 완성품환산량이다.
- **가공원가** : 공정전반에 걸쳐서 균등하게 발생하므로 기초재공품 완성량(300 × 0.8)과 당기착수 완성량(1,000) 그리고 당기착수 기말재공품(500 × 0.5)을 합한 1,490개가 완성품 환산량이다.

16 「지방자치단체 회계기준에 관한 규칙」에 대한 설명 중 가장 옳지 않은 것은?

① 지방자치단체의 재무제표는 일반회계·기타특별회계·기금회계 및 지방공기업특별회계의 유형별 재무제표를 통합하여 작성한다.

② 현금흐름표는 회계연도 동안의 현금자원의 변동에 관한 정보로서 자금의 원천과 사용결과를 표시하는 재무제표로서 경상활동, 투자활동 및 재무활동으로 구성된다.

③ 재정운영표의 수익과 비용은 그 발생원천에 따라 명확하게 분류하여야 하며, 해당 항목의 중요성에 따라 별도의 과목으로 표시하거나 다른 과목과 통합하여 표시할 수 있다.

④ 재정상태표의 순자산은 지방자치단체의 기능과 용도를 기준으로 고정순자산과 일반순자산의 2가지로 분류한다.

🏅 **TIP** ④ 재정상태표의 순자산은 지방자치단체의 기능과 용도를 기준으로 고정순자산과 일반순자산 그리고 특정순자산으로 분류된다.

17 ㈜서울은 2018년 12월 말에 주당 액면금액 ₩5,000인 보통주 1,000주를 주당 ₩10,000에 발행(유상증자)하였으며, 주식인쇄비 등 주식발행과 관련된 비용이 ₩1,000,000 발생하였다. 유상증자 직전에 ㈜서울의 자본에는 주식할인발행차금의 미상각잔액이 ₩1,500,000 존재하였다. 이 거래와 관련하여 ㈜서울이 2018년 말에 보고할 주식발행초과금은?

① ₩2,500,000   ② ₩4,000,000
③ ₩9,000,000   ④ ₩10,000,000

🏅 **TIP** 해당거래의 분개

(차) 현금	10,000,000	(대) 자본금	5,000,000
		현금(주식발행비용)	1,000,000
		주식할인발행차금	1,500,000
		주식발행초과금	2,500,000

자본금은 액면금액에 발행주식수를 곱하여 계산한다. 주식할인발행차금이 존재한다면 주식할인발행차금은 우선 차감하고 주식발행초과금을 인식하여야 한다.

18 ㈜서울의 20X1년 기초와 기말 재고자산은 각각 ₩200,000과 ₩350,000이며, 20X1년 기초와 기말 매입채무는 각각 ₩50,000과 ₩80,000이다. ㈜서울의 20X1년도 재고자산 매입으로 인한 현금유출액이 ₩250,000일 경우, ㈜서울의 20X1년도 매출원가는? (단, 재고자산의 감모 및 평가손실은 발생하지 않았다.)

① ₩130,000   ② ₩200,000
③ ₩250,000   ④ ₩370,000

🏅 **TIP** 재고자산매입 관련된 현금흐름 = - 매출원가 - 재고자산 증가분 + 매입채무 증가분

$-250,000 = -$ 매출원가 $- 150,000 + 30,000$

∴ 매출원가 $= 130,000$

⭐ **ANSWER** 14.④ 15.① 16.④ 17.① 18.①

19 보조부문의 원가를 제조부문에 배부하는 방법에 대한 설명으로 가장 옳은 것은?

① 상호배부법은 보조부문 상호 간의 용역수수관계를 완전히 무시하고, 보조부문원가를 제조부문에만 배부하는 방법이다.

② 단계배부법은 보조부문 간의 용역수수관계를 부분적으로 고려하는 방법으로 보조부문의 배부순서가 달라지면 배부후의 결과가 달라진다.

③ 이중배부율법은 보조부문원가를 변동원가와 고정원가로 구분하지 않고, 하나의 배부기준을 이용하여 총원가를 배부하는 방법이다.

④ 직접배부법은 보조부문 상호 간의 용역수수관계를 완전히 고려하여 각 보조부문원가를 제조부문과 다른 보조부문에도 배부하는 방법으로, 가장 논리적이고 정확한 정보를 제공해 주는 방법이다.

🌸 **TIP** ① 상호배부법은 보조부문 상호 간의 용역수수관계를 완전히 고려하여 보조부문원가를 제조부문과 다른 보조부문에 배부하는 방법이다.
③ 이중배부율법은 보조부문원가를 변동원가와 고정원가로 구분하여 각각의 배부기준을 이용하여 총원가를 배부하는 방법이다.
④ 직접배부법은 보조부문 상호 간의 용역수수관계를 완전히 무시하고 보조부문원가를 제조부문에만 배부하는 방법이다.

20 12월 말 결산법인인 ㈜서울의 기초 유통보통주식수는 100,000주이다. ㈜서울은 2018년 4월 1일에 무상증자를 실시하여 20,000주를 발행하였고, 10월 1일에는 유상증자를 실시하여 12,000주를 공정가치로 발행하였다. 당기 기본 주당이익 계산에 필요한 가중평균 유통보통주식수는?

① 100,000주
② 118,000주
③ 123,000주
④ 132,000주

🌸 **TIP** 가중평균 유통보통주식주 $= 100,000 \times 12/12 + 20,000 \times 12/12 + 12,000 \times 3/12 = 123,000$주
무상증자의 경우에는 기존발행주식과 같은 일자에 발행된 것으로 간주하여 계산하고 공정가치 발행의 유상증자의 경우에는 유상증자일자부터 기간을 고려하여 계산한다.

⭐ **ANSWER**   19.②   20.③

공무원시험/자격시험/독학사/검정고시/취업대비 동영상강좌 전문 사이트

공무원	9급 공무원	서울시 기능직 일반직 전환	각 시·도 기능직 일반직 전환	교육청 기능직 일반직 전환
	관리운영직 일반직 전환	사회복지직 공무원	우정사업본부 계리직	서울시 기술계고 경력경쟁
기술직 공무원	물리	화학	생물	
	기술계 고졸자 물리/화학/생물			
경찰·소방공무원	소방특채 생활영어	소방학개론		
군 장교, 부사관	육군부사관	공군부사관	해군부사관	부사관 국사(근현대사)
	공군 학사사관후보생	공군 조종장학생	공군 예비장교후보생	공군 국사 및 핵심가치
NCS, 공기업, 기업체	공기업 NCS	공기업 고졸 NCS	코레일(한국철도공사)	한국수력원자력
	국민건강보험공단	국민연금공단	LH한국토지주택공사	한국전력공사
자격증	임상심리사 2급	건강운동관리사	사회조사분석사	한국사능력검정시험
	국어능력인증시험	청소년상담사 3급	관광통역안내사	국내여행안내사
	텔레마케팅관리사	사회복지사 1급	경비지도사	경호관리사
	신변보호사	전산회계	전산세무	
무료강의	국민건강보험공단	사회조사분석사 기출문제	독학사 1단계	대입수시적성검사
	사회복지직 기출문제	농협 인적성검사	지역농협 6급	기업체 취업 적성검사
	한국사능력검정시험 백발백중 실전 연습문제		한국사능력검정시험 실전 모의고사	

서원각 www.goseowon.co.kr
QR코드를 찍으면 동영상강의 홈페이지로 들어가실 수 있습니다.

서원각
자격시험 대비서

핵심이론 〉   출제예상문제 〉   온라인강의 제공

교재구입 시
무료동영상강의
제공

임상심리사 2급   건강운동관리사   사회조사분석사 종합본   사회조사분석사 기출문제집

국어능력인증시험   청소년상담사 3급   관광통역안내사 종합본

**서원각
동영상강의
혜택**

www.goseowon.co.kr
〉〉 수강기간 내에 동영상강의 무제한 수강이 가능합니다.
〉〉 수강기간 내에 모바일 수강이 무료로 가능합니다.
〉〉 원하는 기간만큼만 수강이 가능합니다.